集成场理论：
两业联动发展模式及机制

董千里　著

Integration Field Theory:
Two-Industry Linkage Model and Mechanism

中国社会科学出版社

图书在版编目（CIP）数据

集成场理论：两业联动发展模式及机制/董千里著. —北京：中国社会科学出版社，2018.8
ISBN 978-7-5203-1975-1

Ⅰ.①集… Ⅱ.①董… Ⅲ.①物流企业—关系—制造工业—经济合作—发展模式—研究—中国 Ⅳ.①F259.23②F426.4

中国版本图书馆 CIP 数据核字（2018）第 015724 号

出 版 人	赵剑英
责任编辑	车文娇
责任校对	朱妍洁
责任印制	王　超

出　　版	中国社会科学出版社
社　　址	北京鼓楼西大街甲 158 号
邮　　编	100720
网　　址	http://www.csspw.cn
发 行 部	010-84083685
门 市 部	010-84029450
经　　销	新华书店及其他书店
印　　刷	北京明恒达印务有限公司
装　　订	廊坊市广阳区广增装订厂
版　　次	2018 年 8 月第 1 版
印　　次	2018 年 8 月第 1 次印刷
开　　本	710×1000　1/16
印　　张	29.25
插　　页	2
字　　数	489 千字
定　　价	99.00 元

凡购买中国社会科学出版社图书，如有质量问题请与本社营销中心联系调换
电话：010-84083683
版权所有　侵权必究

前　言

　　《集成场理论：两业联动发展模式及机制》是继《物流集成理论及实现机制》和《物流集成场：国际陆港理论与实践》之后以物流业与制造业联动（以下简称两业联动）发展的关系和机制为研究对象的著作。另外两本书分别是对物流集成实践活动研究的理论提炼和总结及对以国际陆港为对象的物流集成场范畴的研究和应用，从物流集成到两业联动，体现了从物流集成体发展到多类集成体、从单一类型基核发展到多种关系基核的过程，体现了从物流集成、物流集成场到集成场的研讨，成为集成场理论形成、发展、完善并在更广阔的领域进行更深入的规律性探讨研究的标志。

　　合成场元是集成场中值得单独考察的基本单元，其中最主要的是集成体、基核、联接键、场线、场界等基本范畴。集成场是合成场元在集成体的集成力、基核的集成引力作用下的时空分布状态。物流集成场是随着物流集成体的物流集成实践的考察和应用形成的，集成场随着两业联动实践的物流集成体、制造集成体等多个种类集成体之间作用关系的考察和两业联动实践中的应用得以逐步成熟。物流集成和两业联动实践的验证，使得集成场已成为人们在描述和探讨物流经济与集成管理过程时所依据的基本理论之一。

　　集成场提供了两业联动顶层设计的理论框架。基于集成场的基本范畴，通过描述物流链与供应链间的两链导入、适应、共享和融合等关系，本书构建了物流业与制造业在专业化、组织化基础上的两业联动发展模式，从而刻画了两业联动发展机理、联动创新机制，以引导物流业和制造业在两业联动过程中实现产业升级。在研究过程中，对57个企业的两业联动现场进行了调研，对所搜集的116个两业联动案例的两链对接、互动机理进行归纳提炼，其中有多个涉及纵向2—26年演变过程的典型案例，可从中进行联动机理提炼和剖析,还对回收的物流业与制造业企业合作的130份有效问卷进行了梳理、归纳、提炼和总结,创立了由集成体、基核和联接键三维关系所构成的两业联动发展模式,形成了两业联动全程场线绩效考察研究结构体系,对两业联动的创新机理和机制进行了深入探讨。研究过程深化了集成场范畴的两业联动理论,提供了产业联动中创新升级的理论和实践途径,体现了集成场理论在产业联动领域的理论及应用研究,探讨了集成场理论在对经济与管理领域集成问题进行广泛描述过程中的战略哲学思想。

本书在调研和归纳物流业与制造业联动发展的集成实践基础上,以集成场的集成体、基核和联接键等为主要范畴,构建了物流业与制造业(两业)联动发展模式。该模式反映了两业分别在专业化基础上所形成的物流链与供应链(两链)的再集成作用关系,刻画了基于两业联动发展模式的两链导入、适应、共享和融合过程,探讨了两业联动以两链导入关系所体现的模式识别、创新机理、实现机制等内容,以及在实现两业联动发展中的产业转型升级作用。

本书研究的主要成果可以概括为:集成场理论提供了两业联动顶层设计的一套理论框架;两链是两业在专业化、组织化基础上的再集成过程;从两业联动到两链融合的"三维一合成"发展空间是两业联动模式及绩效的主要识别特征;两业联动发展中的两链导入、适应、共享和融合四阶段是创新切入集成过程并贯穿始终的主要依据;两业联动为集成体主导的物流组织化形成物流链等多个方面提供了创新升级的理论与实现途径。

本书通过两业联动特别是物流链切入供应链的案例,进行两链导入、适应、共享和融合纵向演变机理剖析,可用于构建两业联动动力源、创新机理和两业联动全程场线绩效分析,深化了集成场范畴提供的两业联动中转型升级的理论和实践途径,同时展现了对集成场理论在描述和研究集成过程中的质性分析和量化研究方法的探索。

课题主持人负责国家社科项目(批准号:13BJY080)"基于集成场理论的制造业与物流业联动发展模式研究"的全程研究工作并撰写了研究报告,该项目以"良好"鉴定等级结项。在此基础上,笔者对研究报告进一步加以修改、充实、提炼和完善,形成了《集成场理论:两业联动发展模式及机制》的著作稿。本书的初稿曾作为长安大学物流工程与管理学科博士生课程《物流与供应链管理专论》的重点研读材料,并征求了博士生的意见；笔者在长安大学、长江大学以"集成场理论：两业联动发展模式及机制——集成场理论形成及应用的思考"为题进行了学术演讲，在互动交流中，与师生一起对本书的主要观点进行了交流；在《"一带一路"物流新词汇》收入集成场理论、两业联动相关术语时进行了再次斟酌与敲定；最后，本书定稿并交付出版。

  笔者负责全书的构思设计、撰写和定稿；物流工程与管理学科博士生江志娟讲师参与了第六章（第三节）、第十章（第二节）等有关验证或论证内容的初稿撰写。旷思琪、王莹、王捷、金玉卿、李明垚、魏松波、徐松、张秋玲、陶理等参与了文字校对。本书的研究案例，除了在国家社科基金项目研究期间调研获得的以外，有的还可以追溯到以往承担的教育部、省科技厅、省发改委和企业相关课题。值此书稿付梓之际，感谢团队成员，包括历届博士生、硕士生在案例调研、分析和讨论方面所做的贡献与工作，感谢调研过程中相关企业管理者等所给予的有力支持。

董千里

2017 年 3 月 31 日

内容摘要

基于集成场理论的制造业与物流业联动发展模式构建、特征应用、创新策略及其转型升级等理论与实践方面取得了以下研究成果。

一 以集成场理论为基础构建了制造业与物流业联动发展模式的顶层设计

集成场理论提供了制造业与物流业联动的顶层设计框架。通过116个两业联动案例，特别是汽车、家电等涉及两业联动纵向2—26年的案例剖析，结合对两业联动130份有效回收的物流企业与制造企业合作调研问卷的统计分析、梳理、归纳、提炼和总结，可以用集成场理论刻画两业联动发展模式的顶层结构。下式 {} 中的内容表达了模式的主要合成场元间的关系选择及组合。

$$两业联动模式 = 集成体 \begin{Bmatrix} 紧密融合 \\ 战略联盟 \\ 合作伙伴 \\ 市场选择 \end{Bmatrix} 关系 + \begin{Bmatrix} 融合型 \\ 连接型 \\ 公共型 \end{Bmatrix} 基核 + \begin{Bmatrix} 组合型 \\ 过程型 \\ 功能型 \\ 技术型 \\ 资源型 \\ 信息型 \end{Bmatrix} 联接键$$

在两业联动中，集成体的典型类型是物流集成体与制造集成体，其集成体间是从市场到主动选择的竞合、融合关系；其基核间的关系，一定程度上客观反映了资源的空间布局，体现了两业联动的业务精度和效率；在其联接键中体现了创新机制的作用深度。联接键作用深度，会反过来影响基核布局，联接键与基核作用关系也会进一步凸显集成体之间的关系选择。两业联动模式所体现的绩效是可以用场线范畴来表达的。

二 物流链切入供应链是两链再组织、再优化过程

物流集成体主导物流功能商、资源商形成物流链，是组织化、系统化的物流业，往往可以更好地满足高端（制造）供应链的物流需求。物流业的服务性质，形成了物流链切入（制造）供应链过程的必要性。在物流链与供应链的两链导入、适应、共享和融合过程中，两业在各自组织化的基础上形成了系统化的两链导入对接、互动协同、融合创新机理，构成了两业联动到两链融合的机理体系。

三 从两业联动到两链融合的三维发展空间

集成体、基核和联接键三个集成场理论的主要范畴，刻画了两业联动到两链融合的三维发展空间和实现途径。

（1）集成体是由主体单元与客体单元构成的二元结构，有战略、行为和利益三主体特征，是集成场中富有主动性和创造性的最重要合成场元。集成体在两业联动中可以按照其主导资源的性质分为物流集成体、制造集成体和平台集成体等。集成体间的关系是两业联动的集成引力和集成力合成之源，是物流集成体以及制造集成体主动打破既有平衡的主动优化供应链系统行动。特别是物流集成体的性质、地位和作用，在主导物流链形成、切入和融入供应链的过程中，体现了物流业的服务性质及其与供应链企业间的关系，在物流服务供求满足的过程中，具有主动学习、主动切入的作用。

（2）基核是集成场的场源及复合场源的载体。场源作用是产生集成引力，引导资源、功能集聚，支持场线形成和辐射。基核作为多种场源复合体的载体，对外体现复合场源极性叠加的性质和作用。基核场源种类、性质和结构展示了基核的基本功能。两业联动的制造基核与物流基核，分别表现为制造基地和物流基地，起着集聚制造集成引力和物流集成引力的作用。物流集成过程是物流集成体通过基核吸引、集聚物流资源（合成场元），形成物流链及集成运作场的过程；制造集成过程是制造集成体通过制造基核吸引、集聚各类制造合成场元，形成产品制造供应链的集成运作过程。基核既是制造业与物流业各自作业的基地，也是形成供应链集成与物流链集成过程衔接的点。两业联动过程中的基核关系，可以分为融合型关

系、连接型关系和公共型关系，它引导并影响着产业空间布局。

（3）联接键是根据一定的目的，将多个合成场元通过一定形式连接构建形成一个合成场元的作用过程，是多个合成场元通过集成方式构成的协同运作过程。联接键是产业集成创新最可能、最重要的领域，为了便于理论分析和集成创新应用，可将境内产业网链结构的联接键大致划分为三类六型，三类是指基础类、服务类和综合类，其中类与型的关系是：基础类包括信息型、资源型和技术型联接键，服务类包括功能型、过程型联接键，综合类联接键是以上多种形式组合选择的联接键，即组合型联接键。联接键所体现的集成创新包括联接键类型、构成内容及其间要素关系创新。联接键可以依托集成体、基核等进行重新构建，包括战略、文化等柔性联接键和设施、设备等刚性联接键，有助于从资源、信息、技术、功能、过程和组合等方面构建各种类型的联接键，实现多种类型集成创新。联接键的设计与选择是两业联动集成场的主要集成创新渠道。联接键创新机理主要包括资源聚合创新机理、技术集成创新机理、功能对接创新机理、过程协同创新机理、综合集成创新机理等。

两业联动的集成体、基核和联接键的三维轴线发展水平，反映了集成体主导两链的发展合作空间。诸如，集成体间参股、控股形成了紧密融合型关系；在两链融合过程中，基核间关系以及资源、信息、技术等使得基础类各个类型的联接键向综合类的组合型联接键的发展和建设更为顺利。但是，它与物流业务剥离之前同一集成体内的供应链结构是不同的。两业联动的导入、融合过程是专业化基础上的再集成，是（外包）专业化、组织化的物流链与供应链系统的对接过程。

四　两业联动发展四阶段是创新切入并贯穿过程始终的主要依据

两业联动发展的导入、适应、共享和融合阶段分别对应两业联动发展模式的实现深度。掌握内在规律，可制定相应策略，运用联动四阶段发展动态特征识别理论；应用实践上通过实证案例提炼两业联动发展模式的识别要点、模拟两业联动发展模式的演化路径，为制造业与物流业联动发展模式的选择提供依据。

五　集成场理论主要范畴引导了"三维＋场线"创新机理

"三维"是指集成体、基核和联接键所构成的两业联动发展模式的三维框架结构体系,"场线"是指集成体主导,运用基核、联接键创新并参与全程物流场线形成过程。

(1) 集成体引导的创新机理。集成体的优化创新范围、能力在很大程度上取决于其战略视野、战略和战术行为驱动能力,可实现企业、产业、区域、全国乃至全球供应链集成。研究表明,集成体创新机理包括集成体及其间关系创新机理、集成体的集成力综合提升创新机理、集成体主导"网链"的集成服务产出创新机理等。

(2) 基核引导的创新机理。其内容包括基核场源类型构成、布局及设计创新机理,基核集成引力形成与提升创新机理,基核间关系变革创新机理等。其范围包括单一基核场源结构、基核与基核之间的连接方式、基核间网络构成等。

(3) 联接键引导的创新机理。主要包括资源聚合创新机理、技术集成创新机理、功能对接创新机理、过程协同创新机理、综合集成创新机理等。

(4) 场线引导的创新机理。场线是指由货流(流体、流量、流向、流距、流程)、载体(载运工具)、通道、基地、制度等场元联接而合成的一组关系。除了组织运营的物流集成体,构成场线的十大要素与其形成的场线是向量。场线是物流集成作业过程或其函数的表现,可以概括为集成系统运作轨迹及其绩效。集成场视角所强调的是全程场线效率,也就是要在全程识别并改进薄弱环节。场线创新机理主要包括瓶颈创新机理、能力创新机理、能源创新机理、环境创新机理、关系结构创新机理、场线综合创新机理等。

六 两业联动在六个方面的创新升级理论与实现途径

产业新型组织化的两业联动发展模式的提出,力图从主动的集成活动促进产业既有资源布局的格局变化,即主动优化。对物流业而言就是从点、线物流走向网—链物流,是物流从初级到高级的发展过程,不仅需要互联网信息技术、管理理论的支持,而且需要通过两业联动促进产业组织化,通过产业组织化过程反过来丰富完善既有的集成场理论。

(1) 集成体主导的物流组织化形式——物流链。这是物流组织化、系统化的基本形式。物流集成体是实现物流链的组织者、推动者,也是两链对接、融合的主动推动者。

(2) 物流业基核组织化形式——网络或联盟基础上形成物流链。这是在物流园区（网络）基础上由相对物流集成体主导的物流链形成的物流组织化形式。依托基核形成的网络，是物流集成体组织物流链的基础，形成了基于网络的物流组织。例如，物流基核周边物流企业的集聚、在基核与基核之间所体现的物流企业联系，以及在（相对的）物流集成体作用下形成的物流链过程。由于基核的场源集成引力作用，物流企业集聚形成，缩小了物流企业选择的空间范围，节约了时间，降低了交易成本。

（3）两业联动发展模式揭示了联动创新的原动力机制。两业联动的固有平衡如何打破？谁来打破？怎样打破？在两业联动过程中，物流集成体往往是相对较弱一方的集成体，因此，需要掌握两业联动知识链，并能触动双方的关联利益、共享价值，才能以主动方式切入供应链。但一般的第三方物流服务商的服务具有同质化特征，通常需要集成体有针对性的系统化组织，这就是联接键类型选择和创新设计。

（4）两业联动发展模式揭示了物流链在导入供应链过程中形成差异化转移的创新设计途径。当集成物流商在一个制造供应链的业务成功时，可以转移到相近产品的制造供应链。例如，上海轿车成品车物流链成功地从物流信息系统方面导入，实现物流链与供应链对接，经过适当创新设计，就有可能成功地以相近的方式从重型卡车供应链的进厂物流导入，形成基于转移技术的导入战略。

（5）两业联动发展模式揭示了集成体关系形成、适应和稳定的技术创新机制。怎样切入、怎样维持集成体间及其业务间适应、稳定的关系，可以从基础类、服务类或综合类的联接键寻求技术创新、组织创新，铸就两业联动最佳切入方式，以不断创新的途径来稳定合作的竞合关系。这一问题的实现，正揭示了产业转型升级的原因和创新机制。

（6）两业联动的物流组织化创新的实现手段和途径。如前所述，联接键分为基础类、服务类和综合类。从共享资源关系走向建立稳定服务关系，主要是以基础类联接键为基础向服务类联接键发展的集成创新。比较典型的案例是：信息共享、资源共享、技术共享方面构建的是基础类联接键，例如，专项信息系统、综合信息平台和大数据综合云技术平台等；创建新的功能服务关系、集成服务关系就是通过满足客户供应链物流需求构建长期关系的服务类联接键，例如，国际中转港集成运作系统；将资源共享和集成服务等再整合起来体现的是综合类联接键，例如，中欧班列货物承载、全程监控系统设备体系等。综合的产业越广泛、集成的基础越深厚，产集成创新的要求就越深入、越广泛。

从整合物流资源、物流服务关系到两业共享、共赢经济机制，从数量集成到质量集成的综合集成服务关系，体现了产业转型升级的一种具体形式。联动不仅建立了产业间的稳定关系，而且提升了产品（服务）的质量水平，只有稳定才能深化合作，有了质量水平的提升才能激励集成体主动创新、主导产业优化升级机制。

目 录

理论导入篇

第一章 集成场及其哲学思考 ………………………………… 3
  第一节 集成场与管理哲学 ………………………………… 3
  第二节 合成场元及集成管理的哲学思考 ………………… 8
  第三节 集成场主要合成场元机理 ………………………… 12
  第四节 人工集成系统顶层视角思考方式 ………………… 15
  第五节 集成场所体现的管理哲学理念 …………………… 18
  第六节 本章小结 …………………………………………… 23

第二章 两业联动发展的主要问题 …………………………… 25
  第一节 两业联动问题的提出 ……………………………… 25
  第二节 研究目的与意义 …………………………………… 40
  第三节 国内外研究综述与启示 …………………………… 44
  第四节 研究的理论、内容与特色 ………………………… 63
  第五节 研究的基本方法 …………………………………… 69
  第六节 本章小结 …………………………………………… 72

机理探索篇

第三章　两业联动集成场的顶层设计理论 …… 77
- 第一节　集成场是源自集成实践的理论体系 …… 77
- 第二节　在单一集成领域研究的启示 …… 84
- 第三节　以两业联动为对象的集成场理论应用启示 …… 96
- 第四节　两业联动集成场顶层设计的视角 …… 103
- 第五节　本章小结 …… 107

第四章　基于集成场的供应链集成 …… 110
- 第一节　制造业及供应链集成过程 …… 110
- 第二节　制造过程与制造供应链集成 …… 118
- 第三节　供应链集成的企业合作模式 …… 131
- 第四节　供应链集成的全球化价值 …… 143
- 第五节　本章小结 …… 149

第五章　基于集成场的物流链形成 …… 150
- 第一节　物流市场需求与物流集成供给 …… 150
- 第二节　物流链形成过程与功能 …… 161
- 第三节　集成物流是高端物流服务形式 …… 179
- 第四节　物流联盟与物流链运作 …… 193
- 第五节　本章小结 …… 214

第六章　基于集成场的两链融合 …… 215
- 第一节　两业联动基础与两链融合的前提 …… 215
- 第二节　基核是两业联动发展的基地 …… 220
- 第三节　集成场两业网链形成及其联动机理 …… 222
- 第四节　陕西两业联动协同发展关系实证分析 …… 228
- 第五节　两业联动在两链融合过程中的创新思路和策略 …… 232
- 第六节　本章小结 …… 237

模式机制篇

第七章 集成体在两业联动中的顶层设计角色 241
- 第一节 集成场视角的两业联动案例梳理 241
- 第二节 两业联动集成场的基本范畴 248
- 第三节 两业联动集成场的动力之源设计 257
- 第四节 两业联动的网络支撑 261
- 第五节 两业联动集成场的场线作用规律 266
- 第六节 本章小结 270

第八章 基核与联接键在两业联动中的作用机制 272
- 第一节 基核在两业联动中的形式与机制 272
- 第二节 基核与集成体及其两链融合机制 274
- 第三节 基核对两业联动发展的影响 279
- 第四节 以基核为基础进行两业联动发展机制比较分析 282
- 第五节 联接键在两业联动中的构建 285
- 第六节 本章小结 300

第九章 两业联动发展模式的识别与选择 302
- 第一节 两业联动发展模式的结构 302
- 第二节 两业联动发展环境与关系演化
  ——基于案例的验证 307
- 第三节 个案剖析比较的基本观点 317
- 第四节 联动模式运行体系与表达方式 321
- 第五节 全球化两链集成实践 326
- 第六节 本章小结 335

第十章 基于两业联动模式的两链协同创新机制 336
- 第一节 联动模式集成效应的源泉
  ——创新机制 336

第二节　由两业联动模式合成场元引导的创新机理及实践 ……… 339
　　第三节　两链协同创新实现方式 ……………………………… 352
　　第四节　两业联动模式应用中的创新机制 …………………… 358
　　第五节　本章小结 ……………………………………………… 360

第十一章　两业联动发展策略与测评 …………………………… 362
　　第一节　两业联动发展模式的应用环境 ……………………… 362
　　第二节　基于集成场的两业联动发展模式的微观选择策略 … 365
　　第三节　两业联动发展模式应用的作用机制 ………………… 370
　　第四节　省域制造业与物流业联动发展水平评价 …………… 376
　　第五节　本章小结 ……………………………………………… 385

第十二章　主要研究结论 …………………………………………… 386
　　第一节　两业联动系统顶层设计理论 ………………………… 386
　　第二节　主要理论研究成果 …………………………………… 394
　　第三节　研究成果在两业联动中的应用 ……………………… 402

附录 …………………………………………………………………… 408
　　附录1　课题组实地调研的企业名单 ………………………… 408
　　附录2　有效回收调查问卷的企业名单 ……………………… 410
　　附录3　两业联动案例涉及的企业名单汇总 ………………… 413
　　附录4　两业联动问卷 ………………………………………… 419

参考文献 ……………………………………………………………… 431

关键术语中英文对照表 ……………………………………………… 444

理论导入篇

集成场理论主要用于研究开放的人工大系统的集成运动过程。在制造业与物流业（以下简称两业）联动集成场中，集成体按其目的，运用基核、联接键等合成场元进行优化整合，实现系统化组织的场线绩效过程。本篇分析集成场理论的基本范畴及其作用机理，分析其与管理哲学基本原理的统一性，通过对合成场元及其组织化、系统化的集成运动规律的梳理，发现集成场理论符合唯物辩证法的基本思想、观点和运动规律。在两业联动过程中运用集成场视角和理论，针对两业联动缺乏系统性指导理论等一系列现实问题，进行理论联系实际的分析探讨，能够对两业联动实践起到很好的指导作用。

第一章　集成场及其哲学思考

集成场理论源自物流集成实践的研究，从物流业集成研究与应用拓展到制造业与物流业联动发展集成范畴的研究，奠定了在哲学上进行提炼的集成场理论基础。为进一步拓展集成场理论在两业联动中的广度研究和深度应用，需要不断丰富完善集成场理论体系。

第一节　集成场与管理哲学

集成场（Integration Field）理论是涉及人们主导的集成活动的理论，集成场和管理哲学在集成过程研究与人们的生产组织管理中均具有重要的意义。集成场理论之所以可以从以单一产业集成过程为对象的研究，即从物流集成到"物流集成场"[1]，拓展到以两业联动发展为对象的研究，即"两业联动集成场"[2]，是因为集成场基本范畴与管理哲学基本原理具有统一性，并可通过典型案例验证集成场理论体系。集成场理论能与各类物流集成、两业联动实践相结合，具有集成管理理论与实践的统一性，所以，需要进一步完善集成场理论，充分发挥其在物流业与制造业联动、供应链集成实践中的指导作用。

集成场理论的形成源于物流集成实践，集成场理论能够阐述、解释与物流集成、两业联动相关的集成过程，并能指导相关集成实践活动，因此

---

[1] 董千里：《高级物流学》，人民交通出版社2015年版。
[2] 同上。

集成场理论与集成实践具有相对性、统一性，符合唯物辩证法的基本思想、观点和运动规律。清楚地认识这一点，需要体会集成场理论与相关集成实践结合案例①的验证，并将集成场拓展到更广泛的人工集成活动的理论研究与应用实践相结合的领域，以确立指导两业联动发展的管理哲学、集成管理基础。否则，缺乏集成实践案例的验证，集成场理论将会因缺乏集成实践营养而"枯萎掉"。②

一　集成场是对人工集成过程的抽象描述

　　集成场范畴是对具体的人工集成系统集成活动的抽象描述。集成场是合成场元受场中集成力、集成引力作用的时空分布状态。所谓合成场元是集成场中值得单独考察的基本单元范畴，例如，集成体、基核、联接键、场线、场界等。根据合成场元在人工集成系统决策智能结构中的地位和作用，可以将其划分为主动性合成场元和被动性合成场元。例如，集成体是主动性合成场元，其余都是被动性合成场元。集成是指依据主动性合成场元的战略意志，将两个或多个合成场元整合为一个集成系统的行为或过程。所以，在人工集成系统中集成所体现的本质是主动优化。集成场中的集成力主要源自主动性合成场元，如各类集成体。集成引力主要源自基核及其所承载的复合性场源。场源基于基核发挥作用，具有统一性、相对性、多样性和稳定性，是一类能够产生集成引力的合成场元。基核是带有极性的基地形式表达范畴，作为多类场源的载体，对关联资源具有集聚整合功能。依托基核可以通过资源、信息、技术等把点连成线，把线结成网的合成场元就是联接键。联接键不是简单的连接，而是通过内在的资源、信息、技术、功能或过程等关系，将不同的合成场元整合起来像一个合成场元那样协同运作，并形成相对稳定的结构，例如，供应商管理库存（VMI）系统。这样，集成体可基于基核构筑联接键，形成人工集成系统的网链结构，可用场线表示其所主导的人工集成系统的产出函数绩效。场线就是代表产业内或产业间集成运作系统的产出绩效，可以在境内、境外乃至全球范围考察其全程场线，例如，集成场视角的全球价值链。

　　集成场理论源于人们考察人工集成系统资源的整合实践活动的理论归

---

① ［美］罗伯特·K. 殷：《案例研究方法的应用》，周海涛等译，重庆大学出版社2014年版。
② 桂起权、高策等：《规范场论的哲学探究》，科学出版社2008年版。

纳和提炼。例如，物流、企业成长等都涉及物流集成、集成物流、物流链、供应链集成等研究范畴。① 而物流集成的动力之源涉及物流集成体的成长方式，包括资源整合、功能整合、系统优化，以及实现集成系统目标的协同运行机制。但是，其中的哪些是关键因素，怎样实现集成过程，如何解决方法和手段问题，集成绩效如何考察？针对这些问题，集成场及其集成体、基核、联接键等范畴提供了研究和实现的途径，通过场线这一合成场元表达其作用效果，就形成了物流乃至两业联动集成场②研究范畴。物流业作为国民经济的基础产业，具有衔接性、渗透性等特征，作为产业组织间合作活动的一类集成体，参与企业集聚、产业联动等研究过程，例如，两业联动、供应链管理等，已经不是单一以物流为对象的集成场范畴所能容纳的理论研究领域，这就从客观上推动了集成场理论体系的形成。

二 集成场体现了扬弃、升级的发展规律

集成场考察的对象从物流集成、物流集成系统到两业联动发展过程，是从考察单一产业为主扩展到考察两个产业或更多产业的集成过程，并以不同内涵的产业组织化基本形式，即物流链、供应链、产业链作为更精准的研究对象。两业联动考察物流链切入供应链的供应链集成，特别是在进行两链导入、适应、共享和融合等过程中的集成优化创新机制。显然，这些都属于人工大系统的集成活动过程。集成在这里体现的就是集成体主导的主动优化思想。人工集成系统是集成场考察的基本对象，所分析、研究、追求的过程本质是集成优化。所以，作为集成场考察的基本范畴是绝对的，其集成演化过程是相对的、关联的，符合螺旋式上升的逻辑思维过程。我们需要回答：谁来主导集成过程？依托什么进行集成过程？怎样进行集成过程？如何评价集成绩效？集成的边界在哪里？集成逻辑过程与集成场基本范畴参见图1-1。集成体主导基核、联接键构成的网链结构，实施产业集成创新优化行为，最终实现两业联动全程场线绩效，全程场线的范围取决于场界的定位。

---

① 董千里：《高级物流学》，人民交通出版社1999年版；董千里、鄢飞：《物流集成理论及实现机制》，社会科学文献出版社2011年版；董千里：《物流集成场：国际陆港理论与实践》，社会科学文献出版社2012年版。

② 董千里：《物流集成场：国际陆港理论与实践》，社会科学文献出版社2012年版。

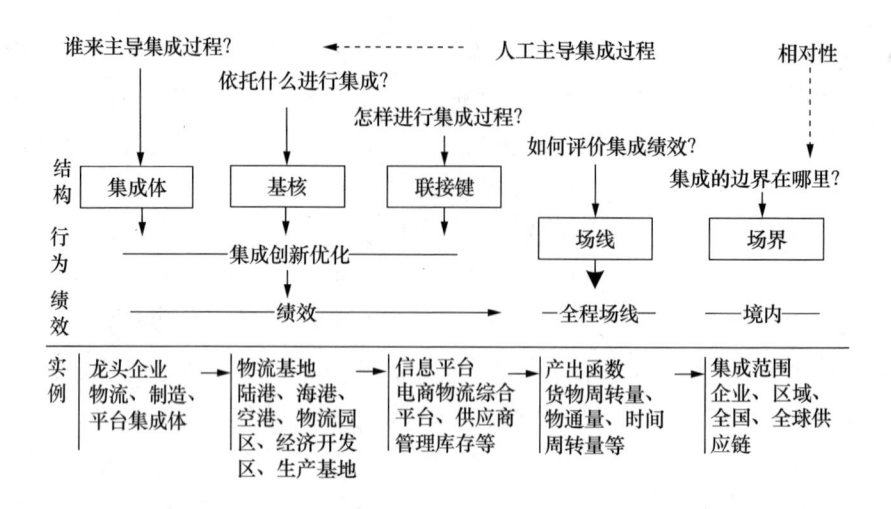

```
结构   谁来主导集成过程?    依托什么进行集成?   怎样进行集成过程?   如何评价集成绩效?    相对性
              ↓              ↓            ↓    人工主导集成过程  ↓    集成的边界在哪里?  ↓
           ┌──────┐      ┌──────┐     ┌──────┐              ┌──────┐    ┌──────┐
           │ 集成体 │      │ 基核  │     │ 联接键 │              │ 场线  │    │ 场界  │
           └──────┘      └──────┘     └──────┘              └──────┘    └──────┘
行为              ├────────集成创新优化────────┤
绩效              ├────────────绩效────────────────────┤  ├─全程场线─┤ ├──境内──┤
实例   龙头企业   物流基地    信息平台    产出函数    集成范围
       物流、制造  陆港、海港  电商物流综合 货物周转量  企业、区域、
       平台集成体  空港、物流园 平台、供应商 物通量、时间 全国、全球供
                  区、经济开发 管理库存等   周转量等    应链
                  区、生产基地
```

图 1-1　集成逻辑过程与集成场基本范畴

合成场元是人们观察集成场的基本单元，因为人们分析考察的人工集成系统的结构、重点往往是相对的，例如，物流集成是物流集成系统的组成部分，物流集成系统是产业联动系统的组成部分，这些都是人工集成系统。所以，从两业联动发展的角度看，不仅构成人工集成系统的合成场元是相对的基本单元，人工集成系统的发展过程也是相对的，其内涵的结构也处于发展变化之中。集成场通过合成场元的相对性、稳定性和统一性分析，精简了集成场中考察集成运动的基本要素，简化了人工集成系统的基本要素结构，非常适合作为人工集成系统优化的研究重点。

集成场是物流集成场的哲学升华，是从单一集成体到两类乃至多类集成体之间的竞合作用研究范畴。集成场为我们进行更广泛的人工集成系统之间以及人工集成系统本身的研究，提供了以辩证唯物主义为基础的哲学思考，并能引导人们更深刻地认识集成场中合成场元的运动规律，可以从物流活动、物流链、供应链拓展到两链衔接、互动和融合，可以从境内的、区域的相关研究扩展到境外乃至"一带一路"、全球供应链的研究。集成场构建了多种类型合成场元的集成运动范畴，具有主动性的合成场元在集成场运动中起到了主导集成形成两链结构的作用。

三　集成场涵盖从要素集成到系统集成的范畴

合成场元是人工大系统顶层设计考虑的集成过程中值得考察的基本单元。以制造业与物流业联动发展为例，主要包括集成体（物流、制造集成

体等有机体)、基核(生产基地、物流中心、物流园区、产业园区、陆港、海港等基地)、联接键(功能、信息、技术、资源、过程等类型构成的具有更紧密关系的一个合成场元)、场线(货流五要素及运输通道、载运工具、信息平台、站场设施等构成产出效率函数的表现形式)等。集成力包括不同合成场元(集成体)的集成力、集成引力及其集成力与集成引力形成的合力。集成场是一个人工场,是由集成体及其他合成场元相互作用构成的体系。董千里、鄢飞(2011)将物流集成体主体单元与客体单元综合形成的物流集成力作用下形成的资源集成、技术集成、能力集成、过程集成、组织集成乃至系统集成,通过物流集成场范畴构建了一个完整的物流集成理论体系。[①] 董千里(2012)在此基础上,勾勒了集成场理论,进一步完善了物流集成场理论架构体系[②],将物流集成场按其研究的主要对象分为了企业物流集成场、产业物流集成场、区域物流集成场、国家物流集成场和全球物流集成场。董千里等分别就制造业与物流业联动的场线形成机理[③]、制造业与物流业网链融合发展机理[④]、制造业与物流业联动发展水平评价[⑤]等方面对集成场理论应用于两业联动的情况进行了深入探讨。这里所提及的两业联动集成场就是以制造业与物流业联动为研究对象的集成场,称为两业联动集成场,两业联动集成场几乎涉及了上述全部的集成场范畴。集成场理论体现了更广阔的哲学理论平台。

集成场为物流集成过程、国际物流过程、两业联动发展过程提供了网链结构顶层设计的理论框架。物流链、供应链和产业链都是网链结构,是同态性结构,因此可以在集成场范畴探讨两业联动集成体间的竞合、协同和发展,物流集成体主导的物流链与制造集成体主导的(制造)供应链所构成的两链在导入、适应、共享和融合过程中的集成创新优化机制。

---

① 董千里、鄢飞:《物流集成理论及实现机制》,社会科学文献出版社2011年版。
② 董千里:《物流集成场:国际陆港理论与实践》,社会科学文献出版社2012年版。
③ 董千里、董展:《制造业与物流业联动集成场的场线形成及推论研究》,《物流工程与管理》2013年第2期。
④ 董千里:《基于集成场理论的制造业与物流业网链融合发展机理研究》,《物流技术》2013年第5期。
⑤ 董千里、董展:《制造业与物流业联动集成场的场线形成及推论研究》,《物流工程与管理》2013年第2期;董千里:《基于集成场的省域制造业与物流业联动发展水平研究》,《物流技术》2013年第2期;董展、董千里:《构建物流集成场的主体思路与基本范畴》,《物流技术》2012年第9期。

第二节 合成场元及集成管理的哲学思考

合成场元是集成场中值得单独考察的基本单元，是在集成过程中各个元素相互渗透、相互吸纳和协同作用所形成的一种新的"有机体"，其性质与特征决定了集成场的基本属性构成。合成场元的形成，显示了集成过程上升到哲学层次认识的一般概念、机理和规律。

一 合成场元的性质及作用

（一）合成场元的性质

合成场元是集成场中值得考察分析的基本单元。集成场中的合成场元可以分为主动性和被动性两种。主动性的合成场元有各类集成体，每一类的集成体都是人（决策智能结构）在其中起主导作用，同时考虑了集成体的集成力、资源的配合性和可调控能力，体现了人工集成系统认识体系和执行力的特征。没有人参与决策的合成场元都可称为被动性合成场元，包括基核、联接键中的人员仅是作为资源参与活动构成的合成场元。所有的合成场元都具有相对性、多样性和稳定性，从统一性上看，集成体是具有二元结构、三主体特征的主动性合成场元，基核、联接键在整体上都可以被看作集成体参与设计、构建的被动性合成场元。集成场的基本范畴是集成体、基核和联接键，它们一起构成了最简单的网链结构。合成场元作为值得拿出来单独考察的基本单元，不仅符合合成场元机理，而且其作用符合相对性机理。作为网链结构的运行及发展过程，一般符合对立统一规律、量变质变规律和否定之否定规律。合成场元及其间的作用与发展中的一般规律关系，可见图1-2。

（二）合成场元的作用：抓主要矛盾

合成场元是以物质为基本元素，以观察集成研究对象需要而进行抽象的基本范畴。这一范畴分类，可以视作由集成运动性质决定、相关场元素整合并经过集成运动机制抽象的基本单元，例如，集成体、基核、联接键、场线等。集成场中经过抽象的基本考察对象，是依据考察重点对象调节边界的基本单元。例如，集成体可以由个体经营者、中小企业、大型企业、企业集团等构成，但必须在集成过程中起主导作用，即俗称的"龙头"作

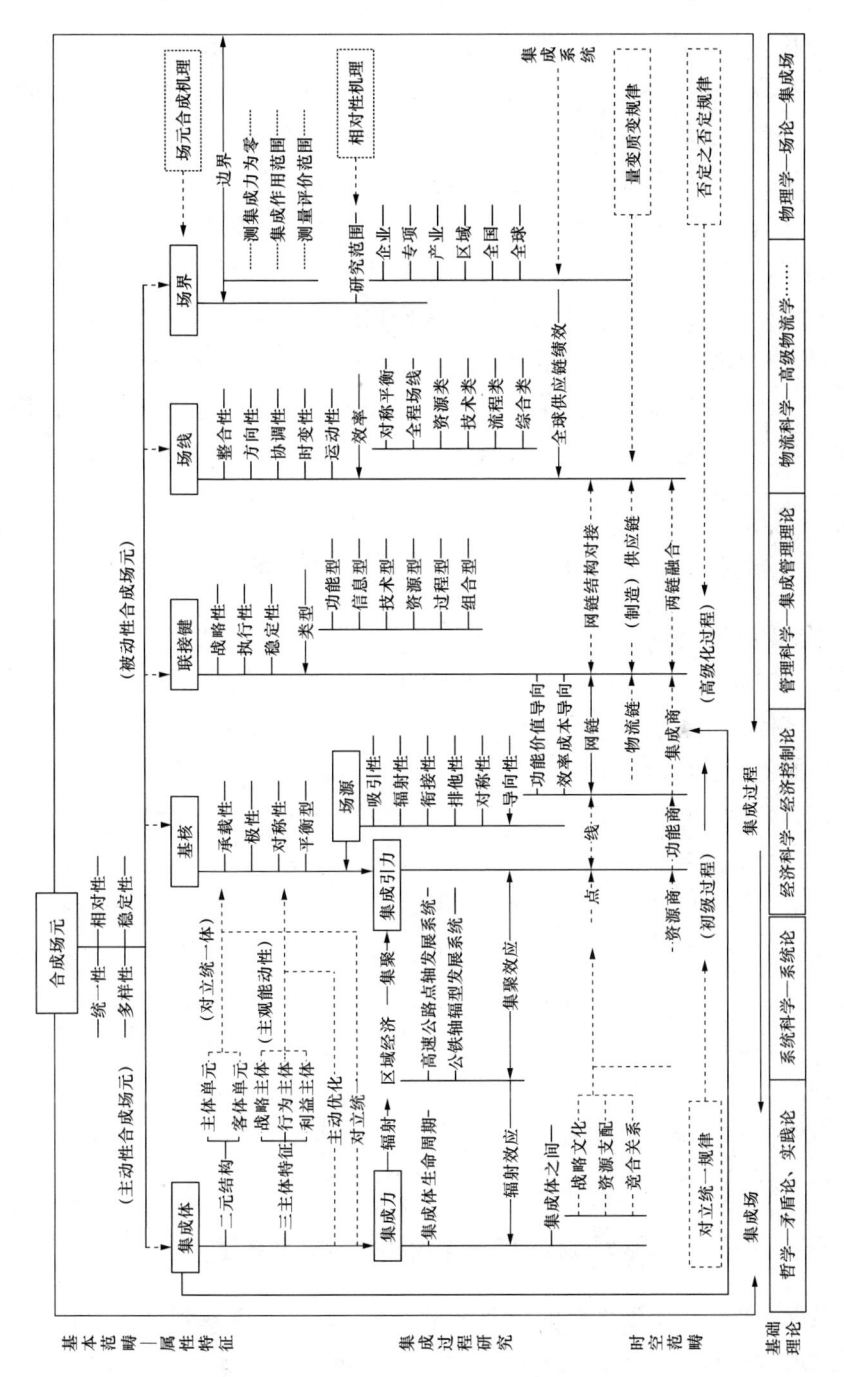

图 1-2 集成场基本范畴、合成场元性质及与哲学三大规律间关系

用。用集成场范畴分析，可以将两业联动活动过程所涉及的要素归结为集成体、基核、联接键、场线等合成场元范畴进行研究，在集成研究中的集成体、基核、联接键还可以从性质、作用等方面进一步分类。诸如，集成体是主动性合成场元，可以进一步分为制造集成体和物流集成体等；基核是多种复合场源的载体，可以按照其性质分为制造基核、物流基核等，如果需要的话，各类基核还可以进一步按业务种类进行区分；联接键是不同集成体及其相关的其他合成场元之间紧密相连的一类基本范畴，可以将相关部分凝聚为一体，体现战略思路、运作协同的一致性要求，构成网链内部联系及其网链之间竞合关系的支撑。

显然，将纷繁复杂的人工集成系统及其构成要素进行精简，精简研究对象、内容、方法和机制等，可以使人们很容易抓住分析人工集成系统能动主体的主要环节、关键因素，这正是集成场理论的基本特征之一。

二 集成体：主动优化的自适应集成子系统

集成体不仅体现了对立统一的结构，而且体现了人的主观能动性，故在集成体之间形成了对立统一的发展规律。主导集成过程的集成体由主体单元和客体单元组成，具有战略主体、行为主体和利益主体性质。集成体主导集成优化过程，若集成体不能整合相关资源，就不能使自身在集成过程中得到发展，其反映了集成体主体单元和客体单元的对立统一关系，以及集成体之间的对立统一发展关系。

集成体是由主体单元与客体单元构成的对立统一结构，集成体之间的协同发展体现了对立统一的关系和作用规律。抓主要矛盾，抓主要矛盾的主要方面，发挥人（决策智能结构）的主观能动和执行力作用；使主体单元的主观认识与客体单元的客观存在形成对立统一，是导致其展开集成活动的根源，当资源不能够满足主体单元的战略意图需要时，整合就成为需要和可能。人（决策智能结构和主观能动的执行力）作为集成体的集成力的主观、客观的统一，是通过主体单元与客体单元相互作用实现的。

三 基核：承载场源、集聚与辐射场线的基地

基核是集成场中最重要的场源集聚和承载地，是关系到集成中转衔接和价值增益的重要节点，首先表现为占据一定土地面积和所承载的场源，不同性质基核的场源构成不同。所以，不同基核的场源所产生的集成引力

不同，物流基核产生的物流集成引力，吸引相关的物流功能和资源；制造基核产生的是品牌、生产规模的集成引力，吸引的是成品、总成部件、零部件的生产资源与供给。其次，不同性质的基核表现为多种场源集聚起来的载体，起到集成各类场源的复合作用，形成符合基核性质的综合集成引力，其作用的范围与基核性质及其在集成系统中的地位、功能等密切相关。基核间的场线运动体现了对称平衡等规律的作用要求。

合成场元间的集成引力是客观存在的、普遍联系的，在集成体战略导入下，在竞争环境中不进则退；在基核集成引力的作用下，在集成体主体单元和客体单元互动形成的集成力与集成引力的共同作用下，整合资源并由主体单元主动抉择其成长路线。

四 联接键：构建互动、合作和协同的稳定结构

集成场中合成场元所形成的集成力或集成引力，都与其掌握的可调控资源密切相关。集成体、基核集聚资源、整合资源，都需要以可调控方式形成资源供应体系，都需要与其他集成体、基核形成不同的联系渠道，所形成的资源、信息、技术、功能和过程等联系的稳定结构就是一类合成场元，被称为联接键。相关资源、信息、技术、功能、过程等都有对应的整合、衔接、优化方式，可用设计、建设联接键的方式将其固定下来。不同合成场元在构建联接键时，供求关系互动是基础，而经济利益是合作的前提，价值共赢是稳定的机制。

五 场线：合成场元集成运作的轨迹与绩效

场线是集成体所主导的多种合成场元复合作用的轨迹和结果。场线集成过程体现了集成体可调控使用的资源，实现功能、过程整合与外在环境条件匹配的关系，这也是集成体之间通过场线整合关系，集成运作形成的合作与竞争绩效过程。在这一集成过程中，竞争是资源整合过程，协同是资源共享过程，共享是实现价值共赢过程，基于同一平台运作监管的供应链集成绩效往往是集成共享共赢过程。

第三节　集成场主要合成场元机理

集成场的主要合成场元是集成体、基核、联接键和场线等，都是源自集成实践的基本要素抽象，它们是基于集成的物质、信息和能源要素，并能具体体现集成管理基本原理的运行特征。

一　集成体机理

集成体是一个人工自适应集成系统，具有自学习、自适应能力。集成体具有集成力，在其发展中存在形成、成长、成熟、衰退或跃迁等几个过程。

（1）集成体形成集成力机理。集成体带有主观能动性，缺乏主观能动性的集成体成长缓慢，甚至就成长不起来。所以，集成体主导相关资源整合部分因素：①构成其集成力的可控资源参数；②所组织的场线产出绩效用产出效率函数表示，构成其集成力的加速度因素；③集成体的可控资源和产出效率函数导数的乘积，代表其发展过程的集成力大小。集成体的目标和集成力反映了集成系统的形成能力，由此可见，缺乏发展战略的集成体是难以通过集成方式发展起来的。

（2）集成力作用机理。在集成体的集成力作用下，集成体有跃迁机理，即通过整合其他合成场元形成跃迁式发展；集成体还有分蘖机理，即通过集成体分离出不同的子集成体或合成场元。集成体的集成力是导致其成长的主要力量；集成体的集成力与集成体间的集成引力是导致集成体之间竞合关系的主要力量。

（3）集成能作用与转换机理。集成体可以将集成主体（如政策制定机构）所形成的集成势能转化为集成动能，即将政府的政策势能转化为集成体主导的集成场线运作过程，也称为集成能转换机理。

二　基核机理

两业联动中的基核及基核间的关系，孕育着场源、极性、区位和运作要求等作用机理。

（1）基核作用源自场源机理。场源类型、性质决定了基核的集成引力的性质和作用。例如，基地的口岸功能设置可以带来直接进口贸易及物流功能。集成系统的良性循环与恶性循环也往往源于此。例如，在贫困地区建立的物流基核，往往因缺乏足够的业务采取征收税费的政策，导致海关、机场税收和作业费用往往是在高端范围取值，结果是物流费用高，用户到成本低的基核去，这造成该地区的基核物流业务更少，收费取值更高，否则，按照原有机制基核运作难以维持。而在经济发达地区恰恰相反，这样的基核场源作用形成了良性经济循环机制，物流集成系统运作会实现更高层次的动态平衡。

（2）基核极性决定的竞合机理。基核间相异极性相吸往往体现了相互间合作大于竞争，基核间相同极性相斥往往体现了竞争大于合作。陆港、海港、空港之间极性相异往往容易形成合作关系，陆港间、海港间、空港间极性相同往往容易形成竞争关系，例如海港基核需要寻求内陆腹地，内陆基核需要寻找出海通道，这样陆港与海港之间就更容易形成多种类型的联接键，构成基核间合作的快速通道和运行机制。

（3）基核间物理距离的作用机理。在同等质量物流通道前提下，物流距离与时间成正比；而在多式联运网络条件下，往往需要用时间反映物流距离，即用可达性来反映物流效率。基核间的物流效率作用需要在集成体进行全局考量、主动优化设计下才能更好地发挥。近距离基核之间更容易提供精确的服务方式，远距离基核间更愿意寻求公共型基核与专用型基核之间的合作，以降低长距离运输成本。

（4）进出基核场线对称平衡机理。基核场源集成引力作用使得场线进出基核方向对称、数量平衡，即场线对基核运作应有出有进，一段时期内往往要大致做到进出平衡。

三 联接键机理

联接键在集成系统过程中体现集成体战略意志，支持和满足普遍联系的哲理要求，因此，联接键具有加强紧密联系的客观性、普遍性和多样性特点，即满足普遍联系是集成本身所需要的、不以人的主观意志为转移的规律，并且支撑集成体主导的主动优化集成过程。在这一过程中，联接键发挥如下机理。

（1）联接键的多种类型可以满足集成系统多样性功能与结构关系的需要。诸如，其可分为内部集成和外部集成的联接键、必然联系和主要联系的联接键等。

（2）联接键体现整体作用机理。通过联接键将所连接的两个或多个合成场元形成一个整体合成场元的协同作用。

（3）联接键体现平台作用机理。通过信息等组合型联接键可以形成信息集成服务平台，除了支撑集成体产生的场线绩效作用，还可以产生基于平台的物流集成引力。物流集成过程一般包括广泛的多方面联系，可以通过构建组合型联接键构建综合信息平台，实现所需要信息的广泛的固定终端和移动终端联系。

四　场线机理

场线是组织化的抽象形式和绩效测度的主要对象，其具有以下三种机理。

（1）场线组织机理。有明确的集成体主导，有目标、资源和联系。测量指标不仅包括传统的货运周转量，还包括时间周转量指标，时间测量指标的测评具有更重要的意义。

（2）物通量对称平衡机理。只有保证国际物流主通道上的物通量对称平衡，才能使其所连接的基核之间的关系可持续发展。

（3）全程场线绩效机理。场线是由十个要素构成的合成场元，包括货流、物流通道、载运工具等方面，要提高全程场线绩效，需在全程场线所涉及的境内、境外物流通道上寻找全程场线的瓶颈和最薄弱环节，例如，跨境物流的海关制度等。

五　合成场元作用机理及关联关系

通过梳理上述集成场主要范畴、集成场主要合成场元作用机理、在系统集成过程中的主要特征，可以形成管理哲学的一些基本原理，诸如，主动优化原理、结构创新原理、对称平衡原理、需供互动原理和效率经济原理。

（1）主动优化原理反映了集成场理论主动寻优、整体寻优的本质特征，体现了人的主观能动性的主导要求。集成是要由集成体打破既有静态平衡，集成体需要形成集成合力才可能做到。集成体主导集成过程是一种资源整合、功能整合和过程整合等的创新变革历程，要达到系统整体优化的目的。

（2）结构创新原理是人工集成系统通过结构变化引导其功能变化、发展趋势跃迁的作用，体现了集成体主导的集成系统在从初级向高级发展的过程中持续性结构创新、系统创新的要求。制造业与物流业组织化形式的典型表现是供应链与物流链，这种组织化基于电子信息技术和集成管理理论，体现了联动的双方、多方都可以通过集成优化达到一个全新的状态，这就是产业转型升级、高级化发展的主要途径和方式。

（3）对称平衡原理反映了基于基核、国际物流主通道及其运营过程的本质特征要求，体现了长期可持续发展的理性机制需求。基于基核进出物通量的对称平衡比较容易做到，其更关注的是效率，而区域基核间、国际基核间的物通量对称平衡就不太容易做到，需要关注集成系统运作达到新的动态平衡过程的形式与内容，更好地反映系统集成的功能与结构之间的关系，以求可持续发展。

（4）需供互动原理反映了两个或多个集成体之间协同运作的内在联系的本质特征，是充分地体现了客观性的市场机制机理。需求与供应之间的获得差异是集成动力之源。既有的处于相对静态的系统通过集成活动实现动态集成过程。

（5）效率经济原理反映了基于集成场理论主动优化时间等资源的本质特征，是通过可达性、时间周转量等指标来反映效率经济的基本原则。效率的可观测指标是时间，例如测量基核间物理距离的可达性指标和反映整个国际物流系统的时间周转量指标，如一批货物从进入到离开一个国际物流系统所经历的全部时间。显然，效率经济因集成运作能带来集成系统的整体价值提升，同时也应关注规模经济、范围经济等测度的集成系统的产出绩效。

上述五个基本原理，支撑了集成场理论从单一产业集成到两业联动集成、产业转型升级实践的指导过程。集成场主要合成场元的主要作用机理、集成过程特征和管理哲学的基本原理间的联系见图1-3，其中包括一般性密切关系、重点联系等相互关系。集成场在整体上体现了主观性与客观性的结合，在具体集成过程中又体现了对立统一、量变到质变和否定之否定规律的特征。

第四节　人工集成系统顶层视角思考方式

集成场提供了两业联动过程顶层设计的视角。这一视角所构成的思维方法和研究过程与系统工程方法的顶层设计思路和方法并不矛盾，即集成

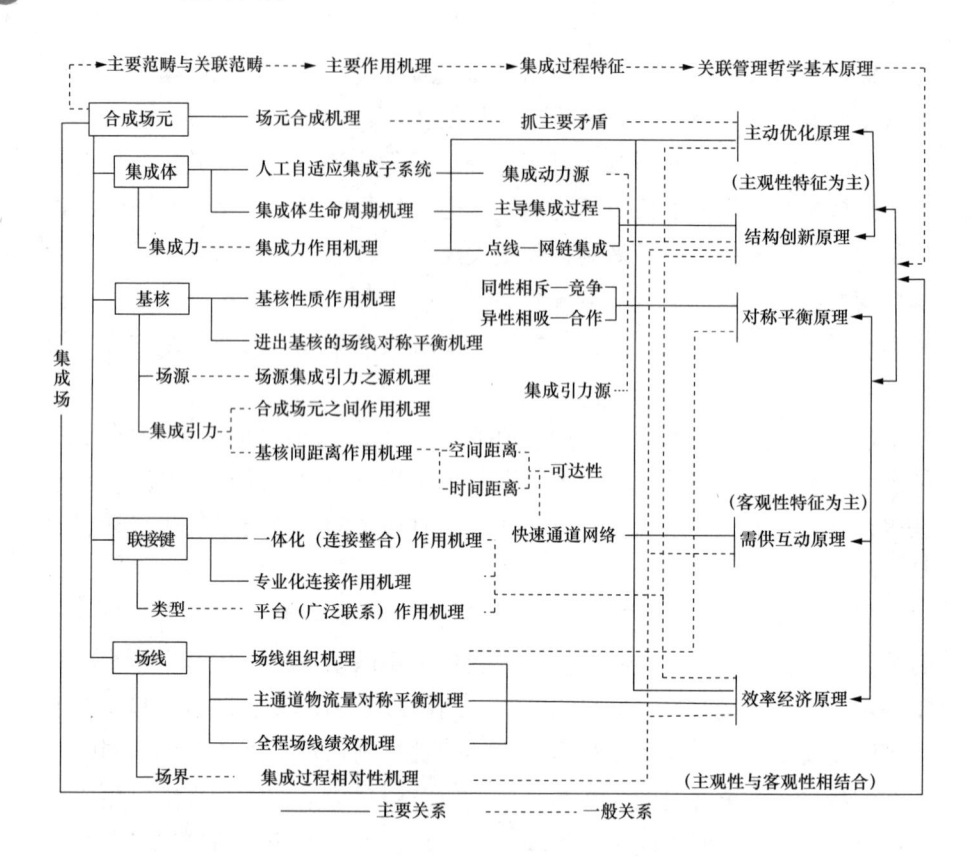

图 1-3 集成场主要合成场元作用机理和相互关系

场强调了集成体之间的关系、集成力与集成引力之间的关系、两业联动发展的联接键构建、产出场线形成等最关键的因素。集成场提供视角，帮助我们识别对什么进行设计，而系统工程方法可以针对关键的合成场元进行精心设计，体现为对系统工程方法的补充。

一 发挥集成体的主动优化意识

集成体"二元结构三主体特征"体现了其自身的对立统一结构及其相互之间作用的对立统一发展规律，当主体单元战略与客体单元资源不匹配时，就需要整合外部资源以适应发展战略目标要求。当集成体制定更远大的战略目标时，需要集成体的主体单元与客体单元之间体现战略与资源平衡的要求，否则集成体将为更大、更协同的集成系统发展过程寻求外部资源、功能或系统整合。集成体内部结构诸单元之间和集成体之间相互影响、相互联系和相互作用，是集成场中最基本的关联关系。诸如"二律背反"现象在集成过程中是经常发生的，体现了合成场元之间普遍联系和运动发展的基本规律，表现为集成体之间的竞合作用、协同作用和共赢作用规律。所以，集成体之间协同其过程要趋于集成。

集成活动实践是作为主体单元的人与作为客体单元的物质、能力、信息的交换过程。集成体的集成活动实践是主体单元整合可支配的客体单元的过程，同时也是集成体自身升级改造的过程。实践是集成体能动的资源整合过程。

二 集成体、基核、联接键之间的特殊关系

物流与供应链集成运作的基地构成了相应的物流与供应链基核、场源建设。物流业与制造业联动的衔接往往基于基核（包括制造与物流基地或节点）关系，其发展过程往往也是有条件的。一般是从偶然的、不稳定的关系，发展到相对合理、相对优化和稳定的关系。通过一定的技术、制度或结构等方式将集成体间、基核间、集成体与基核间的资源、功能、过程等内在联系进行加强并稳固的合成场元，被称为联接键。集成体对于基核（场源）、联接键等功能建设及其相互之间的关系起到了决定性作用并产生了巨大影响，这些合成场元成为物流与供应链网络结构的基础设施、设备。基核与基核间的关系，体现了集成体的决策，以选择联接键方式结成物流与供应链网络结构，并以该网络作为物流链和供应链运作场线的载体或支持平台。

集成体决定着集成体及其间业务关系、物流链建设，物流业务运作与管理构成了物流与供应链运行的场线内容建设。集成体方案选择的绩效，集中反映在集成物流服务的特殊性并体现在场线运作轨迹上，可以用物流与供应链的产出函数反映绩效、效率。与物流链相比，供应链更具有集成过程的一般性、完整性，包括被剥离的物流过程经系统化后，再切入供应链。专业化物流过程经过整合优化后形成的物流链，具备了可与供应链运行高端水平衔接的必要条件。两业联动发展过程形成了两链对接、衔接和融合的高水平条件，具体表现为物流集成体主导的物流链与制造集成体主导的供应链，在两类集成体之间的竞合关系中，物流与供应链集成过程中的物流链与供应链存在对立统一、质量互变和否定之否定的辩证法规律。通过集成体间竞合、协同和共赢的不断形成、发展和变化，物流业获得了

高级化的发展，制造业也同时实现了升级。这是物流与供应链集成过程本身所固有的、促进产业联动发展的客观现象，是不以人的主观意志为转移的，人们促进多集成体形成的物流与供应链集成过程的协同，有利于促进产业联动升级。

三　场线是集成系统的整体绩效

集成场考察的是物流与供应链集成系统的全过程绩效，不仅考察物流与供应链局部集成运作效果，而且非常关注物流与供应链全局特别是全程集成运作效果。从相对性的角度来看，物流与供应链的子集成系统是更大的供应链集成系统的组成部分，集成系统绩效往往不是各子系统绩效的简单叠加，而是一种协同运作绩效的集成表达，因此，全程场线效率可以用各子系统集成的放大效应的乘积（集成）来综合表示。因此，全程场线的系统集成效率可以用组成系统的各过程集成效率的连乘积进行综合测量：

$$\alpha_{\text{系统集成}} = \frac{\alpha_{\text{系统1集成}}}{\alpha_{\text{原系统1}}} \cdot \frac{\alpha_{\text{系统2集成}}}{\alpha_{\text{原系统2}}} \cdots = \prod \alpha_{\text{过程集成}i} \quad \text{式（1-1）}$$

显然，从式（1-1）表达的系统集成效率来看，当其中某一个子系统集成效率（$\alpha_{\text{过程集成}i}$）极低，例如，某个 $\alpha_{\text{过程集成}i} \ll 1$ 时，其各子系统集成效率的连乘积就会受到影响，即整个系统集成场线效率下降，也就是整个系统的产出函数值大幅降低。这就导致"一带一路"境内国际中转港战略、两业联动、国际物流乃至国际产能合作，都需要运用集成场视角在全球价值链中寻求供应链、产业链存在的瓶颈并将其消除，进行集成优化布局与合作。

第五节　集成场所体现的管理哲学理念

集成场考察的合成场元间关系所体现的哲学理念，是一个对立统一、量变到质变、否定之否定的人工集成系统的演变和发展过程，集成场视角反映了集成系统在矛盾推动集成实践中的发展机理和管理哲学所体现的集成管理、网链治理的规律。

一 集成场与系统论的一致性和差异性

集成过程在集成场中的运动,可被看作一个系统,系统论的基本特征可以运用于集成场,系统的基本性质也可以用于解释集成系统。例如,系统的目标性、层次性、结构性和环境适用性等,同样可适用于集成过程。但是,集成场更关注集成过程中值得关注的最重要的合成场元,即集成体、基核、联接键,以及所形成的场线。显然,对于企业物流集成场、区域物流集成场、两业联动集成场,进一步扩展到全国两业联动乃至全球两业联动的集成场来说,虽然集成场的基本范畴不变,但是构成基本范畴的具体内涵在不同层次的集成场中是不同的,这就是集成场与系统论在认识基本要素方面的差异性,集成场更加强调关键性的合成场元,对关键因素进行分析。

二 集成场与系统结构的相对性和绝对性

集成体、基核、联接键等合成场元作为集成场的基本研究范畴是绝对的。在被当作考察对象时,合成场元在时间与空间的考察维度中处于集成变化之中,其成长过程使得其内容结构具有相对性。集成体的成长壮大或结构变革过程就是集成过程。以物流集成体为例,可以从物流资源集成、技术集成、能力集成、过程集成、组织集成到物流系统集成,这是一个渐进性物流系统集成过程[①],所形成的物流集成系统的形式是物流业组织化的一种典型形式——物流链。集成体主导的系统集成可以是跃迁式系统集成过程,诸如,制造集成体通过剥离非核心资源,以更专注于某一行业领域及其核心优势的发挥,或通过收购、兼并等形成更大的集团。被制造集成体剥离的非核心资源,可能被其他物流集成体作为可支配资源整合到其主导的系统集成过程中。由于物流服务业的非独立性,物流链需要在专业化集成的基础上,切入所服务的供应链。这就构成了集成系统更具一般意义的系统集成过程的相对性和绝对性,也可以进一步应用于区域或国家产业实践中引导产业创新、产业变革、产业转移等变化过程。

---

① 董千里、鄢飞:《物流集成理论及实现机制》,社会科学文献出版社2011年版。

三 通过联接键形成更稳定的合作关系

集成关系的普遍性具有两方面的含义:一是任何一个物流链内部资源整合过程都反映了内部诸个合成场元等要素的相互联系;二是物流链切入供应链整合外部资源以实现供应链目标所涉及诸要素之间的相互联系。这种集成构成的联系是多样的,既反映了统一性要求,也反映了集成过程中所体现的相对性特点。系统集成联系的基本形式可分为内部联系与外部联系、本质联系与非本质联系、直接联系与间接联系等。

针对不同的行业,两业联动对物流链需求的特殊性是相对的、差别化的或个性化的,服务于不同供应链的物流链特征也是不同的。不同行业的物流集成过程或形成物流链切入供应链过程的具体形式各有其特点;同一制造业物流与供应链集成过程运作,在导入、适应、共享和融合的不同发展阶段也各有其特点;构成制造业的企业生产过程以及集成过程构成的不同方面各有其性质、地位和作用以及不同的解决形式,有根本问题和非根本问题、主要问题和次要问题之分,集成场首先抓的是根本问题、主要问题,解决了根本问题、主要问题,原来的非根本问题、次要问题中有一部分会进行转化,那么,集成场将会针对新的根本问题和新的主要问题发挥作用;解决集成过程的形式往往关系到形成新关系的新事物,诸如联接键。联接键作用的普遍性和特殊性的关系联接就是共性和个性、一般和个别的关系。所以,要针对具体问题进行具体分析,选择具体的集成创新和构建的联接键类型。

四 两链融合集成目标选择的多样性

集成场分析过程中集成体的主体性和能动性是通过其目标反映出来的,从两业联动到两链融合的目标选择具有多样性,诸如,创造供应链主导功能价值的功能,优化供应链集成体的主体功能,降低供应链运作成本。两链融合所体现的导入、适应、共享和融合的集成创新过程,所反映的矛盾斗争性是相互之间的资源整合、功能兼容和系统融合,而不是排斥、破坏和毁灭。所以,可通过集成过程中的竞合关系获得相应资源为集成体所用,所用的地位往往高于所有。

用集成场的逻辑关系表示物流集成过程,其形式为主动性合成场元为特定目标整合相关资源,可以形成资源供应商、功能供应商和集成物流服务供应商，从资源集成到功能集成再到集成服务的集成过程，体现了量变到质变的规律——物流业内部资源关系变化的规律。

两业联动过程是通过两链融合过程实现的，反映了物流链切入供应链的过程，实行集成的供应链过程就是对立统一规律的体现。物流链是对散乱物流业者的整合，但其本身不能孤立存在，所以要通过适应性变革融入供应链，这是物流业组织化的形式——物流链，这就在两业联动发展向两链融合发展的过程中体现了否定之否定的发展规律。

两链融合在导入、适应、共享和融合阶段所体现的否定之否定规律包含在肯定否定规律内部，属于发展连续性具有的阶段性客观规律。

五　寻求全程场线效率的整体提升

整个集成场就是一个统一有机联系的合成场元分布场，联系的观点与系统的观点在本质上是一致的。集成的本质是集成体主导集成过程的内部联系，是由集成过程内部特殊矛盾造成的，并且是决定集成过程根本性质的内在根据。唯物辩证法的联系观点为集成系统理论提供了科学的方法论，集成系统理论的进一步实践，则再一次验证和丰富了唯物辩证法的联系观。

（1）集成过程中的联系和发展都要经过由量变到质变、从初级到高级的发展过程。这一过程包含了肯定到否定，再到否定之否定的辩证规律，即客观事物以相互作用、相互联系的形式出现的各种物质形态的辩证运动和发展规律。集成系统总的发展方向是前进的，发展道路是曲折的，表现为波浪式前进和螺旋式上升的运动。

（2）唯物辩证法包括客观的辩证法和主观的辩证法，指导集成体选择集成目标、方向、途径和方法。集成体是集成战略制定者和集成过程主观意志性的代表，体现了人类认识和思维运动的辩证法，即以概念作为思维细胞的辩证思维的运动和发展规律。

（3）集成场是以实践为基础，在实践中产生又随实践的发展而发展的科学真理。其在坚持马克思主义哲学的根本立场、观点、方法和基本原理的前提下，科学地反映人类在实践领域和认识领域所取得的最新成果，及时地回答和解决时代提出的重大问题，从中得出新的结论、升华新的范畴、形成新的理论。

六　集成场中的哲学规律认识

物流集成体在物流业中对关联资源进行优化整合，成为物流业组织化的物流链中"智能结构"的部分或决策子系统。物流集成体主导物流链切入制造集成体主导供应链的集成过程，是以"两链"链接的方式参与两业联动发展的实践，是两个产业分别组织化基础上的再组织化过程，即物流链与供应链的两链集成实践，可被称为供应链集成过程。在这一过程中，集成体分别是物流业、制造业组织化形成的网链结构中矛盾的主要方面，物流集成体与制造集成体的关系又是联动形成供应链集成的网链结构的主要方面。基于集成场理论中的哲学规律梳理，上述网链结构的形成与发展过程体现了主动与被动的对立统一法则、集成创新导致的量变质变规律和创新升级导致的否定之否定发展规律。相应的理论体现了物流业初级到高级发展、两业联动创新升级发展的要求。理论指导实践需要更深入的理论研究与实践提炼，以期更好地实现两业联动发展集成系统的顶层设计，即发挥产业联动更高层次的理论指导作用。

（1）合成场元体现的对立统一规律。集成体的结构与功能、物流链的结构与功能、两链融合的结构与过程，都体现了对立统一规律。集成体的二元结构体现了主体与客体之间性质不同的对立关系，三主体特征体现了战略、行为和利益的统一。

（2）集成过程体现的量变到质变规律。点、线物流是用来表达仓储、运输等基本物流服务的简约表达方式，网—链物流是用来阐述一体化或集成物流服务的简约表达方式。由于点、线物流结构是网—链物流结构的组成部分，当点、线数量与关系变化达到一定的网—链内在的联系水平结构和功能时，所依托的信息技术、组织方法、监控手段、管理方法等全程监控能力都会有一个质的变化。这种物流业→物流链→供应链→供应链集成的质的变化就在产业服务中实现了升级过程。网链或网链结构是用来表达物流链、供应链（含供应链集成）和产业链等内部和它们之间网链结构的一种简约通用的表达方式。当局部网链升级到达一定水平时，就会带来或者促进整个产业链的网链结构升级、产业高级化发展。

（3）集成联动发展的否定之否定规律。物流业务从制造业务中剥离出来，是对原制造业结构的否定，这一否定体现了专业化特征和机制；物流集成体整合物流资源形成新的组织形式——物流链，其中引进（或剥离）

了资源并经组织化后,再切入制造供应链,形成了以供应链集成为基础的产业联动发展的新结构过程,是对制造供应链结构的否定,新的供应链集成结构的形成将更加具有效率。持续的否定之否定,形成了产业在组织化基础上的升级。

第六节 本章小结

(1) 集成场源自对物流集成和集成物流的人工优化实践过程的总结和理论提炼。在基本范畴提炼的基础上,可进一步应用于描述物流链与供应链之间的导入、适应、共享和融合关系。物流集成、物流链形成与发展、两业联动到两链融合的实践,在不同阶段验证了理论并完善了理论的科学性。实践性是集成场理论形成的源泉,也是检验理论的依据,理论性是提升哲学思考的基本导向。

(2) 集成场是合成场元集成运动的时空平台,是场中一切合成场元集成运动、变化、作用和发展的基本领域。合成场元作为分析研究的基础范畴,体现了集成运动是一切基于物质所固有的根本属性的实践活动,集成体主导的集成活动的实质是主动优化,反映了人工系统的基本特征。在集成场中集成力体现了集成体打破静态系统的主动优化过程,不存在也没有体现集成体意志的合成场元集成运动过程。

(3) 集成场的合成场元结构具有相对性。集成体作为主动性的合成场元,其主体单元是指处于一定集成场关系中的具有集成主导能力的人员智能结构,其客体单元是其可调控、可支配的资源。自学习、自适应是集成场中的集成体基本能力特征,是将一般研究方法中的"人"这个要素分别集成到集成体和其他不同合成场元之中。在集成体中的人指的是主体单元,是集成实践活动的决策者、发动者,在其他合成场元中发挥着主导整合作用。所以,集成体在决策过程中实行的是民主集中制,集成体是集成实践过程责任的主要承担者、集成实践结果的整体性享用者。集成体的客体单元是集成场的主体单元所能掌控的物质资源,这些物质资源在集成过程中能与其他相关资源兼容、整合,联接键将起到集成作用。集成手段是指集成体在探索和改造集成场实践活动中所涉及的各种形式的系统及其运用,联接键是其最主要的表现形式。

（4）集成场中的合成场元需要集成体的集成力形成集成运动，集成体施加集成力是改变资源、功能组合形式，促进物流集成乃至物流链运动状态的基本手段。集成场是合成场元在集成过程中的时间和空间分布状态，既是物流业、制造业各自存在的形式，也是物流链、供应链主导的两业联动发展的存在形式。集成运动着的合成场元在空间的广延性和方位性，可以从企业、区域、全国到全球范围寻找场界。合成场元运动的时间和空间是绝对性与相对性的对立统一，也是无限性与有限性的对立统一，表现为产品供应链、企业供应链、产业供应链从地方到全国乃至全球的联动发展过程。

（5）集成场蕴含着哲学机理的探讨和提炼，在物流集成、两业联动、两链融合机理的推演中，产业联动发展理论得到进一步完善，能够使集成场理论在产业联动应用中更加趋于完善，更具有科学的逻辑性质。

第二章 两业联动发展的主要问题

虽然对于制造业与物流业联动发展的研究已开展了多年，但目前仅局限于制造企业与物流企业间的表层关系探讨，缺乏理论及应用上的深入研究，亟须新的理论、新的视角进行破局，带动制造业与物流业联动向纵深方向发展，以适应产业转型与升级。本章将基于制造业与物流业联动发展的理论和实践基础，提出两业联动发展中存在的问题，确定研究思路，采用理论、案例和实证相结合的研究方法，创新两业联动发展的研究内容。

第一节 两业联动问题的提出

一 两业联动发展的背景

我国制造业与物流业联动发展这一问题的提出涉及相关理论与实践。国内专门针对制造业和物流业联动发展的研讨始于2007年9月国家发改委在上海召开的"首届全国制造业与物流业联动发展大会"。虽然制造业与物流业联动发展是产业实践提出的需求，但在学术研究领域其相关理论的研究已开展了一段时间。在学术研究领域主要是对物流外包、物流联盟和供应链合作关系，以及动态联盟、战略联盟构建等进行研究。这些研究成果可以用集成场理论归纳为物流业资源整合中集成体之间的关系，以及制造业与物流业联动发展过程中集成体之间的关系。除此之外，物流集成、两业联动还存在着集成体、基核、联接键、场线等合成场元作用及其相互之间的关系，以及在联动发展中的产业转型升级问题。因此，本书运用集成场理论提升两业联动的理论深度，总结物流链、供应链、产业链的网链同态模式，以更好地指导两业联动及其产业转型升级实践。

国务院2009年印发的《物流业调整和振兴规划》中提出"制造业与物流业联动发展工程"，提高了制造企业与物流企业合作的积极性，有利于物流集成体和制造集成体的形成，进一步为物流链嵌入供应链提供了良好的契机和政策支持。两业联动发展的示范工程和重点项目建设，为两业联动的基核建设提供了良好的条件，使制造业与物流业以点、线和网—链的方式实现初级向高级的产业联动发展。将制造业与物流业联动发展作为九项重点工程之一，明确了政府如何推动两业联动发展的过程，这一领域的实践与研究，多年来一直受到企业和学者的关注。

2014年9月国务院出台的《物流业发展中长期规划（2014—2020年）》，将着力提升物流企业规模化、集约化水平作为发展重点之一，鼓励运输、仓储等传统物流企业向上下游延伸服务，推进物流业与其他产业互动融合、协同发展，鼓励物流企业与制造企业深化战略合作，建立与新型工业化发展相适应的制造业物流服务体系。降低物流成本、推动物流企业规模化和改善物流基础设施等问题，都可以用集成场理论概括为集成体（物流企业等）、基核（物流园区、物流基地等）和联接键（多式联运、电子商务、物流新技术、物流标准化等）来进行归纳研究。

可以用集成场理论将既有研究进一步梳理、归纳和提升，简化研究的哲学思想，能够深化既有的理论研究成果并指导制造业与物流业联动实践。

二　两业联动发展现状

（一）我国制造业发展现状

制造业是指从事经物理变化或化学变化后成为新的产品的经济活动单位的集合。理论上讲，不论是从事动力机械制造还是手工制作，也不论产品是批发销售还是零售，都属于制造业范畴，在国民经济行业分类中，其被分为30个大类，属于第二产业范畴。现代制造业分工细密且繁杂，由于本书的主题限制，我们重点研究能够在市场中形成主导作用的制造企业，将其形成的纵向分工即制造业供应链作为制造业的基础。由于分工深化，制造业的分工网络必然表现为复杂的网链结构。沿用学术规范，本书将产品制造过程的各个企业因供需关系所构成的网链结构，称为制造业供应链，为方便研究以下简称供应链，主导制造过程的供应链的核心企业用"制造集成体"来表述。

制造业在许多国家都是国民经济的支柱产业。据报道,制造业在20世纪曾给美国、日本和欧洲带来了巨大的经济繁荣,而日本产业高度化、空穴化正是由于高速快捷的国际物流给予了重要支撑,物流业始终是一个国家进行产业布局需要考虑的重要因素。同样,制造业在中国也是国民经济的核心和工业化的发动机。

我国应从制造大国向制造强国转变。朱森第(2014)认为,制造业的发展方向为先进制造业,先进制造业的发展将使我国有可能在第三次工业革命中发挥重要作用,将引领我国制造业走出一条发展新路,极大支撑起我国的国民经济发展和国防建设,对加快发展先进制造业影响深远。①

据2014年10月5日中国新闻网的报道,目前中国工业竞争力指数在136个国家中排名第七,制造业净出口居世界第一位。② 中国的钢铁、水泥、汽车等220多种工业品产量居世界第一位。目前,中国的工业发展水平已经在世界上占有一席之地,"中国制造"已经享誉全球,但要从"中国制造"走向"中国创造",需要标准化、信息化和智能化的发展。随着中国工业信息化的不断推进,信息技术在制造业领域普遍应用,世界各国均通过新型信息技术提高制造业的专业化、智能化水平。2015年8月31日国务院下发了关于《促进大数据发展行动纲要》的通知,指出要在信息化建设的基础上,进一步推进大数据建设。大数据的建设体现了国家对信息的进一步规范化和标准化,为中国制造业走向先进制造业提供了有力的保障。

所谓先进制造业,一般从产品先进性、技术先进性和管理先进性三个方面来认识。

(1)产品先进性。产品的多功能化、信息化、智能化等是产品生产体系中的高端因素,具备较高的附加值和技术含量,诸如高新技术产业或新兴产业产品生产。

(2)技术先进性。设计、生产制造技术,诸如3D技术应用于产品制造等先进制造业基地,不是高新技术产业专属,传统产业只要运用高新技术或先进适用技术改造,在制造技术和研发方面保持先进水平,同样可以

---

① 朱森第:《第三次工业革命、先进制造业、热处理技术》,《金属热处理》2014年第1期。
② 《中国制造业增加值在世界占比超1/5》,中国新闻网,2014年10月5日。

成为先进制造业基地。

（3）管理先进性。基于生产技术的先进管理十分重要，无论哪种类型的制造业基地，只要冠以"先进"内涵，其在管理水平方面就必须是先进的。在落后的管理水平下，先进的产业和先进的技术很难得到发展。

朱森第（2013）将"先进制造业"表述为不断吸收信息、机械、材料以及现代管理等方面的高新技术，并将这些先进的技术综合应用于制造的各个环节和全过程，实现优质、高效、低耗、清洁、灵活生产，从而取得很好经济社会和市场效益的制造业总称。①

所谓的先进制造业应具备以下基本特征。

（1）广泛学习、推广应用先进制造技术。将信息技术与智能制造等其他先进制造技术相融合，促进生产过程中的物流、能流和信息流协调运作，实现制造过程的系统化、集成化和信息化。先进制造技术的研究前沿涉及先进制造工艺方面，诸如，精密加工应用于实际生产。广泛采用先进制造技术才能使我国的先进制造技术水平得到迅速提高。

（2）面对市场研发、采用和推广先进制造模式。先进的制造模式是制造业为更好地满足市场需求而提高产品质量、市场竞争力、生产规模和速度，为完成特定生产任务而采取的一种有效的生产方式和生产组织形式。李放等②（2011）通过分析华为公司的制造模式所经过的"以产品开发为龙头""集成产品开发的流程体系""价值链的模块化""全球价值网络的构建"，即"点""线""面""网"四个阶段最后形成全球价值网络，并使得华为公司竞争优势不断增强，指出先进制造模式的目标是实现数字化设计、自动化制造、信息化管理、网络化经营。在制造管理科学技术与制造系统工程及智能制造系统、柔性生产系统、虚拟制造等领域形成了一些典型的先进制造模式，包括支持产品创新设计对象和过程知识的获取、异地合作设计平台、数字化制造（包括低成本和快速响应市场需求、制造系统的全局优化运行、制造过程的管理及控制、成型和加工工艺仿真技术、物流系统等）、制造过程中各种成形加工的虚拟制造（包括虚拟加工、虚拟装配、虚拟调度和虚拟测试等）、柔性制造系统的优化与控制（包括 FMS

---

① 朱森第：《机遇已至　先进制造业将大有可为》，《中国工业报》2013 年 4 月 10 日。
② 李放、林汉川、刘扬：《全球化视角下中国先进制造模式动态演进研究——基于华为公司的案例分析》，《东北大学学报》（社会科学版）2011 年第 2 期。

中的装载问题、调度问题、死锁控制问题等）、传统制造商向集成方案提供商发展及其所需的关于设计、制造、经营和管理问题的知识链管理。

（3）实施综合集成的供应链管理。满足先进制造业发展的需求是两业联动发展中的重要任务。先进制造业通过实施先进的集成供应链管理可以提高效率、降低物流成本，更好地满足市场需要。

据工信部发布的信息，截至2016年，我国制造业的规模位居世界第一，占全球的比重上升到20.89%。在中国制造业为中国乃至世界经济做出重大贡献的同时，我们也应清醒地认识到中国制造业正面临着前所未有的危机和挑战。国家统计局服务业调查中心高级统计师赵庆河在2015年分析制造业PMI回落的主要原因时指出：一是部分传统产业继续加大结构调整，高耗能行业PMI为今年以来的低点；二是自然灾害的影响使生产经营活动放缓；三是京津冀等地加大治理大气污染力度，主动放慢生产；四是原油等大宗商品价格持续走低，制造业国内外市场需求偏弱。[①] 因此，从以上原因来看，制造业的发展受到产业结构、自然环境、政策和国内外市场需求等因素的影响。据国家统计局2015年1—8月对制造业PMI的统计，高技术制造业和消费品相关制造业的表现高于制造业总体水平，而高耗能行业连续弱于制造业总体水平。制造业发展的趋势是向高技术制造业发展，且高技术制造业和消费品制造业在制造业中逐步占据主体地位。

（二）制造业发展中的问题分析

中国制造业虽逐步向高技术制造业和消费品制造业占主导地位的制造业新格局发展，但仍然面临较大的下行压力。国家统计局调查结果显示，资金紧张、市场需求不足和劳动力成本上涨等仍是目前困扰企业发展的主要因素。而制造业的发展影响着制造业与物流业的联动发展水平。因此，我们需要首先认清制造业发展过程中所面临的问题。

（1）传统制造业的发展提高了工业增加值，但与此同时也造成了较为严重的环境污染问题。在制造业发展过程中，为提高工业增加值，传统制造业的生产对环境造成了较大的压力。因此，需要继续调整制造业产业结构，改造传统的高耗能制造业，运用新技术改善制造业的生产环境，提高环保标准促使传统制造业进行排放处理，进而实现制造业的绿色发展、可

---

① 李毅中：《国家统计局服务业调查中心高级统计师赵庆河解读2015年12月制造业和非制造业PMI》，《工程机械》，2015年。

持续发展。2015年8月制造业PMI比上月降低0.3个百分点,其中一个原因就是加大治理大气污染力度,主动放慢生产。这一事件说明,目前,环境保护与工业生产之间存在着反比例关系,当工业增加值增长时环境污染严重,而实施环境保护措施又使得工业增加值减少。因此,环境指标与工业增加值的"此消彼长"现象是制造业发展过程中亟须解决的问题。

(2) 部分传统制造业产能严重过剩,生产装备开工不足。2005—2016年,中国国内固定资产投资年均增长率一直保持在20%左右,其增速令全球各国"望尘莫及"。大规模投资是国内经济的主要驱动力,但装备产品价格持续在低位徘徊,虽然沉淀了可观的生产能力,却造就了产能过剩现象。统计资料显示,目前我国制造业的平均产能利用率只有60%左右,不仅低于美国等发达国家当前工业利用率为78.9%的水平,也低于全球制造业71.6%的平均水平。在我国目前的24个大行业中,有22个行业存在着严重的产能过剩问题。例如,到2013年年底,我国水泥产能约31亿吨,钢铁产能10.4亿吨,电解铝3200万吨,当年实际产量分别是24.14亿吨(利用率75%)、7.79亿吨(利用率74%)、2240万吨(利用率70%)。产能严重过剩,导致企业开工不足,库存高启,行业运行困难,效益低下。①

在当前市场需求不足的情况下,由于通用和中低档产品的普遍大量重复生产,供求矛盾不断被激化,市场普遍表现为供过于求,被同质化的恶性竞争愈演愈烈,盲目抢订单的现象时有发生。2014年,装备产品价格延续低位运行走势,截至2014年,价格指数已持续37个月低于100%,累计价格指数也持续36个月低于100%,全年装备产品累计价格指数为98.6,且总体上呈逐月微降趋势。装备产品价格持续走低,导致企业利润率大幅下降。②

(3) 国内科技创新能力不足、关键技术自给率低。从技术层面看,目前,我国对外技术依存度平均在50%以上,与一般发达国家的30%以下、美国和日本的5%以下有很大差距,原因在于创新能力不足与科技成果向现实生产力转化难同时并存,这导致我国的核心技术和关键技术自给率低。一方面,研发投入强度(2.09%)与创新型国家(3%—5%)相比明显偏低,同时,各领域、各部门、各方面科技创新活动存在分散封闭、交叉重

---

① 潘爱华:《新常态下我国制造业发展的几点思考》,《产业经济评论》2015年第2期。
② 《2013年中国装备制造业发展报告》,《金属加工(冷加工)》2014年第10期。

复等碎片化现象;另一方面,多年来,我国一直存在着科技成果向现实生产力转化不力、不顺、不畅的痼疾,在科技创新链条上存在着诸多体制机制关卡,产、学、研、用脱节,创新和转化各个环节衔接不够紧密。①

另外,从产品层面看,尽管中国有少数制造业在科技领域已达到了国际领先水平,但在整体上仍处于技术上的引进和模仿阶段,代工还是我国出口制造业的主要生产方式。企业通过购买、代理等方式获得某项专利在一定期限内的使用权。从产品和技术层面来看,我国大部分制造业仍集中在低附加值领域,大部分企业缺少技术实力和核心产品,对国外的创新技术依赖过重,盈利水平受到严重限制和挤压。根据施振荣(1992)提出的"微笑曲线",我国制造业大体上还是处于产品链中的制造和装配阶段,其附加价值最低,因此如何引导我国制造业向"微笑曲线"的两端升级,即由制造和装配转向产业链上游的研发以及下游的营销,将关系到我国制造业的未来发展,也将影响到制造业和物流业联动的发展。

(4) 制造业的能源、资金等要素成本高,且劳动力成本上涨,给制造业的发展带来了巨大的压力。过高的能源、资源和劳动力成本致使中小制造业企业经营困难。国家统计局 2015 年 5—7 月的制造业 PMI 调查结果显示,反映资金紧张、市场需求减少的企业比例不断增加,企业生产经营困难。到 2015 年 8 月,中小企业经营困难的情况有所缓解,其原因与原油等大宗商品价格持续降低、国家降息降准政策等密不可分。但从总体上看,制造业的能源、资金和劳动力成本过高给制造业的发展带来了较大的影响。

随着我国制造业的劳动力红利时代即将结束,很多发展中国家已接纳了不少转移的产业,对我国制造业形成了挑战。美国及其他工业发达国家若引领新一轮产业革命,将使其重获制造业优势。② 为使我国制造业在国际竞争中处于相对有利的地位,必须加快发展先进制造业。

制造业的持续健康发展仍是我国经济发展的主要动力,而制造业转型升级是这一发展趋势的主导方向。这一过程的实现需要物流业的支持和配合,形成互动、共赢和产业转型升级发展的局面。

(三) 我国物流业发展现状

物流业是将运输、储存、装卸、搬运、包装、流通加工、配送、信息

---

① 潘爱华:《新常态下我国制造业发展的几点思考》,《产业经济评论》2015 年第 2 期。
② 朱森第:《第三次工业革命、先进制造业、热处理技术》,《金属热处理》2014 年第 1 期。

处理等基本功能根据实际需要实施有机结合的活动的集合。当代信息技术的交易效率提高，促进分工进一步深化，导致专业化的集成服务需求在制造业的分工合作中出现，形成制造企业对集成物流服务的新需求。这就导致原本在企业内部形成的物流服务转向从外部物流市场采购。当代物流业融合了运输业、仓储业、货代业和信息业等新兴的复合型服务产业，是国民经济的重要组成部分。其"新兴的"标志着信息技术、集成管理理论的应用；其"复合型"囊括了运输业、包装业、仓储业、货代业、邮政业以及快递业和信息业等一些行业，这些行业既具有自己业务的独特性、专业化特征，也需要与其他的业务在专业化的基础上融合起来。当代物流业表现出的更加深刻的分工特征，需要按照客户企业需要组织起来，诸如将地域专业化、功能专业化持续深化，并按照客户需要进行协同运作，更精准地满足需求。分工深化促使专业从事信息搜集、处理和管理的集成物流服务商从物流业功能分工中逐步独立出来，在制造业与物流业之间充当了"桥梁"作用，使得资源能够更加有效地整合、利用，促进了物流业在满足市场需求过程中的组织化、有序化发展。在本书中，这种在物流业中具有组织化、有序化特征的龙头企业被称为集成物流服务商，其引导着物流资源、功能企业所形成的供应链，即物流服务供应链，简称物流链。下面将用物流集成体来表示物流链的核心企业。

进入 21 世纪以来，我国物流业总体规模快速扩大，服务水平显著提高，发展的环境和条件不断改善。

（1）社会物流总费用增长较快，物流成本依然很高，对制造业的发展形成较大的成本压力。2016 年我国社会物流总费用超过 11.1 万亿元，同比增长 2.9% 左右，增速延续小幅回落态势。其中，运输费用 6.0 万亿元，同比增长 3.39%；保管费用 3.7 万亿元，同比增长 1.39%；管理费用 1.2 万亿元，同比增长 5.69%。[1]

（2）物流业由快速增长进入趋稳的态势。物流业从过去十多年的 20% 以上的高速增长，将逐步减缓到 9% 左右。2016 年，全国社会物流总额 229.7 万亿元，按可比价格计算，同比增长 6.19%，增幅较上年提高 0.3 个百分点。2013 年测算的单位 GDP 社会物流需求系数为 3.5，到 2016 年单

---

[1] 国家发展改革委、中国物流与采购联合会：《2016 年全国物流运行情况通报》，http://www.clic.org.cn/yw/281196.jhtml。

位 GDP 社会物流需求系数是 3.1，该指标先上升而后回落，即每 1 个单位的 GDP 从需要 3.5 个单位的物流量来支撑，回落到需要 3.1 个单位的物流量来支撑。① 从 2016 年物流总额构成看，物流市场结构有所优化。工业品物流总额 214.0 万亿元，同比增长 6.0%，增速较上年回落 0.1 个百分点。进口货物物流总额 10.5 万亿元，同比增长 7.49%；单位与居民物品物流总额继续保持高速增长态势，同比增长 42.8%。②

（3）近年物流业增加值增幅有所回落。2014 年，我国物流业增加值 3.5 万亿元，同比增长 9.59%，增幅较上年同期回落 1 个百分点。从构成来看，交通运输物流业增加值 2.4 万亿元，增长 9.37%，交通运输物流业增加值占物流业增加值的比重为 68.67%，仍是物流业增加值的主要组成部分；贸易物流业增加值 6781 亿元，增长 7.99%，贸易物流业增加值占比为 19.47%；仓储和邮政物流业分别增加 4.89% 和 35.67%。③

（4）物流基础设施投资有所回升。2015 年，交通运输、仓储和邮政业固定资产投资为 4.9 万亿元。截至 2015 年年末，全国铁路营业里程达到 12.1 万千米，高铁营业里程超过 1.9 万千米，西部地区营业里程为 4.8 万千米，增长 10.1%。全国公路总里程为 457.73 万千米，高速公路里程达到 12.35 万千米；公路密度为 47.68 千米/百平方千米。全国内河通航里程达到 12.70 万千米。④ 以上这些为物流通道顺畅提供了良好的基础设施条件。

（5）物流基础网络初步成形。2013 年出台的《全国物流园区发展规划》，确定了 29 个一级物流园区布局城市和 70 个二级布局城市，为物流园区加快网络化发展绘制了基本蓝图。总体来看，我国物流基础网络初步成形，网络硬件设施对行业的制约作用逐步消退，依托物流基础网络的创新将逐步加快。

（6）电子商务物流加速物流业发展。2016 年全国社会消费品零售额为

---

① 国家发展改革委、中国物流与采购联合会：《2016 年全国物流运行情况通报》，http://www.clic.org.cn/yw/281196.jhtml；中国物流与采购联合会、中国物流学会：《中国物流发展报告（2013—2014）》，《现代物流报》2014 年 5 月 20 日；中国物流学会、中国物流与采购联合会：《中国物流发展报告（2013—2014）》，中国财富出版社 2014 年版；国家统计局：《2016 年国民经济实现"十三五"良好开局》，http://www.stats.gov.cn/tjsj/zxfb/201701/t20170120_1455942.html。

② 国家发展改革委、中国物流与采购联合会：《2016 年全国物流运行情况通报》，http://www.clic.org.cn/yw/281196.jhtml。

③ 中国物流与采购联合会、中国物流学会：《中国物流发展报告（2013—2014）》，《现代物流报》2014 年 5 月 20 日。

④ 交通运输部：《2015 年交通运输行业发展统计公报》，http://zizhan.mot.gov.cn/zfxxgk/bnssj/zhghs/201605/t20160506_2024006.html。

33.2万亿元，同比增长10.4%。全国电子商务交易额达到26.1万亿元，比上年增长19.8%。其中，实物商品网上零售额比上年增长25.6%，比社会消费品零售总额增速高出15.2个百分点，实物商品网上零售额占社会消费品零售总额的比重为12.6%，比上年提高1.8个百分点；中国网购用户规模达4.6亿人；电子商务服务企业直接从业人员超过210万人，电子商务带动就业人数已超过2000万人。可见，电子商务快速发展极大地推动了物流业的快速成长。①

（四）物流业发展趋势及问题分析

两业联动中的物流业发展趋势，可以从以下几方面进行探讨。

（1）物流业务从初级的点、线物流向高端的网—链物流发展。物流链切入供应链，实现制造业与物流业在专业化、信息化、网络化基础上的进一步融合与集成化。

（2）从传统技术、传统业务走向技术创新、业务创新和服务创新。从物流功能服务到集成物流管理服务，实现了从"侍者"到"管家"的转变。

（3）传统功能业务向多功能集成的一体化物流服务发展，全面提升物流服务质量。代收货款、代理结算、仓单质押、融资监管等物流金融服务与供应链物流业务相配套，降低物流金融风险；贸易、物流和金融一体化的供应链服务需求增加较快。

我国物流业在发展中主要存在以下几个方面的问题。

（1）中小物流企业普遍缺乏物流集成知识，缺乏经营过程的集成体意识。它们普遍认为，物流企业在市场中处于散、小、弱等状态，致使运作模式无战略意识、无集成意识、无组织意识、无系统意识，使得物流资源很难共享，资源浪费严重，同时，物流企业缺乏合作的意识，缺乏物流集成的主动积极性，致使物流业务一体化较难。与"新常态"经济环境相对应，目前中国物流业发展增速进入相对温和的增长阶段。这样，曾被长期高速增长掩盖的一系列问题开始显现，市场要求行业加快转型升级，产业迫切要求改变发展模式。

（2）物流资源要素、物流市场业务运行进入高成本阶段。在物流资源

---

① 中国物流与采购联合会：《2016年电商物流运行分析和2017年展望》，http://www.clic.org.cn/yw/280161.jhtml。

要素成本持续走高，依靠资源投入、规模扩张，粗放式增长方式难以维持的前提下，产业如何转型升级、如何高级化发展是一个亟须解决的重要问题。据中国物流与采购联合会的抽样调查，2013年北京、上海、广州等一线城市物流地价普遍超过80万元/亩；燃油价格高位运行，其中汽油价格比2009年上涨了1/3左右；物流企业2010年以来劳动力成本年均上涨幅度在20%左右，企业"员工荒"现象较为普遍；环保成本逐步显现。2013年，国务院发布"史上最严厉"的《大气污染防治行动计划》，多地出现车辆限行政策，并有逐步扩散的趋势，极大地影响了城市货运车辆的通行。

（3）物流服务从点、线运作模式走向网—链物流运作模式。与先进的制造业发展相对应，网—链发展趋势的内在本质是集成。集成是通过资源整合、技术创新推动产业转型升级的重要途径，在两业联动过程中，由谁主导集成、怎样集成的理论和实践问题没有被很好地认识和解决。以集成物流服务商为代表的先进物流企业，通过技术创新、管理创新，具体体现为联动模式创新、物流集成创新、组织制度创新等方面，打造供应链集成发展战略竞争新优势。因此，可以借助大数据、云计算、"互联网+"和物联网等新的电子信息技术，使物流业发生重大变革、迎接新的挑战。专业化、一体化、个性化的物流模式创新，会引领企业抢占产业竞争制高点。①

（4）物流业转型升级发展内涵不明，缺乏主要目标，失去前进方向。发展主要的政策诉求依然是以外部环境为主，企业内在素质提升受到制约。减轻税费负担，为物流企业真正"减负"；支持物流用地，促进物流项目"落地"；创造便捷交通环境，缓解"通行难、收费高"的现状；改革投融资体制，解决"融资难、成本高"的问题；简化行政审批制度，支持物流企业"做大做强"；加快物流管理体制改革，打破条块分割和地区封锁。②

三　两业联动发展问题的提出

（一）两业联动

联动是指在若干相关联的事物中，当一个事物运动或变化时，其他的

---

① 何黎明：《"新常态"下我国物流与供应链发展趋势》，《中国远洋航务》2014年第8期。
② 何黎明：《"新常态"下我国物流与供应链发展趋势与政策展望》，《中国流通经济》2014年第8期。

也跟着运动或变化的过程，即联动可表示为事物间对接、衔接、互动、协同和融合作用的行为过程。这里的"融合"是在形成专业化、信息化、网络化和集成化的物流链等更高水平的物流业组织化发展上的产业再集成过程。产业联动是指在一个区域的产业发展中，以产业关联为基础，实现区域内产业过程的精准对接、无缝衔接、优势互补、相互促进、共享绩效，实现区域产业的协同发展，从而达到优化区域产业结构、提升产业能级、增强区域产业竞争力的目的。制造业和物流业分别是制造业企业和物流业企业的集合，在两业联动的背景下，在制造集成体和物流集成体的分别作用下，呈现出以物流集成体主导的物流链切入制造集成体主导的供应链的过程，形成了以物流专业化、信息化、网络化为基础的集成物流服务在供应链中的协同运作，提升了供应链价值并实现了其价值增值的过程。①

如前所述，在物流业服务于农业、工业、商业等产业的过程中，物流业在这些产业间不仅起到了衔接、渗透等作用，而且起到整合、增值等作用。需指出的是，在提供服务和应用技术的过程中，物流业的业务形式从点、线物流运作走向网—链物流运作；制造业只是物流业所连接、渗透的诸多产业中的一部分，是对物流服务的系统性、时效性、准确性要求更高的产业，制造业的这些高端需求是引导物流业资源整合、物流服务集成、物流集成管理创新和持续发展的动力，这些也是促进物流业组织结构、技术结构调整的动力，通过物流业组织制度重新设计等多重方式促进物流业的转型和升级。

（二）两业联动发展

所谓制造业与物流业联动发展就是实现制造业与物流业无缝对接、精准衔接、相互促进、协同发展。制造业与物流业联动是产业联动的一种具体形式，本书在研究对象明确的前提下将其简称为两业联动。利用物流业的专业化、信息化、网络化及集成化发展趋势和优势来推动制造业升级和发展；制造业为物流业转型、升级的高级化发展趋势带来机遇，进而实现制造业和物流业的双赢。

在 2009 年提出的制造业与物流业联动发展工程的基础上，2014 年发布的《物流业发展中长期规划》提出，到 2020 年的主要任务包括多式联运工

---

① 董千里、董展：《制造业与物流业联动发展模式的识别与应用——集成场视角的案例研究》，《物流技术》2013 年第 12 期。

程、物流园区工程、农产品物流工程、制造业物流与供应链管理工程、资源型产品物流工程、城乡物流配送工程、电子商务物流工程、物流标准化工程、物流信息平台工程、物流新技术开发应用工程、再生资源回收物流工程和应急物流工程12项重点工程。这些工程任务中除了"制造业物流与供应链管理工程"进一步明确了其发展方向，其他工程内容也都是和制造业与物流业联动密切相关的。

(三) 制造业与物流业相互作用关系的理论与实践问题

(1) 在宏观经济层面，在制造业与物流业相互支持、相互作用、共享价值的前提下，关于制造业对物流业发展的促进作用的理论认识与实际过程不尽一致。在两业联动的相关文献中，关于制造业与物流业相互作用关系的认识和研究结论基本一致：制造业与物流业之间存在着长期的均衡关系，物流业对制造业发展存在强因果关系，但制造业几乎并没有促进物流业的发展。[1] 这一研究结论存在的矛盾之处，使得实证研究的结论似乎较难令人信服：首先，制造业对物流业的促进作用不显著，与现实的经验观察相悖，制造业为物流业提供的生产设施设备是物流业发展的重要技术基础，我们需要重新审视已有文献中的实验设计环节；其次，线性的实证检验工具可能会由于非线性的发展过程而导致结果的偏误，鉴于两业之间的动态关系特征，有必要进行补充证明；最后，理论论证工作缺乏，没有统一的数理模型进行规范论证，对促进关系的认识并不严密与深刻。

(2) 宏观层面的制造业与物流业并不是"一对一"服务关系，制造业对物流业的服务性质、类型和模式选择难以运用实证分析方法解决。目前的文献将制造业与物流业联系起来观察分析，结论是通过面板数据得出的。由于受面板数据针对性、适用性和可获得性的制约，相关研究的深入受到了一定限制。制造业与物流业联动发展是一个完整供应链中的不同功能乃至过程的一体化过程，是一个既涉及宏观又涉及中观和微观的经济关系问题。因此，案例研究作为"解剖麻雀"的一种方法，将会在案例研究的横向截面以及案例基本范畴间关系发展在纵向演化不同阶段行为相关指标的

---

[1] 王珍珍、陈功玉：《基于Logistic模型的制造业与物流业联动发展模式研究》，第十一届中国管理科学学术年会，中国四川成都，2009年；葛金田、刘利红、陈宁宁：《制造业与物流业联动发展的实证分析》，《物流工程与管理》2012年第1期；韦琦：《制造业与物流业联动关系演化与实证分析》，《中南财经政法大学学报》2011年第1期；苏秦、张艳：《制造业与物流业联动现状及原因探析》，《软科学》2011年第3期。

统计分析中得以深入，典型案例剖析以及跨案例的横向与纵向方面综合分析的方法，可能会在理论、实践和模式研究工作中产生深远的影响。目前典型案例机理挖掘和深度研究不足，这应成为两业联动发展研究关注的重点问题。

（3）微观实践活动表明，制造企业与物流企业多方面的不平衡影响两业联动的发展。课题组在陕西进行了为期3个月的制造业与物流业联动的实地调研，发现制造业与物流业联动存在以下几个典型问题：①制造企业与物流企业在企业规模、数量上不对称；②制造企业与物流企业的高端人才数量、知识和协同能力严重不平衡；③制造业与物流业联动缺乏样板模式，物流企业运作与制造企业的需求不匹配；④制造企业与物流企业合作方式不稳定，不能有效地弱化供应链的不确定性。结合省外两业联动相关调研活动的分析，发现这些问题具有普遍性，直接影响两业联动模式顶层设计和两业联动的绩效水平。

（四）两业联动发展的内在机理问题

两业联动是一个客观存在的相互影响和作用的发展过程。认识这些相互影响、相互作用的发展规律，需要认识和掌握制造业与物流业联动发展的一般规律和作用关系。例如，用集成场范畴重点分析12项重点工程，从宏观上看，物流园区工程、物流信息平台工程、物流标准化工程等都与两业联动集成场的"基核"建设密切相关，多式联运工程、制造业物流与供应链管理工程、电子商务物流工程等都与两业联动集成场的"联接键"设计构建密切相关，农产品物流工程、资源型产品物流工程、城乡物流配送工程、再生资源回收物流工程等都与两业联动集成场的"场线"形成与运作密切相关。这说明，政府更关注制造业与物流业联动发展支持产业发展的技术更新、技术创新进而加快联动发展中的产业升级。两业联动发展，不仅能够支持既有的制造业发展，而且能够支持先进制造业的发展，支持物流业高级化发展。

（1）龙头企业、基地、信息技术、技术装备等对两业联动的关系影响和作用。集成场视角的研究提供了制造业与物流业间集成体、基核和联接键关系、作用和影响的途径，可以从最关键的因素入手，抓住两业联动在特定市场环境下，集成体对业务合作中的合同、资源和服务能力的影响、促进作用，研究内在的作用机理。

（2）从专业化分工、系统化集成视角研究制造业与物流业间的互动作用。电子信息技术的应用，特别是一些大数据平台的建设，使得在产业内部、产业之间所形成的分工不断深化，进而通过分工使得生产效率不断提高。

（3）从交易费用的视角研究两业间协同发展的合作、共享的产业发展促进作用。在宏观方面，降低交易费用的措施包括提升交通基础设施水平、降低制度交易费用、提升对外开放水平等。

（五）两业联动关系形成、演化和发展模式问题[①]

制造业与物流业联动发展的模式，是指这两个行业间围绕特定目的相互作用所表现出来的关系特征，即用特定范畴描述和识别两业联动的关系特征。制造业与物流业间的衔接、对接、互动和协同行为，首先涉及产业市场需求规模和发展的环境影响，即产业需求规模及其变化的环境；其次是产业物流需求质量及实现水平，即实现产业物流需求过程中的物流业与制造业间的紧密衔接、精准对接、相互促进、协同发展过程的要求，显然是技术要素组合、技术创新和集成管理运作要求的实现水平；最后涉及具体"产业间"需求要落实到"链间"关系，即物流链要切入供应链，融合于供应链的战略、策略与机制。制造业与物流业分属行业、关注重点的不同，以及信息的不对称，造成双方在联动发展的过程中出现不协调现象。在所涉及的诸多因素中，应该抓主要因素。因此，本书在制造业与物流业的联动发展研究中以"链"的组织化、序列化形成物流链切入产品供应链的协同、融合关系作为主要研究对象，探讨主导企业组织链状序列化过程，以促进企业发展及产业转型升级。

因此，制造业与物流业联动必须考虑产业发展、产业衔接和产业渗透对物流服务需求的大环境，诸如经济环境、市场环境、交通环境和国际物流通道等的要求；在产业需求大环境下的产业间联动运作机制，即集成体主导相关物流业在组织化基础上与制造过程的衔接、对接并融入供应链过程的机理和方式，形成产业间协同、整合等联动发展的过程。显然，先进的制造业对物流需求的质量要求比传统制造业对物流需求的质量要求高，对物流业服务质量及实现水平要求越高，对物流业转型、升级的牵拉促进作用就越强。

[①] 董千里、董展：《制造业与物流业联动发展模式的识别与应用——集成场视角的案例研究》，《物流技术》2013年第12期。

物流业务外包反映了两业联动集成体在业务上确立的法律关系，深化两业联动研究需要进一步在关键识别依据和基础上构建模式。形成清晰的模式便于识别、学习、调整、借鉴和应用。

（1）制造业与物流业联动发展的主动作用过程。联动发展的自然过程是与客观规律相联系的。在研究制造业与物流业联动发展是否需要主动，如何进行主动的联动发展过程中，需要在分析总结两业联动发展的客观规律的基础上，能动地掌握和利用规律促进制造业与物流业的科学发展。

（2）探讨制造业与物流业在市场环境作用下的演化过程。在遵循制造业与物流业联动发展客观规律，说明其间有必然联系的自然过程中，探讨制造业与物流业联动发展模式，要在客观认识的基础上人为地发挥主观能动性，指导、引导制造业与物流业的联动发展过程。根据市场环境的变化，制造业与物流业的联动发展模式呈现出阶段性的变化趋势。本书将市场环境划分为三个阶段，即企业间竞争的历史阶段、供应链间竞争的现行阶段和网络间竞争的趋势阶段，并从这三个阶段分析制造业与物流业的联动发展模式。

（3）梳理和提炼两业联动发展模式的运行机制。从集成场理论、分工促进生产效率提高、降低分工产生的交易费用的角度总结两业联动的模式。

第二节　研究目的与意义

制造业与物流业联动发展，旨在探索实现生产与物流一体化的运作模式，使物流链融入供应链实现"两链融合"的两业联动发展模式，能指导制造业与物流业联动发展的实践。

一　研究的主要目的与任务

（一）研究的主要目的

通过对我国制造业与物流业发展现状及存在问题的研究，可将两业联动发展的目的归纳为以下几点。

（1）在两业联动发展中实现组织化、有序化、高级化发展。这种有序化是基于市场机制作用的,是通过物流链和供应链的形成、物流链切入供应链以及两链融合的方式实现的,与物流资源、技术和设施布局有密切的联系。

(2)实现物流链切入供应链的产业协同、融合过程。物流集成商主导物流链,主动切入制造供应链过程,实现制造业与物流业联动、协同运作过程的无缝对接、精准衔接、相互促进、共同发展,是在协同过程中的产业升级。

(3)通过联动模式的理论研究和实践探讨,寻求经济"新常态"下的产业结构优化、产业运作协同、产业价值增值过程。物流业在服务制造业的过程中,进行物流服务创新,实现产业技术、组织升级。制造业与物流业在联动过程中实现产业升级、产业共赢。

利用物流业的专业化、信息化、网络化和集成化发展趋势,支持和推动制造业转型、升级,制造业为物流业组织化、高级化发展带来机遇,通过两业联动实现制造业和物流业的协同发展。

(二)研究的基本任务

两业联动是制造业与物流业间主动地构建合作、共赢机制。这一机制的原理和实现方式是什么,这正是本书的主要研究任务之一。

(1)探讨两业联动的基本原理。制造业企业集中于自身核心业务,将非核心的物流业务外包这一现象已经是物流与供应链管理教科书讨论的基本内容,但在具体的企业实践中上述现象的发展趋势仍显缓慢。除此之外,主动地实现两业联动的技术、经济和制度的基本原理是什么,仍需深究。

(2)研究两业联动的实现途径。在制造与物流企业经营管理人员同时在场的调研会上,可以清楚地看到两业经营者在认识方面的差距。制造企业不愿意外包,物流企业也并没有做好承接外包服务的准备。这是两业联动实践需进一步深化研究的问题。

(3)探讨两业联动的实现模式。宏观层次两业联动的基础理论、微观层次两业联动的发展模式,其实现机制直接影响两业联动的质量、效率和成本要求,因此要将不同层次的理论、模式与实现机制有效结合起来。

二 两业联动发展的意义

(一)区域产业结构调整的需要

制造业和物流业分别属于第二产业和第三产业,新型工业化道路中的第二、第三产业密不可分。① 在国家统计局进行的制造业 PMI 统计中，制造业被划分为高技术制造业、消费品相关制造业和高耗能制造业，目前制造业的内部结构发生了变化，高耗能制造业的发展相对缓慢，而高技术制造业和消费品相关制造业发展增速明显。为应对制造业内部结构的调整，物流业需加快转型升级向高级化发展，进一步与制造业协调发展，推进新型工业化，促进区域经济和谐发展。

（二）制造业创新发展的需要

（1）有利于制造企业集中资源，发挥核心业务优势。提高制造业与物流业联动发展水平，有助于制造企业提高主业核心竞争力，集中资源形成技术创新优势，实现最大经济效益，可以通过联动发展满足制造业提升自身核心能力的需要。

（2）有助于制造企业进行市场开发、产品拓展和成本管控。精准、准时和高效的物流服务对于制造企业进行市场开发、产品拓展和成本管控的意义十分重大。因此，加强物流业与制造业联动、提高物流时效有助于制造企业优化生产流程，缩短流通时间，降低生产成本，提升企业竞争力。

（三）物流业转型升级的发展需要

物流业转型升级需要需求引导其技术结构、组织结构、业务集成向高级化发展，先进制造业可以提供这种市场需求，使得物流业在这一领域有明确的发展方向。

（1）制造业为物流业提供了高端服务对象并提出了要求。制造业是物流业主要的服务对象，其中一部分是中高端服务对象，是物流业高级化发展的市场源泉，是物流企业创新和发展的动力。因此，物流业转型升级的技术结构、组织结构和服务集成是建立在制造业发展的物流需求基础之上的，物流业必须与制造业联动发展，两者互相推动、互相促进，向产业高级化发展②，促进两业共赢。

（2）制造业提供了物流业发展的业务基础和动力源泉。制造业为物流业专业化、信息化、网络化、集成化的发展提供了业务基础和动力源泉，脱离了制造业，物流业中高端业务来源将受到限制，物流高级化发展进程

---

① 刘娟：《物流服务业与制造业协调发展问题研究》，《中国储运》2007 年第 2 期。
② 龚鹏、阎黎：《西安制造业与物流业联动发展的现状及对策》，《物流技术》2012 年第 1 期。

将严重趋缓。

（3）"一带一路"倡议提供了产业发展环境和产业升级空间。随着我国产业西移、西部大开发深入进行、关天经济区先进制造业发展，"一带一路"倡议将为中国物流业发展提供转型升级、高级化的环境，这是百年难遇的发展机遇。

（四）优化产业结构和提升产业链效率的需要

在供应链管理背景下，制造业与物流业的联动发展可以促进社会资源合理配置，使制造业产品快速进入市场，将客户反应迅速反馈至制造企业，从而实现供应链组织结构、技术结构优化，并促进供应链整体价值最大化。两业联动对于促进制造企业与物流企业的协同发展、提高区域经济发展水平有着深远的意义。

三　两业联动发展研究的必要性

研究两业联动发展的必要性体现在以下几方面。

（1）先进制造业发展要求企业集中于核心能力，实现制造业智能化等高层次发展。制造业与物流业精准对接、紧密衔接有利于形成专业化基础之上的强强合作，通过产业供应链过程中的互动关系促进制造业和物流业分别向高级化发展。集成、集成管理已经成为制造业与物流业共同的发展战略趋势：物流商由单一功能服务商向集成物流服务商发展，制造企业也在向供应链集成服务商转变，两业联动发展有利于两业互动、协同发展，促进区域经济发展战略的实现。

（2）两业联动衔接的有效程度直接关联到产业发展成本、经济发展能源消耗。两业联动发展的精度和规模对两业的发展关系十分重要，对制造业与物流业联动发展的能源等环境则非常依赖。在我国各个重要历史阶段，工业布局对工业生产效率、能源消耗和先进制造业发展等方面具有举足轻重的作用。特别是改革开放以来，许多制造业在技术、工艺和产品方面发生了重大变化，进行相关研究、制定相应的发展方针和政策十分必要。

（3）从集成场视角研究两业联动有利于产业组织制度创新、基核场源建设创新以及联接键设计、选择和应用创新。梳理对我国制造业与物流业联动发展的多年研究，可以发现，既有的研究虽然取得了一定的理论成果，但仍需要以新的视角继续深化，形成理论结合实际的研究成果，以实现两业联动发展模式顶层设计理论、方法与实践途径的突破。

第三节　国内外研究综述与启示

一　两业联动研究的范畴

从制造业与物流业联动发展研究领域分析，物流服务外购、物流服务外包、利用外部资源、物流联盟及动态联盟、战略联盟和供应链合作关系等研究范畴始于 20 世纪 90 年代末，国内外对制造业和物流业联动发展的研究重点各有侧重。其中，"外包"（Outsourcing）利用第三方物流与"内包"（Insourcing）自营物流是相对应的，各自满足制造企业供应链的不同需求。但是，随着物流链的完善，有外包大于内包的发展趋势，外包与内包的决策体现了供应链发展的战略重点。目前的研究可以归纳为以下几点。

（一）两业联动发展内涵辨析

国外学者多在微观经济层面对企业间交易费用、博弈论、委托代理、战略联盟、竞合理论等方面进行有益探讨，其研究及应用范畴涉及制造企业与物流企业间的关系。Lambert 等（1998）解释了物流外包的动因。[①] 企业越来越把主要资源用在加强核心能力上，而往往将非核心能力外包出去。[②] 董千里（1999）以电子信息技术和集成管理理论方法的应用为标志，将物流高级化发展分为初级物流（传统物流）和高级物流（现代物流）两个阶段，在物流集成概念的基础上，提出了物流系统化思想，阐述了物流链、物流链组织和物流链管理等内容[③]，也就是要用组织化的物流链对接供应链物流需求。吕涛、聂锐[④]（2007）把产业联动定义为基于产业关联的产业协作活动，是产业在发展中突破边界、双向互动、融合渗透、互利共赢的一种发展形式。王自勤[⑤]（2012）在分析制造业与物流业联动发展研

---

① Lambert, D. M., Stock, J. R., and Ellram, L. M., "Fundamentals of Logistics Management", *Lancet*, 1998, 172 (4431): 330–331.
② 张中强:《基于制造业视角的第三方物流外包服务揽接能力研究》，《管理世界》2012 年第 9 期。
③ 董千里:《高级物流学》，人民交通出版社 1999 年版。
④ 吕涛、聂锐:《产业联动的内涵理论依据及表现形式》，《工业技术经济》2007 年第 5 期。
⑤ 王自勤:《制造业与物流业联动发展内涵与理想模式研究》，《物流技术》2012 年第 15 期。

究中的问题时指出，一些学者将两业联动等同于物流外包，如王佐[①]（2009）认为两业联动发展是制造企业的服务外包活动，而李亦亮[②]（2010）则认为，物流外包只是联动发展的一种形式，而不是全部。骆温平（2015）基于制造业与物流业联动对物流产业及其服务类型进行了"传统物流"与"高端物流"的划分及内涵分析。[③] 上述文献可以说明，制造业和物流业联动发展属于在物流高级化发展阶段选择的一种发展模式。在这一研究范畴，支持两业联动的物流业服务体现了物流业的组织化形式"物流链"，在高级化发展阶段所体现的物流服务需求特征，需要信息技术、集成管理等技术、方法承载制造业高端发展的物流高级化服务能力。

对两业联动作用的一般认识为，制造业集中于自身的核心业务，将非核心的物流业务交给专业化的第三方物流企业完成，从国际上看，内包或外包物流都是制造企业的物流运作方式，而外包发展趋势更为突出，发展更快，承接外包的第三方物流企业在提高物流资源的使用效率、降低物流成本方面，具有明显的优势。相关文献表明，外包物流是两业联动的基本方式，不仅能够降低制造业成本，提高制造业的核心竞争力，而且可以促进物流业转型升级向高级化发展，进而推动区域经济转型和经济增长方式的转变。

本书认为，应在物流外包形式的基础上，进一步充实和提升两业联动发展的内涵，促进产业在联动中转型升级。所谓制造业与物流业联动发展就是实现制造业与物流业精准对接、无缝衔接、相互促进、共同发展，利用物流业专业化、信息化和网络化优势，提供集成化物流服务，推动制造业升级和发展，制造业为物流业组织结构调整、技术结构升级指明了高级化发展方向，提供了实践机遇，实现了制造业和物流业的双赢。所以，本书认为，物流外包是物流集成体与制造集成体之间的一种法律规范，是用一揽子业务合同方式来表达物流服务业务交与合作方完成的关系，即物流外包是制造集成体与物流集成体专业化分工与联动合作的一种具体形式。此外，两业联动的具体合作形式依据不同划分方法可以形成多种子类。本书从集成场理论角度识别两业联动，其联动发展模式由多重依据构成，经

---

① 王佐：《制造业与物流业联动发展的本源和创新》，《中国流通经济》2009年第2期。
② 李亦亮：《制造业与物流业联动发展需要澄清的认识问题》，《兰州学刊》2010年第12期。
③ 骆温平：《基于制造业与物流业联动分析的物流产业划分》，《企业经济》2015年第5期。

简化可以概括为集成场理论中三类重要的合成场元,即集成体、基核和联接键,这些都是集成场的基本范畴。合成场元是集成场中值得单独考察的基本单元,合成场元机理是集成场基本范畴、考察对象等形成和运作的重要机理。

(二) 两业联动发展研究的视角

欧美国家学者的相关研究集中在供应链合作关系、物流联盟、物流外包等理论中,直接讨论制造业和物流业联动发展的研究较少,国内很多学者则侧重于从宏观角度进行研究,例如主要利用全国、区域、城市等经济统计的面板数据,分析国内与国外制造业与物流业、区域及区域之间的制造业与物流业的关系,制造业与物流业之间的格兰杰关系等。[1] 苏秦等[2] (2011) 结合各国物流产业特征和经济发展阶段,分析了各国物流业与制造业之间的融合、互动现状及其动态变化规律。随着通信技术的发展和广泛应用,生产性服务业与制造业之间的边界越来越模糊,两者呈现出了融合趋势。这些研究与中国的社会主义市场经济体制有关,各国政府在其经济发展中所起的政策势能的作用有所不同。

在西方市场经济条件下,学者更强调联动发展的微观经济主体的自然性。例如,Chalos[3] (1995) 指出,物流外包要谋求双赢,供需双方要缔结合作竞争关系。Tate[4] (1996) 讨论了成功的合作伙伴关系应具备的要素:相融性、沟通性、承诺性、公平性、柔性、互信性及知晓性。Daugherty 等[5] (1996) 阐释了物流外包的经营环境因素以及代表合作性关系的相关要素,并对美国从事进出口贸易的制造企业的调研数据进行了回归分析,得出了一些建设性结论:资产专用性、供应能力、集中性以及易变性均与

---

[1] 苏秦、张艳:《制造业与物流业联动现状及原因探析》,《软科学》2011 年第 3 期;李万青:《广西产业集群与产业集群物流联动发展研究》,《物流科技》2009 年第 4 期;赵英霞:《东北地区制造业与物流业联动发展的新模式探索》,《对外经贸实务》2013 年第 9 期。

[2] 苏秦、张艳:《制造业与物流业联动现状分析及国际比较》,《中国软科学》2011 年第 5 期。

[3] Chalos, P., "Costing, Control, and Strategic Analysis in Outsourcing Decisions", *Journal of Cost Management*, 1995, 35: 31 – 37.

[4] Tate, K., "The Elements of a Successful Logistics Partnership", *International Journal of Physical Distribution & Logistics Management*, 1996, 26 (3): 7 – 13.

[5] Daugherty, P. J., Stank, T. P., Rogers, D. S., "Third – Party Logistics Service Providers: Purchasers' Perceptions", *International Journal of Purchasing and Materials Management*, 1996, 32 (1): 23 – 29.

合作关系正相关，而服务的差异性、交易量则与合作关系负相关。Trienekens[①]（2001）从价值链的角度探讨了跨企业之间供应链管理的必要性——强化整个供应链的价值增值，提高供应链的竞争优势。Boyson 等[②]（1999）的研究认为，企业除了仓储、运输、包装、订单处理等常规业务，被外包出去的物流业务还包括那些计划更集中和要求动态建模的物流职能，如库存控制、物流信息系统等。形成这些新变化的主要原因是供应链管理兴起并催生了相对较高水平的物流外包需求。Menon 等[③]（1998）认为，企业在选择物流外包时，考察的依据除物流服务商具备提供最低成本的能力以外，还要求具备突发事件的响应能力、实现准时绩效的能力、保证低错误率的能力、保持高端活动有效性的能力、实现或超越承诺的能力、达到绩效及品质要求的能力、财务稳定的能力、管理创造的能力等。张中强[④]（2012）在梳理 Boyson 和 Menon 等研究的基础上，从制造业视角，探讨了我国第三方物流对制造企业物流外包服务的揽接能力问题，并提出了我国第三方物流外包揽接能力模型。Bae[⑤]（2012）以港口物流公司为研究对象，就物流集成与客户服务绩效价值创造进行分析，探讨在环境不确定性下的物流信息系统、物流集成和客户服务性能之间的关系。董千里、董展[⑥]（2013）认为，在两业联动过程中的最终产品制造供应链是包括全部或部分物流服务功能的企业成员网链结构，而物流链只是制造供应链中的一个子链，提出物流集成体将从听命于客户企业作业要求的"佣人"思维方式转移到为客户企业主动设计的"管家"思维方式，可以将集成物流商、集成服务供应商导入制造供应链，形成两业联动的供应链物流集成服务方案。以物流

---

① Trienekens, J. H., "Views on Inter – Enter – Enterprise Relationship", http://www.citeseer.nj.nec.com, 2001.

② Boyson, S., Corsi, T., Dresner, M., et al., "Managing Effective Third Party Logistics Relationships: What Does It Take?", *Journal of Business Logistics*, 1999, 26 (1): 41–48.

③ Menon, M. K., Mcginnis, M. A., and Ackerman, K. B., "Selection Criteria for Providers of Third – Party Logistics Services: An Exploratory Study", *Journal of Business Logistics*, 1998, 19 (1): 121–137.

④ 张中强：《基于制造业视角的第三方物流外包服务揽接能力研究》，《管理世界》2012 年第 9 期。

⑤ Bae, H. S., "The Influencing Factors of Logistics Integration and Customer Service Performance for Value Creation of Port Logistics Firms", *Asian Journal of Shipping & Logistics*, 2012, 28 (3): 345–368.

⑥ 董千里、董展：《制造业与物流业联动集成场中的联接键形成与运行研究》，《物流技术》2013 年第 11 期。

链高端服务形式来主动地为全球供应链、两业联动发展模式进行顶层设计，包含物流链切入供应链的全过程顶层设计内容。董千里、江志娟（2015）认为，物流链能够提供集成化、系统化的物流服务，满足制造业高端物流服务的要求，这为物流业转型升级奠定了重要的理论基础。[①] 此外，国外还有大量涉及供应链合作伙伴信任机制、风险评价、绩效考量等方面的理论与实证分析文献。总的来说，国外学者的研究集中在企业间关系这样的微观层面，极少从产业间关系或区域经济的层面研究制造业与物流业的联动发展问题。因此从微观这个层面看，其研究趋势是从早期的以案例研究为主转向以定量模型分析、实证分析为主。

本书主要应用集成场理论对制造业与物流业进行分析研究。集成体所体现的两业联动的设计、驱动的集成力源泉，具有微观主体运作机理与中观经济活动结合在一起的特征、特点；基核是具有联动场源集成引力作用特征的合成场元，是具有产业集聚作用的场源载体；联接键体现应用经济范畴的微观运行机制方面的创新切入点，例如，联盟机制所体现的制度型联接键的创新设计，其中包括战略联盟和动态联盟在组织制度型联接键创新方面的差异。可以将两业联动过程视作物流集成体主导相关物流企业参与的物流链过程，选择和切入制造集成体主导产品组装、产品制造、零件制造、工艺加工等制造企业参与的供应链过程，是将两业联动深化为两链融合的发展过程。这样可以得出制造业与物流业、物流链与制造供应链应结合发展的认识和观点。

（三）两业联动发展机理及实现方式的研究

下面分析制造业与物流业联动发展机理及其表现形式。在企业间的关系中，田宇、朱道立（2000）对"物流联盟与合作博弈"进行了研讨。[②] 周振华（2003）从共生理论这一角度出发，认为制造业与物流业联动发展的关键，首先是处理好各自的战略定位及其业务关系的定位，明确两业联动关系是互补共生型的、辅助外生型的还是嵌入共生型的，只有这样才能帮助两业在联动发展中认识和把握好前行的主要方向。[③] 王晓艳（2009）利用交易费用理论、博弈论、组织管理理论和核心竞争力理论对两业联动

---

① 董千里、江志娟：《物流链——产业联动研究的理论基石》，《物流技术》2015 年第 3 期。
② 田宇、朱道立：《物流联盟形成机理研究》，《物流技术》2000 年第 2 期。
③ 周振华：《产业融合：产业发展及经济增长的新动力》，《中国工业经济》2003 年第 4 期。

发展的机理进行了分析。① 黄有方等（2010）通过国外企业典型案例分析，提出制造业物流普遍采用整合自营或整合外包模式与物流业联动，指出从"拥有"走向"控制"已成为制造业与物流业联动的共同的核心价值和追求目标。② 其他作者基本上根据上述理论做出了类似的解释。在制造业与物流业的联动过程中，物流业总体上处于相对弱势的地位，这就是通常所说的，集成物流服务应从"佣人"从属地位和作用走向"管家"管理的主动地位和优化作用，这需要在理念和技术上有所提升。

两业联动发展的实现方式重在创新机制。外包、联盟等前面已经阐述，主要涉及第三方物流技术、组织层面的成果，基本上渗透在两业联动信息技术、信息系统和综合信息平台等方面的应用中，诸如，在战略联盟、动态联盟、物流外包、供应商管理库存、联合库存等方面的理论成果已经通过信息系统应用于物流与供应链管理。国外学者 Murphy 和 Poist（2000）分别从第三方物流用户与第三方物流提供商的角度观察分析第三方物流。③ Capgemini 等咨询公司 20 年来通过问卷调查方式，对全球第三方物流实际运作重点及变化情况进行追踪考察，写出年度系列分析报告。④ Leuschner 等（2014）通过元分析（Meta – Analytic）评价第三方物流，调查分析第三方物流运行绩效。⑤ 显然，物流集成体如何主导物流链转型升级，如何创新来支持两业联动取得优异绩效，需要通过创新要素、途径来研究其对两业联动绩效的影响。在集成场理论中所涉及的重点范畴是联接键，其研究视角侧重于微观的企业之间的集成体、基核和联接键关系构建、运行的实际功能分析。动态联盟是建立在合同基础上的集成体之间的关系，物流外包

---

① 王晓艳：《制造业与物流业联动发展的机理和模式研究》，《物流技术》2009 年第 7 期。

② 黄有方、严伟：《我国制造业与物流业联动发展的趋势及建议》，《上海海事大学学报》2010 年第 1 期。

③ Murphy, P. R., Poist, R. F., "Third – Party Logistics: Some User Versus Provider Perspective", *Journal of Business Logistics*, 2000, 21 (1): 121 – 133.

④ C. John Langley, Jr., 2014 Third – Party Logistics Study: The State of Logistics Outsourcing, Capgemini, 2013; C. John Langley, Jr., 2015 Third – Party Logistics Study: The State of Logistics Outsourcing, Capgemini, 2014; C. John Langley, Jr., 2016 Third – Party Logistics Study: The State of Logistics Outsourcing, Capgemini, 2015; C. John Langley, Jr., 2017 Third – Party Logistics Study: The State of Logistics Outsourcing, Capgemini, 2016.

⑤ Leuschner, R., Carter, C. R., Goldsby, T. J., et al., "Third – Party Logistics: A Meta – Analytic Review and Investigation of Its Impact on Performance", *Journal of Supply Chain Management*, 2014, 50 (1): 21 – 43.

体现了集成体之间的外包合同所规定的法律关系，供应商管理库存是建立在信息系统基础上的组合型联接键，用来支撑物流业务现场作业涉及的基核场源、技术、服务等综合问题。

在两业联动中的国家、区域经济发展规划和政策势能的作用下，微观经济发展的动能作用会加快。集成物流服务要满足先进制造业的物流需求特征，使得任何一家物流服务商都难以单凭自己的服务资源和能力完成客户的全部物流服务需求[①]，即便是在一定区域或范围内的物流服务也往往需要多家物流企业合作组成物流链才能完成。集成物流服务商作为集成体主导物流链过程，体现为物流业同类或相关企业的集合，反映了物流企业组织化发展的形式。物流链所提供的是物流服务或集成物流服务，它不可以在没有服务对象的状态下独立存在，所以物流链不同于供应链，是供应链中的子链，是供应链集成管理的组成部分。

物流系统化运作、集成化服务过程体现在以物流链切入制造供应链。这是物流业与先进制造业的协同发展过程，也是物流业通过转型升级走向高级化的一项重要战略选择。所以说，物流链是物流集成化运作的表现形式，是可以作为物流外包深入供应链发展条件下的一种物流集成运作组织形式。[②] "链"作为物流系统化的表现形式，可以为制造供应链提供高端的集成物流服务，在促进制造供应链发展的同时，也促进了物流业向高级化发展。

本书从集成场理论的场元合成机理出发，提出物流集成体主导的物流链寻求和切入制造集成体主导的供应链，使得两业联动通过物流链切入供应链形成两链融合过程。供应链是在生产及流通过程中，为了将产品或服务交付给最终用户，由上游与下游企业共同建立的网链状组织。[③] 在产品制造过程中起主导作用的被称为制造集成体。制造供应链正是围绕最终产品制造的集成体（企业），从原材料采购开始，进入原材料库、中间产品制造以及最终产品制成，最后将产品送到消费者手中的过程。供应商、制造商、分销商、零售商，直到最终用户被连成一个整体的供应链网链结构。[④] 物流链是将物流集成过程中的相关企业、信息、技术和资源等看成一个由系统

---

① Lemoine, Dagnaes, *The Organisation of Transport Firms in Europe*, 2001.
② 董千里：《高级物流学》，人民交通出版社 2015 年版。
③ 《中华人民共和国国家标准：物流术语（GB/T 18354-2006）》，中国标准出版社 2007 年版。
④ 齐云英、张红哲：《浅析供应链管理认识误区》，《物流科技》2008 年第 5 期。

整合起来的网链结构。基于物流链的集成管理是将物流各个环节运作看作一个相互衔接、连贯运作的全部整体过程，对其进行战略研究、规划设计、运行组织和全程管理。物流集成体是主导物流链形成的过程集成体，是物流链上的物流集成商，起着主导、整合功能商和资源商等多企业运作的综合作用，既体现了物流专业化、信息化、网络化和集成化运作过程，也体现了物流高级化的发展需要和过程。

（四）两业联动发展模式的研究

现有文献关于制造业与物流业联动发展模式的提法，包括物流战略联盟、物流托管、合资、集成外包、物流交易所。① 李亦亮（2010）把制造企业内部整合物流系统、组建物流公司也作为联动发展的一种形式。② 郭淑娟、董千里（2010）按照合同业务内容和约束时间，经归纳分析提出了制造业与物流业一次性合作、短期合同合作、基于实物运作的合作、基于管理活动的合作和物流战略联盟合作等联动模式。③ 吴群（2011）借助共生理论，按照制造业与物流业结成联盟的关系将其分为五类：平等共生型模式、依托共生型模式、嵌入共生型模式、互补共生型模式、辅助共生型模式。④ 平等共生型模式是指制造业与物流业建立起平等合作的关系，结成联盟的企业一般是平等独立的企业，在联盟中通过共生企业之间信息、技术、资金、人才的相互交流，实现互惠共生机制。物流企业联盟可被看作平等共生型模式的一种，同类制造企业可以通过战略联盟形成平等共生型模式。依托共生型模式是指物流企业与制造企业之间存在依附关系，物流企业的业务要依附制造企业而存在。物流托管可以被看作一种依托共生型模式。嵌入共生型模式是指物流企业是制造企业在经营过程中根据发展的需要单独成立的，是嵌在制造企业中生存的，制造企业与物流企业之间是母子企业关系。母子公司形式就是嵌入共生型模式的一种。互补共生型模式是指制造企业与物流企业间存在供需及互补关系，双方通过合作共享各自的资源进行优势合作，协同运作，互利共赢。合资模式是制造业与物流业联动

---

① 王晓艳：《制造业与物流业联动发展的机理和模式研究》，《物流技术》2009 年第 7 期。
② 李亦亮：《制造业与物流业联动发展需要澄清的认识问题》，《兰州学刊》2010 年第 12 期。
③ 郭淑娟、董千里：《基于制造业与物流业联动发展的合作模式研究》，《物流技术》2010 年第 13 期。
④ 吴群：《制造业与物流业联动共生模式及相关对策研究》，《经济问题探索》2011 年第 1 期。

发展的一种可选的合作模式，可被看作一种互补共生型模式。辅助共生型模式是指物流企业与制造企业间是一种辅助服务关系，制造企业将自己不具备优势的非核心业务外包或独立分离，交给物流企业来完成，实现物流整体外包。通常所说的物流外包即是辅助共生型模式的一种。现在许多公司开始将自己的货物或产品的储存和配送外包给专业性的货物配送公司来完成。王自勤（2012）构建了制造业与物流业联动发展的耦合度、互动性、匹配度三维评价模型，以此为基础构建的制造业与物流业联动发展的理想模式为："产业耦合度中等，产业互动关系为主动—主动，产业匹配度高。"[①]

两业联动需要制造企业剥离物流业务交给第三方物流公司运作，制造企业需要与物流企业间建立合作关系，物流业需要在龙头企业的组织下满足制造业的物流需求。在对上述问题考察的基础上，学者探讨了企业间的五种共生合作模式和三维评价模型等，其侧重点是考察两业联动问题。上述相关研究文献主要体现了两业企业间的关系及评价研究。而对两业联动发展模式进行研究还主要在于：谁在主导和推动两业联动全过程；两业企业间合作质量、效率和成本等关键因素及其资源、技术和组织作用机理；通过什么基地及其间关系成为两业联动的物质依托，找到实现两业转型、创新、升级以及协同发展的途径；如何在两业联动发展过程中寻求基本范畴、构筑理想模式及其实现途径。集成场理论以最简网链结构回答了上述问题。

集成场理论分析两业联动发展模式是从集成体、基核、联接键等范畴认识两业联动中的集成体基本关系，基核之间基本空间关系，联接键构成在资源、时间、信息、技术和业务等方面的合作关系。董千里（2013）认为，基于集成场理论的制造业与物流业联动发展，主要体现为制造集成体主导的制造供应链的业务基地、业务联系和物流集成体主导的物流链之间的竞合关系，提出运用"集成体间业务关系""基核间关系"和"联接键类型"的复合关系构成的模式识别依据来认识制造业与物流业联动发展模式。[②] 两业联动发展模式是一个复合的关联关系，影响这种关联关系的因素

[①] 王自勤：《制造业与物流业联动发展内涵与理想模式研究》，《物流技术》2012年第15期。
[②] 董千里：《基于集成场理论的制造业与物流业网链融合发展机理研究》，《物流技术》2013年第5期。

有很多，基于集成场视角，紧紧抓住集成体、基核间关系和联接键类型，就抓住了两业联动发展模式的关键合成场元及其联系。基于集成场的两业联动发展模式识别理论，不仅考虑了集成体（企业）间法律层面的竞合关系，而且包括了物流链与制造供应链切入、衔接和协同运作的竞合关系。从集成体、联接键到基核间关系，主观能动性依次减弱，客观性依次增强。在两业联动发展的初期，一般是制造集成体处于相对强势的地位，物流企业处于相对弱势的地位。所以在两业联动的长期竞合关系中，至少在双方合作的初期，物流企业在制造业需求、专业化物流服务知识技能和专业化资源等方面是处于学习过程中，需要以知识链管理思想和方式支撑竞合关系的这一阶段。两业联动发展关系的增强、固化等需要不同类型的联接键和制造基地与物流基地等关系的巩固。这表明，两业联动发展模式是一个形成演化的发展过程，而不是一成不变的过程。

物流集成体主导的物流链是由集成物流企业、功能物流企业和资源物流企业通过相关业务关系形成的网链结构体系。制造集成体主导的制造供应链，含原料供应企业、零件制造企业、部件制造企业和产品总装企业，表现为围绕产品生产的一系列相关企业集合，往往是产品总装企业或其他核心企业，具有主导产品供应链、利用产品品牌效应影响产品市场销售的能力。这种具有核心企业总装、销售作用的企业往往成了制造集成体，它可以主导制造供应链及其发展趋势，集聚相关产品制造企业群。从物流链与供应链的性质分析，物流链是要切入供应链并融于供应链的。结合以集成场理论分析共生理论建立的制造企业与物流企业联动关系模式，可以将其看作两类集成体及其业务之间在联接键方面的关系。

（五）两业联动发展策略与机制的研究

两业联动发展对策、政策研究具有很明确的针对性，结合前面的两业联动机理，实际上就是对实现方式的研究，即两业联动机制的研究。王自勤（2012）在进行两业联动发展对策的研究综述中指出，关于两业联动对策的研究主要以区域产业联动为主[1]，如李虹（2009）以辽宁省为背景[2]、李万青（2009）以广西为例进行了分析[3]；2012年以来，许多学者针对天

---

[1] 王自勤：《制造业与物流业联动发展内涵与理想模式研究》，《物流技术》2012年第15期。

[2] 李虹：《制造业与物流业联动发展对策分析——以辽宁省为例》，《生产力研究》2009年第10期。

[3] 李万青：《广西产业集群与产业集群物流联动发展研究》，《物流科技》2009年第4期。

津、东北地区、东莞、宁波、山东等区域内的制造业与物流业联动展开了研究，研究因所提出的对策存在局限而不具备广泛适用性。同时，在研究过程中若对两业联动的界定和内涵不明确，也会影响两业联动发展对策的针对性。董千里（2013）依托集成场理论对省域两业联动发展水平测评进行探讨，具体分析对象是陕西省制造业与物流业联动的发展水平。① 显然，制造企业内部整合物流系统属于企业内部流程重组范畴，不是以制造业与物流业为基础的两业联动发展形式。但是，也有原先利用外部物流资源"外包"，后来又转为"内包"的企业物流运作方式，这反映出外包物流并没有满足制造企业发展的战略要求。② 企业物流与物流企业切入企业物流的界限体现在不同行业的基本单位之间。在两业联动机制研究方面，以企业为基本单位角度入手进行的研究不少，但缺少产业和区域经济层面的两业联动发展研究。③ 通过联接键完善的方式进行创新的机理体现了两业联动发展的创新机制。

本书认为，"业"一般被用来表示同类企业的集合，制造业与物流业联动发展研究应该体现为以不同产业类型企业间衔接、合作和竞合关系为主的联动发展研究范畴，制造企业内部整合物流系统没有形成新的企业时，应该属于企业管理范畴，而不属于产业联动研究的范畴；制造企业剥离其原有物流资源，形成新的物流企业或引入外包企业，则形成制造业与物流业的联动发展问题；制造企业进入供应链管理领域，向原料供给方的专业化延伸或向产品销售方的专业化延伸，也会形成制造业与物流业联动发展机制和效应。

二 两业联动相关研究文献述评

综合以上文献，对制造业与物流业联动文献研究的述评可归纳为以下几方面。

（一）借用共生理论解释两业联动关系和演化模式

"共生"概念最早是在生物学领域提出的，原意是指不同种属生物体在

---

① 董千里：《基于集成场的省域制造业与物流业联动发展水平研究》，《物流技术》2013年第2期。
② C. John Langley, Jr., 2017 Third – Party Logistics Study：The State of Logistics Outsourcing, Capgemini, 2016.
③ 王自勤：《制造业与物流业联动发展内涵与理想模式研究》，《物流技术》2012年第15期。

一定时期内按某种物质联系而生活在一起的关系,即共生单元之间在一定的共生环境中按某种共生模式形成的关系。共生关系（A Symbiotic Relationship）是指两种不同生物之间所形成的紧密互利关系。动物、植物、菌类以及三者中任意两者之间都存在"共生"。在共生关系中,一方为另一方提供有利于生存的帮助,同时也获得对方的帮助。有的共生生物紧密缠绕在一起,让人们很难将二者区分开来。大部分共生生物只是选择了对自身最有利的生存方式,这是物种自然选择的本能行为,但这种行为使得一种生物的本能选择在客观上向另一种生物提供了帮助。

有学者借用生物共生来阐述制造业与物流业共同存在的产业生态系统,并用共生理论解释制造业与物流业联动的模式。借鉴生物共生理论,将金融共生关系分为偏利共生和互惠共生两类,并分析了金融共生关系的形成机理。这方面的研究主要利用面板数据分析,而典型案例分析、联动业务内容与联动模式研究在相关基础理论方面缺少创新,导致两业联动在关键因素和制度关联研究方面存在不足。

对于制造业与物流业联动发展研究的文献不少,其研究立足点虽然为供应链管理,但着眼点依然是物流企业与制造企业的关系研究①,还有部分学者运用统计分析和计量经济学分析两者之间的关系。② 但是,制造业与物流业联动发展模式的基础理论方面的研究缺失,使得联动发展形式缺乏深刻的联动发展机理内容。然而,物流企业通过参股控股、兼并重组、协作联盟等方式,逐步实现了物流功能的集成。随着物流功能的集成和制造过程的标准化发展,物流一体化服务逐步嵌入制造过程,直接服务于生产工位,因此,制造业与物流业的联动研究应转向物流链与产品供应链关系,即制造集成体与物流集成体之间关系的研究。王珍珍、陈功玉③（2009）从产业生态视角,阐释了偏利共生、非对称性互惠共生以及对称性互惠共

---

① 王珍珍、陈功玉:《制造业与物流业联动发展的演化博弈分析》,《中国经济问题》2012年第2期;王珍珍、陈功玉:《制造业与物流业联动发展的竞合模型研究——基于产业生态系统的视角》,《经济与管理》2009年第7期。

② 程永伟:《我国制造业与物流业联动发展的测度及影响研究——基于供需依赖性视角》,《中国经济问题》2013年第1期;梁红艳、王健:《物流业与制造业的产业关联研究——基于投入产出表的比较分析》,《福建师范大学学报》（哲学社会科学版）2013年第2期。

③ 王珍珍、陈功玉:《基于Logistic模型的制造业与物流业联动发展模式研究》,第十一届中国管理科学学术年会,中国四川成都,2009年;王珍珍、陈功玉:《制造业与物流业联动发展的竞合模型研究——基于产业生态系统的视角》,《经济与管理》2009年第7期。

生三种模式。

(二) 运用集成场理论构建两业联动模式

董千里、董展[①]（2013）分析了两业联动集成场的研究范畴，提出在制造业与物流业的联动中，在制造集成体和物流集成体集成力的共同作用下，两业联动集成场的合成场元分布是由矢量场线连接的网链结构，反映其所具有的网链结构竞争优势。本书期望在此方面运用集成场理论作为基础理论和应用指导进行研究，探索以网链结构来支持两业联动发展的模式。

集成场理论分析两业联动源自多种集成实践，并能指导两业联动实践。集成场理论作为两业联动模式研究的基础理论能够打破传统理论思维定式，在联动模式顶层设计中形成抓主要矛盾的创新思维方式，并有较为广阔的发展空间。董千里[②]（1999）提出集成是物流高级化发展的核心概念，并用于物流信息、技术、过程、系统等物流集成研究。李宝山、刘志伟[③]（1998）提出集成场研究范畴，将集成场作为集成管理的运作场，作为管理介质来研究；这一研究，对后来的集成场理论研究具有很好的启示作用。王宗喜、徐东[④]（2002）对物流场基本概念、方法进行了探索性研究。董千里、鄢飞[⑤]（2011）将以物流集成场与物流集成体为主导的物流集成过程联系起来，构建了物流集成场理论体系；认为物流集成场是物流集成体等合成场元在物流集成力及物流集成引力作用下，基核、场源、联接键、场线等形成和作用的时空范畴。他们通过数篇研究报告、研究论文初步验证集成场理论应用于研究两业联动的可行性；并利用集成场理论进行物流集成、两业联动发展研究。两业联动过程是通过物流链导入供应链实现的，资源整合范围涉及物流链与供应链全过程，用集合表现为"物流链∪供应链"的"并集"，但是，两业联动到"两链集成"研究的重点领域应是物流链与供应链的"交集"，即"物流链∩供应链"，即两链间界面关系管理或网链治理。例如，物流集成体与制造集成体的关系、物流基核与制造基核的关系，以及集成体、基核等在物流链与供应链之间联接键的设计、建

[①] 董千里、董展：《制造业与物流业联动集成场的场线形成及推论研究》，《物流工程与管理》2013年第2期。

[②] 董千里：《高级物流学》，人民交通出版社1999年版。

[③] 李宝山、刘志伟：《集成管理——高科技时代的管理创新》，中国人民大学出版社1998年版。

[④] 王宗喜、徐东：《军事物流学》，清华大学出版社2002年版。

[⑤] 董千里、鄢飞：《物流集成理论及实现机制》，社会科学文献出版社2011年版。

设理论与实践,都能在两业联动发展研究中不断弥补和完善"物流链∩供应链"的集成场理论。

集成场是一个人工场。物流集成是一个根据主体单元意志进行资源整合的过程,集成场理论连接了物流集成理论体系的不同系列理论的内容,提供了一个更加广阔的理论融合提炼平台,为从两业联动完整视角出发的发展理论与实践问题研究奠定了基础。

董千里[1](1999)从集成管理思想出发提出物流链概念和研究范畴,指出物流的核心是集成,物流发展要走基于电子信息技术和集成管理的高级化发展之路;董千里[2](2002)提出设施网络与功能网络结合的设施、信息和业务"三网合一"网链结构,以及第三方物流网络及核心能力构成;王宗喜等[3](2002)提出用物理场解释物流和物流服务现象,基于物理场提出物流场及其一系列概念、计算公式和模型,并尝试进行物流场量化研究和探讨;董千里[4](2009)提出物流链与供应链关系、物流链是供应链的子链、第三方物流网络与供应链价值网络实现等供应链管理观点;董千里等[5](2011)构建了以物流集成体为核心的物流集成理论体系,提出了物流集成场概念和物流集成场研究范畴,结合产业联动做出了理论和应用探讨;董千里[6](2012)在进一步完善物流集成场理论的基础上,结合国际陆港阐述了场源、基核等物流集成场的基本范畴和实践作用,提出在新亚欧大陆桥中国段确立和提升国际中转枢纽港功能,完善全程场线效率;董千里[7](2013)结合两业联动的调查研究,探讨了基于集成场的省域制造业与物流业联动发展水平的指标和评价方法,运用集成场理论范畴进行案例研究。在以上董千里和王宗喜等人的研究文献中,物流场与集成场虽然都是基于物流活动研究提出的,但其性质是不同的。物流场是依托物理理论构建的场,从其研究方法看属于自然场研究范畴。集成是人们的主动行为,是依托人类活动构建的场,也是物质资源受场的集成力作用的分布

---

[1] 董千里:《高级物流学》,人民交通出版社 1999 年版。
[2] 董千里:《供应链管理》,人民交通出版社 2002 年版。
[3] 王宗喜、徐东:《军事物流学》,清华大学出版社 2002 年版。
[4] 董千里等:《供应链管理》,东北财经大学出版社 2009 年版。
[5] 董千里、鄢飞:《物流集成理论及实现机制》,社会科学文献出版社 2011 年版。
[6] 董千里:《物流集成场:国际陆港理论与实践》,社会科学文献出版社 2012 年版。
[7] 董千里:《基于集成场的省域制造业与物流业联动发展水平研究》,《物流技术》2013 年第 2 期。

状态。所以,集成场是有人参与的人工大系统,是人工场。集成场体现了人的意志及其与资源结合所形成的集成力作用和规律。

物流集成场以合成场元作为考察的基本单元,其中包括集成体、基核、场源、联接键、场线等基本范畴。对两业联动发展过程进行考察时,可以将集成体、基核(场源)、联接键和场线等合成场元作为考察的基本单元。

(1) 集成体可以分为制造集成体和物流集成体。制造集成体与物流集成体的主体单元对接,制造过程与物流过程的客体单元对接,本质上是物流集成体主导的物流链与制造集成体主导的供应链融合为一体化的供应链集成过程,即在各自集成化基础上的再集成——集成化供应链。物流集成体也在再集成过程中具有成长壮大的意识和物流资源重新布局规划的要求。

(2) 基核是场源的载体,可以分为制造基核和物流基核。制造基核是制造集成体主导的产品组装的供应链基地,具有产品制造的集成引力;物流基核是物流场源的载体,吸引各类提供资源、功能和集成服务的供应商来物流基核集聚。

(3) 联接键可以将两个或多个合成场元通过其作用连接成为一个合成场元。这样可以使原本两个或多个不同的资源、功能和过程体系,形成一个整体的系统化过程,而不同类型的联接键所决定的双方或多方的紧密程度也是不同的。

(4) 场线可以体现两业联动业务绩效。场线是矢量线,当物流发生在企业、产业、区域和全球空间范畴,连接不同企业、产业、区域和国家并渗透其间时,可以通过矢量线反映绩效及运行方向,形成区域产业或全球产业联动发展。

集成场是一些典型合成场元在空间分布、作用和运动的经济活动过程,这些以集成为特征的活动可以将分散的资源、功能和过程,有效整合成网链结构并按一体化方案优化运作,有利于促进初级物流向高级物流发展,并可以作为供应链集成过程分析的主要对象分析研究两业联动发展模式。两业联动模式的发展水平很大程度上依赖于主导物流链与供应链的集成体竞合关系以及两链所处导入、适应、共享和融合的发展阶段及协同发展水平。需要进一步从集成场理论层次和实践内容上进行制造业与物流业联动模式的深度研究。

(三) 理论结合实践研究两业联动及演化过程

两业联动发展是一个实践性和理论性都很强的研究课题。诸如,环境方面涉及市场结构,即两业联动的产业发展环境。企业数量不对称就需要整合物流业资源,形成物流链与供应链对接,其网链结构符合"结构洞"关系理论,处于网链结构高端和低端的企业在两业联动模式的优选权上差异很大。企业方面涉及相关产业联动的切入点、衔接点和关键环节,现有文献在此方面的理论、案例等研究均不足。两业联动传统模式内涵宽泛,针对性弱,在运营层面不匹配现象突出,两业联动范围涉及核心企业、一般企业等的发展战略、文化、价值和历史等方面的资料和实践,亟须涉及主要企业、关键环节、要素的发展模式研究。集成场理论为此奠定了一个很好的理论基础,可以作为两业联动发展模式研究的基础理论。

综上所述,国内学者在两业联动研究方面的文献,基于传统经济理论的研究较多,结合典型案例的创新理论及其应用研究很少;应用面板数据进行统计分析的较多,跟踪典型案例、追寻潜藏的内在机理的理论和规律的研究极少;进行一般层面上的面板数据关系分析较多,由于统计口径与产业实际运作之间的差距,难以真实确切描述两业联动的现状和实践问题,能够具体揭示深刻的内在集成实践问题和规律的很少;缺乏理论联系实际、以定性分析为基础的案例剖析,缺乏标记特征值的案例统计分析研究。因此,理论结合实际并能用来指导实践案例研究的成果较少,主要是没有确切符合实践的基础理论指导研究的深入。正因为如此,我国制造业与物流业联动实践的两业联动模式创新需要通过理论创新打开一个崭新的研究局面。

三 国外制造业发展对两业联动的启示

德国政府 2010 年提出了"工业 4.0"计划,美国 2012 年发布了"先进制造业国家战略计划"的研究报告。中国政府 2015 年提出实施《中国制造 2025》,这也是制造业与物流业联动发展实践性、发展性的纲领性要求,相关的理论研究为其提供了联动发展模式的理论探索和实践指导。

(一)美国提出"先进制造业国家战略计划"

美国总统执行办公室国家科技委员会 2012 年 2 月发布的"先进制造业国家战略计划"研究报告,从投资、劳动力和创新等方面提出了促进美国先进制造业发展的五大目标及相应的对策措施。① 这是美国政府在发布《重振美国制造业政策框架》《先进制造伙伴（AMP）计划》后，从国家战略层面提出的加快创新、促进美国先进制造业发展的具体建议和措施。②

（二）德国"工业4.0"计划

德国2010年公布的《高科技战略2020》③ 中，提出了一系列促进制造业发展的创新政策。德国政府于2012年公布了题为"十大未来项目"的跨政府部门的联合行动计划，并决定在2012—2015年向十大项目资助84亿欧元。被称为"工业4.0"的未来项目，与能源供给结构改革、可持续发展等项目同步公布。"工业4.0"未来项目，主要是通过深度应用ICT（信息通信技术），总体掌控从消费需求到生产制造的所有过程，由此实现高效生产管理。"工业4.0"进化过程主要如下。

工业革命1.0（18世纪末期始于英国的第一次工业革命，19世纪中叶结束）：这次工业革命的结果是机械生产代替了手工劳动，经济社会从以农业、手工业为基础转型到了以工业以及机械制造带动经济发展的模式。

工业革命2.0（第二次工业领域大变革发生在20世纪初期，是形成生产线生产的阶段）：通过零部件生产与产品装配的成功分离，开创了产品批量生产的新模式。20世纪70年代以后，随着电子工程和信息技术应用于工业，生产的最优化和自动化得以实现。

工业革命3.0（第三次工业革命始于第二次工业革命过程中发生的生产过程高度自动化）：自此，机械能够逐步替代人类作业。

工业革命4.0（未来10年，第四次工业革命将步入"分散化"生产的新时代）："工业4.0"通过决定生产制造过程等的网络技术，实现实时管理。智能工厂或者"工业4.0"，是从嵌入式系统向信息物理融合系统（CPS）发展的技术进化。作为未来第四次工业革命的代表，"工业4.0"不断向实现物体、数据以及服务等无缝连接的互联网（物联网、数据网和服务互联网）的方向发展。④

---

① 左世全：《美国"再工业化"之路——美国"先进制造业国家战略计划"评析》，《装备制造》2012年第6期。
② 同上。
③ 程永伟：《我国制造业与物流业联动发展的测度及影响研究——基于供需依赖性视角》，《中国经济问题》2013年第1期。
④ 王喜文：《从德国工业4.0战略看未来智能制造业》，《中国信息化》2014年第15期。

所谓CPS是指通过通信网络,将工厂内所有设备互联的"智能工厂"。"工业4.0"体现了生产模式从"集中型"到"分散型"的方式转变,正是因为有了让传统生产过程理论发生颠覆的技术进步,这一切才成为可能。同时,分散型智能利用,代表了生产制造过程的虚拟世界与现实世界之间的交互关系,在构建智能物体网络中发挥着重要作用。CPS连接了虚拟空间与物理现实世界,实现了智能物体间通信及相互作用,创造了一个真正的网络世界。CPS体现了当前嵌入式系统的进一步进化。与互联网或者网上可搜集的数据、服务一起,嵌入式系统也是构成CPS的要素之一。CPS可提供构建物联网的基础部分,并且与"服务互联网"一体化,实现"工业4.0"。这些技术被称为"实现技术",能够培育更加广泛的基于创新型应用或过程的新现实空间,淡化现实世界与虚拟空间的界限。实现技术就像互联网使个人通信以及人和人相互作用的关系发生变革一样,将给我们与物理现实世界之间的相互作用关系带来根本性变化。①

(三)德国"工业4.0"对两业联动研究的启示

工业革命2.0和工业革命3.0仍然是我国制造业发展的主轴,也是制造业与物流业联动发展研究要考虑的一个重要方面,同时也要考虑工业革命4.0的发展方向。物流业发展要能支持制造业智能化制造过程。②

(四)课题研究的主要启示

一般认为,美国处于全球制造业第一方阵,德国、日本处于第二方阵,中国、英国、法国和韩国处于第三方阵,中国制造业计划在2025年进入世界第二方阵。美国和德国等制定的先进制造业国家战略计划,为我国制定先进制造业国家战略计划带来重要启示:实现制造业与物流业联动发展要加强顶层设计。诸如,支持和完善先进制造业创新政策,提升企业创新能力;支持和完善产业集群创新政策,扩大对重点行业领域中小企业产品的服务产业化投资;加强高等院校、企业、科研院所之间的合作,培养一批产业技术创新领军人才和高水平团队;创建适应新技术基础的、支持先进制造业的物流服务业的服务创新模式及理论体系。

---

① 王喜文:《从德国工业4.0战略看未来智能制造业》,《中国信息化》2014年第15期。
② 同上。

四　国内制造业发展对两业联动的启示

当前，全球正在兴起新一轮的工业革命：在生产方式上，制造呈现出数字化、网络化、智能化、个性化、本地化、绿色化等特征；在分工方式上，呈现出制造业服务化、专业化、产品链一体化、产业链分工细化等特征；在产业组织方式上，将出现网络化、平台化、扁平化的特点；在商业模式上，将从以生产厂商为中心转向以消费者需求为中心，体验和个性需求成为制造业竞争力的重要体现和利润的重要来源。在此背景下，中国作为制造业产值居全球首位的国家，如何看待先进制造业发展趋势，从中获得启示，以加快我国制造业升级，提升我国制造业的国际竞争力[1]，进而形成制造业与物流业等服务业互动，共享价值，就成为一个值得研究的重要课题。国内学者针对这一领域存在的问题进行了深入的研究。韩硕（2015）指出中国制造业大而不强主要有四个方面的原因：（1）缺乏自主创新；（2）产品质量问题突出；（3）资源利用效率低下，环境污染严重；（4）产业结构不合理。[2] 学习德国"工业 4.0"，编制《中国制造 2025》规划，制造业智能化、网络化是新一轮技术革命的大趋势。

国务院 2015 年 5 月 8 日印发《中国制造 2025》规划纲要，部署全面推进实施制造强国的战略。我国需要用三个十年左右的时间、分三步走，完成从制造业大国向制造业强国的转变。《中国制造 2025》规划纲要就是"三步走"第一个十年的行动纲领、路线图和时间表，希望通过十年的努力，中国能进入全球制造业的第二方阵。《中国制造 2025》规划的五大内容为创新驱动、质量优先、绿色发展、结构优化、以人为本。虽然从一般制造业看，存在产能过剩现象，但是高端制造业、生产性服务业不足，且产业链需要提升，因此中国在全球分工中一直处于低端的位置。可见，在未来的 30 年内，中国制造业需要着重发展高端制造业和生产性服务业，这为物流业的发展提供了良好的契机。制造业数字化、网络化、智能化的发展，要求物流业向专业化、信息化、网络化、集成化、智能化方向发展，以满足制造业的发展需求。在制造业与物流业的联动发展中，以集成体主导的物流链融入供

---

[1] 左世全：《美国"再工业化"之路——美国"先进制造业国家战略计划"评析》，《装备制造》2012 年第 6 期。

[2] 韩硕：《探索中国制造业的新未来——德国工业 4.0 对中国制造业发展的启示》，《中国集体经济》2015 年第 6 期。

应链的发展模式、企业物流联盟的发展模式和以物流基地促进产业集聚的发展模式这三种联动发展模式将共同促进制造业与物流业的联动。

围绕实现制造强国的战略目标，《中国制造2025》明确提出了九项战略任务和重点：一是提高国家制造业创新能力；二是推进信息化与工业化深度融合；三是强化工业基础能力；四是加强质量品牌建设；五是全面推行绿色制造；六是大力推动重点领域突破发展，聚焦新一代信息技术产业、高档数控机床和机器人、航空航天装备、海洋工程装备及高技术船舶、先进轨道交通装备、节能与新能源汽车、电力装备、农机装备、新材料、生物医药及高性能医疗器械十大重点领域；七是深入推进制造业结构调整；八是积极发展服务型制造和生产性服务业；九是提高制造业国际化发展水平。通过政府规划引导、整合资源、政策引导，实施国家制造业创新中心建设、智能制造、工业强基、绿色制造、高端装备创新五项重大工程，实现长期制约制造业发展的关键性技术突破，提升我国制造业的整体竞争力。

制造业与物流业联动将在积极发展服务型制造和生产性服务业等方面做出重要贡献。这包括加快制造与服务的协同发展，推动商业模式创新和物流服务业态创新，促进生产型制造向服务型制造转变，物流服务终端智能化发展。大力发展与制造业紧密相关的生产性服务业，推动服务功能区和服务平台建设。

第四节　研究的理论、内容与特色

一　基础理论

本书主要运用集成场理论、产业经济学理论和博弈论作为基础理论，并结合相关文献形成一个理论逻辑体系。本书研究的落脚点为制造业与物流业两个产业间的联动关系，因此，根据产业的发展历程、生命周期、产业结构、产业关联和产业联系的特征，本书分析了制造业与物流业之间的联动关系。制造业与物流业的联动，是在物流集成基础上的联动，因此，可以运用集成场理论中的集成体、联接键、场线等元素，阐释制造业与物流业的联动过程。制造业与物流业之间存在着合作竞争关系，因此，运用合作博弈和非合作博弈理论，分析制造业与物流业的联动基础，以及两业联动的利益驱动。

（1）将集成场理论作为认识与研究问题的基础理论。通过集成场理论的基本范畴即集成体、基核、联接键等，分析归纳典型案例的识别依据，建立联动发展模型，提出基于集成场理论分析两业联动发展的合成场元、作用机理、互动过程和发展规律。这一认识和分析方法体现了定性与定量分析相结合、理论与实践相结合的研究过程。

（2）将产业经济学作为产业关联特征研究的理论。产业经济学有许多自己独特的研究内容和不同于边际分析的研究方法，可以成为理解微观经济基础和宏观经济运行的中间桥梁。产业经济学的研究范围主要涵盖五个领域，即产业发展领域、产业结构领域、产业关联领域、产业组织领域和产业政策领域。这些与两业联动、两链融合机制建设以及产业政策等相关。

（3）将博弈论作为两业、两链竞合关系研究的理论。在两业联动发展研究中，需要探讨物流链与制造供应链之间的合作与否以及合作模式的问题，需要通过合作博弈和非合作博弈模型进行分析。对于制造集成体和物流集成体来说，有合作和不合作两种策略选择。如果不合作，制造集成体和物流集成体无场线关系，即制造集成体选择供应链上各节点企业自营物流，这样制造集成体和物流集成体不发生关系，各自有其独立的收益。如果合作，则双方要探讨合作模式，实现利益的合理分配。因此，要考虑制造集成体和物流集成体在何种条件下会选择相互合作，且应选择怎样的合作模式。

二　集成场的视角

集成场具有人工场的特点和机理，运用集成场观察两业联动系统是一个人工大系统，是以集成为主要特色的人工大系统。物流集成过程、国际物流集成过程以及两业联动发展过程，都是由集成体这一主动性合成场元构成并促进的人工集成过程。两业联动可以运用集成场观察分析和研究，并运用其理论进行顶层设计方面的探讨，体现了两业联动集成场的主要研究特征。

（一）体现了集成场视角研究的一般性特征

集成场是从物流集成场的研究得到物流集成过程的一般理论、途径和方法，并在单一集成体、多集成体主导的物流集成过程中得到应用、验证和补充完善。从以物流为对象的研究到以两业联动为对象的研究，体现了从个别到一般的研究过程。前者研究的理论成果可以为后者的研究提供理论支持，后者研究的理论成果可以为集成场理论进一步完善提供支持。

集成场理论是一组结构化的概念、定义和命题，用来解释和预测物流及产业间集成现实世界的现象。理论需要由三个要素构成：①概念框架；②说明各种特性或变量之间关系的一组命题；③供验证的背景。[①] 物流集成理论的研究涉及建立物流集成体、物流集成力、物流集成能等基本概念，还需反映概念、范畴之间的相互关系和作用，能够用于解释物流集成现象，并能通过物流集成实践得以验证。两业联动同样如此。

（二）体现了集成场研究对象的不同集成系统的同态性特征

研究对象从物流集成场到集成场的研究视角转换，是从以单一产业领域为主要研究对象拓展到以多产业协同领域为主要研究对象的过程，使得集成场研究的视角更为广阔、要点更为突出。以单一产业集成体、基核、联接键为主的基本范畴及相互作用构成的网链结构，发展为两个或多个不同产业领域网链的基本范畴对接、互动和融合关系，使得集成体、基核和联接键等基本范畴及其相互关系能够在更为全面的供应链集成、产业链、全球价值链中展开研究。从个别领域向一般领域的研究转变，既体现了研究对象具有不同集成系统的网链结构同态特征，也体现了以管理哲学的逻辑深入并简化主动优化的研究过程。

从物流集成以单一产业集成为主到两业联动以多产业集成为主的研究对象，均在集成场视角中表现出以集成体、基核、联接键基本范畴为标志特征的网链结构，形成了不同网链集成系统间的同态性质特征。这样便于以基本范畴为标志特征，对网链集成系统进行同态条件下的比较分析，进而便于以简化的网链结构为对象进行广度与深度研究。

物流高级化的核心概念是集成，是集成体将两个或多个场元要素整合成一个整体的过程或结果。集成的核心内容是主动优化的思想，主动优化涉及集成体之间的竞合关系、资源有效利用、功能优化协同等方面，这样可以为众多合成场元的主动优化过程带来集成创新和协同发展机遇。集成场提供了物流集成过程的合成场元在空间的分布，通过其机理研究，能够解释物流集成、两业联动实践中的问题，并且能通过相应集成实践验证集成场理论。

---

① 李怀祖：《管理研究方法论》，西安交通大学出版社2000年版。

三　研究的主要内容

（一）基本观点

集成场视角应用于制造业与物流业联动发展过程的顶层设计的一般观点，主要体现在以下几个方面。

（1）集成体分别主导物流链与供应链理论。集成体处于网链高端要比处在中低端更具两链融合模式选择权；两链融合的基核位于供应链高端，所以，集成体之间不对等，主导供应链的制造集成体往往占据着联动的主导地位。所以，集成体之间的关系涉及联接键的设计、选择和应用理论。

（2）基核（场源）设计及基核间的关系理论。该理论体现了基核对物流集成的支撑作用；基核间的关系在物流链形成、切入和融入供应链的过程中体现了联接键的衔接作用，使得基核之间的关系涉及联接键设计、选择及其运用理论。

（3）两链对接、互动和融合的稳定性理论。这体现在两链之间联接键的设计、选择和构建等方面；物流集成体主导的物流链切入制造集成体主导的供应链，使制造业与物流业的联动关系走向高级化，集成体主导两链融合，其融合水平体现了两业联动的市场条件、共享利益和发展模式水平。

（4）协同、共享关系涉及集成体、基核乃至两链之间的关系。在两链导入、适应、共享和融合的过程中要能适应和响应资源不确定性的供应链；两链协同、融合绩效可以引入全程场线效率来评价。

（二）主要内容

在梳理国内外研究现状的基础上，本书根据实地调研得出两业联动发展存在的理论与实践问题，指出引进集成场理论作为研究理论的必要性。构建集成场理论体系，分析集成体及主导物流链和供应链的网链结构特征，提出两链融合条件、过程和机理。从顶层设计视角构建两链融合理论，提出联动发展模式设计理论，基于集成场理论的两链融合发展模式设计要点、方案选择和实现途径。分析集成场理论如何解决两业联动发展中的问题，使集成场理论和两业联动发展模式相互交融创新，丰富学科理论并指导实践发展。其要点如下。

（1）两业联动发展模式的顶层设计理论。集成场理论范畴如下：合成场元，包括集成体（物流、制造集成体等）、基核（制造基地、物流基地、品牌、信誉、质量、服务等的载体）、联接键（功能、信息、技术、资源、流程等类型)、场线（货流五要素及通道、载运工具、信息等）等；两业联动集成体间竞合、发展、网链融合机理；构建物流链、知识链和供应链之间的联系。

（2）集成体主导的两链切入—互动—融合理论。借助集成场理论、供应链集成理论、物流链形成理论等相关理论，进行两业联动的物流链切入供应链的集成体间关系的研究，即切入机理；研究两业联动发展从主动切入转到彼此适应、相互支持、共享利益的机制，即互动机理；研究业务从剥离—外包，集成体从伙伴、联盟到参股—控股的关系，即融合机理。

（3）两业联动发展的三维设计与组合选择理论。运用集成场的三类合成场元，即集成体、基核和联接键，刻画两业联动发展模式。将三类合成场元作为识别两业联动发展模式的依据，通过组合方式形成适用的两业联动发展模式。

（4）两业联动四阶段发展动态特征识别理论。两业联动发展处于四阶段的主要特征分别是导入、适应、共享和创新，直接影响到两业联动发展模式的设计和选择。研究四阶段的特征，掌握其内在规律，可制定选择策略原则。

（5）两业联动的创新升级理论与途径。产业新型组织化促进两业联动发展模式的提出是力图以主动的集成活动促进产业既有资源布局的格局变化，即主动优化。对物流业而言就是从点、线物流走向网—链物流，是从初级到高级的发展过程，不仅需要当今信息技术、管理理论的支持，而且需要通过两业联动促进产业组织化，通过产业组织化反过来丰富完善集成场理论。

（三）创新着力点

物流集成场到两业联动集成场所考察的集成系统对象之间的网链结构具有同态性，即由集成体、基核和联接键之间关系构成了刻画最简网链的三个维度指示内容体系。这三个维度所包含的基本范畴内涵、作用和相互间关系等方面，不仅提供了网链要素重组的机遇、条件，而且还提供了合成场元重组的基本类型、内容和关系等，成为实现一般网链集成创新的对象、内容和方法。具体如下。

（1）基于集成系统基本范畴内涵与关系拓展方面的创新。集成体、基核、联接键、场线、场界等网链构成的基本范畴内涵及相互间关系构成了集成方案设计和建设的创新要点。像基核的场源建设规划，涉及场源种类及其构成创新；联接键类型的规划和设计等都可能是物流集成、两业联动集成创新的着力点。

（2）基于联动基本范畴作用及网链治理理论及应用的创新。基本范畴的内涵发生变化，作用自然会随之变化，而这种变化是人为设计、构建、改革和完善的重点，也是实施基础范畴作用创新的根据，相应的理论研究也成为创新重点。针对所提出的物流业资源整合问题，形成集成体主导的物流网链结构与供应链对接，研究提炼集成场理论体系，提出以集成场为基础的两链融合机理等理论创新，并以其指导联动模式顶层设计的应用创新。

（3）基于集成场理论的联动发展方法应用与实践方面的创新。创新的着力点是，提出物流链与供应链的多层次网链结构对接模型并量化联动模式、类型及联动模式全程场线效率评价方法。

四　研究特色

在制造业与物流业联动发展研究中形成的具有特色的理论主要有集成场理论与共生理论，本书主要从集成场理论角度进行研究。下文将对共生理论与集成场理论的研究思路、方法和途径等方面进行比较分析，阐述基于集成场理论进行制造业与物流业联动模式研究所具有的特点。

集成场理论是通过对物流集成理论的梳理提炼形成的，能够应用于涉及多个合成场元的集成力作用的场研究。将制造业与物流业联动发展过程看作一个场，从集成场的视角、基本范畴分析，可以从中找出基本的规律。根据企业物流、产业物流、区域物流和全球物流过程的本质特征，可以用集成场理论进行研究分析。根据两业联动发展的调研资料进行分析，可以应用集成场理论进行两业联动发展研究。用集成场理论研究两业联动问题具有以下特点。

（1）研究视角的全局性。两业联动发展是一个演化过程，集成体之间的竞合关系、联合互动关系一直发挥着作用。将两业联动过程作为一个不同集成体主导的制造供应链与物流链的集成场，便于通观全局，抓主要矛盾，形成从粗到细、从高到低的深入分析，便于进行整体规划、顶层设计。

（2）分析对象的简要性。将纷繁复杂的系统构成简化为几个关键的合成场元进行深入分析，充分认识主要矛盾，重点抓住集成场中几个关键的合成场元进行研究。通过两链竞合体现两业联动发展，物流集成体主导物流链切入制造集成体主导的制造供应链过程，分别以其集成体及其所主导的物流链与供应链关系作为主要研究对象。

（3）便于定性分析的深入。将合成场元功能进行剖析，可深入研究其内部结构，根据需要可以进行扩展分析研究。用物流集成体与制造集成体之间的关系，探究两业联动的主体之间的合作本质，通过物流链与供应链之间的场线关系深入分析物流企业与供应链其他成员之间的竞合关系，以促进物流链与供应链的融合。

（4）便于进行量化分析。将物流集成力、集成引力、集成能等概念模型化，这样可以在定性分析的基础上，将量化分析结合起来。分析制造业与物流业在两业联动发展中的地位和作用，确定两业联动发展的主动切入方。制造业与物流业在联动发展过程中的地位往往是不平等的，物流业往往处于两业联动发展中的弱势地位，在进入制造业高端物流服务的过程中，物流业往往是主动切入的一方。

第五节 研究的基本方法

本书主要运用案例研究的方法归纳、总结两业联动的发展模式。

一 质性分析的必要性

需要了解制造业与物流业联动如何进行，为什么是这样的过程。解释现在两业联动发展模式的现状和结构，是如何形成的、如何运行的，进而总结提炼，更好地指导两业联动的发展。在这一研究过程中，质性分析的案例研究法可以帮助我们全面了解复杂的两业联动质性现象，而问卷统计分析则有助于量化质性因素的选择。

结合集成场理论能够帮助我们找到质性分析的理论范畴，从复杂多变的制造业与物流业联动过程中，迅速找到主要因素、主要关系、主要矛盾，不被表面现象迷惑，迅速运作机理，抓住事物的本质。

二 问卷统计研究的方法

（一）问卷调研

通过问卷调研可以形成典型问题及得到统计分析资料，案例研究可以就典型事件进行深入剖析，反映过去、现在和未来的典型发展关系。所以，将案例研究法与以集成场理论为基础的问卷调研结合起来进行研究，便于我们从复杂的两业联动过程的典型案例研究中，找到其内在的导入、运行和演化发展规律。

需要对问卷调研进行分析归纳,那么如何进行归纳提炼?归纳提炼是将来自第一手的典型案例,上升到两业联动核心知识层面进行归纳总结,从而将纷繁复杂的两业联动典型案例,按照最关键的因素进行提炼,总结其内在机理,形成典型的范例,便于总结推广。

(二) 座谈会

座谈会有物流企业座谈会、制造企业座谈会和两业企业共同参加的座谈会。由于参加的企业不同,反映企业问题的角度有较大的差异。

在陕西省制造业与物流业联动发展座谈会上,制造业与物流业联动发展调研的典型问题是:物流企业要求制造企业将物流业务外包出来;而制造企业则反问(物流企业)它们能做什么?

在制造业与物流业的两业联动中,物流业相对处于弱势的地位。这里的问题不仅仅是物流企业总体呈现小、散、弱的特点,数量上远远多于制造企业,而且是制造企业人员平均学历的结构水平高于物流企业,制造企业技术、财务经济实力大多高于物流企业等。两业联动成功的典型案例告诉我们,一些物流企业在两业联动中不了解与制造企业直接对接的生产技术和组织技能,也没有做好以物流集成体身份直接切入制造集成体主导的供应链物流服务过程的准备。

集成是通过复合、整合、重组和优化形成一个统一体的过程,物流高级化过程体现了以点、线为基础的初级物流向以网—链为特征的高级物流发展的思想,其实质是产业以"集成"方式进入高端竞争和发展的过程。随着物流专业、学科的兴起与发展,以及产业转型、产业政策调整,一部分物流集成体开始主动寻求并直接参与两业联动实践。这样两业联动就需要应用集成场理论范畴来认识和运用两业联动发展模式。

三 案例研究方法

案例研究方法是以典型案例搜集整理为基础的归纳法、演绎法、案例剖析、系统仿真法。本书基于集成场理论范畴,应用均衡分析和边际分析法等管理经济学方法进行综合研究。为了通过案例研究获得有价值的成果,通常将其分为探索性案例、描述性案例、解释性案例和跨案例研究。[①] 课题组通

---

① [美]罗伯特·K. 殷:《案例研究方法的应用》,周海涛等译,重庆大学出版社2009年版。

过实地调研、问卷调查、归纳整理等方式，获得了制造业与物流业联动的案例。采用两种方式进行深入研究：其一是根据集成场理论提炼案例识别依据，根据识别依据的标识指标进行统计分析。其二是进行典型案例剖析，即使用解剖麻雀的方法，追踪合作模式形成、演变等的因素、关联和规律。典型案例剖析又分为典型案例截面数据资料分析和历史数据分析，从中可以探讨特定市场环境下，两业联动企业间内在的集成体、基核和联接键结构演化规律。

（1）归纳案例识别依据后的统计分析。在对案例的典型识别依据分类的基础上进行统计，寻求其中的变化演进规律。本书的一部分数据资料是在陕西省发改委、陕西省交通厅运管局、深圳市交通委员会、连云港市政府等职能部门的支持下，通过问卷调查、现场调研获得的，以陕西省为主（其他省抽样）的制造业和物流业第一手数据。这些数据经过整理、统计、挖掘、分析后用于研究工作。

（2）典型案例截面数据资料分析。典型案例力图为制造企业整合、分离、外包物流业务和物流企业提高一体化服务能力提供借鉴。通过系统仿真方法验证分析结论：运用 Arena 软件建立面向对象的集成仿真系统，运用 Anylogic 软件建立基于 CAS 的两业联动主体交互仿真模型，进行分析和验证。

（3）典型案例历史数据分析。有的两业联动典型案例，我们从 1996 年一直跟踪至今，经历了从物流企业与制造企业的"多对一"服务模式到"一对一"[1] 服务模式，而后又转移到"多对一"服务模式的演变发展过程。[2] 这里的"多对一"服务模式指多个物流企业服务一个制造（核心）企业，"一对一"服务模式指一个物流企业代表所整合的几家或十几家物流企业签约服务于一个制造（核心）企业，显然制造业的规模和需求必须能够满足物流企业的合作需求才能达到这一要求。这从一定程度上揭示了两业联动中集成体间业务关系从无序走向有序，并用制度固定下来，进而又为进一步实现降低成本要求等做出改变的相应演变过程。可通过现场调查、座谈会等搜集某省及全国典型案例，经解剖麻雀的方法归纳研究观点。

---

[1] "一对一"是指一个物流企业为一个客户企业提供专业性物流服务；"一对多"是指一个物流企业为多个客户企业提供物流服务；"多对一"是指多个物流企业为一个客户企业提供物流服务。其中，"一对一"服务的专业性更强。

[2] 董千里：《供应链管理》，人民交通出版社 2002 年版；董千里等：《供应链管理》，东北财经大学出版社 2009 年版；董千里等：《物流现代化实践》（音像制品），人民交通出版社音像部，2002 年。

(4) 典型案例横向比较分析。两业联动案例的研究关注案例的典型性、客观性和代表性。课题组进行的案例研究和其他专家进行的研究则进行案例模式识别依据统计分析。诸如，全国现代物流工作部际联席会议办公室组织专家撰写的《全国制造业与物流业联动发展示范案例精编》涵盖装备制造、钢铁、电子、化工、建材、汽车、家电、轻工等制造行业中的 28 个案例。[①] 案例内容主要包括联动背景、项目思路、方案实施、联动成效、发展展望及推广价值等。在这 28 个典型案例和课题组进行的 116 个典型案例调研中，都存在集成体、基核和联接键等合成场元及其相互的作用，这种比较分析为梳理、确立制造业与物流业联动发展模型的识别依据奠定了重要的理论基础。

四 研究的技术路线

研究思路遵循调研、案例分析发现主要和关键问题，分析问题及本质，提出解决问题的技术路线（见图 2-1）。针对两业联动的主要问题，以物流过程为场线使物流链与供应链对接，从而整合资源减少数量，提高集成服务能力和质量。两业联动发展模式的研究从理论研究、分析、成果形成到应用，经历了如图 2-1 所示的技术研究过程。

第六节 本章小结

（1）本书对制造业与物流业联动发展进行专项研究，具有特定背景和研究目的。相关研究虽已开展多年，但多拘泥于传统理论，缺乏能在两业联动中发挥促进产业转型升级指导作用，控制全局且又对十分关键的因素进行深入研究的理论方法。从集成场基本范畴审视两业联动发展空间，可以发现其是一种源自物流集成实践并通过供应链集成的网链同态模式结构。可利用其从集成场理论的概括提炼到哲学范畴应用，从两业联动的专业化、组织化形式到物流链与供应链的两链融入关系深入分析、研究，以指导制造业与物流业联动发展模式的应用实践。

[①] 全国现代物流工作部际联席会议办公室：《全国制造业与物流业联动发展示范案例精编》，中国物资出版社 2011 年版。

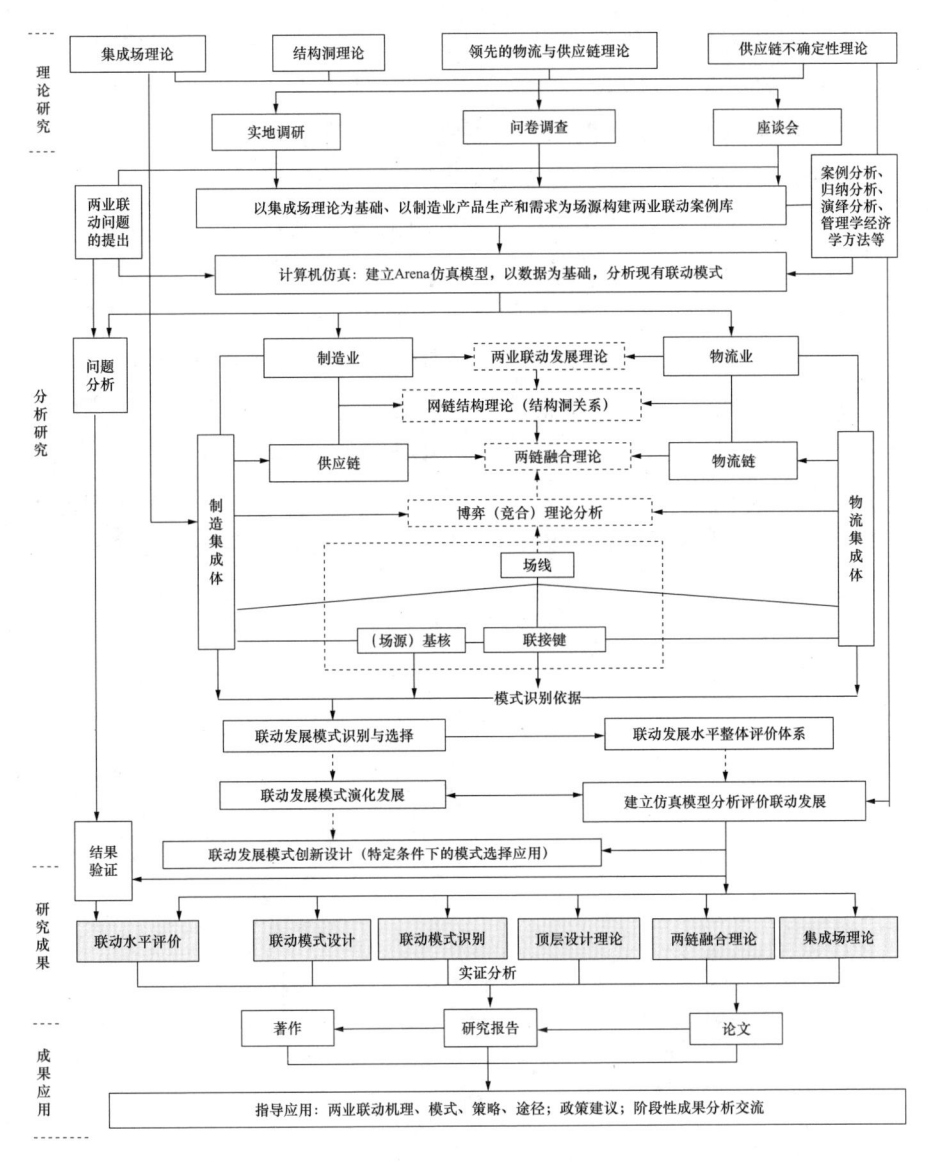

图 2-1　集成场视角的两业联动发展模式研究的技术路线

（2）从集成场视角出发对制造业与物流业联动发展模式进行的研究及验证，是在多个集成体参与下的集成过程实践和集成场理论研究。在探讨两业联动发展中进一步丰富和完善集成场理论，为研究制造业与物流业联动发展，提供了多个（类型）集成体在集成场的运作规律，其中涉及了合成场元分布及其规律，即引导制造业与物流业协调发展的支配机理源自物流集成、物流链集成到供应链集成管理理论；集成场是考察两业联动及其高级化发展的理论范畴。

（3）由于制造业种类很多，制造业与物流业联动的方式在客观上存在较大的差异，故在主观上需要归纳不同的看法以形成理论体系。从分析制造业和物流业发展过程中存在的问题出发，阐述两业联动发展过程中需要解决的问题，针对研究目的，结合国内外相关研究进行评述，运用集成场理论提出两业联动研究的重点，确立其基础理论为集成场理论。

（4）物流集成实践研究的背景是与其相关产业转型、升级的高级化实践发展过程联系在一起的。两业联动实践是集成场中的一类典型的集成实践活动，强调了专业化基础上的系统化组织，在组织化的链条系统基础上进行再集成组织联动过程，即所谓的"最终的供应链"。这就是强调和关注主动优化设计和集成运作，是集成场理论应用以及通过实践检验的重要标准。集成场理论经过进一步完善，可以上升到管理哲学范畴，作为顶层设计的方法可以应用到更多的转型升级领域之中。

机理探索篇

　　本篇的主要研究思路是，将物流集成理论拓展到物流链、供应链乃至两链融合的集成场顶层设计理论，通过两链对接、适应、协同运行的基本范畴关系，重点对集成体主导基核、联接键及其两链集成的网链结构和运行机理进行探讨，以确立两业联动发展模式及其运行机理、实现方式的理论内容体系。在制造业的网络化、自动化、智能化发展进程中，为满足其一体化物流服务的需求，物流业要从单一的物流业务逐步实现整合，通过集成向以网链为基础的集成物流服务方向发展。因此，在制造业与物流业的联动过程中应抓住关键因素，构建顶层设计理论。从集成场视角出发，向物流集成体主导的物流链主动切入制造集成体主导的供应链发展是指导两业联动实践的理论基石。本篇将对制造业与物流业联动发展模式的集成场、物流链形成、供应链集成和两链融合理论进行拓展研究，从而为进一步研究两业联动发展模式提供理论依据。

第三章 两业联动集成场的顶层设计理论

物流服务、国际物流以及两业联动发展过程，都是人工集成过程，都可以运用集成场的合成场元构成人工集成系统，进行观察、描述和分析研究；集成场理论正是在物流集成、物流集成场的研究与实践过程中形成的。集成场理论的形成过程是与物流集成的主动本质紧密联系在一起的，检验这一过程的依据是物流集成实践，需要对物流实践的理论进行提炼，以指导集成实践。经过反复验证日趋丰富完善的集成场理论可应用于顶层设计，为两业联动发展提供关键过程、要素范畴的研究空间。

第一节 集成场是源自集成实践的理论体系

经过十余年对国内外物流集成实践过程的勾勒、理论的完善和提升，可将集成场理论进一步应用到受集成力、集成引力作用下的合成场元空间分布和运动规律的研究，以引导涉及不同企业、产业间的资源整合。在以产业联动作为体现集成优化本质的对象之前，集成场理论已经经历了物流集成理论、物流集成场和集成场理论的研究过程，其理论的完善程度还体现在其能够符合集成管理哲学的辩证思维逻辑。

一 集成场在物流集成研究中的特征

集成场源自物流集成实践的理论提炼。物流业作为从事物流活动的同类企业集合，是广泛存在于各行业内部及其之间的实践活动，衔接着不同产业（行业）的实践活动，存在具体的服务对象是保证其价值实现的重要前提条件。因此，物流业是具有基础性、渗透性和连接性等基本特征的服务业。基础性体现为广泛存在的实践活动，渗透性是指各行业中都要有的实践活动，连接性表现为衔接了不同产业（行业）的实践活动，而服务业的特征体现为必须存在服务对象才能实现实践活动的价值。物流活动的实质表现为集成，绩效本质体现为优化。正是物流实践本身所具有的普遍性、特殊性，奠定了物流集成理论形成的广泛实践基础。

（一）物流集成理论形成于对物流实践的理论提炼

从对物流运作实践活动的梳理可以看到其实质是资源整合即集成过程。诸如，运输、仓储、配送等物流业务涉及诸多部门，在市场经济条件下，为满足客户需要，必须将它们整合起来，按照客户要求去组织实现一体化物流服务。董千里（1999）在《高级物流学》中讨论了物流集成并将其作为物流高级化的基础。《高级物流学》是建立在现代信息技术和集成管理理论基础上的物流集成理论基础著作，经过15年的教学研究，目前该书第三版已出版。物流集成过程涉及资源、技术、功能等硬件和软件部分。物流集成理论是以物流集成实践为主要研究对象，梳理国内外物流形成、运作和发展实践，研究物流集成过程的基本理论和规律。物流实践的普遍性为集成场理论的适用性奠定了基础。

（二）从描述物流实践现象到解释物流实践

物流运作业务和工作集中在管理层面的核心内容就是集成，其本质要求就是对既有资源、既有功能、既有过程进行优化。在物流业发展过程中，必须关注物流企业做大做强。这个问题早在2000年西部省域物流业发展规划中就已经被提出来了，可是经过一两轮省域物流业发展规划，物流企业真正做大做强的很少或极少。这是为什么？物流企业做大做强需要有集成体意识、性质和资源，企业不是生物体，是不会自然成长壮大、做大做强的。这就创建了集成体作为主动性合成场元的概念。集成体自身的形成、演变和发展过程就是集成过程，是集成体的集成力产生作用，发挥物流集成体在物流集成过程中的集成力主导作用是必要条件。主导物流集成的龙头企业可以作为物流集成体，一般企业的规模小、竞争力弱，可以作为物流功能、资源参与到物流集成过程之中；政府职能部门介入物流业发展过程主要是进行政策引导、支持，即产生政策集成势能作用，不能将其作为物流集成运作实体。这就需要区分主导物流集成运作的实体和颁布物流运作政策的主体之间的差异，前者被称为物流集成体，后者被称为物流集成主体。

物流集成运作所依赖的物流基地，是物流集成活动的根据地，可以被看作一个物流系统化过程要件。随着物流基地的发展，很多物流资源向物流基地集聚，形成了物流产业集聚区。但是，也有很多地方建设了物流园区等基地，却长时间闲置，造成土地资源浪费、资源效率低下。这是什么原因？前一种情况的出现是因为场源的集成引力作用吸引了资源在基核集聚，而后一种则是基地缺乏相应的场源结构，没有形成场源的载体。基于此种情况，创建了基核概念。对物流实践案例进行理论范畴的归纳，形成了基核是复合场源载体的含义，基核还是有极性的。基核、场源等概念是集成场重要的基本范畴。

物流资源、物流功能、一体化物流服务等都需要不同的集成体、基核以及集成体和基核等之间的衔接，以使不同的资源、功能、技术有效地发挥作用。显然，资源、过程和技术等的衔接方式不同，所构成的集成系统关系作用绩效差异很大。这是因为，不同资源、信息、技术、功能和过程衔接合成场元的方式，构成了物流集成系统的集成机理和实现方式的不同结构。不同结构的合成场元组织发挥着不同结构的功能，就像物质结构一样，同样的元素以不同结构组合，会形成不同功能的物质。发挥集成过程协调作用的衔接方式就是设计和构建联接键。

（三）从物流实践到两业联动集成系统规划设计

集成体在设计、构建和推动两业联动集成系统运作中起着主导作用，其作用涉及各类合成场元，如集成体、基核、联接键，以及集成场分析范畴，如集成动因、集成力、集成引力、集成能、物流集成模式、集成机制、集成实现机制、集成系统的设计与评价等内容。对两业联动以及所形成的物流链与供应链的两链对接、适应、共享和融合实践进行集成理论提炼，形成了集成场理论体系。

将集成场理论应用到物流业与制造业联动发展的研究中，即从以物流集成为对象的研究范畴拓展到以两业联动集成场的更一般的产业集成为对象的研究范畴，体现了从个别到一般的研究过程。从集成场视角审视制造业与物流业联动发展过程，考察产业间互动机理、过程和发展模式，体现研究基本观点、研究思路、研究方法、主要内容和成果创新等，除了物流集成的研究范畴，还需要增加新的研究范畴。

二 集成场范畴和理论梳理的一般性

集成场在物流集成活动研究中的应用，不仅描述了物流集成实践，而且支持了集成理论的形成。应运用集成场理论研究成果所提炼的基本范畴,对集成场理论考察两业联动的网链框架进行勾勒。在集成场研究的视角范围内,不同的研究对象,会涉及不同类型的集成体及集成体之间的关系,集成体战略决策及执行能力主导着基核选择、构建和应用及基核间的关系,通过联接键创新设计与构建,可分别实现集成体主导集成活动过程网链结构的目标。集成场提供了相关理论和规律的研究范畴,可供各类集成体在主导、集成和优化等过程,指导相互作用关系构建,并使相关机理和运作规律得到进一步深入研究。从以集成过程为对象的研究视角出发,物流集成活动是典型的集成场运行方式,所提炼出的理论成果,也是集成场理论的重要组成部分。集成场理论是在物流集成过程研究中梳理提炼出来,并应用于两业联动集成场的研究成果。集成场理论是在以一般集成过程为对象的研究中独立和完善起来的。集成场涉及集成体、基核、场源、场线、场界等基本范畴。集成体是集成对象的主导者、设计者和实现者,具有主动优化性质。集成场提供了物流、陆港、两业联动等以集成实践为对象的研究范畴,并从宏观的整体观察视角,对集成物流商整合物流功能商的功能、物流资源商的资源,为制造供应链提供一体化物流服务进行了探讨。其中,基核是场源的载体,可以分别成为物流集成体主导的物流业务基地和制造集成体主导的产品组装基地。由于场源的作用,基核具有集成引力,能吸引各类资源、功能和集成服务供应商,形成物流集成体或制造集成体集聚;物流的连接性、渗透性发生在企业、产业、区域和全球空间范畴,连接不同企业、产业、区域和国家并渗透其间,形成了一定的产业集聚区。[①]

从以《高级物流学》为代表的物流集成活动、集成物流服务、物流链与物流链管理概念,以《物流集成理论及实现机制》为代表的物流集成理论及其应用,以《物流集成场:国际陆港理论与实践》为代表的物流集成场理论及其应用,到以《集成场理论:两业联动发展模式及机制》为代表的集成场理论及其应用,反映了集成场理论的形成过程,以及在两业联动应用中的进一步提炼和完善过程。

集成场作为物流集成管理的运作场,被看作受物流集成体的物流集成力、基核的集成引力作用的空间分布作用场,将大范围物流集成过程作为集成体优化组织与管理的动态过程来研究。而集成场的应用,其中既有多

---

① 董千里:《物流集成场:国际陆港理论与实践》,社会科学文献出版社2012年版。

个不同类型集成体（制造、物流等的集成体）战略、实施和利益主导的主观选择作用，又有不同类型基核（制造基地、物流基地等的基核）集成引力的客观互动作用。因此，基于集成场理论的制造业与物流业发展模式研究直接针对的是微观集成活动，进一步成熟的集成场理论还可以被应用于更广阔的理论和实际应用研究，诸如落实"一带一路"倡议所涉及的中欧班列集成运作过程。①

三 引导集成场理论应用的基本思路

集成场能否既被应用于单一人工集成系统，又被应用于复合和复杂的人工集成系统的分析与研究？以下几方面的案例验证及理论阐述说明了其可行性。

（一）能描述、解释和说明集成实践并指导集成实践

集成场理论源于物流集成、两业联动集成实践的理论提炼和验证。在两业联动研究中，课题组对57个两业联动现场进行了实地考察，对调研搜集的116个两业联动集成实践案例进行了分析梳理，并对有效回收的130份两业联动调查问卷进行了整理，从中选出信息全面的典型案例，包括时间截面上的网链结构、时间序列合成场元间的关系演变。在典型案例分析基础上，先构建起两业联动发展模式并以其他案例从不同角度验证模型要素结构、运行机理的合理性。全国现代物流工作部际联席会议办公室组织专家撰写的《全国制造业与物流业联动发展示范案例精编》中有28个两业联动案例，都可以用集成场构建模型的标志特征及其关系机理进行概括和验证。这些非本团队专家总结的案例中所包含的基本要件，都可以概括为集成体、基核和联接键，并可以作为模型结构的标志特征来表达。所构建的两业联动发展模式对两业联动关键要素结构、运行机理和分析理论，用集成场理论都可以给出必要的解释与回答。

案例验证主要强调了这几点：（1）构建两业联动发展模式的标志性特征是集成体、基核和联接键，这些分类标志可以分别涵盖案例所阐述的各类关键因素。（2）运用集成场两业联动发展模式理论可以对两业联动案例的机理进行充分解释。（3）两业联动案例的关键合成场元在模式中均能得

---

① 董千里：《基于"一带一路"跨境物流网络构建的产业联动发展——集成场理论的顶层设计思路》，《中国流通经济》2015年第10期。

到理论体现，模式构成与运行均符合系统学认识人工大系统的基本观点。随着两业联动发展的深入进行，两业联动发展模式还可以在研究中得到拓展应用，当然还需加上特定的新型关系，并在理论体系上逐步趋于完善。

（二）符合唯物辩证思维认识事物的一般规律

"物质无限可分"是一个关于自然科学的哲学命题，更多涉及的是物质微观世界的探究。分子、原子、原子核等物质层次的可分已经得到科学实验验证，而"集成"与"可分"对应的分解，在已经能够得到科学实验验证的范围，则表现为一个相反的过程。通过集成场可以观察和思考与可分、分解相反的集成过程，即涉及人们经济活动的集聚、整合、协同和统一等一系列集成活动。小到一个物流作业人机单元，大到公铁海空联合运输与全球多式联运整个集成系统，都可以在集成场中作为一个合成场元的形成过程被看待、被对待。从集成管理哲学视角来看，集成是分解的相反过程，可以借用同态原理构建集成场、认识集成场和应用集成场，在一定层次中的人工集成实践过程可借鉴"同态"基础理论，形成集成场理论体系。

（三）符合系统学整体性特征，又体现了抓关键范畴的特殊性要求

集成场从集成过程的整体出发，是对系统学的应用，但又体现了针对人工场进行的研究，因而其具有复杂的特殊性，在集成场理论应用中应注意其边界和应用条件。

（1）从整体优化的思路出发，抓住构建集成过程的主要范畴进行分析研究。集成是人们通过分解物质进行研究并认识物质本质的相反过程，即通过资源整合实现人工大系统优化过程。我们所认识的世界是由物质构成的。从微观层面来分析和认识，物质是由分子、原子和离子等构成，不同的共价键、离子键等的"键"连接形成了不同种类的物质。物质微观分析提供了分布于世界的物质结构、功能和运动方式，分解是为了便于认识世界物质系统的内部结构。在科学研究中，有许多过程就是分解物质的研究过程。而集成则是认识与改造物质世界的资源整合过程，表现为物质分解的相反过程，是综合、整合形成新事物的过程。在此过程中，为了便于认识世界中事物的合成规律，更好地刻画集成事物在时空的合成运动规律，就形成了集成场视角，借助物质世界的同态原理就形成了集成场基本概念和研究范畴。

（2）集成场范畴提供了分析人工集成过程的主要概念、运作机理和优化途径。集成场从宏观层面分析物质的集成运动过程。集成作为物质分解的反过程——物质整合，体现了人们的特定目标和意志。集成场理论体系

将物质整合的整体功能作用,是集成体施展集成力触动并变革静态系统的过程,可体现为人们分析并变革客观世界的观点和意志。集成场考察对象的基本单元可抽象为合成场元,其是考察集成过程有效的基本单元。将合成场元(素)概括为认识集成事物的基本单元,本身就构成了合成场元机理。集成场正是从合成场元的性质、功能,以及整合、集聚、协同等方面来分析认识人工集成运动过程,认识合成场元受其集成力或/和集成引力在时空分布的集成运动规律的,应将合成场元考察作为分析研究集成过程有用的基本单位。设计和构建两业联动发展模式的一套顶层设计理论,正是源于合成场元机理这一集成场理论基础。

(3)集成场理论提供了关键性、相对性和系统化研讨集成过程的逻辑方法。所谓关键性是用合成场元系列,即集成体、基核、联接键、场线、场界等构建集成场理论基本范畴,来描述、分析和研究两业联动的人工集成大系统的构成、运行和发展规律。在确认或识别每一类合成场元性质及其作用时,根据的是集成场理论的相对性原则。在一般情况下,基核因极性在基核间关系上表现出同性相斥,例如,在中欧班列开发的初期,各地陆港间争抢货源,各自孤立地组织中欧货运班列。但海港与陆港之间的关系常表示出基核异性相互吸引合作。在一定战略条件下,也可以表现为相同极性基核的集聚效应作用,例如,将洋山港划到上海港,在国际上形成了更具实力、更具竞争优势的上海港,使相关区域收益能够共享。集成场理论显示,主动性合成场元主导被动性合成场元,由相互衔接所形成的网链结构能够发挥系统性作用;有时,集成优化过程的实现,例如物流链就体现了物流集成系统是相对性集成优化系统,并通过逐步优化的系统化过程,在两链对接过程实现了供应链集成系统。

(4)集成场提供了人工集成大系统的集成体智能结构和资源结构的融合实力。就物理场而言,场是物体的空间分布状态。集成场是按照集成体的意志主导两个或多个部分资源形成一个系统的过程。集成主要体现了集成体的集成力作用,其还可能受基核的集成引力作用。集成体和基核都是集成场中的合成场元,前者以人的智能结构作为决策主导,具有主观性;后者以资源存在形式发挥作用,具有客观性。可以将集成场表述为,合成场元在集成力和集成引力作用下的时空场分布状态,即集成是使合成场元随着时间与空间发生变化的。集成效果具有整体性,集成过程具有相对性等基本特征。运用集成场视角分析,便于从整体性出发抓主要矛盾,并可将对立统一规律、否定之否定等作为集成场运作与发展的基本认识规律。集成场提供了抓人工集成运动中的主要合成场元、分析主要矛盾，来进行集成过程和系统研究的思想和方法。

（5）集成场的应用还要注意其边界，即场界范畴的作用。要避免因边界问题将真理变为谬误。经过集成实践验证，一般人工集成过程具有应用集成场理论进行描述、解释和说明的可靠性，物流链可以应用于物流集成、供应链集成，以及两业联动的研究，场界说明了指导人工集成实践过程的相对性。

第二节　在单一集成领域研究的启示

集成场理论的相对性原则提炼，说明了从以单一产业内集成为主，走向两业集成或多产业集聚、竞合的协同运作过程，是同态网链结构对接的集成发展过程。集成场理论源自单一、两个和多产业集成活动实践的理论提炼，是从单一产业集成系统到两个产业集成乃至多个产业集成系统的集成体主动优化机制。从大系统结构看，不同层次子系统间往往会有一些相对性、关键性、关联性的集成创新动因和机制，理论结合实践的研究探讨有利于相关研究的认识与实践的逐步深入。

一　集成场研究的主要范畴、思路及方法

把物流集成系统作为研究对象，其场界是相对的。因此，可以将企业部门、企业、多个企业分别视作企业、产业、区域和全球集成场运作中的集成体。根据集成目的和要求，可以将集成关注重点放在拟定两业联动集成领域层次的集成体和集成力等方面。

（一）简化集成场考察对象：场元合成规律

场元素是集成场分布和运动的基本单元要素，在不易混淆的情况下可被简称为场元。场元是在集成场中受集成力、集成引力作用的基本单元要素。集成场的场元素，尽管有的性质单一，但种类、数量过多，而且大部分是不值得专门考察的，过分关注不值得直接观察的场元，有可能忽略最重要、最值得考察的基本单元。这些最值得考察的基本单元大都是合成的场元，所以把集成场最值得考察的基本单元称为合成场元。因此，合成场元是集成场考察的基本单元。根据能动性，合成场元可分为主动性合成场

元和被动性合成场元。主动性合成场元是集成体，具有形成集成力和推动系统集成优化的作用；被动性合成场元有基核、联接键等，是支撑集成系统的基础设施和技术基础，基核具有承载复合场源的作用，场源具有形成集成引力的作用，联接键具有衔接集成体、基核和不同网链的链接作用，使其得以运作和实现优化。在集成场中都可以将其作为集成系统中的一部分进行考察。

（二）凸显组织化、系统化目的：集成体主导优化过程

集成体是由主体单元与客体单元两种不同性质的场元素构成的带有主动性质的合成场元。集成体在集成场中具有主导集成、实现优化的作用，表现为集成过程中的龙头企业。就物流业而言，从我国物流企业分类评价角度，可将其划分为运输型、仓储型和综合型物流企业；从资产占有角度，可将其划分为基于资产的第三方物流提供商与非资产的第三方物流提供商。[1] 处于主导集成地位的实体是集成体，其能够组织整个物流场线过程，才能很好地提供供应链物流集成服务。提供集成场服务平台的主导者是平台集成体，主要形成运作与管理公共型服务平台，诸如支持物流运作平台、支持"一关二检"的报关通关平台等。物流集成体主导物流集成过程，与平台集成体及其他制造集成体、商贸集成体等合作形成联动关系，与其他物流集成体形成竞争或竞合关系。[2] 同样，制造集成体主导制造某类产品的龙头或核心企业，在整个产品制造过程中具有市场引导作用，很多是直接面对市场的总装企业，决定着部件、零件制造企业的集聚场线。集成体主导所追求的实质是优化，有关第三方物流公司和货主（企业）的调查表明，"分享"与"合作"理念对集成是十分有益的。约有46%的第三方物流用户（含制造企业）和81%的第三方物流供应商愿意与其他企业，甚至是竞争对手展开合作，通过合作可以降低物流成本，并改善物流服务。[3]

（三）从规划到执行一体化：集成力与集成引力作用规律

集成体是集成场最具主动性的实体，起主导物流集成过程、整合合成场元的作用，基核场源具有集成引力的吸引与辐射作用机制，在组织场线

---

[1] C. John Langley, Jr., 2016 Third-Party Logistics Study: The State of Logistics Outsourcing, Capgemini, 2015.

[2] 董展、董千里：《构建物流集成场的主体思路与基本范畴》，《物流技术》2012年第9期。

[3] C. John Langley, Jr., 2016 Third-Party Logistics Study: The State of Logistics Outsourcing, Capgemini, 2015.

运动过程、在物流通道形成物通量。物流集成体是物流集成力产生、作用的运作实体,平台集成体主导的基核及其场源设计、建设是集成引力产生、作用的实体。在物流集成体、平台集成体的形成和作用过程中,基核与基核之间有集成引力作用,所构成的联接键有利于形成集成体之间、基核之间、集成体与基核之间的集成关系,并得以巩固,且有利于促进全程场线绩效。在形成联接键时会涉及跨界集成能力和作用,如跨企业、跨区域、跨产业和跨边境国界运作,还需要有外力的支持作用,如政策支持形成的物流集成势能等。

二 集成实践的理论系统化

集成场在以物流集成为对象的研究中,突出了合成场元理论与方法分析物流集成过程的主要矛盾和主要关系,形成了以物流集成体为主导、以平台集成体为支持、以国际物流场线形成与辐射过程为脉络、以集成场基本范畴为基础的供应链物流集成顶层设计思路和理论,并在此基础上研究国际陆港理论与实践[①],将其扩展到以两业联动为对象的研究,仍可以应用系统化的集成场理论。

(一) 集成场在物流集成理论中的位置

集成场是合成场元在场中受集成力、集成引力作用的时空分布状态。[②]集成场基本范畴支持物流业与制造业集成过程的实现,并将两业联动集成系统纳入集成场理论的构架体系(见图3-1)。

图3-1显示的基本范畴和集成过程表明了集成场通过两链衔接、融合过程实现了两业联动过程,集成场通过典型的合成场元,即集成体、基核、联接键和场线等,与集成力、集成过程之间的关系,统一了集成理论。其中,集成体主导集成力是集成过程的核心过程。集成场将集成单元、集成模式、集成环境以及集成机制等描述物流业或制造业集成的内容、条件、机制等主要过程,所构成的物流集成过程和制造集成过程,分别形成物流链与供应链,并统一纳入两业联动集成场中进行考察。从集成场视角考察,物流业与制造业联动集成过程中的合成场元,都是受集成力、集成引力作

---

① 董千里:《物流集成场:国际陆港理论与实践》,社会科学文献出版社2012年版。

② 董千里:《物流集成场:国际陆港理论与实践》,社会科学文献出版社2012年版;董展、董千里:《构建物流集成场的主体思路与基本范畴》,《物流技术》2012年第9期。

用的时空分布范畴。在资源集成、技术集成、能力集成、过程集成、组织集成和系统集成等方面，将单一集成体、多个集成体以及集成系统协调起来，遵循了对立统一的发展规律，形成了一个完整的集成场理论体系。

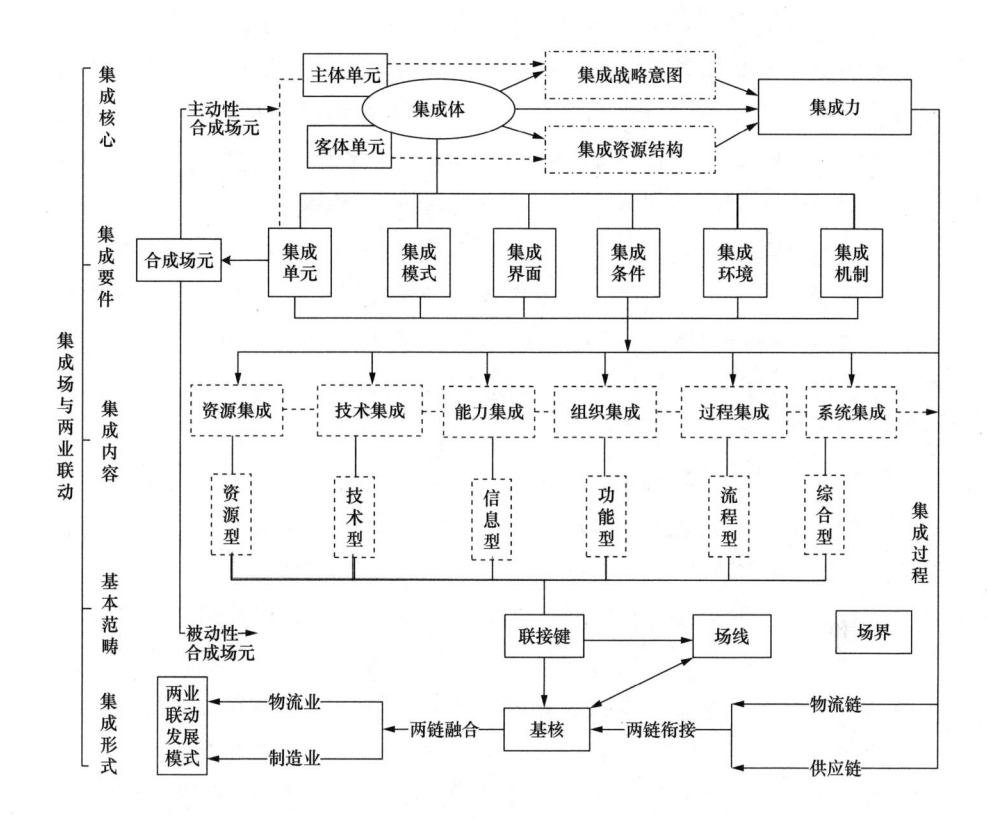

图 3-1 集成场与两业联动集成过程的关系

集成场理论的核心是集成体理论，集成体反映了集成系统是开放的人工大系统，同样适用于大系统理论分析。构建集成场理论的基础理论涉及系统科学、经济科学、管理科学和物流科学等诸多方面。一般系统论、信息论、控制论、突变论、耗散结构理论、协同论，结合物流集成现象对物流集成理论进行解释，可以使物流集成理论研究更加深入。集成体是具有主体单元和客体单元的二元结构的有机体，结合案例分析可以验证集成体在集成系统中的作用，集成体因主体单元与客体单元之间作用产生的主体战略意图与客体资源的矛盾，以及与市场需求、资源和自身能力之间的差异所引起的变革动因，促成集成力形成和集成体成长。客体单元按照集成体制订系统集成计划，被整合并实现其战略意图,成为有目的的战略行动资源。集成体可获得源自市场状态到物流业与制造业集成的集成力,体现集成过程的动力源①,从而达到深入浅出地进行理论探讨和获得集成时效的目的。

集成场将诸多两业联动集成过程概念、理论纳入集成场范畴,形成一个完整的集成场概念体系。集成场理论在物流业与制造业联动集成场范畴领域进行提炼、应用,也是两业联动集成实践在集成场理论方面的提升。集成场的范畴能够更有效地解释和说明一般集成运动的时空特征。

(二) 机理—机制—协同发展:集成场理论结构体系

集成场典型的合成场元有集成体、基核、联接键、场线、场界等,其提供了基于空间分布场元素的物流集成力、集成引力在场中分布和作用的理论体系。② 集成体发挥集成力作用,基核承载集成引力作用,支撑集成场线运作过程,可以连接企业、产业供应链以及陆港、海港、境外海港和境外陆港全过程,构成了全球物流集成场,主要关系见图3-2。

可见,集成过程在集成场的场界可以在层次上有所扩大,从企业、产业、区域、全国到全球集成场,不仅可以关注物流业集成,而且可以关注物流业与制造业集成实践,从根本上体现了国际产业优化布局。"一带一路"倡议就涉及跨境国际物流链与全球供应链的衔接,以价值角度观察就形成了全球价值链。从集成场视角观察与布局国际物流,从境内供应链走向境外供应链,如何实现集成场视角的全球价值链,就需要探讨境内供应链、产业链延伸到境外的价值特征。境内两链衔接的重点在基核,是两链交融的衔接点,全球价值链可以随境内供应链分布并延伸至境外的节点,可以从网链结构同态的特征来考察区域、全国产业开发区的基核建设延伸到境外国际产业合作区的基核建设的差异点。国际层面两业联动的开放性是其人工大系统的基本特征,境外与境内的两业联动集成机制还是存在很大差异的,需要进一步在产业链延伸到境外国际物流、国际产业合作中丰富和完善其物质、信息和能量交流机理和实现机制。

---

① 董千里、鄢飞:《物流集成理论及实现机制》,社会科学文献出版社2011年版;董千里、郭充生:《物流系统化的组织设计研究》,《汽车运输研究》1996年第2期;董千里:《实行战略管理——市场经济体制下企业的必然选择》,《现代企业》1994年第4期;董千里:《注重第三方物流的培育和发展》,《中国道路运输》1999年第10期。

② 董展、董千里:《构建物流集成场的主体思路与基本范畴》,《物流技术》2012年第9期。

第三章 两业联动集成场的顶层设计理论

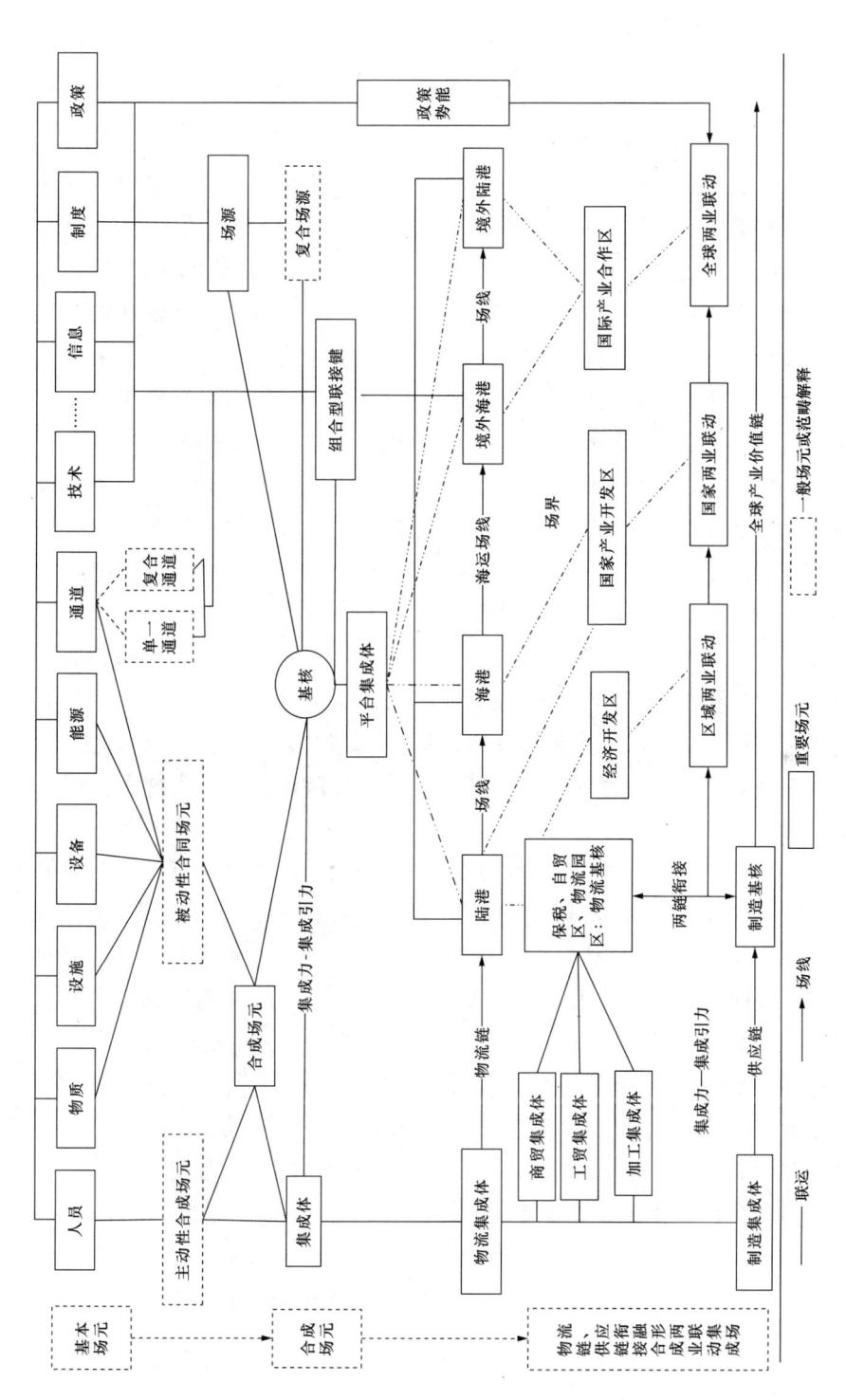

图 3-2 基本场元→合成场元→两业联动集成场框架体系

三 集成体性质在集成系统中的作用与启示

(一) 集成体性质反映了人工系统主动态特征

集成体是由主体单元和客体单元构成的合成场元,是主导集成过程的有机体。集成体、基核、联接键及其运动过程组成了整个系统的基本结构。集成场将构成和观察一般集成活动的基本单元,称为"合成场元",这样就大大降低了集成系统的复杂性,便于从整体、全局、全过程分析观察研究整个物流集成过程。诸如,以案例研究等定性分析为主的方法、数学建模等定量分析方法,以及定性与定量相结合的分析方法等都可被用于研究物流集成过程。物流集成系统是一个开放的人工复杂大系统。钱学森等(1990)认为,实践已经证明,现在能用的、唯一能有效处理开放的复杂系统(包括社会系统)的方法就是定性定量相结合的综合集成方法。在这些研究和应用中通常是由科学理论、经验知识和专家判断力相结合提出经验性假设(判断或猜想),而这些经验性假设不能用严谨的科学方式加以证明,往往是定性的认识,但可用经验性数据和资料以及几十、几百、上千个参数的模型对其确实性进行检测,而这些模型也必须建立在经验和对系统的实际理解之上并经过定量计算和反复对比最后形成结论。这样的结论,就是我们在现阶段认识客观事物所能达到的最佳结论,是从定性上升到定量的认识。[1]

在物流链、供应链中,每个单独的供应商或消费者都有自己认识的价值链模式,即使是个人组织,也具有企业之类组织几乎有的全部职能角色。[2] 集成体职能角色是从龙头企业角度定位的,虽然功能齐全,但占有的资源和功能能力、集成能力差异很大。因此,研究集成体的集成力具有重要的理论与实践意义。

(二) 集成体的自我学习完善机制

集成体的基本能力是集成过程整合与支配资源实现其功能的能力,通过资源整合能力、特殊功能能力、综合集成能力和持续学习能力,形成物流集成过程存在与发展的基本能力。

---

[1] 钱学森、于景元、戴汝为:《一个科学新领域——开放的复杂巨系统及其方法论》,中国系统工程学会第六次年会,1990年。

[2] [英]道格拉斯·K.麦克贝思、尼尔·弗格森:《开发供应商伙伴关系:供应链一体化方案》,季建华等译,上海远东出版社2000年版。

集成体成长依托于集成力，集成体的集成力结构模型构成与运行反映了集成体的成长机制，反映成长力内在机制的是集成体集成力结构模型机制。在集成体的集成力结构模型中存在前馈控制和反馈控制两种形式。

（1）前馈控制机制。前馈是指前向输送，前馈控制主要是针对开环控制系统，事前制定预期发展目标就是利用前馈控制机制，前馈控制机制对人工社会系统有激励发展的作用。在集成系统中，前馈控制机制往往用于集成体制订的战略规划和目标意图，其战略目标值越大，越需要具有强大的集成力，对战略执行力的要求越强，对集成力的要求也越强。集成体的集成力体现集成系统发展意图的强弱。

（2）反馈控制机制。反馈是指后向输送，反馈控制主要是针对闭环系统，对系统的产出通过反馈方式进行调节，对稳定系统有十分重要的作用，工程系统中大量使用反馈控制机制。当输送的信号是正值时，起到加强、放大的作用，称为正反馈机制；当输送的信号是负值时起到减小、削弱的作用，称为负反馈机制。反馈控制机制的主要作用是：集成体根据集成过程目标与产出值之差，发出调节指令，起到稳定集成系统的作用。

物流集成、两业联动都是人工集成系统，也都是开环系统。因此，人工集成系统一般同时有前馈控制机制和反馈控制机制。通过前馈控制机制，集成体制定、获得集成系统发展目标，并组织实施实现；集成系统需要根据系统实际运行情况实时做出调整，要稳定地运行发展，就又需要用到反馈控制机制。在集成体设定强化目标时，在集成过程中需要对产出起到强化、激励作用的机制，这是运用正反馈机制；反之，需要对产出起到弱化作用，就需要用到负反馈机制。一般情况下，在集成过程中，前馈控制机制是集成体的战略手段运用，反馈控制机制是集成体的战术手段运用。根据战略目标与集成能力的产出效应的差异以及市场需求与产品、服务供给的差异，调整资源整合的集成力，差异越大，所需集成力需求越强，集成体可能也会越快发展。

（三）集成体及其集成力结构模型

集成体的集成力源自内部集成力和外部集成力的激励，这种激励促成了集成体形成、成长、成熟和衰退的过程。与集成体的主体单元和客体单元相关联的要素分别为文化、组织、制度、界面、专业、设计、过程、标准、信息、资源、技术等，会影响到集成体的组织集成力、行为集成力和资源集成力的形成与作用，这三个集成力综合起来产生集成力效应，以实现战略目标、满足市场服务水平。表明这一逻辑关系的集成力结构关系模型见图3-3。

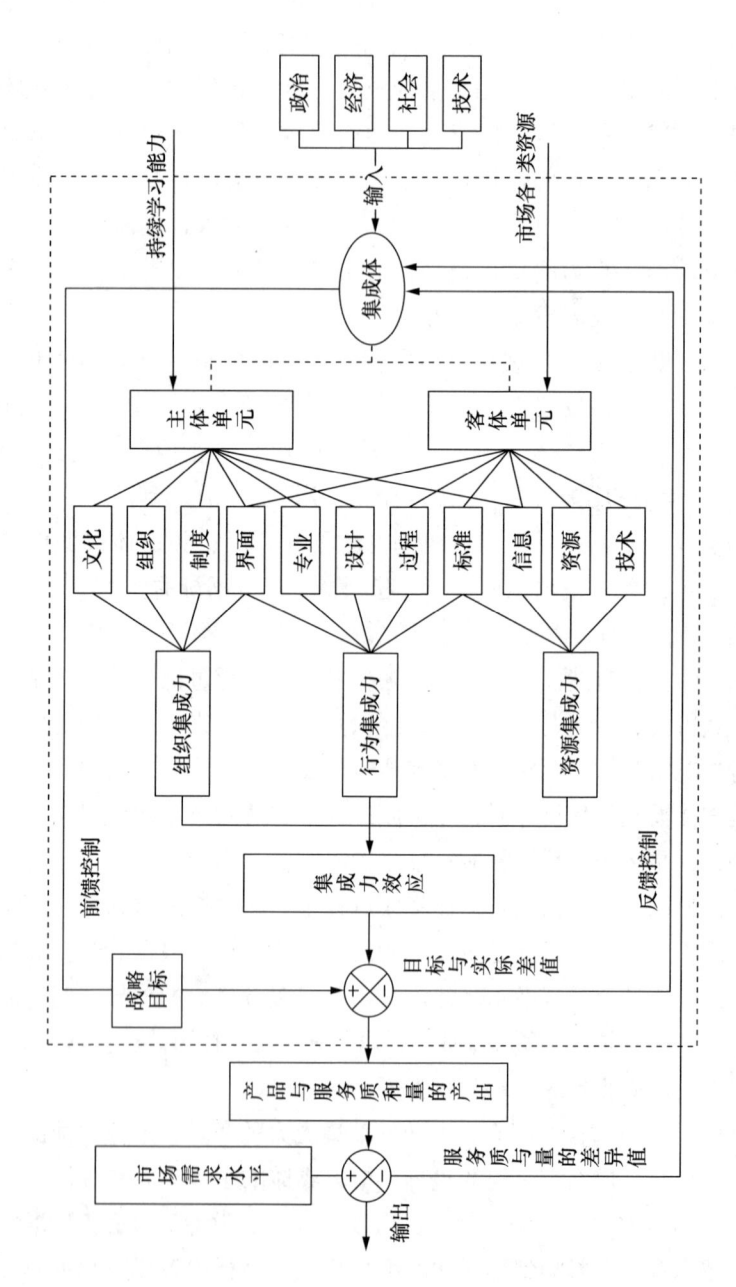

图 3-3 集成体的自学习、自组织与集成力结构及作用

图3-3表明集成体在集成过程中有一个前馈控制过程（制定战略目标）、两个差值反馈控制过程（战略目标与集成力效应的差值反馈、市场服务需求水平与产品服务质量和数量产出能力的差值反馈），这两个差值反馈成为集成体持续学习、吸收各类资源、整合相关功能、完善整个集成系统的动力。① 同时，采用前馈控制机制和反馈控制机制，体现了集成系统发展性和稳定性的要求。

集成体主体单元与客体单元，以及体现集成体主体单元战略意志和客体单元资源运作能力的集成过程之间的作用关系，可以分别表现为管理及行为作用和资源与技术作用的联系过程。图3-4反映了集成体在功能集成、过程集成和系统集成过程中所体现的作用关系。

2016年物流业所要关注的人力资源因素②是：培养领导者（55%）、吸引人才（55%）、保留人才（42%）、强化劳动力表现（40%）、加强员工动力和参与度（35%）、减少人力成本（35%）、有效的系列管理（33%）、减少职员跳槽率（31%）、增强员工发展平台（30%）、加强事业和工作的灵活性（25%）、增强监管（25%）、建立全球劳动力管理体系（23%）、根据文化和代际差异改变劳动力统计（21%）、利用劳动力计划来决定未来劳动力需求（20%）、加强多样性和包容性（17%）、建立一个高效的奖励机制（15%）。显然，前几项是构成物流集成体主体单元、形成二元结构三主体特征所必需的。集成客体所涉及的资源集成、信息集成、技术集成和文化集成等只有与相应集成主体结合起来才有意义。因为只有两者结合起来才能形成集成体，而集成体能有效地实现集成过程，除了自身努力，还需要协同其他集成体将集成政策势能转化为集成经济动能。集成体主导集成流程应该整合及治理的范围是物流与供应链集成中利用合成场元需要解决的问题。在物流与供应链集成相关集成体之间体现的是联接键及界面管理，从资源集成、功能集成到系统集成涉及界面管理（合成场元），从低到高（内涵）加载并集成到该供应链管理中，在集成过程各阶段所连接的管理边界都形成了管理界面，是被称为"界面"的一类合成场元。管理界面的集成程度反映了多个方面集成体衔接关系治理的复杂程度以及联接键功能的整合程度。③

---

① 董千里、鄢飞：《物流集成理论及实现机制》，社会科学文献出版社2011年版。
② C. John Langley, Jr., 2016 Third - Party Logistics Study: The State of Logistics Outsourcing, Capgemini, 2015.
③ 董千里：《物流集成场：国际陆港理论与实践》，社会科学文献出版社2012年版。

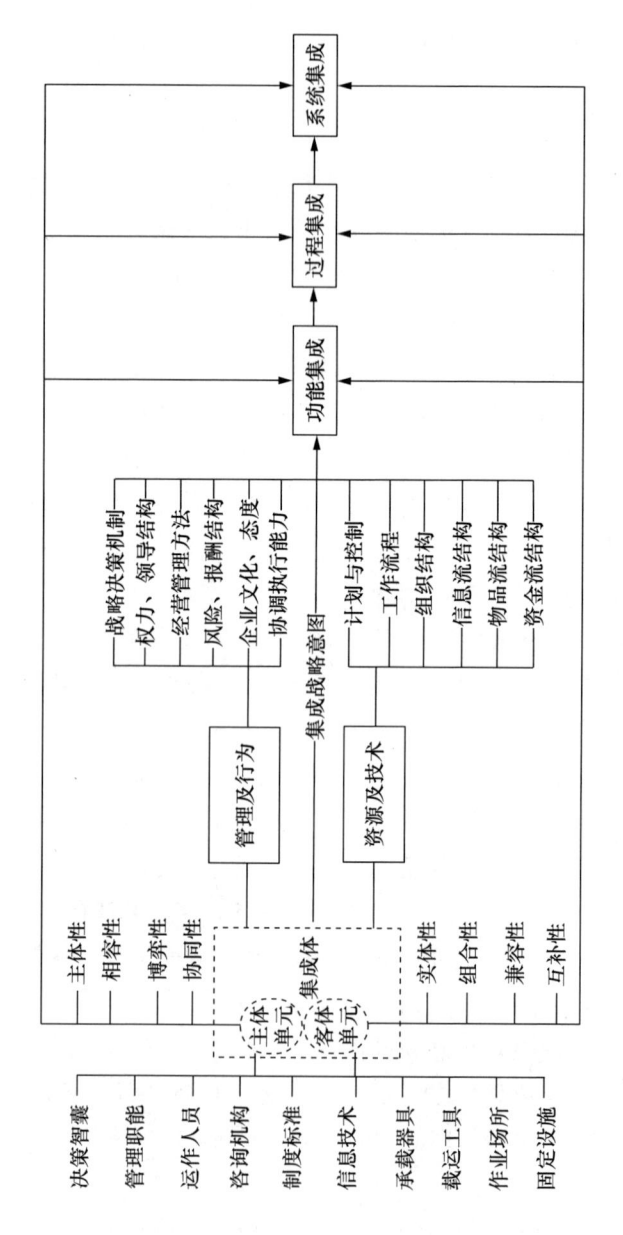

图 3-4 集成体在集成过程中的作用关系

资料来源：董千里、鄢飞：《物流集成理论及实现机制》，社会科学文献出版社 2011 年版，第 222—223 页。

用科学研究过程搜集整理的一些案例验证集成体理论，集成体在集成系统、集成场作用的理论，可以形成一个完整的集成过程逻辑体系，即集成体所涉及的管理与治理的基本理论范畴来自物流集成实践的启示，经过梳理提炼形成并构筑物流与供应链集成理论体系。通过案例验证后，可检查其缺陷与不足之处并进一步完善。同时通过物流与供应链集成案例验证过程，使集成场理论成为具有一般指导性的理论体系。

（四）集成体主导两链之间的基核关系

制造商主导产品供应链是制造集成体，制造基核的种类很多，如总装厂、部件厂、零件厂基地，重点是具有品牌、市场、产能并能顺利衔接市场的基核，因此，体现制造供应链全过程的重点基核往往是总装厂基地，有的企业将生产基地布局在产业集聚区，有的临空港、海港或陆港布局；物流集成商主导物流链是物流集成体，物流基核种类涉及海港、空港、陆港、物流园区、物流中心等，在两业联动中，重点是能与供应链直接对接的重要基地。因此，在物流链与供应链对接过程中的基核间关系主要有三类：同址运营的融合型基核关系，区位较近的连接型基核关系，以及面向整个社会服务（一般区位距离较远，有时涉及多式联运）的公共型基核关系。在制造商主导供应链的基础上，实现制造商之间的横向联盟，形成制造集成体集聚区——通常被称为产业开发区，当这个集成体具备较强的吸引力时，会吸引供应链成员的加入，有的临港布局生产基地，通过连接型基核关系来巩固供应链集成的纵向联盟，吸引新成员的加入，形成一个巨大的两业联动集成场，实现社会资源的共享和再分配，使供应链创造出更高的价值。物流业隶属于服务业，主要提供基础性物流服务、增值物流服务和高端物流集成服务。所谓高端物流集成服务，主要是对应制造集成体的特征提出的，其为满足制造集成体一体化物流服务的需要，整合物流服务商，形成物流集成体主导的物流链，为制造集成体主导的供应链提供一体化物流服务。当物流集成体主导的物流链能够与制造集成体主导的供应链对接时，通常体现的就是两链在基核间、联接键选择建立的关系。

制造集成体为满足人们对产品及其服务的需求，将产品生产的原材料、半成品、成品、技术、设备、人员等需求集于一体，形成巨大的需求场源，吸引着零部件供应商、总成供应商、装备供应商、物流服务供应商等各类企业的集聚，成为承载各种需求的基地。当这个基地带给各类企业较高的利益时，将促使各类企业的集聚，而基地就成为承载各种需求场源的基核，具有较强的吸附、辐射能力,促进产业的集聚,带动两业的联动发展。基核是场源的载体,也是生产制造、物流作业的基地,重要的基核也是制造业与物流业物流业务衔接的基地,体现了物流集散中心、物流信息中心和全程监控中心一体化的功能和过程。

四 集成场观察、阐述和研究方法的启示

(1) 分析物流集成、两业联动过程可以通过场元合成机理简化集成场基本范畴。这不仅会使物流集成而且会使两业联动相关理论通过场元合成机理得以精简。诸如,集成体形成、演化和作用,集成体作用力及其规律,基核、场源、联接键设计与运用,场线组织等研究过程则变得简单、有效。

(2) 集成场视角是介于哲学与物流及供应链管理理论和具体业务之间的一种思考,更便于从整体的角度进行观察和分析研究物流与供应链集成过程。

(3) 集成场可以通过基核、联接键等合成场元抓住主要矛盾。通过场元合成机理构建合成场元,这是简化集成场分析复杂性的重要理论和手段措施。集成场理论可以用供应链物流集成顶层设计,分析场元布局、物流集成力和集成引力在物流集成过程中的关键要点和解决途径。

(4) 集成场可以通过联接键等合成场元创造集成界面。可将集成界面设计、运用和管理应用于集成系统、境内外物流集成场、两业联动集成场等涉及多集成体竞合关系的典型案例分析。以集成场为基础理论的国际陆港理论与实践研究表明,场提供了空间分布范畴,集成体现了主动优化思想的集成管理精髓。[①]

第三节 以两业联动为对象的集成场理论应用启示

集成场用于两业联动研究,是从以物流集成过程为对象的观察发展到以两业联动发展为对象的观察。显然,两者都是以集成为内在规律和要求

[①] 董千里:《物流集成场:国际陆港理论与实践》,社会科学文献出版社 2012 年版。

的集成场理论的观察研究,其观察对象都呈现为集成体主导物流或制造集成过程,分别通过物流集成过程形成物流链或供应链过程,并通过博弈合作关系将物流链融入供应链。可见,集成场理论更具有一般性。

一 集成场典型合成场元及其内涵

合成场元是集成场考察分析的基本单元,典型的合成场元包括集成体、基核、联接键、场线等。根据场元素合成机理,可以将集成体、基核、联接键和场线等作为集成场的基本考察对象,这样就大大降低了集成场考察对象纷繁复杂的程度,运用合成场元有利于抓住主要矛盾和主要问题,提纲挈领地进行物流系统顶层设计。集成场基本范畴、性质及其在境内两业联动等研究应用中的相互关系可参见图3-5。[①]

可以从集成场视角出发考察物流集成到两业联动的过程。首先,集成体类型由单一行业集成体为主的网链治理关系,扩展为多元行业集成体间的博弈竞合关系;其次,不同性质的基核场源构成及作用,在两业联动中的基核间形成了性质、距离等空间关联与作用联系;最后,不同类型集成体主导的场线在基核间的运行轨迹对接,在联接键的支撑作用下,形成全程场线的两业联动产出综合绩效。运用集成场范畴进行物流集成系统分析和顶层设计,可以将物流链形成、制造业与物流业的两业联动活动过程所涉及的要素,都归结为集成体、基核、联接键、场线等合成场元进行研究。集成体是主动性场元,基核是以复合场源的物流基地作为载体,联接键是不同集成体及其相关的其他合成场元之间紧密相连的一种单元。精简研究对象,使人们很容易抓住分析人工大系统能动主体的主要环节和关键因素。

(1)集成体是由主体性场元素和客体性场元素构成的合成场元,是集成场中最富有主动性的重要场元。组成的有机体,是具有战略主体、行为主体和利益主体性质的主动性合成场元。"链"上的"实体"往往具有"链"上衔接"点"的双重角色,它既是需求者,也是提供者。作为物流链的集成体是一个典型主动优化战略代表,如果没有物流集成体,物流集成过程将缺乏战略、战术制定者的智能结构以及组织实施者,若集成体不能整合相关资源,就不能使自身在集成过程中得到发展。若没有用户,物流集成就失去了集成服务的方向,即除了物流集成体,还有其他类型的集

---

① 董展、董千里:《构建物流集成场的主体思路与基本范畴》,《物流技术》2012年第9期。

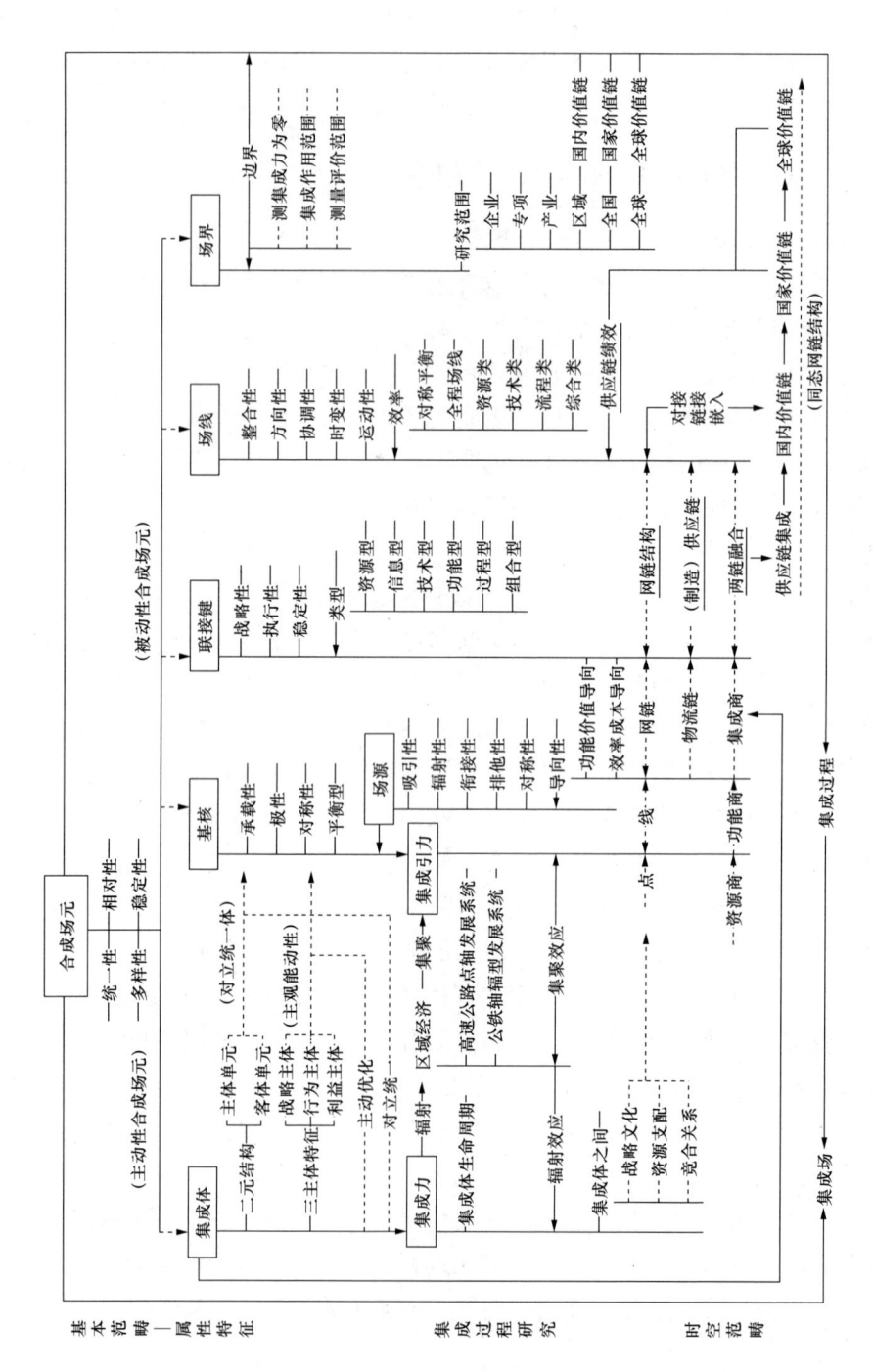

图 3-5 集成场基本范畴、性质及演化发展和应用过程间的联系

成体，如制造集成体主导产品制造集成过程。若没有集成体，物流链、供应链就组织不起来，相应地，两链对接、两链融合就形成不起来。而合成场元及其间的集成引力是普遍存在的，它使集成场中的运动有序化，也使集成体呈现出不进则退的基本规律。

（2）基核是集成场中的场源及复合场源的载体，作为基核载体的形式往往是特定区位的土地，如陆港、海港、空港、物流园区等物流基地，它往往承载了物流作业、工商、金融、海关、保税等公共服务，是集成场中最重要的场源集聚点、网络节点、关系衔接点和价值增值点。场源是集成引力的产生之源。基核最直接的物质条件是土地资源占用，体现的是将多种场源集聚起来并以土地为载体的功能，起到集成各类场源的复合作用，形成基核综合集成引力。基核的场线运动体现了对称平衡规律的作用要求。物流集成体主导的物流链运作涉及物流基核所构成的网络体系，制造集成体主导的供应链涉及制造基核及其网络体系，两业联动还涉及物流基核与制造基核之间的联系。

（3）联接键是指通过集成体、基核、场线内或其间通过构建功能、机理和结构等更紧密、更稳定作用关系而形成的一类合成场元。其表现为集成体、集成业务、基核等之间通过资源、信息、技术、功能和过程所形成的互动、合作和需求供应关系的稳定结构，例如，基于技术标准的运输通道、信息系统、信息平台、作业平台、综合平台等。设计构建联接键体现了供求互动关系是连接基础，经济利益是合作前提，运作效率是保障手段，价值共赢是稳定机制。

（4）场线是多种合成场元协同运作的过程轨迹及结果，它是反映集成体作业绩效的一种合成场元。场线通常表现为集成体所主导多种合成场元复合作用的轨迹和结果。场线集成过程体现了资源整合，这也是竞争与合作的过程成果，在这一过程中，竞争是整合资源、协同运作过程。集成场是由人工系统构造的合成场元分布状态形成的场，其中场线体现了最终运作绩效。[①] 物流场线的构成要素可以参见表3-1。

其中，载运工具、运输通道、站场港航等也是资产相对集中的合成场元，资产提供商也往往依此而运作。物流运作轨迹和绩效所形成的场线，

---

① 董千里、董展：《制造业与物流业联动集成场的场线形成及推论研究》，《物流工程与管理》2013年第2期。

表现为从发货人到收货人之间的轨迹；国际物流场线，连接了陆港、海港、境外海港和境外陆港等全过程；场线作为绩效分步、分段逐渐形成了企业、区域和国际物流全过程的集成物流服务。

表 3-1　　　　　　场线组织涉及的十大场元素构成情况

要素	内涵要点	举例说明	备注
流体	货物品种、性质	件货、散货、集装箱等；过境、转运、通运货物等	通常被称为货流构成要素；涉及不同的运输组织方式
流量	货物数量、重量	件（件货）、吨（散货）、标箱（TEU）、FEU（40英尺集装箱）等	
流向	货运方向	射线、回路的方向等	
流距	运输距离	运输线路长度（千米）等	
流速	运输速度	技术速度、运送速度等	
流效	物流效率	一定时期物流通道的物流强度	
载体	载运工具、承载器具	汽车、机车、飞机、集装箱船、散货船等	
通道	物流线路	公路、铁路、航线、航道、管道等	
基地	基核作用	陆港、海港、空港、物流园区等	
制度	运行管理制度	大通关、属地报关、异地通关等	

二　集成场反映了集成体主导的集成过程

在人工大系统的集成活动过程中，所涉及的合成场元中必定有起主导作用的合成场元，这就是集成体。在物流集成过程中涉及的是物流集成体，在国际物流集成过程中涉及物流集成体及相关多种集成体间的关系，在两业联动发展过程中涉及物流集成体、制造集成体等多种类型集成体。

（一）以集成体为主导的集成过程

可从集成场的视角出发观察企业、产业、区域、全国乃至全球物流过程、产业联动过程。在这一系列物流运作、两业联动过程中，每一层次物流集成、两业联动过程都是更高一层集成环境考察的对象，在不同层次之间物流集成、两业联动过程有其共同的特点即集成。物流集成、两业联动层次可以涉及企业内部、企业（产业）之间、全国乃至全球运作过程。尽管全球国际物流大通道还涉及国际中转枢纽的平台集成体等多类集成体的综合作用，但描述其运行的一个共同的理论平台就是集成场。

（二）两业联动可通过集成场理论平台考察

凡是涉及两个以上合成场元整合活动、运动规律的考察都可以使用集成场理论范畴。从这一角度进行分析，集成场可被描述为考察合成场元的集成活动过程和规律的时空范畴。可以从管理哲学视角进入经济管理视角考察两业联动所涉及的集成体、基核、联接键和场线关系的形成过程和运行规律，从而能动地进行规划设计，指导两业联动集成实践活动。

（三）物流集成体与制造集成体间的竞合关系

两业联动集成场中所体现的是在物流业、制造业专业化、组织化基础上，分别形成的物流链与供应链之间的关系。物流集成体与制造集成体之间的关系不仅涉及市场、产业、资源、基地、通道、地理等客观运行因素的影响，还涉及体制、机制、关系发展史等主观设计因素的影响。不同集成体之间的关系，直接影响到物流集成体主导的物流链过程、制造集成体主导的制造供应链过程，以及两链之间的联动集成关系。在两业联动形成的两链衔接过程中，集成体间的关系是网链治理关系，反映了集成体间的基核、联接键所形成的网链纵向竞合博弈关系，例如，制造与物流、与市场的对接；在两链互动发展之中也有同类企业间的合作关系，这形成了网链横向竞合博弈关系，例如，产成品的长距离联合运输等。

从集成场视角出发观察制造业与物流业联动发展过程，直接涉及制造集成体、物流集成体等不同类型的集成体间的竞合关系，间接涉及平台集成体、商贸集成体等。当物流集成体主导的物流链与制造集成体主导的供应链形成导入、适应、共享和拓展的发展关系时，不同集成体在不同发展阶段就形成了竞合博弈关系。

三　集成场的研究领域

（一）集成场的研究视角

集成场是更一般的描述集成过程的理论。集成场是从物流集成过程研究得到的理论、方法成果，其在单一集成体、多集成体主导的物流集成过程中得到应用、验证、补充，并在全球物流、供应链价值形成中得以完善。

（二）从个别领域到一般领域的研究应用

主要研究对象从单一产业领域拓展到多产业领域，使得集成场研究的视角更为广阔，研究内容从集成体的性质、作用、相互关系等方面展开，研究视角从个别领域向一般领域的广域研究转变。

集成的核心概念或核心思想是主动优化的过程，主动优化涉及集成体之间的竞合关系、资源的有效利用等方面，在对资源进行初步整合后，面对众多合成场元的主动优化过程，可获得更多的发展和成功的机遇。集成场提供了物流集成过程中合成场元的时间空间分布，通过我们的研究，研究成果能够解决物流与供应链集成实践中的问题，并且能通过物流集成、两业联动集成实践验证集成场理论。

（1）主要内容。在梳理国内外研究现状的基础上，根据实地调研得出两业联动发展存在的理论与实践问题，并指出引进集成场理论作为研究理论的必要性。构建集成场理论体系；分析集成体及主导物流链和供应链的网链结构特征，提出两链融合的条件、过程和机理。从顶层设计视角构建两链融合理论，提出联动发展模式设计理论；提出基于集成场理论的两链融合发展模式设计要点、方案选择和实现途径。分析集成场理论如何解决两业联动发展中的问题，使集成场理论和两业联动发展模式相互交融创新，丰富学科理论和指导实践发展。其要点如下。

①集成场理论范畴。具体包括：合成场元，包括基核、集成体（物流、制造集成体等）、联接键（功能、信息、技术、资源、流程等类型）、场线（货流五要素及通道、载运工具、信息等）等；不同合成场元之间作用机理，例如，主导两业联动的集成体间的竞合、发展、网链融合机理，不同合成场元在构建物流链、知识链和供应链之间的联系机理。

②集成体主导物流链与供应链及其融合理论研究。主要有：网链结构衔接关系研究，例如，对制造流程类型的切入点、策略、联接键和联动环境等的研究，对集成体合作类型、方式与机制的研究；基于仿真软件对制造集成体主导的供应链与物流集成体主导的物流链融合的方式、模式等的研究。

③两业联动模式顶层设计理论。顶层设计范畴；离散式、连续式和混合式生产流程与物流链衔接方式，联接键设计理论；基于仿真分析验证联动模式设计方案。

④两业联动基本类型、衔接方式、联动模式、发展水平、形成机理、全程场线评价模型和评价指标体系等的研究、提炼和总结。

（2）基于集成场的两业联动基本观点，可归纳为以下几点。

①物流集成体和制造集成体分别主导物流链与制造供应链。集成体处

于物流链或供应链的网链高端要比处在中低端更具选择能力，在两业联动中体现为两链融合模式的选择权。

②两业联动的集成体、两链融合的基核往往处在物流链与供应链的高端，物流基核和制造基核性质不同。这导致集成体之间的地位不对等，主导供应链的制造集成体往往占据联动的主导地位。结构洞理论要求集成体处于各自网链结构的高端，两链融合水平体现了两业联动发展模式水平。

③两链融合要能适应和响应资源不确定性的供应链，需要物流链与供应链形成稳定合作的合成场元，即联接键。

④要求两业联动实现集成场效应。要以全程场线效率来评价两业联动发展模式的选择和应用。

（三）集成体主导两业→两链集成过程

在物流集成体主导的物流链的形成过程中，合成场元的具体形式表现为物流链节点成员，如物流功能商、资源商等。物流集成体主导的物流链及其网链构成涉及多个网链节点成员之间的关系，其中处于高端基核的集成体主导整个网链成员、资源的服务对象。

从集成视角分析两链代表的两业联动发展过程，可以将物流集成场看作研究物流集成过程的集成场。两业联动集成场是研究制造业与物流业特定领域对象、问题的集成场。2016年度第三方物流研究报告中显示，有73%的货主企业选择增加使用外包物流服务，35%的货主企业选择回到内包物流或自营物流。[①] 显然，外包物流是一个有物流集成体切入的动态集成过程，做得好可能继续"外包"下去，做不好可能随时会转变模式。

第四节 两业联动集成场顶层设计的视角

顶层设计的思路是抓住两业联动主要因素、全局结构的整体设计。顶层设计概念来自"系统工程学"，其字面含义是自高端开始的总体构想。在系统工程学中，顶层设计是指理念与实践之间主要联系的"蓝图"，总的特

---

① C. John Langley, Jr., 2016 Third-Party Logistics Study: The State of Logistics Outsourcing, Capgemini, 2015.

点是具有整体的明确性、主要的关联性和具体的可操作性，从而在工程实践过程中能够按计划图施工，避免各自为政造成工程建设过程的混乱无序现象。① 基于集成场理论进行两业联动发展模式的顶层设计研究，可以从微观、中观和宏观领域对集成场主要范畴进行认识和理解，以科学的哲理指导深入的顶层设计研讨。

一 两业联动顶层设计的概念、关键因素和机理

制造业与物流业联动发展工程是国务院文件提出的重点工程，从集成场角度来讲，制造业与物流业联动发展的顶层设计是一项工程"整体理念"的具体化。基于国家层面的两业联动发展工程与基于企业层面的产业竞合关系有着很大的不同。前者是宏观层面的规划研究，包括在国家乃至全球层面考察两业联动发展，例如"一带一路"背景下的全国乃至对接过境物流的两业联动发展模式探讨，涉及更大的宏观平台支撑；后者多是微观层面的战略设计，可能存在排他性的区位选择研究，涉及具体产品、市场、地域、企业（战略、文化、制度等），甚至不同企业领导人的性格特点等，都会影响到企业间的合作。这就要用系统学理念，在从微观、中观到宏观的产业联系过程中，认识和拓展集成体在不同层面的基核、联接键的作用和创新，寻求主动优化理念与集成实践绩效的一致运作、功能协调、机能结构稳定。这既考虑到了集成过程寻优的相对性原理，又可切实地实现资源共享、机制协调，通过部件标准化等系统论的方法，实现整体最优。从集成场全局视角出发，对项目微观、中观和宏观各个层次、要素进行统筹考虑，两业联动研究还涉及介于宏观和微观之间的中观角度的研究，即区域间产业联动发展的研究，其中涉及政府职能部门产业政策的作用。

二 集成场理论及两业联动的前提条件

在制造业与物流业联动发展研究中，以现场调研方式考察了75家制造企业，研究制造集成体与物流集成体分别主导供应链与物流链之间的关系，涉及制造集成体、物流集成体合作过程的生产基地、物流基地、信息系统、专用载运工具等多种合成场元。提炼的两业联动集成场无论在理论上还是在实际运作中，都可以用集成体、基核、场源、联接键、场线等合成场元

---

① 竹立家：《改革需要什么样的"顶层设计"》，《人民论坛》2011年第2期。

进行描述，在所进行的制造企业、物流企业的问卷调查中，均可看到集成体、基核（场源）、联接键等在案例研究中的重要作用。全国现代物流工作部际联席会议办公室组织专家撰写的《全国制造业与物流业联动发展示范案例精编》中涉及 28 个案例。① 这 28 个案例不是本课题组总结出的，但同样都可以从中提炼出集成体、基核、联接键以及场线等集成场基本范畴。这样可以从另一个更客观的视角验证集成场基本范畴应用于两业联动发展模式设计的一般性、科学性。基于两业联动模式指导相近的调研案例提炼、归纳，反过来会使两业联动发展模式的内在机理得到进一步的丰富完善。

模式（Pattern）是指某种事物的标准式样，是解决某一类问题的方法论。将解决某类问题的方法总结归纳到理论高度，就是通过模式识别、模式引导、模式应用和模式创新引导集成实践。集成场理论可将两业联动发展的模式用集成体、基核、联接键、场线等合成场元进行阐述。这 28 个案例都不是按照集成场理论范畴进行总结、提炼的，而所形成的优秀的典型案例却都可以用集成场范畴进行概括。模式识别是模式引导、模式应用和模式创新的前提，需要从社会生产实践中经过抽象和升华提炼出相应的核心知识体系，作为归纳识别模式的依据；通过模式引导、模式应用可以使其成为解决某一类问题的方法和途径，还可以通过模式创新提升其用于分析和解决问题的水平，达到提升价值的目的。

两业联动发展模式包括制造业与物流业联动过程的方案构思、形成、运行和升级等过程并以某些特征关系表现的模式，作为学习和应用的范本，将两业联动实践中关键要素的紧密衔接、精准对接、协同运作、合作共赢等目的、方法和过程等在理论高度进行归纳总结，这就是两业联动发展模式。②

对作为调研对象的制造企业与关联物流企业所形成的两业联动案例，以及作为调研对象的物流企业与所服务的制造企业形成的两业联动案例进行分析，可以看到，每个典型案例所反映的两业联动过程都有自己的行业、市场、产品、规模、设备、流程等特色，特别是制造业与物流业企业联动作业基地、衔接方式，服务形成过程和运作机理都不同。两业联动进展良好的典型案例在背景、产业、规模、技术和服务等方面均各有特色。因此，

---

① 全国现代物流工作部际联席会议办公室：《全国制造业与物流业联动发展示范案例精编》，中国物资出版社 2011 年版。

② 董千里、董展：《制造业与物流业联动发展模式的识别与应用——集成场视角的案例研究》，《物流技术》2013 年第 12 期。

集成场理论提供了一种可供整体构建的理论范畴,其将千差万别的案例的主枝、分支和细节进行有效梳理和剥离,留下主干和最关键的识别环节,这就是在构建产业联动发展模式研究过程中需要的理论支撑要点,这样可以对制造业与物流业联动典型案例进行归纳、阐述和分析。①

三 集成场视角满足顶层设计的研究要求

集成场具有管理哲学的一般性指导作用。集成场的合成场元,如集成体、基核、场源、联接键、场线、场界等可以用于微观、中观和宏观领域的物流集成到两业联动集成过程的阐述和研究。

（一）集成体是集成系统蓝图的智能与资源结构支撑的集成力之源

集成体是一种主动性的合成场元,由主体单元与客体单元构成,具有战略主体、行为主体和利益主体性质,通过体现主体单元的战略意志和整合客体单元的综合实力,在集成过程中施展集成力实现其蓝图目标。集成体融合有智能结构和资源结构,这两个结构之间的结合和作用,可根据其所在产业、区位等条件决定可集成的资源、范围、数量和能力,是通过整合资源、功能的集成过程形成更大规模的有机体的内在原因。

集成体是集成系统中最重要、最具特色、最富有魅力的有机体,高端集成体可以主导物流链基核或供应链基核的场源,形成集成场的基核,集聚和辐射场线,组织起物流链或供应链。诸如,由埃森哲（咨询公司）—锐得（综合物流公司）—i2（系统技术公司）所形成的高端集成体,可以组织起服务于 IBM 等客户的领先的集成物流服务商。主导网链集成的是高端集成体,两业联动中高端集成体在两业联动中起集成体的集成力作用,在其基核（场源,如集成管理能力、信息平台监控管理能力等）中还可以发挥集成引力作用。

（二）集成体种类、地位和相互间关系主导了复杂的集成过程

按照功能性质,集成体可以分为制造集成体、物流集成体、平台集成体、商贸集成体等。在两业联动发展过程中,市场机制起引导资源整合的作用。物流集成商主导的物流链与制造商主导的供应链的对接,体现的是制造集成体与部件、零件和工艺加工商等形成的制造供应链过程,物流集

---

① 董千里等：《陕西省制造业与物流业联动发展研究》,长安大学物流与供应链研究所,2013年。

成体与物流功能商、资源商之间的合作关系形成物流链过程,而处于物流链末端的物流企业并不能够直接与制造企业,特别是制造集成体发生高端关系,这样各类企业在供应链网链中分别处于高中低端不同位置。高端集成体对低端从业者与制造集成体的联系具有隔离作用,所处供应链网链结构的不同位置决定了不同参与者的竞争与合作的博弈关系。

（三）基核及其场源结构、类型和作用形成集成引力

制造集成体主导的供应链的制造基地是制造基核,物流集成体主导的物流链的物流基地是物流基核。就同一类型基核的选址而言,往往具有排他性。在微观的两业联动发展中,基核往往意味着两业联动之对接点。在物流链切入供应链的过程中,相应基核（原材料库、生产线工位、成品库等）成为两链切入点,而物流中心、物流园区、自贸区、空港、陆港、海港等还可以形成产业集聚区,诸如,经济开发区、国际产业合作区等,可以对区域、全国甚至全球供应链的生产、仓储和销售业务进行衔接,实现全球价值链共享。集成体间可以通过基核间业务衔接（对接）进行境内、境外供应链物流对接和一体化集成过程运作,形成区域两业联动集成场、全国两业联动集成场和全球两业联动集成场,探讨全球产业优化布局。具体情况见图3-6。

（四）联接键类型、两业联动机理提供了两业联动发展产业的创新点

可以通过基础类、功能类和综合类联接键进行物流链与供应链的对接,可以通过两业联动集成过程的联接键的精心设计与构建,衔接供应链微观、中观和宏观对接的物流场线,提升全球供应链运作绩效,这是产业在联动中转型升级、创新升级中得到发展的过程。集成场合成场元的设计动因、技术选择、作用影响等方面,蕴含着多种创新机理,根据研究考察的基本范畴、两业联动的不同发展阶段,可以挖掘创新意图和实现产业转型与创新升级。

第五节　本章小结

(1) 从管理哲学的视角出发,集成是基于物质分解过程研究的相反过程。借助物质分解的相反过程的性质和同态原理,可以构建一般集成过程系统结构。人工系统与自然系统的不同之处,是有人的自觉或不自觉的主导

·108 ········ 机理探索篇

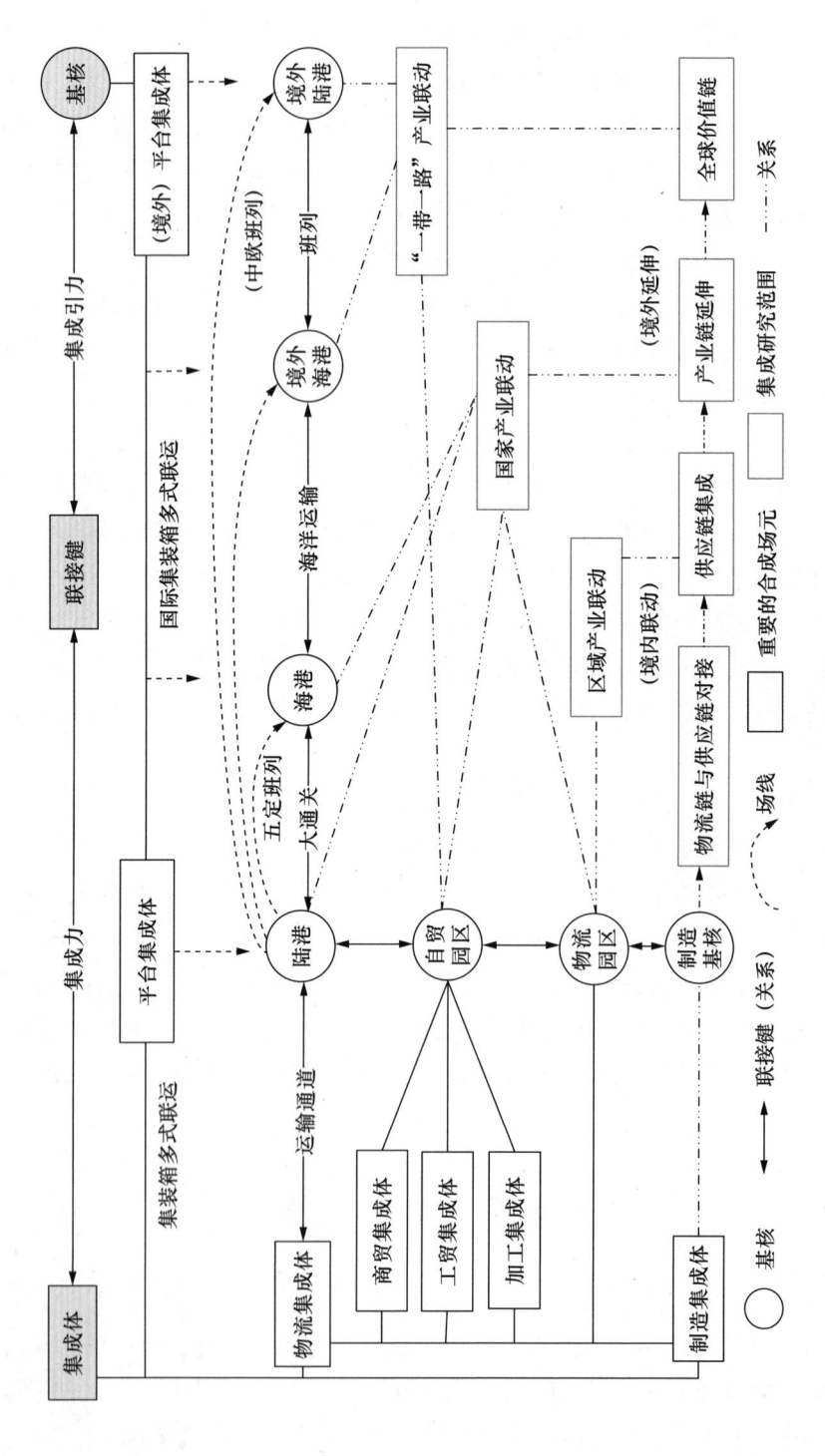

图 3-6 从企业、产业到全球层面的两业联动集成场关系结构

作用的存在，可用主动性合成场元和被动性合成场元表示人为主观主导和客观作用关系的基本单元。这样就形成了由集成体、基核与联接键将一般合成场元组织起来的集成过程系统，集成的场线运动轨迹反映了系统产出绩效，这是一个开放的、可以再组织的集成过程结构。集成场理论体系及其相应研究成果，虽然是针对物流集成体主导物流集成过程的研究，是针对物流集成系统形成的，但其获得的理论成果仍可以应用到两业联动理论或更一般的集成过程的研究和实践中去。

（2）集成是人工系统主动追求优化的过程，优化具有相对性、渐进性的特点。优化体现了人工智能结构的意志，物流链是物流集成过程，供应链是产品制造集成过程，两业联动到两链融合是再组织、再集成的过程。集成场视角的制造业与物流业联动研究，体现了研究对象从个别到一般的过程。有关课题及文献研究表明，在制造业与物流业联动中可以运用集成场视角对制造业与物流业联动发展进行研究。

（3）针对制造业与物流业联动发展中经常遇到的基本研究问题，可以用所提炼的集成场理论进行讨论，并可将其应用于具有集成管理理论与实践要求的两业联动发展研究领域。

（4）从集成场视角对两业联动发展模式进行研究，不仅可以为联动发展模式设计研究提供理论支持，而且可以为针对运营实践的策略设计提供理论支持。可以通过集成场的集成体、基核、联接键等合成场元的结构、机制和功能创新等方式引起联动形成的机制、效率和机能变化，从而满足制造业与物流业联动发展顶层设计的要求；并在此基础上，进一步深化其在运营中的策略设计研究。

第四章 基于集成场的供应链集成

制造集成体主导产品供应链的过程，根据最终产品类型可以分为多种具体的生产制造供应链过程，形成了以链的方式进行企业间合作的产业组织。在经济"新常态"的环境下，制造业技术创新、转型升级对制造集成体、生产基地、生产技术、生产过程和生产组织间的联系都有相应的要求。

第一节 制造业及供应链集成过程

制造业、物流业联动发展模式与制造企业的产品、规模、生产制造过程的要求和特点等密切相关，制造业产品性质、规模和生产过程特点与其制造流程类型密切相关。诸如，离散型流程、连续型流程和混合型流程的空间布局和时间组织等因素影响并决定制造供应链与物流服务的关系，决定了物流链中物流功能、物流资源等的集成规模和程度。

一 制造业分类及其研究重点

（一）制造业分类

所谓制造业是指经物理变化或化学变化后成为新的产品，不论是动力机械制造还是手工制作，也不论产品是批发销售还是零售，均视为制造。国家标准《国民经济行业分类》（GB/T 4754-2017）所设置的制造业门类包括13—43大类，具体情况见表4-1。

表4-1从国家标准角度所述的制造业各大类行业各有特色。Capgemini

咨询公司等对第三方物流发展进行了问卷调查①，获得了使用第三方物流服务最显著的行业信息，具体见表4-2。

表4-1　《国民经济行业分类》（GB/T 4754-2017）13—43大类情况

代码	类别名称	代码	类别名称	代码	类别名称
13	农副食品加工业	24	文教、工美、体育和娱乐用品制造业	35	专用设备制造业
14	食品加工业	25	石油加工、炼焦和核燃料加工业	36	汽车制造业
15	酒、饮料和精制茶制造业	26	化学原料和化学制品制造业	37	铁路、船舶、航空航天和其他运输设备制造业
16	烟草制造业	27	医药制造业	38	电气机械及器材制造业
17	纺织业	28	化学纤维制造业	39	计算机、通信和其他电子设备制造业
18	纺织服装、服饰业	29	橡胶和塑料制品业	40	仪器仪表制造业
19	皮革、皮毛、羽毛及其制品和制鞋业	30	非金属矿物制品业	41	其他制造业
20	木材加工和木、竹、藤、棕、草制品业	31	黑色金属冶炼和压延加工业	42	废弃资源综合利用业
21	家具制造业	32	有色金属冶炼和压延加工业	43	金属制品、机械和设备修理业
22	造纸和纸制品业	33	金属制品业		
23	印刷和记录媒介复制业	34	通用设备制造业		

资料来源：中华人民共和国统计局网站。

表4-2　　　　使用第三方物流服务最显著的行业及其占比

行业类别	占比（%）	行业类别	占比（%）
食品饮料	21	电信/技术/互联网/电子	8
汽车	17	公共事业/能源提取	5
制造业	16	保健药品	4
零售及消费品	15	其他（航空、支持性服务与物流、建筑与机械、政府等）	14

---

① C. John Langley, Jr., 2017 Third-Party Logistics Study: The State of Logistics Outsourcing, Capgemini, 2016.

将表 4-1 和表 4-2 所列行业放在区域经济发展中，重点研究各地区的特色产业、拟发展的重点产业。在本书中，两业联动中的制造业对象主要是与物流业存在关联关系，具备典型产品制造过程的制造供应链，由制造业相关的子行业和相关行业的企业构成，以制造集成体主导的产品供应链内在工艺过程构成的网链关系作为研究对象。

（二）基于集成场的供应链集成研究重点

（1）制造业与物流业联动发展模式构成的重点范畴。该范畴集中于制造业的物流服务需求性质、规模和满足方式，及其与物流业转型升级的关系。从社会物流的功能角度分析，表 4-1 中的"废弃资源综合利用业"包括机电产品的再制造，指将废旧汽车零部件、工程机械、机床等进行专业化修复的批量生产过程，再制造的产品能够达到与原有新产品相同的质量和性能。其涵盖了绿色物流等发展理念的要求。

（2）供应链集成的企业间的衔接接口及其性质。接口有时也可用"界面"（interface）一词描述，可用来表述各种仪器、设备，尤其是计算机设备各部分之间的接口关系。海峰等（1999）基于集成论提出集成界面概念，是指集成单元之间的接触方式和机制的总和，或者说是集成单元之间、集成体与环境之间物质、信息与能量传导的媒介、通道或载体，集成界面是集成关系形成和发展的基础。[①] 供应链集成的企业间界面是集成界面。集成界面的形成是由集成单元的内部和外部性质决定的，涉及商流、物流、信息流、资金流等复合关系，可称之为集成界面的内在性质；集成界面不仅有信息传输、物质交流、能量传递的功能，而且还具有有序化的功能，这既是集成单元及相互联系的内在要求，也是这种内在要求的具体表现形式，即其外在性质。[②] 重点选择具有领衔、主导产品作用的制造业，即带动、关联其他制造业，具有典型的流程分类、规模分类和发展前景等特点的制造业，如由汽车制造业、通用设备制造业、专用设备制造业和食品制造业等主导产品构成的产品供应链集成。

（3）物流链与供应链对接的界面管理与联动机理。我国物流业呈企业数量多、规模小且分散等特点，大型物流企业较少。物流龙头企业如何将分

[①] 海峰、李必强、向佐春：《管理集成论》，《中国软科学》1999 年第 3 期。
[②] 海峰、李必强、冯艳飞：《集成论的基本范畴》，《中国软科学》2001 年第 1 期；吴涛、海峰、李必强：《界面和管理界面分析》，《管理科学》2003 年第 1 期。

散的企业组织起来形成物流链,就需要主导制造业的供应链,根据物流需求组织功能商、资源商,形成物流链从供应、生产、销售到市场或者售后服务等关键点与供应链对接的界面。在通用装备制造业、专用装备制造业以及汽车制造业等之中,均可以用这些关键界面对接切入点,从而确立基核、联接键间的关系,在切入通用装备、专用装备以及汽车等典型产品生产企业构成的供应链集成中,在总装企业产品、总成部件企业和零件、材料等制造企业为核心的供应链过程中,发挥物流链的集成对接和无缝衔接作用。

(4) 两业联动推动两链衔接、融合和创新的机制。虽然不同产品的制造业及其供应链构成过程是各具特点的,但是从分散到集成是一般过程,体现了两业联动的一般集成规律。可通过主导企业在物流链、产品供应链及两链接口界面管理中的地位和作用,发掘两业联动、两业融合的创新升级机制,实现供应链共享、共赢。

二 供应链集成的含义与过程

(一) 供应链集成含义

供应链集成(Supply Chain Integration)是指供应链企业成员通过信息技术等联接键方式,将其既有业务网链结构延伸、扩展或引进新的串并联的链关系,形成价值更高、效率更优化、更为安全的网链关系。通过供应链集成,企业把集成的范围从企业内部扩展到企业外部,将企业内部的信息系统和供应链中商业伙伴的信息系统集成起来,从信息集成、计划与工作同步到全面供应链集成,是供应链发展到高级层阶的全面主动优化形式。

供应链集成过程中的每个企业都能够依据基于整个供应链的正确信息来协同各自的生产、物流和销售等活动,从而实现包括计划和预测、产品开发、生产制造、采购、人力资源、客户服务等在内的企业全面集成。供应链集成从企业间信息交换和共享中得以进一步扩展联系,例如,将企业后端支持系统如 ERP 与前端的客户服务系统联系在一起,是一种"一对多"或"多对多"的系统。随着供应链(SCM)、客户关系管理(CRM)、企业应用集成(Enterprise Application Integration, EAI)的应用,企业与整个供应链在 Internet/Extranet 的基础上集成在一起,形成新的产业联动模式。

(二) 供应链集成的层级

John, William (2002) 等在对供应链分析的基础上,根据供应链的复杂性将供应链分为三个层级:直接的供应链(Direct Supply Chain)、扩展的供应链（Extended Supply Chain）和最终的供应链（Ultimate Supply Chain）。直接的供应链是指"供应商→制造商→客户"。扩展的供应链是指"最初供应商→……→供应商→制造商→客户→……→最终客户"。而最终的供应链包括了所有上下游的组织，如第三方物流、第三方资金提供商和市场调查公司等，从而给出了一个全面的供应链描述[①]（见图4-1）。

```
                         第三方物流
                            │
                            ↓
最初供应商 → …… → 供应商 → 制造商 → 客户 → …… → 最终客户
                    ↑        ↑        ↑
                 资金提供商          市场调查公司
```

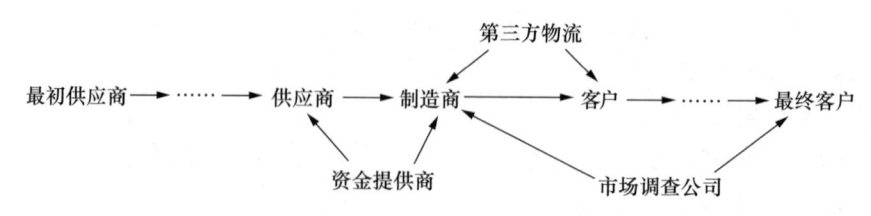

图4-1　全面的供应链

在供应链集成研究中，Stevens 提出供应链集成的四阶段[②]，其中第三方物流、资金供应商等可能就主导一段链条。马士华在 Stevens 的基础上将供应链集成发展成为五阶段。吴涛、李必强、海峰（2003）在对供应链管理界面集成的类型分析中认为，第二类和第三类管理界面集成，都是建立在信息技术高度发展的环境下的集成，可以借助管理界面集成原理，将供应链的外部集成（Stevens 给出的供应链集成的四阶段，马士华给出的第四和第五阶段）分为三种类型：①信息界面和管理界面线性整合的供应链集成模式；②信息界面非线性整合、管理界面线性整合的供应链集成模式；③信息界面和管理界面非线性整合的供应链集成模式。[③]

随着信息技术和网络技术的发展，大数据、云计算等使信息技术能够更有效地支持集成管理从而成为企业可共享的重要信息资源，掌握大数据

[①] Zhu, Q., Geng, Y., "Drivers and Barriers of Extended Supply Chain Practices for Energy Saving and Emission Reduction among Chinese Manufacturers", *Journal of Cleaner Production*, 2013, 40 (2): 6-12; Barson, R. J., Foster, G., Struck, T., et al., "Inter- and Intra-Organisational Barriers to Sharing Knowledge in the Extended Supply-Chain", 2000; Poirier, C. C., "Evolving to the Ultimate Level of Performance through Supply Chain Management", *National Productivity Review*, 2006, 17 (1): 11-23; Pearce, A. M., "Efficient Consumer Response: Managing the Supply Chain for Ultimate Consumer Satisfaction", *Supply Chain Management*, 1996, 1 (2): 11-14; 吴涛、李必强、海峰:《供应链集成的新思路:管理界面集成》,《中国管理科学》2003年第3期。

[②] Stevens, G. C., "Integrating the Supply Chain", *International Journal of Physical Distribution & Logistics Management*, 1989, 19 (8): 3-8.

[③] 吴涛、李必强、海峰:《供应链集成的新思路:管理界面集成》,《中国管理科学》2003年第3期。

信息并能充分运用于预测、规划和实施运营的集成体具有核心能力和竞争优势。① 管理界面通过信息界面作用于管理对象,这是对企业运作管理的机理性揭示过程。王水莲、李宝山(2008)认为,供应链实际达到的集成度由界面管理水平决定,包括信息界面管理水平、管理界面管理水平和文化界面管理水平等,同时还受信息、管理和文化所构成的内部结构的调节作用。破除供应链集成界面障碍,提高集成效应的方式有两种:结果共享型集成配置方式和任务共享型主从协作方式。② 从供应链集成的深度和广度来看,集成体主导和参与的供应链集成内容包括信息集成、同步计划、协同工作流、全面的供应链集成。在这四个层级的集成内容中,信息集成是基础。从集成场视角分析,上述几个方面体现了集成体关系主导下的信息型联接键的基本作用,随着集成界面的应用,诸如综合信息平台所支持的多方面的连接等,可以远远超出企业管理范围并影响到供应链集成产出绩效。从信息集成、同步计划、协同工作流到全面的供应链集成,其内涵步步深入并融入集成界面,具体见表4-3。

表4-3　　　　　集成场视角的供应链集成层级

集成内容	目的	效益	集成场视角分析
信息集成	信息共享和透明,供应链员能直接实时地获取数据	快速反应,及时发现问题,减少信息的"牛鞭效应"	集成体间信息型联接键
同步计划	同步进行供应链的预测和计划	降低成本,优化能力使用,提高服务水平	基核间信息型联接键,协同计划场线
协同工作流	协同的生产计划、制造、采购、订单处理,协同的产品工程设计和改造	更快速的市场反应和服务水平,高效准确、自动化的商业流程	基核间信息型联接键发展为组合型联接键,场线协同运作
全面的供应链集成	建立虚拟的企业组织,以实现全新的商业模式	更快速高效地应对商业环境的变化,创造更多的市场机会	集成体、基核、联接键间全面对接和场线协同运作

(三) 制造供应链是供应链集成过程

制造集成体主导的供应链和物流集成体主导的物流链都是微观集成过程,其特点是从企业内部集成走向企业外部集成过程。从图4-2可以看出,

---

① C. John Langley, Jr., 2017 Third - Party Logistics Study: The State of Logistics Outsourcing, Capgemini, 2016.

② 王水莲、李宝山:《供应链集成的界面管理视角》,《管理现代化》2008年第2期。

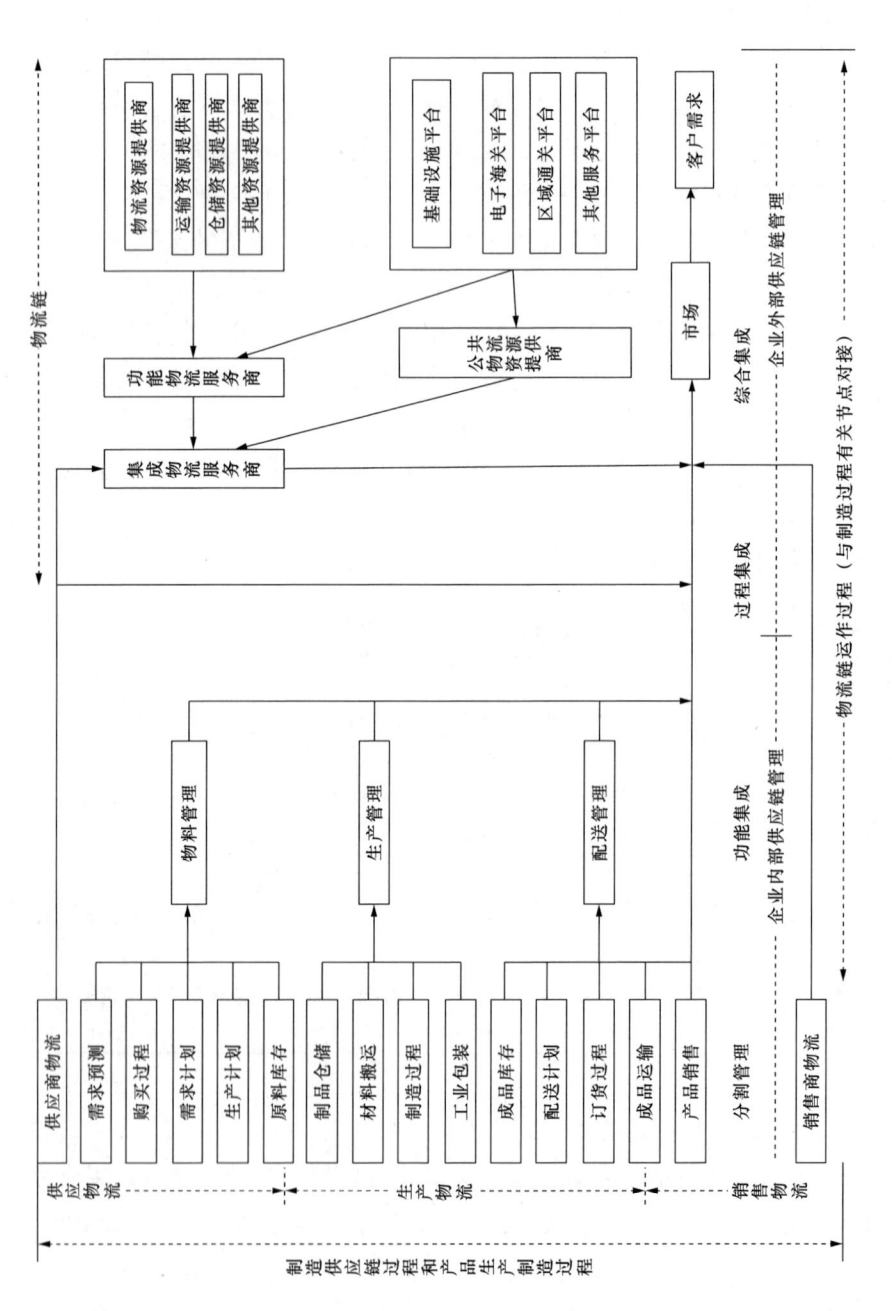

图 4-2 制造供应链集成过程的内部与外部过程

它们都是供应链集成的一体化运作过程。两业联动发展所需要的物流链切入供应链的联接键类型，需要进一步研讨其设计、升华其理论。

三　制造供应链集成要件

从集成场视角描述制造供应链过程，包括制造集成体、制造基核和制造联接键。在两业联动过程中，还会形成制造集成体与其他集成体、制造基核与其他基核、制造供应链过程与其他方面衔接的各类联接键。

（一）制造集成体及其战略意图

产品生产制造过程是一个典型的供应链过程。供应链集成的主导者是以典型的制造供应链形成、运作和发展的核心企业，这就是制造供应链的制造集成体。制造集成体作为两业联动集成场中的合成场元，是具有"二元结构三主体特征"的合成场元。

制造集成体主导的供应链，具有一定规模的市场需求，是产品生产制造工艺过程中的相关企业由供需关系形成的网链结构。在这一网链结构体系中包括信息流、物流、资金流等过程。

（二）制造基核及其联接键

制造供应链过程的基核，是核心企业最重要的生产产品基地，作为复合型场源的载体，不仅体现产品的市场需求实现过程，而且体现着品牌、信誉、质量、技术创新等重要标志。

传统制造供应链过程是分段进行并且逐步对接的集成过程，企业生产纲领、年度和季度生产计划到月份生产作业计划，成为生产计划、组织和控制的主要依据，适应于传统规模化生产模式稳定的生产组织过程。

先进的生产制造模式具有信息技术与制造技术融合的特点，包括优化生产技术（OPT）、企业资源计划（ERP）、准时化生产（JIT）、精益生产（LP）、敏捷制造系统（AMS）、柔性生产（FP）方式，以适应多品种、小批量、多频次的生产过程。这些作为典型的复合场源附着于制造基核。随着智能制造过程发展的需要，先进的生产技术、组织方式会与互联网技术连接在一起。[1]

---

[1] 董千里、董展：《制造业与物流业联动发展模式的识别与应用——集成场视角的案例研究》，《物流技术》2013年第12期；董千里、董展：《制造业与物流业联动集成场中的联接键形成与运行研究》，《物流技术》2013年第11期。

基于并行工程（CE）的产品开发和生产管理模式、基于成本控制的经营生产管理模式、基于供应链的企业管理模式、基于虚拟企业的经营管理模式等，也可以通过制造基核表现出来，形成集成引力。

（三）制造供应链集成过程

一般制造企业供应链管理过程是一个综合集成过程，表现了物流链与制造供应链的衔接过程。从制造企业供应链管理形成的过程来分析，供应链管理是一个分割管理→功能集成→过程集成→综合集成逐步形成的供应链集成过程，体现了以当代信息技术为基础的供应链集成和物流集成管理思想。分割的部分流程到综合集成的全部流程，构成了供应链集成过程，成为供应链集成与物流集成的再集成管理的主要对象。以轿车生产为例，作为集成体主导的物流链，第三方物流可以从零部件入厂物流和成品车出厂物流切入轿车供应链过程，具体见图4-3。

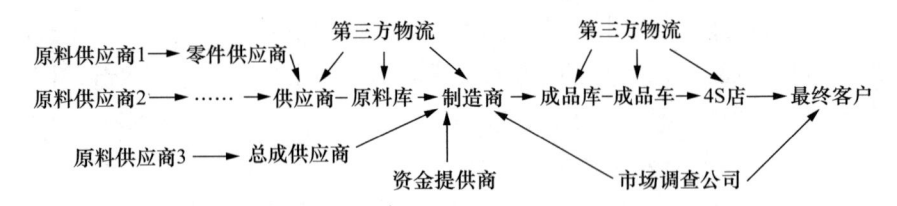

图4-3 入厂物流、出厂物流外部切入形成的最终轿车供应链

第二节 制造过程与制造供应链集成

制造过程是制品按照工艺需要进行加工的过程，体现了制品在工艺要求下的流动过程。制造供应链是制造集成体主导的生产制造过程，体现了以集成体为主导的产品生产制造供应链的网链结构。

一 生产制造过程分类与供应链集成层级

企业的生产制造流程按工艺特性及物流过程特点，可分为离散型（加工装配型）生产流程、连续型（流程型）生产流程和混合型生产流程。[1]

---

[1] 董千里：《高级物流学》，人民交通出版社2015年版。

(一) 连续型（流程型）生产流程

连续型生产流程也称流程型生产流程，在采用连续型生产流程的企业中，物料是均匀地、连续地按一定工艺顺序运动的。其特点是工艺过程的连续性，要求生产过程中原料的连续供应和工作期间每一个环节的正常运行。进行连续型生产制造的有钢铁、玻璃、冶金、化肥、石化、造纸、化工、炼油、冶金、食品等生产制造企业。

连续型生产流程的特征是，产品为非构造型的，即通过化学分解、合成或生物发酵使一种物质改变为另一种物质，且原物质不再存在。连续型生产流程的生产制造特点如下。

(1) 生产设备是按照加工对象的工艺流程顺序布置的，可以通过一系列的设备和装备保障生产加工产品连续进行。

(2) 连续型生产基地的生产过程自动化程度高，设备安排位置集中，只要设备体系运行正常，工艺参数得到控制，就可以生产正常的合格产品。

(3) 连续型生产的各个工序须连续进行，不能中断。任何一个生产环节出现故障，就会造成整个生产过程的瘫痪。

(4) 由于产品生产工艺相对稳定，可以采用自动化监控装置，对生产过程进行实时监控。

(5) 生产加工过程中的协作与协调少，其他作业过程很少插入，管理过程相对简单一些，但对于设备监控及管理系统的可靠性要求高。

(二) 离散型（加工装配型）生产流程

离散型生产流程也称加工装配型生产流程，其加工装配生产制造的地理位置分散，零件加工和产品装配可以在不同的地区，甚至在不同的国家进行。由于零件繁多，加工工艺多样，又涉及多种多样的加工单位、工人和设备，生产过程协作关系十分复杂，计划、组织、协调与控制任务十分繁重，造成生产管理十分困难。因此，采用离散型生产流程的企业是生产管理研究的重点。

离散型生产流程的生产制造特征为：产品为构造型的，即由元件、配件、零件构成部件、组件再构成产品。生产过程中只发生形状的改变，没有质变。进行离散型生产制造的有电子电器、家电、汽车及配件、机械设备等企业。

(三) 混合型生产流程

混合型生产流程是指由离散型和连续型混合成的混合式生产制造过程。

生产制造特征一般是产品前半段为连续,后半段为离散。主要体现在产品成本的构成中,包装费用占了较大的比例。通常是连续式生产制造中的一类。具有该类型特点的生产制造是制药、食品加工、白酒、啤酒、化妆品、烟草等。

(四)制造供应链集成

制造供应链是把从企业外部采购的原材料和零部件,通过生产转换和销售等活动,传递给零售商和用户的一个过程。随着供应链观念的发展,有些学者把供应链的概念与采购、供应管理相关联,用来表示与供应商之间的关系,这种观点得到了研究合作关系、JIT 关系、精细供应、供应商行为评估和用户满意度等问题的学者的重视。但这样一种关系也仅仅局限在企业与供应商之间,而且供应链中的各企业独立运作,忽略了与外部供应链其他成员企业的联系,往往造成企业间的目标冲突。后来,学者对供应链的定义关注与其他企业的联系和供应链的外部环境,认为它是一个"通过链中不同企业的制造、组装、分销、零售等过程将原材料转换成产品,再到最终用户的转换过程",这是一个范围更大、更为系统的概念。例如,美国的史迪文斯认为,通过增值过程和分销渠道控制从供应商到用户的流就是供应链,它开始于供应的源头,结束于消费的终点。其定义体现了供应链的完整性,考虑了供应链中所有成员操作的一致性。[①] 我国供应链概念的发展更加注重围绕核心企业的网链关系,如核心企业与供应商、供应商的供应商乃至一切上游企业的关系,与用户、用户的用户及一切下游企业的关系。此时基于对供应链的认识,形成了一个网链的概念。哈里森认为,供应链是执行采购原材料,将它们转换为中间产品和成品,并且将成品销售到用户的功能网链。这些概念都强调供应链的战略伙伴关系问题。[②] 飞利浦和温德尔认为,供应链中的战略伙伴关系是很重要的,通过建立战略伙伴关系,可以与重要的供应商和用户一起更有效地开展工作。[③]

国内学者对供应链的定义是:"供应链是生产及流通过程中,涉及将产品或服务提供给最终用户活动的上游与下游企业所形成的网链结构。"[④] 供

[①] 董千里:《供应链管理》,人民交通出版社 2002 年版。
[②] 董千里等:《供应链管理》,东北财经大学出版社 2009 年版。
[③] 同上。
[④] 《中华人民共和国国家标准:物流术语(GB/T 18354－2006)》,中国标准出版社 2007 年版。

应链是围绕核心企业——也是集成体,通过所掌握的基核对信息流、物流、资金流进行控制,主导供应链发展趋势,从采购原材料开始,制成中间产品以及最终产品,最后由销售网络把产品送到消费者手中的,将供应商、制造商、分销商、零售商直到最终用户连成一个整体的功能网链结构模式。将这个定义引入供应链集成过程,则具有以下特点:

(1) 供应链集成是一个范围更广的企业结构模式,它包含所有加盟的节点企业,从原材料的供应开始,经过链中不同企业的制造加工、组装、分销等过程直到最终用户。

(2) 供应链集成是一个通过价值增值过程体现的价值增值链,物料在供应链上因相互衔接等作业过程而增加其价值,给企业带来收益。

(3) 在供应链集成所形成的网链结构中,每个企业、每个贸易伙伴既是其客户的供应商,又是其供应商的客户,它们既向上游的贸易伙伴订购产品,又向下游的贸易伙伴供应产品。

(4) 供应链集成过程将供应链上下游供应商,制造、销售企业通过联接键连接到最终用户。这一供应链物流网链结构关系,不是单一链状结构,而是交错链状的网络结构,体现了物流高级化发展集成服务网链物流的特点。

二 物流链在制造供应链流程中的切入点

与物流集成一样,供应链演化的必然结果是集成供应链。尹钢[①] (2004) 回顾了有关供应链集成的文献,认为其重点是有关供应链集成模型的研究。张学志、陈功玉[②] (2009) 认为,供应链集成的物理基础是物流集成,其集成过程中有一定规律可循,包括互容性规律、互补性规律、界面选择规律和功能倍增与涌现规律。何黎明 (2014) 对经济"新常态"下我国物流与供应链发展趋势进行了阐述。朱建峰等 (2015) 基于集成供应链视角对绿色技术创新、环境绩效、经济绩效与政府奖惩关系进行了研究。以第三方物流作为物流集成体,在两业联动过程中,如何以外部物流服务商的角色主导物流链切入制造供应链过程,是理念、理论与供应链集成实践相结合的具体表现形式,体现为与制造流程的空间、时间和技术对接,

---

① 尹钢:《制造业供应链集成模型研究综述》,《广东工业大学学报》2004 年第 2 期。
② 张学志、陈功玉:《供应链物流集成的一般规律研究》,《物流技术》2009 年第 10 期。

根据供应链需要做到精准对接、无缝衔接，融合一体。

（一）连续型生产流程切入点的选择

第三方物流服务于连续型生产流程的切入点主要有原料库、产成品库和市场。原材料进入企业的衔接点是制造企业原材料库，产成品离开企业的衔接点是制造企业成品库。因此，对第三方物流企业提出以下要求。

（1）连续型生产流程的生产过程具有连续性特点，从原材料入库直到产成品出库这个过程是连续的，第三方物流企业如果要切入这个生产过程，必须掌握各个工位的即时信息，计算原材料入库、产成品出库以及客户需求的时间。丰田企业最早使用的看板管理方式，就是对企业内部生产供应链的管理方法。随着现代信息技术的提高，第三方物流可以通过网络互联的方式掌握企业的生产信息。但信息共享的前提是信任，只有在制造企业与物流企业之间建立起互信合作关系的基础上，第三方物流才有可能切入制造企业的生产制造过程中。

（2）连续型生产流程对第三方物流企业的信息化和专业化程度要求较高，需要第三方物流企业拥有完备的信息管理系统、物流规划和设计能力以及较强的管理能力。

第三方物流企业只有具备了以上提出的基本物流服务能力，才能够服务于制造企业的连续生产制造过程，使物流链切入制造企业的产品供应链。

（二）离散型生产流程切入点的选择

离散型生产流程即组装式生产过程，第三方物流从原料、零部件切入生产制造流程的切入点是原材料、零部件库。对于流水生产线而言，存在组装过程衔接点——工位，出厂的产成品物流衔接点——成品库。

离散型生产流程的各工序间的衔接不是无缝衔接，在各工序间有缓冲的时间，对第三方物流服务的即时性要求较低，因此，第三方物流切入离散型生产流程的切入点相对分散，制造企业也可以将采购物流、生产物流、销售物流等环节分别外包给不同的第三方物流。第三方物流切入离散型生产流程的切入点主要分散在原材料采购、产成品运输以及产品的储存等环节。

（三）混合型生产流程切入点的选择

混合型生产流程，顾名思义，就是离散型和连续型生产过程的交替过程，其切入点的选择可以结合离散型和连续型生产流程的切入点选择。混合型生产流程切入点的选择主要是进厂物流和出厂物流的衔接点。

（四）制造供应链的切入点、切入方式选择策略

依据制造流程特点，物流业的切入点或称供应链的外包环节，可以考虑以下几个战略重点。

（1）强化战略设计的提升能力。提升方案设计能力，可利用外部智能结构，用供应链理念为客户设计集成物流服务项目。集成商可以根据产品原料、零件、部件、总成性质、体积、运输方式等因素，选择原料库、零部件库、产成品库等作为切入点，选择公路、铁路或包括航空、水运的多式联运等作为切入衔接点的运输方式。

（2）强化切入战略运行的有效性。根据物料、产品的性质、制造流程等选择联动切入业务、切入时间、切入方式，也就是确定相近集成物流服务包括什么业务内容，何时运作，如何运作。

（3）强调平台对接与信息共享。实现资源、技术、设施、设备、信息对接和共享，做好组合型联接键集成界面的建设工作。

（4）形成集成界面多个领域的融合。诸如，集成体之间通过业务融合、文化融合、关系融合、环境融合等进行对接。

三 制造企业的供应链集成背景与条件

（一）制造集成体的"结构洞"位置

结构洞理论是人际网络理论大家庭中的新成员，强调人际网络中存在的结构洞可以为处于该位置的组织和个人带来信息和其他资源上的优势。[①] 这里的延伸指集成体处于网络的主导地位、信息最集中的位置。处在制造供应链主导地位的制造集成体主导着供应链产品及其价值实现过程，也是供应链合作成员的追随者进行协同运作、共享价值的基础。产品供应链由零部件供应商、总成供应商、制造集成体、最终客户构成，制造集成体处于供应链最终产品与市场对接位置，其离散型生产流程的供应链过程场线构成见图4-4。

（二）制造基核的场源结构

制造供应链基核是制造集成体主导供应链的基础。复合场源包括上游企业需求、产品品牌、技术资源、产品市场、物流服务等资源集成，可以

---

① ［美］罗纳德·伯特：《结构洞：竞争的社会结构》，林虹、任敏、李璐译，上海人民出版社、格致出版社 2008 年版。

创立供应链在集成制造供应链上的区位优势，从而成为主导整个供应链过程的基石。而供应链产品客户需求的变化，又是制造集成体的重要场源，要精确把握、准时响应，维持其长久和巩固的发展机制。所以，一些制造企业在由产品制造者向供应链集成服务商转变时，通过这种联接键，把客户需求这一场源牢牢地留在其基核之中。

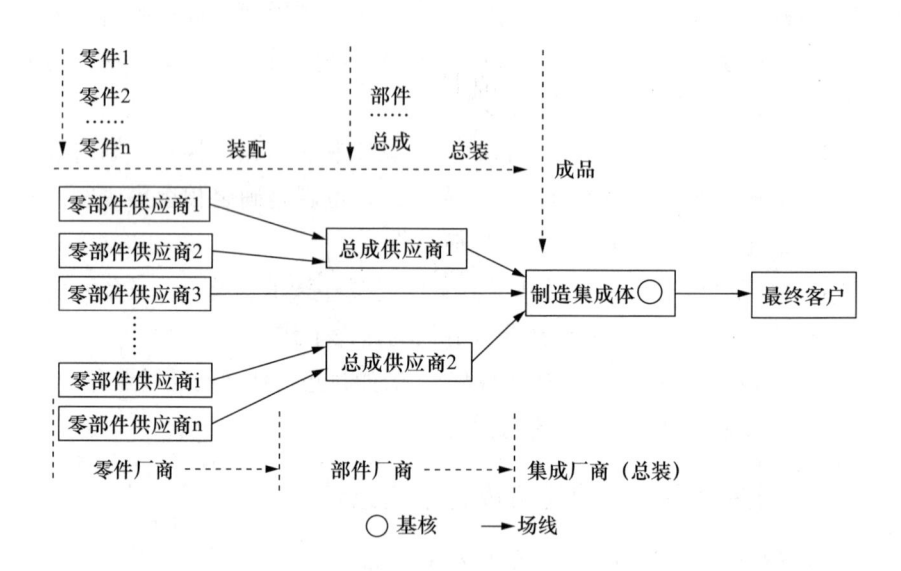

图 4-4 制造过程与制造集成体主导的供应链

（三）集成场视角的两业联动内涵

基于集成场视角的制造业与物流业联动过程的精准对接、无缝衔接、协同运作，需要进一步细化制造供应链精准对接的可能切入点、衔接点，进而为协同运作机制打好基础。这一研究思路可以在微观层面进行，在中观层面展开，在宏观层面拓展。其中，微观层面是从内部集成走向外部集成，其两业联动发展研究成果是中观层面两业联动发展展开、宏观层面两业联动发展拓展，诸如，从境内走向境外，走向"一带一路"沿线地区，走向全球供应链一体化运作的基础。

（四）企业参与供应链集成的要求

供应链上的企业要参与供应链集成。企业直接服务于客户，有客户、有消费者、有市场需求，企业才能生存。在需求多变、竞争激烈的当今市场环境中，一个企业成功的关键很大程度上依赖于其是否能快速地应对商业环境的变化，并为其所服务的市场创造价值。所以，供应链上任何企业不可能单独生存。企业参与供应链集成过程，就是在竞争中对合作与合作者的关注，因此参与供应链集成比以往任何时候都重要。要满足企业客户对自己产品的需求，就要与上游企业、并行企业合作，包括与处于竞争者地位的企业合作，这样才能满足变化着的需求，特别是高端需求。为此，企业就需要和供应商、客户甚至竞争对手建立密切的商业伙伴关系。

基于信息技术的软件、平台的支持，共享信息已成为供应链的重要基础。当今的大数据、云计算使得对庞大数据的获取、清洗、梳理和提炼等成为可能，而大数据平台的建立、运营单靠单一企业无法形成。所以，企业要关注大数据平台、云计算成果建设和分享，不仅应该而且能够把自己作为整个供应链中的一员，提供信息并和其他企业成员共享信息，形成企业间协同计划及协同处理业务流程。

以"互联网＋"、云计算为基础预测、规划和执行的实时技术体系正在支持一种全新的商业运作模式形成。随着信息技术的飞速发展，企业对信息技术的应用经历了不同阶段，形成了企业内部多个不同类型的信息系统并存的现实，改变了这种"信息孤岛"现象，而企业信息技术集成也是企业供应链演化发展的必然要求。借助信息技术的最新进展，建立集成的跨企业的支持系统无疑是至关重要的一步，将成为供应链成员企业一起为最终的客户提供快速、灵活、高效的支持和服务的基础。

综上所述，企业生存与发展的要求，以及供应链龙头企业的产品全球化战略，都在推动着企业在"一带一路"沿线地区，甚至在全球范围内的合作，有时产业间的对接，会转变为产业间产能合作等内容，直接对供应链集成的理论与实践提出了新的要求。

（五）企业参与供应链集成的条件

"一带一路"倡议、全球价值链战略开创的供应链集成的战略、资源、技术和组织等条件，赋予产业迁移、产能合作等诸多研讨内容。

（1）资源采购全球化、产品销售全球化，构成了供应链集成的市场需求条件。在目前国内外经济状况下，国内过剩产能可以在全球范围内寻求平衡，也需要供应链集成面向全球展望开发需求、满足服务。

（2）以大数据、云技术等为特征的信息技术新发展，使得大数据的获取、传出、处理和使用成为可能，可以直接影响其预测、规划、实时决策，构成了供应链集成的必要信息技术条件。

（3）"一带一路"倡议促成国际企业合作，面对国际生产、国际产业集聚与迁移的国际物流支持，产业供应链正在走向全球化，企业跨境供应链集成将成为一种常态化发展趋势。

（4）跨境物流基础设施建设、跨境信息网络平台和国际物流长期协调发展机制，将能够支持企业供应链集成运作。

依据集成场理论，要求国际物流主通道上的物通量对称平衡，这就涉及国际产业分工与合作。从单个企业间的竞合关系形成的集成过程，到区域两业联动、全球两业联动集成场的场线运行过程来看，物流业在制造供应链集成过程中的衔接、互动和渗透作用，从国内区域物流通道拓展到国际物流通道。而在这一供应链集成过程中，所支撑的物流网络就是国际物流网络。依据国际物流主通道的物通量对称平衡机理[1]，可在内陆地区创新发展加工贸易与国际物流以形成联动关系。2013年11月7日，由长安大学和韩国水产开发研究院（KMI）共同主办的第十届KMI中国物流论坛在西安召开。在此论坛中，董千里着重从集成场视角分析了"西三角"物流市场的特征及发展方向，主要内容有：①"西三角"地区及其物流市场特征；②"西三角"物流与国家西向开发战略的联系；③阐述发展的基本思路和观点，深刻解析了"西三角"两业联动和国际物流场线组织之间的作用。以重庆为例[2]，其加工贸易约占中国进出口的45%，过去由于大进大出（零部件、原材料从海外运到沿海，再从沿海把整机销往海外），离沿海越远成本越高，放在内陆不合算。重庆的做法是：第一，延伸产业链，如每台电脑不仅总装环节在重庆，80%的零部件、原材料生产也在重庆。同时，通过创新销售结算，把以前外资企业在海外进行的离岸金融结算也放到了重庆。第二，形成产业集群，如零部件、原材料、整机上中下游的产业集群，同类产品、同类企业的集群，物流运输、销售结算等生产性服务业与制造业的集群。通过产业链延伸和产业集聚，扩大产业规模，降低成本，在内陆建设产业"基核"、物流基核，形成内陆型国际物流枢纽也是合算的。目前，中国

---

[1] 董千里：《物流集成场：国际陆港理论与实践》，社会科学文献出版社2012年版；董千里：《强化集成体，精铸联接键——基于物流集成场视角的再认识与思考场线效率》，《大陆桥视野》2012年第23期。

[2] 该资料源自2015年6月13—14日在重庆大学召开的"中国经济新常态与深化综合改革国际研讨会暨中国留美经济学会2015年度国际学术研讨会"。参见《第一财经日报》（2015年6月17日）的《黄奇帆谈重庆故事：整合笔记本加工贸易占全球1/3》。

制造的笔记本电脑占全球的 2/3，其中重庆占 1/3，沿海占 1/3。

四 从产业链到供应链集成的过程及特征

（一）产业链与供应链集成过程

产业链（Industry Chain）是指产业系统内产业部门之间基于技术、供求等关联而构成的一种链条式关联关系。为了便于物流业与供应链联动，物流业需要在专业化、信息化、网络化和集成化的过程中，在微观层面以更精确的方式与制造供应链对接，在宏观层面以更经济、更有效的方式进行跨企业、跨区域、跨国界的供应链集成。因此，产业链可理解为，在产业集聚内形成的某种内在联系的企业集群（例如，以基核的制造集成引力或物流集成引力形成制造相关企业、物流相关企业的集聚），以及与这些企业集群相关联的基础类（资源、信息和技术等）与产品（服务类）间形成的衍生关系；从合成场元角度认识，这在两业联动集成场中体现为联接键，诸如，由这一衍生关系联接的信息共享关系、物料供应关系、产品（服务）关系、供应链价值关系等。理解产业链的关键是产品（服务）的"集成"和"联接"，核心是供应链过程中的价值增值。本书认为：产业链是在供应链形成的基础上，通过物流、信息流、资金流的衔接，将物流业、制造业、信息产业、金融业等相关产业联系在一起，将其作为一个整体，从产业层次进行研究。产业链与供应链都是虚拟链，是通过信息、资源、技术等联接键的连接而形成的，但产业链与供应链的研究范围、研究内容、研究的制度设计和运作规律存在不同。

（1）研究的主要范围不同。产业链的研究是基于产业之间的关联性的研究，研究范围根据相关产业的规模和种类确定。在进行产业链研究时，产业关联度、产业规模和种类决定了产业链的研究范围。而供应链研究起源于产品供应链，其研究范围从最早的企业内部供应链到全球供应链，主要依托产品的实体流动过程，研究流动过程中所产生的物流、信息流和资金流的一体化。

（2）研究的主要内容不同。产业链的研究视角属于中观视角，从产业的角度研究区域或全球经济发展，产业链的发展往往能够带动区域经济的发展，因此，产业链的研究重点探讨产业的发展给区域经济带来发展的机遇，产业的发展能否带动相关产业的发展，从而通过产业转移等策略，实现区域经济的发展。而供应链的研究重点是上下游企业之间的关系，探讨如何通过核心企业（集成体）促进供应链的稳定和协调发展，实现供应链企业成员的共赢。

（3）研究的制度设计、运作规律不同。产业链的运行一般受产业内部和外部关系的制约。而供应链除了产业内外关系，还受产业链长度和宽度的制约，如供应链物流促进了不同产业之间的联系。例如，陕西煤炭产业供应链过程涉及采矿、运输、存储、销售等环节，每一个环节可能涉及不同的经营主体的运作，建立产业供应链理念，可以更好地发挥产业协同运作效果，从供应链角度，可以将煤业延伸到煤化工业，并将煤业与化工业通过物流业联系起来。

（二）供应链集成过程特征

与单一企业运作相比，供应链集成过程具有集成体、基核的集成力、集成引力的原动性，集成过程的复杂性、动态性和交叉性，以及在供应链联接键建设中的创新性和风险性等基本特征。

（1）集成体的集成力之源。制造集成力是通过主导供应链的制造集成体体现的，作为集成体的二元结构三主体特征中的利益主体特征，是集成力的动力之源泉。供应链的形成、存在、重构，都是基于集成体的集成力、基核场源的集成引力等的原动力。原动力体现了主客观战略与资源控制能力的结合，其中最主要的是一定规模的市场需求或潜在需求、集成体的主动性战略体现的集成力、基核场源体现的集成引力。其中，市场需求是供应链集成运作过程中最初的原动力，用户需求拉动是该供应链信息流、产品流、服务流、资金流集成运作的驱动力源泉。

（2）集成过程的复杂性与动态性。供应链的集成过程是物流集成体与制造集成体之间通过基础类、服务类、综合类联接键，进行资源、功能的整合过程。其过程涉及物流集成体和制造集成体的形成，基础类、服务类和综合类联接键的构建。物流集成体的集成力和集成引力决定了物流集成体的规模和范围，制造集成体亦然，因此，从集成体的构成上看，集成体所涵盖的企业成员是动态变化的。从物流集成体和制造集成体之间的关联上看，制造集成体和物流集成体之间通过基础类、服务类和综合类联接键进行整合，由于联接键种类的多样性，集成体间分别通过多种不同的联接键的连接而实现供应链的集成，因此，形成的供应链的形式也是复杂的、动态的，诸如，区域供应链物流网络、全国供应链物流网络乃至全球供应链物流网络。不同跨度的供应链往往由多个不同类型的企业，以及不同的物流基础设施网络、信息平台和业务网络构成。稳固的联接键设计、选择和应用的企业间关系，使得其所在的供应链具有更明显的动态性。

（3）不同供应链中企业的交叉性。主导供应链的是物流集成体和制造集成体，虽然集成体是相对稳定的，但集成体内部的成员之间不可避免地会有资源、技术、业务等的交叉，且由主导制造供应链的制造集成体掌控制造基核，它是供应链基核场源的掌控者。大多数供应链成员企业形成交叉结构，自然增加了供应链成员企业间的竞争与合作的微妙关系，同时也增加了供应链集成过程协调乃至管理的难度。

（4）集成过程的创新性与风险性。供应链扩大了原有单个企业的物流渠道，需要以相对稳定的方式进行信息共享、利益共享，这就需要对联接键进行设计和建设。联接键起联接固化作用，而如何固化，需要考虑制造供应链基核的场源需求，考虑制造集成体和物流集成体的集成力，从而使得供应链与物流链相融合，促进一体化物流服务的形成。一体化物流服务作为供应链集成的成果具有创新性，但其集成过程具有一定的风险性，风险的大小取决于集成体的集成力和联接键的强度。供应链联接键的设计与建设总是充满着创新机遇，而联接键创新总是与相关风险相联系。供应链上需求匹配的不确定性是一个持续性难题，因为供应链上的消费需求和生产供应，始终存在时间与空间上的差异，需要物流集成商主导物流链以实现匹配过程。通常，制造商必须先根据市场状态确定需生产产品的款式和数量，这一"拉式"或"推式"供应链供需决策直接影响供应链生产、仓储、配送等功能的容量设定，以及相关成本。因此，供应链的供需匹配、衔接关系、联接创新都隐含着巨大的财务风险和供应风险，可以结合集成场理论理解供应链集成过程。[①]

五 供应链集成管理及所需物流服务

（一）供应链集成管理及特征

供应链集成是将企业供应链扩展到企业外部，集成管理就是一种效率和效果并重的供应链管理模式，它突出了一体化的整合思想。供应链集成管理的重点对象由传统的人、财、物等资源转变为以科学技术、信息、

---

① 董千里：《物流集成场：国际陆港理论与实践》，社会科学文献出版社 2012 年版；董千里等：《供应链管理》，东北财经大学出版社 2009 年版。

人才等为主的智力资源,提高企业跨组织、跨边界的识别协调能力,激发潜在协同效力成为集成管理的主要任务。场源、联接键建设构成了集成管理的基础,其核心就是强调运用集成的思想和理念指导企业参与供应链集成管理行为实践。美国物流协会给出的供应链管理的定义是:以提高企业个体和供应链整体的长期绩效为目标,对特定企业内部跨职能部门边界的运作和在供应链成员中跨企业边界的运作进行战术控制。国内把供应链管理的定义表述为,利用计算机网络技术全面规划供应链中的商流、物流、信息流、资金流等并进行计划、组织、协调与控制。① 供应链集成管理是基于现代信息技术,对供应链过程中涉及跨部门、跨企业、跨产业运作的商流、物流、信息流、资金流进行整体规划设计与运作管理的活动。所以说,供应链集成管理是研究供应链过程及不同主体间供需网链构建、系统设计、集成、优化、运行和动态管理等理论与实践规律的学科。②

供应链集成管理涉及供应链上的所有成员,其管理的范畴超越了单一的企业组织。因此,与一般企业供应链管理过程相比,供应链集成管理对象涉及物流集成体中的物流链切入供应链过程,最终形成统一的供应链物流集成过程。正因为如此,供应链集成管理具有过程集成性、目标共赢性、联盟动态性、监控全程性、管理复杂性等基本特征。③

(二) 供应链集成所需要的物流服务

供应链集成所需要的物流服务是以高端、准时的一体化物流服务为主要特征的。供应链集成是从单一企业走向链状、网状连接的过程,所需要的服务也要从传统或初级物流服务功能走向高端或高级物流全渠道服务。随着供应链客户需要量、敏捷性等要求的满足,物流服务也在从提供物流增值服务,到供应链集成战略管理和基于信息技术的集成物流服务升级。可以从企业持续选择的外包物流服务种类中看到这一趋势④,具体见表4-4。

---

① 《中华人民共和国国家标准:物流术语 (GB/T 18354-2006)》,中国标准出版社2007年版。
② 董千里:《供应链管理》,人民交通出版社2002年版。
③ 董千里等:《供应链管理》,东北财经大学出版社2009年版。
④ C. John Langley, Jr., 2016 Third - Party Logistics Study: The State of Logistics Outsourcing, Capgemini, 2015; C. John Langley, Jr., 2017 Third - Party Logistics Study: The State of Logistics Outsourcing, Capgemini, 2016; C. John Langley, Jr., 2014 Third - Party Logistics Study: The State of Logistics Outsourcing, Capgemini, 2013.

表 4-4　　　　　　企业外包物流服务的种类及其占比

战略与 IT 密集型服务	占比（%）	增值服务	占比（%）	运营及重复性活动	占比（%）
可持续/绿色供应链服务	5	由第三方物流公司提供的 SC 咨询服务	25	报关	57
服务备件物流	11	交通运输规划与管理	28	货运代理	62
客户服务	13	产品标签、包装、组装、成套工具	32	仓储	73
领先物流提供商/第四方物流服务	15	货运账单审计和支付	33	国际运输	78
车队管理	17	越库管理	36	国内运输	81
库存管理	17	逆向物流	36		
订单管理和满足	18				
信息技术（IT）服务	22				

资料来源：根据 Capgemini 咨询公司等的 2014 Third-Party Logistics Study：The State of Logistics Outsourcing 整理。

企业外包物流的程度与第三方物流承接物流服务的能力密切相关。传统物流服务仍占据最大的比重，使用频率较高的外包物流大多是那些稳定的传统物流服务功能。从表 4-4 可以看到，那些使用频率不高的活动往往是面向客户的集成性、战略性和基于信息技术（IT）密集性的活动，包括：信息技术（IT）服务，含有近年开始使用的大数据技术（DT）服务；订单管理和满足；车队管理；领先物流服务商/集成物流管理商（LLP/4PL）服务，含有供应链咨询服务和客户服务等。这些活动的特点是：一般属于高端物流服务范围，成长率较高，有些业务所占比重虽不高，但从发展的角度看也呈增加趋势，如可持续的绿色供应链服务等。然而，在经济趋缓的背景下，第三方信息服务能力对高端物流活动也有适度地促进增长的作用。

第三节　供应链集成的企业合作模式

供应链集成的企业合作模式就是竞争与合作模式。供应链企业通过集成体间、基核间、联接键等渠道进行沟通，由于供应链企业间的合作层级不同，制造企业与物流企业间在资源型、功能型、集成型物流服务等方面进行合作的广度和深度有所不同。

一 供应链集成的企业合作渠道与采购类别

（一）企业合作渠道

胡浩（2004）[①]认为，供应链在物流、信息系统与群决策理论三个方面的进一步发展形成了集成供应链。按照集成场理论，供应链集成过程中的企业间合作，是由集成体（企业成员）、基核（生产基地）、联接键（信息渠道等）构成的，从集成场视角分析，涉及集成体、基核间的关系和联接键的作用。

1. 集成体间的谈判渠道

集成体间的谈判渠道，是在战略、文化和业务沟通交流渠道的基础上，进一步打通供应链业务所需要的产权渠道、融资渠道等集成体深度联系的渠道。形成稳定的集成体间关系，往往是以联接键方式表示的。

2. 基核间连接渠道

物流链切入供应链过程的是物流网络渠道，支撑物流渠道的是物流网络，包括交通基础设施（物流通道）沟通的物流设施网络、多企业与用户构建物流信息网络和物流业务网络。物流业务网络是沟通集成体间联系的主要渠道，交通物流设施、物流信息平台等是硬件基础网络，其布局和运作效率直接影响供应链物流效率和成本。

3. 联接键对集成体等合成场元的稳固作用

集成体、基核和场线间可以通过基础类联接键、服务类联接键和综合类联接键的集成界面来支撑、稳定和固化联系渠道，提高供应链企业间合作和协同运作效率。

（二）供应链物流服务采购类型

1. 物流服务采购类型

根据物流服务集成程度，可以将供应链物流服务采购类型划分为资源型物流服务、功能型物流服务和集成型物流服务。

（1）资源型物流服务是以提供物流资源为基础的服务，主要是出租仓库、车辆、设备，提供物流作业劳务等类型的物流服务。依据客户物流服务采购的要求，可以在此基础上，形成新的增值服务，例如，基于仓库资

[①] 胡浩：《集成供应链中的一体化物流、信息平台、群决策和系统集成的理论研究》，博士学位论文，武汉理工大学，2004年。

源的服务，有进出仓库货物装卸、仓储货物监控、仓储管理等。在签订物流服务采购合同时，可以结合客户要求将服务收费与服务方式结合起来。由于不同的企业物流服务项目内容不同，物流服务的个性化十分突出，这也是导致物流服务计费标准统一化难度很大的原因。

（2）功能型物流服务是提供运输、仓储、分拣、配送等基础作业监控和管理的服务。依据供应链物流采购要求，可以在此基础上，强化专业性服务的深度和广度，例如，基于冷链的冷藏运输、冷藏库存、冷藏物流监控等作业和管理服务。

（3）集成型物流服务可以进一步分为物流功能集成型服务和物流管理集成型服务。物流功能集成型服务主要是根据客户供应链物流服务需要，将运输、仓储、分拣、配送等基础作业、监控和管理活动整合为一体的综合型服务。也就是通常讲的，将物流业务打包交给集成物流服务商来完成。而物流管理集成型服务主要侧重于物流管理服务，例如，受客户企业委托，为客户提供其所需要的物流服务供应商、专线物流管理招标服务，或提供供应链物流管理服务平台，提供客户所需要的全部管理服务。一些国外制造商进入中国开发市场，其相应的供应链物流管理服务是交给另外一家集成物流服务商来完成的。例如，地处西安的韩国三星半导体项目由 ENC 提供物流及物流管理服务。

2. 物流服务采购特点及趋势

供应链物流服务采购基本属于生产者采购。生产者作为物流需求者的采购过程是比较复杂的。一般物流服务购买行为是在购买动机的支配下发生的，属于消费者范畴的个人采购行为，在供应链集成过程中物流采购具有以下生产者行为特征。

（1）针对消费者的物流服务采购主要是功能性服务。在互联网条件下，这是一个"刺激—反应"的连续过程。例如快件物流服务，是客户由于受到源于各种渠道的多种需求刺激，通过网上网下活动所产生的购买动机，最终反映的是客户发生物流服务购买行为。运用这一过程分析客户购买行为的关键，是物流服务提供商要认真调研客户对物流服务类型、产品和服务等方面的需求，了解各类客户对不同形式的产品（服务）、价格、时间、地点、交付和促销方式等方面的真实反应，恰当运用"营销刺激"诱发客户的购买行为，使物流服务商在竞争中处于有利地位。

（2）针对企业用户的供应链物流服务是功能集成服务或综合集成服务。物流服务采购是一个企业用户识别、选择、比较物流服务供应商及供应方案,从而进行决策的一系列复杂过程。在供应链物流需求者购买物流服务的过程中,不同的供应链物流服务需求者有着不同的决策准则和采购过程行为方式。作为一个生产者,其采购通常有固定程序。作为一个物流服务个体,消费者通常会有习惯性、质量性、理智性、价格性、冲动性和不定性等多种购买类型。

(3) 供应链物流服务采购主要是指生产者采购,从分散的物流功能采购到集成物流服务采购是一个发展趋势。

3. 供应链物流采购过程中的五种角色

按照不同人群在供应链物流服务购买决策过程中所起的作用,可以划分为发起者、影响者、决策者、购买者、使用者五种不同的角色。① 在中小型企业供应链物流服务采购决策中,一个部门可能扮演上述五种角色中的一种、两种甚至更多种角色。在大中型企业中,一般涉及多个部门,主要取决于不同企业的职能分配情况。根据上述五种角色,可以将物流采购分为政府集中招标模式、制造过程物流外包模式、面向客户订单的采购合同模式。物流链主导企业的物流服务市场营销者必须了解在物流服务购买决策中谁是发起者、谁是购买者、谁是决策者、谁是影响者、谁是最终使用者,从而制定出影响各购买角色的营销策略。

物流需求者的采购行为过程,也是采购决策过程,通常分为五个阶段,具体见图4-5。

认知供应链物流服务需求 → 收集供应商及服务方案信息 → 选择评价物流服务供应商 → 供应链物流服务决策购买 → 采购后的分析与经验总结

图4-5 供应链物流服务采购决策过程

二 供应链集成的企业间合作与竞争

企业不仅要看到同一供应链上各相关单位利益对立的一面,更要看到与它们利益一致的一面,要以供应链共同发展作为自身发展的前提。这就是链上的点的功能相对性和全链各个点利益的一致性,表现为供应链上企业的竞合关系。供应链竞合关系指的是供应链企业间的竞争与合作关系,其显著特征是参与供应链的成员企业,如零件商、部件商、总成商和产品

---

① 董千里等:《供应链管理》,东北财经大学出版社2009年版。

制造商等都对供应链有着较强的依赖性，这就需要通过提升供应链总体价值的目标，彼此合作，强化产业组织化，如组织物流链切入供应链过程，来发展整条供应链成员企业的共同利益。

（一）供应链集成中的竞合关系

供应链集成中的竞合关系是市场竞争中的供应链成员企业间的竞争与合作关系，简称为供应链竞合关系。供应链集成的网链物流运行效率在很大程度上取决于供应商与零件制造商、部件制造商和最终产品制造商之间的供应链竞争与合作关系。供应链成员之间的竞争为供应链与供应链之间的竞争，在供应链竞争中形成了供应链内部成员的合作关系。因此，从竞合角度看，要以整条供应链价值最大化来获得供应链企业成员利益最大化，为维持供应链集成的稳定性，应重点研究供应链成员之间的利益分配关系，即供应链内部的合作博弈，以实现供应链的协调和稳定发展。

供应链竞合关系可以分为供应链竞争中的成员企业战略竞合关系和战术竞合关系。供应链战术竞合关系主要是指供应链的运作层面共享信息、技术和服务过程，多局限于供应链的点、线物流关系之间的衔接。供应链战略竞合关系主要指涉及全局、全面和长期竞合的关系环境背景，诸如集成化供应链管理环境。关注供应链竞合关系就意味着提升供应链在整个市场上的竞争能力、竞争优势。这就需要制造供应链成员实现数据和信息的共享与交换、新产品/技术的共同设计与开发、市场机会共享与风险共担。在供应链上，零部件供应商、总成供应商、制造商、物流企业等供应链成员之间存在明显的供需关系，零部件供应商和总成供应商为制造企业的生产和经营供应各种生产要素（原材料、零部件、能源、机器设备、工具、技术和劳务服务等），物流企业为供应链上的其他成员提供运输、仓储、配送等物流服务。而产品或服务供应商所提供要素的质量、数量、价格，直接影响制造企业生产的好坏、成本的高低和产品质量的优劣。因此，制造商与供应商间的供应链企业合作关系应在以下几个方面展开。

（1）与供应商之间建立较强的信任关系，让集成商了解企业的生产程序和生产能力，使集成商能够清楚地知道企业需要产品或原材料的期限、质量和数量；

（2）向集成商提供自己的经营计划、经营策略及其相应的措施，使集成商明确企业的希望，以便能随时达到企业的要求；

（3）企业与物流集成商要明确双方的责任，并各自向对方负责，使双方明确共同的利益所在。当然,物流集成商也要与物流功能商、物流资源商一起组织好物流链,更好地满足供应需求。

(二) 常见的供应链企业间合作关系

在自愿安排的供应链关系中,根据供应链成员彼此关系的紧密程度划分,通常有四种常见的供应链关系:行政隶属管理关系、合伙和联盟关系、长期合同关系以及合资或控股关系。在这些关系结构中,从行政隶属管理关系到合资或控股关系,供应链成员企业对供应链的依赖性逐渐增加。这一规律将体现为物流集成体主导物流链,作为集成物流服务供应商切入制造商主导的供应链并融于供应链之中。

(1) 行政隶属管理关系。最常见的新型供应链关系就是行政隶属管理关系。其特征是,在供应链中没有正式的或明确规定的供应链关系。该供应链通常由一个有势力的厂商来承担领导责任,然后寻求与贸易伙伴和服务供应商的合作方法。行政管理关系虽然接近传统的供应链安排,但是行政隶属管理关系是以相互理解为基础的。

作为集成体的企业在进行供应链集成管理时,必须将供应链中每一个成员的利益都考虑进去,而所有的供应链成员也都必须将这种集成体的主导作用看作是公平和公正的。供应链中那些相对有势力的厂商,例如Wal-Mart公司和P&G公司,它们期望更紧密的协作,所以需要发展一种更有组织集成力的关系。当这种形式化发生时,关系中的依赖性将会得到广泛的认同,这时参与的厂商就会形成合伙和联盟关系。

(2) 合伙和联盟关系。当企业之间需要更明确、更长期的关系时,它们就会寻求新的合作关系。典型的新关系就是合伙关系,这时企业对供应链的依赖性增强。随着时间的推移,这种关系就会逐渐向联盟发展,对供应链的依赖性进一步强化。在这类供应链关系中,参与企业会为了实现共同目标而调整某些物流作业方式。

供应链联盟关系的基本特征是企业是独立的,但自愿地参与到供应链联盟之中,并愿意为了整个供应链的利益,对本企业基本业务实践进行调整和修正,以适应供应链整体要求。只有当各方企业经理感觉本企业可以通过修正基本业务实践而受益,并且他们愿意做出改变时,这种关系才是真正的联盟关系。联盟可以分为同业联盟和供应链联盟,同业联盟一般是中小企业联盟。保持长久的供应链业务关系是重要的,参加供应链联盟的动机一般是锁定业务关系,但是,供应链联盟的重点是集成思想,是采取最佳优化的实践活动，以减少重复和浪费，共同提高供应链企业效率。构建供应链联盟的目的是在参与企业整合各自资源的基础上，建立一种基于供应链的合作关系，以改善其成员企业绩效表现、产品/服务质量，增强整个供应链的竞争能力。真正的供应链联盟关系却较难识别其中的合作关系。目前在医药、服装、建筑供应品、大宗商品，以及食品等行业，展开较多的是供应链联盟关系。发展联盟关系之所以有吸引力，是因为它们无须进行金融投资就能够提高企业的经济能力和适应市场杠杆作用的能力，作为供应链联盟成员的人力资源和金融资源可以共享，可以提高总体竞争能力。

（3）长期合同关系是指在正式的长期合同范围内开展业务，常见的协议（合同）有特许权协议、代理权协议以及专业服务企业与其顾客之间的协议。这种关系是通过合同来约束彼此的承诺，与供应链联盟的特征——"纯自愿"的形式是不同的。作为对合伙的替代，长期合同的安排中对企业规定了一系列法定义务。许多厂商之所以需要长期合同，是因为通过长期合同形式可稳定企业间基于供应链的合作关系。在拥有特许权和代理权的情况下，正式的协议不但可以确保代理商、特许商在某一特定的地理区域内连续得到某项服务或产品的特许权或代理权，而且在发生问题时，可以要求厂商按照合同规定的方式进行处理。

（4）合资或控股关系。中小物流企业间常常会共同投资、建立新企业，为目前所在的供应链提供物流服务，所以长期合作的企业之间为了明确和长期维持合作关系，就可以在企业间以控股的方式进行合作。这样就形成了合资或控股关系。诸如，陕重汽与通汇物流的长期合作取得了很好的成效，陕汽集团——陕重汽的母公司控股通汇物流，就是一个典型的实践案例。

在新的竞争环境下，供应链合作关系研究强调直接的、长期的合作，强调共同努力实现共有的计划和解决共同的问题，强调相互之间的信任与合作。这与传统的关系模式有很大的区别（见表4-5）。[①]

---

① Lieb, R., Bentz, B. A., "The North American Third Party Logistics Industry in 2004: The Provider CEO Perspective", *International Journal of Physical Distribution & Logistics Management*, 2005, 35 (8): 595-611; Lieb, R. C., Lieb, K. J., "The North American Third-Party Logistics Industry in 2013: The Provider. CEO Perspective", *Transportation Journal*, 2015, 54 (1): 104-121; Sohal, A. S., Rahman, S., "Use of Third Party Logistics Services: An Asia-Pacific Perspective", in James H. Bookbinder ed., *Handbook of Global Logistics*, Springer, 2013.

表 4-5　　　　供应链竞合关系与传统供应商关系的比较

比较对象	传统供应商关系	供应链竞合关系
主体意识	一般企业意识	集成体意识
相互交换的主体	物料	物料、服务、整合、集成
供应商选择标准	强调价格	多标准并行考虑（交货的质量和可靠性等）
稳定性	变化频繁	长期、稳定、紧密合作
合同性质	单一	长期合同、控股关系
供应批量	小	大
供应商数量	大量	少量、精准（长期紧密关系）
供应商规模	小	大
供应商的定位	当地	全国或全球
信息交流	信息专有	信息共享（各种联接键）
技术支持	不提供	提供长期支持
质量控制	输入检查	全面质量保证（全程质量、全部责任）
选择范围	投标评估	广泛评估可增值的供应商

（三）供应链集成的企业间竞争

随着经济全球化的发展，市场竞争日趋激烈，厂商面临着产品品种增多、生命周期缩短、交货期要求提高，同时对产品和服务的期望越来越高的挑战，面对这一挑战，核心企业联合自己的供应商和分销商，组成一条从供应商到制造商再到批发销售商、零售商和用户，贯穿所有企业的首尾相连的长链，形成了企业间相互依存、相互竞争进行供应链。供应链企业的竞争与合作，一方面，通过合作创造相对于其他供应链的竞争优势；另一方面，强调供应链内部企业间进行分配的竞争。离开了合作，供应链管理难以成功；没有竞争，供应链也难以续存。[1]

为了稳定企业间的合作关系，往往需要对供应链收益进行合理分配。我们通过合作博弈进行分析，寻求合理的利益分配方案，以促进供应链协调稳定持续的发展。供应链节点企业之间存在的竞争博弈，受很多因素的影响，如质量、交货期、包装、交货应配合事项、价格、售后服务保证、订购量、促销活动、折扣、广告赞助、付款条件、进货奖励等。

---

[1] 赵宜、谢合明、尹传忠：《基于循环经济的供应链变革》，《经济体制改革》2004年第6期。

三　供应链集成中的合作伙伴关系

(一) 生产规模对合作伙伴选择的影响

制造企业的规模决定企业的组织过程和生产方式，进而对其合作伙伴产生影响。

1. 产品生产规模是重要的基本法则

产品制造业是根据制造企业产品的种类和规模进行分类的。比较典型的有大量生产类型、成批生产类型和单件生产类型。成批生产类型又可进一步分为大批、中批和小批生产。生产类型在很大程度上决定了生产组织方式，但是市场供需环境、规模和关系直接决定了企业生产纲领，进而决定生产组织方式，这对制造业与物流业联动发展模式有直接的影响。

生产规模、生产批量决定了生产组织过程和生产方式，直接影响相应的生产物流组织过程（这一过程往往是由企业内部物流组织），制造供应链的供应物流、销售物流往往也是其影响的主要领域。随着外包物流模式的深入、细化，可进一步深入生产物流过程。

2. 多品种少批量的物流需求新特征

随着生产企业向多品种少批量的生产方式发展，零部件制造趋于标准化、通用化。在这样的生产特点下，企业必须按用户需求以销定产，使得物流配送管理工作复杂化。协调采购、生产、销售并最大限度地降低物流费用是该时期的最大目标。这对物流企业提出以下要求：

(1) 以 MRP（物料需求计划）实现物料的外部独立需求与内部相关需求之间的平衡；以 JIT（准时生产制）实现客户个性化特征对生产过程中物料、零部件、成品的拉动需求。

(2) 由于生产品种的多样性，对制造过程中物料的供应商有较强的选择要求，从而使外部物流的协调较难控制。

(3) 由于整个物流过程涉及采购、生产、销售物流，要求物流企业之间密切合作，以降低物流成本、提高物流效率。

3. 新的生产组织方式对联动发展的影响

由于生产组织方式的转变，制造企业对物流的需求也发生了巨大的变化，从单一的物流需求逐步向集成物流服务需求转变，从而推动集成物流服务的形成，使得物流业逐步走向集成。集成物流服务需要由专业化水平高的物流企业提供，因此，在制造企业与物流企业之间逐步形成相互依存的关系,推动着制造业与物流业的共同发展。

(二) 合作伙伴选择与评价

合作伙伴的选择与评价是供应链合作关系运行的基础。供应链成员企业间的业绩相互影响,供应商的原材料销售价格、质量、交货期等因素,会直接影响制造商的效益、服务水平,因此供应链成员之间一旦达成合作,供应链的效益就影响供应链所有成员的效益。为了实现低成本、高质量、快速反应的目标,供应链核心企业需要对供应商进行客观、科学的评价选择。合作伙伴的选择、评价对于供应链核心企业来说是多目标的,包含可见和不可见的多层次因素。[①]

1. 供应链集成中的合作伙伴关系

作为典型的制造集成体,供应链核心成员与供应链其他成员之间通过长线业务衔接,而供应链成员之间的业务关系主要表现为基于原材料、产成品等生产要素而形成的关系,以及伴随着生产要素往来而产生的资金、信息、物流服务等业务所形成的合作关系。

在供应链集成管理环境下,供应链成员间的长线关系更加专有化,一般促成供应链形成的是大型制造企业、连锁企业或第三方物流企业,其在进行合作伙伴选择时,往往把合作伙伴的核心竞争力水平作为选择的重要标准,且一旦供应链关系形成,这种关系就会具有相对稳定性。因此,在供应链集成中企业间的合作关系一般分为长期业务合作关系和战略性合作关系,其合作关系的紧密程度会高于普通的合作伙伴关系。

根据合作伙伴的竞争实力及其在供应链中的增值作用,可将合作伙伴分成不同的类别,分类矩阵见图 4-6。纵轴代表的是合作伙伴在供应链中的增值作用,如果合作伙伴不能对增值做出贡献,那么对连锁企业就没有吸引力。横轴代表某个合作伙伴与其他合作伙伴之间对市场规模的扩展能力,主要取决于供应能力、信息技术能力、管理能力等方面的竞争力及其差异。[②]

在实际运作中,应根据不同的目标选择不同类型的合作伙伴。对于长期需求,要求合作伙伴能保持较高的竞争力和增值率,因此最好选择战略

[①] 王保利:《海星科技经营战略研究》,硕士学位论文,西安理工大学,2001 年。

[②] 董千里等:《供应链管理》,东北财经大学出版社 2009 年版;董千里:《功能型物流》,东北财经大学出版社 2009 年版。

性合作伙伴；对于短期或某一短暂市场需求，选择普通合作伙伴即可，以保证成本最小化；对于中期需求，可根据竞争力和增值率对供应链的不同重要程度，选择不同类型的合作伙伴。

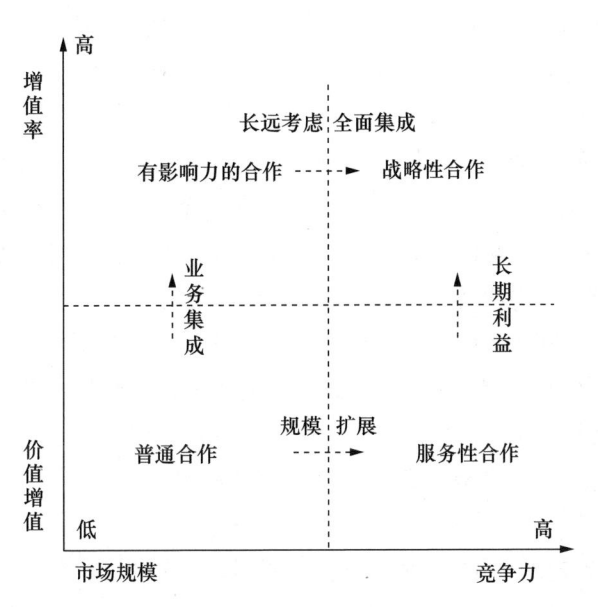

图 4-6　合作伙伴分类矩阵

2. 供应链合作伙伴选择的要素

合作伙伴选择是一个复杂的过程，当业务过程很复杂时，可供选择的备选方案就相当多。因此，要从这些方案中选出合适的、最具竞争力的方案，就必须考虑很多相关因素，如有效的通信网络、文化融合性、经常交流沟通、信任等。企业之间合作应具有相容性具体包括以下几个方面。

（1）文化上的相容性。包括企业是否授权、是否具有全面质量管理的意识等。这些都直接影响雇员和团队的行为习惯、价值观和奋斗目标。

（2）价值观上的相容性。价值观是比企业文化更深层次的东西，是企业之间合作必须考虑的一个因素。

（3）经营目标上的相容性。经营目标上的相容性是指合作伙伴之间结成的合作关系是否与企业自己的产品方向、市场策略和未来的总体发展相一致。

（4）市场核心竞争力。供应链成员应具有供应链所需的核心能力，进而对供应链在市场上的竞争提供有力的支持，这样才能使供应链具有较好的发展前景。

(5) 技术上的相容性。技术上的相容性是指合作伙伴在信息化程度、标准化程度上不能存在太大的差距，否则就会影响合作关系的协调发展。IT 能力是第三方物流必须具有的专业技能，这已经成为共识，企业满意的第三方物流 IT 能力，即企业对物流服务 IT 能力的要求与对物流服务 IT 能力的满意程度之间的差异，已成为人们关注的重要内容。

首先，在供应链集成过程中，核心企业考虑的往往是供应链的持续发展，而文化、价值观、经营目标是企业间长期合作的基础，只有在企业间相互认同彼此的企业文化、价值观以及拥有共同的经营目标，才能使企业间相互融合。其次，供应链集成的目的之一是供应链成员之间核心能力可以互补，因此，在进行选择时供应链成员在同行业内的核心竞争力是其加入供应链的重要条件。最后，在供应链集成过程中，需要双方企业在信息技术、网络技术水平相当的情况下，能够减少双方技术上的投入，因此技术上的相容性也是供应链伙伴选择的重要因素。所以，供应链关系的运作理念是相互之间的支持与互补，尤其是在改进系统物流过程的战略管理方面。

3. 供应链合作伙伴选择、评价的步骤

供应链合作伙伴的综合评价选择过程见图 4-7。

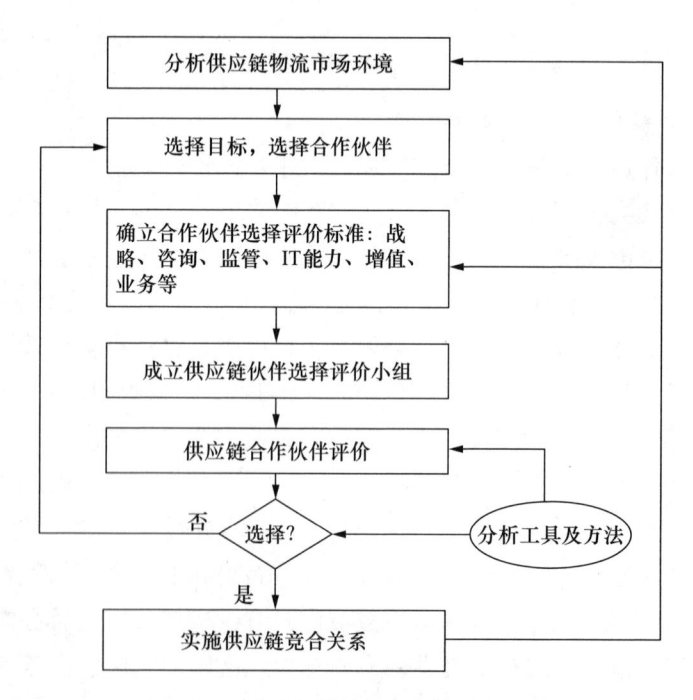

图 4-7 合作伙伴的综合评价选择过程

第四节　供应链集成的全球化价值

在"一带一路"倡议的指引下，供应链集成的发展趋势是其产品销售在境外市场扩张，进而带来产品生产原料来源的境外延伸，为了实现购销两头在外的供应链集成过程，需要有相应供应链物流集成的全球化发展国际物流网络结构进行支撑。"一带一路"倡议就是供应链集成理论与实践在未来一段时间内发展研究的重点。

一　"一带一路"倡议带来的供应链集成机遇

"一带一路"倡议指导下的供应链集成，所涉及的资源整合范围由区域扩展到全国、由境内扩展到境外。在这样一个制造业与物流业联动发展背景下的供应链集成过程中，集成场理论可以提供一些供应链集成实践策略的思考。

（一）从集成场视角认识"一带一路"倡议带给供应链集成的发展机遇

（1）制造集成体发展的整体定位，包括产品、品牌、声誉等内容，也符合制造业转型升级的需要。有的制造商开始从产品制造商，向产品集成方案提供商转型。例如，陕西鼓风机集团力图从产品制造商向系统集成和服务商转变，形成了产品、技术和服务等集成的高端经营管理方式。汽车制造商也已经从单纯的汽车制造向用户体验和保障的设计的前端延伸，如北美的消费者车联网产品和服务产业链是由宝马、福特、现代、通用、奔驰等著名品牌的汽车制造商主导的。汽车制造商与车联网信息服务商TSP、车载联网消费电子终端建立了新的关系以便为消费者提供集成服务。

（2）供应链集成沿"一带一路"沿线地区寻求市场、原料，形成国际物流场线对称平衡。面对国内经济"新常态"，制造业产品的市场前景受宏观政策、交通运输变革、"工业4.0"、《中国制造2025》以及交通基建投资等一系列因素的影响，国内制造业在转型中升级。国内制造业需要在技术前沿与国贸规则等领域拓展创新：首先，依据《中国制造2025》所倡导的工业智能化战略革命，抓住工业革命机遇，提高中国制造的质量水平，实现向供应链价值的中高端攀升。其次，积极参与国际经贸规则的酝酿和修订，扩大国内自贸区试点，以开放促改革促发展，实现中国经济的转型升级。① 重型卡车是公路运输主要的载运工具，其生产采用的是典型的按订单生产模式，其市场需求与供给一直会保持稳步而理性，并从境内拓展到境外。

(3) 制造基核建设。制造基核是制造集成体的生产基地，是专用性基核，也是制造产品的集成引力场源形成、建设和发展之源。生产基地与区域物流、国际物流衔接，需要在生产基核与物流基核的对接、联动方式等方面精心设计。

(二) 对制造集成体区位的影响

供应链的制造基核通常是核心制造或总装过程实现的基地。产品经检验合格后可以入库或直接进入产品销售物流过程。因为境内物流与跨境物流组织在制度联接键上有很大不同，所以在国际物流基核（例如，国际海港）对接中的场线设计就应该系统考虑多式联运的组合方式，其中涉及国际物流主通道的选择。

"一带一路"倡议对中国中西部特别是西部的影响重大。以往主要是通过东部沿海的港口进行铁海联运或集装箱铁海联运，现在可以进一步向西开放，实现向中亚、欧洲的公铁跨境联运。在何种情况下向东进行国际物流开拓境外市场，或向西进行国际物流开发境外市场，与国际物流主通道物流效率密切相关。

二 供应链集成全球化的基本要求

寻求不同行业在专业化、信息化基础上的集成化运作，是高水平的集成、整合，而不是低水平的混合。因此，实现供应链集成全球化，需要满足以下几方面要求。

(1) 供应链核心产品市场的全球开发。产品销售到什么地方，供应链的销售端就要延伸到什么地方。以重卡为例，国内重卡市场在经历十年需求急速递增的背景下可能出现稳步下降的趋势；随着经济水平的持续提高，用户、社会、政府对汽车安全、能源消耗等方面非常关注；随着物流企业数量、规模的增长，卡车运输行业在电商网购的影响下，将开始呈现集约

---

① 张晓晶、李成：《美国制造业回归的真相和中国的应对》，《当代社科视野》2014 年第 12 期。

化的趋势。在上述发展趋势的影响下，用户对重卡企业的产品与技术升级提出了新的要求，不仅要量身定制，而且对重卡售后服务的要求更高。"一带一路"倡议为国内重卡生产能力扩展了更广阔的境外市场。

（2）供应链原料的全球市场采购。依托供应链产品市场的海外扩展，实现供应链价值的供应链集成全球化，需要有相应的全球物流网络来支撑。比较典型的案例是海尔的供应链物流集成管理的"一流三网""三个JIT""三个零"的制造与物流联动运作模式。其中，"一流三网"充分体现了拉式供应链集成运作特征，"一流"是指以客户订单信息流为中心组织生产过程；"三网"分别是全球供应链资源网络、全球用户资源网络和计算机信息网络。这三个网络同步运作，为客户订单信息流的供应链增值提供支持。"三个JIT"（Just In Time），就是将准时制理念渗透到供应链集成过程之中，使得JIT采购、JIT生产和JIT配送协同运作，供应链价值、效率和成本形成一体化组织，进而实现"三个零"（零库存、零距离和零运营资本）的绩效目标。可见，围绕供应链订单信息流，使其全球采购、全球销售和全球信息按照供应链集成化运作形成一体，是典型的制造专业化和物流专业化相结合的过程。

三　经济"新常态"下供应链集成的物流服务需求

运用集成场理论分析认识供应链集成，考察物流业与制造业联动发展对供应链集成的支持，可以分别从主观和客观两方面进行分析。

（一）集成体共同面对不确定经济环境时的协同决策

经济环境的不确定性日益增加，在此环境下进行决策，要求制造供应链将对运输线路的关注转变为对运输方式的选择，这就使得两业联动过程中要共同使用大数据进行分析，具有较强数据分析能力的第三方物流集成体将作为市场微观结构的中间商，其具备更强的市场开发和战略优势。

（二）需求促进集成体核心竞争能力的转变和提升

不确定环境对物流集成商的信息技术和大数据把握能力的要求越来越高，能否帮助企业优化供应链，成为物流集成商能否很好地切入供应链的重要竞争能力。这是因为，制造企业越来越少地只选择某一种运输方式，而是关注移动产品的最有效的手段方案。这就导致了中间供应商[1]的增长。

---

[1] ［美］丹尼尔·F. 斯普尔伯：《市场的微观结构》，张军译，中国人民大学出版社2002年版。

制造集成体和物流集成体正在使用数据聚合和分析来确定最好的运输方法。实时分析、成本和服务水平评估成为物流集成商应具有的重要发展能力，以帮助供应链产品更好地理解物流链和方案选择。Capgemini 咨询公司的数据显示，在过去的两到三年内，超过一半（62%）的第三方物流认为，它们的客户对改变它们目前所使用的运输方式表现出感兴趣。[①] 这就反映出客户对物流服务转型升级的一种愿望。

（三）平台基核和政府的协同作用对两业联动的支持

物流集成体是物流集成系统、物流集成过程、物流集成场运动的主动实体，包括处于决策者、促进者、管理者和执行者等角色的主体单元和系统运作的各类资源的客体单元。平台集成体是物流基核和制造基核的建设维护者，国际陆港、空港、海港和物流园区等物流基核往往涉及制造基核协同建设，制造业与物流业联动对平台基核发展起到支持作用，平台基核对两业联动集成运作也起到支撑作用，使得海关、工商、银行等公共服务进驻并能给物流链、供应链、产业链运作效率和质量提供重要支持。在两业联动中，物流集成体作为物流链的组织者，与制造集成体及其所主导的供应链相对应，在物流基核的平台集成体的支持下进行对接、衔接和协同运作，以提高效率、质量并降低成本。一些产业，也积极在平台基核周边布局，如临空产业、临港产业等布局。

在制造业与物流业联动发展的顶层设计中，宏观上规划协调、制定政策以及监管勾勒出了环境建设框架。在特定环境下，供应链集成中的核心企业——制造集成体发挥着十分重要的作用。正如在涉及中韩国际产能的合作中，政府的政策势能起到了很重要的推动作用，越是经济相对落后的地方越显得突出。时任省长娄勤俭在三星西安半导体工厂顺利投产时曾讲过，三星电子存储芯片项目从洽谈、签约、核准到开工建设得到了中韩两国政府的高度重视和社会各界的广泛关注，国家发改委、工信部、商务部和韩国经济部、驻华使馆、驻西安领域馆等有关部门机构都给予了大力支持，实现了三星管理与陕西速度的完美结合。在三星项目在陕西的引入、建设和运营过程中，政府的政策支持起到至关重要的作用。据报道，承担三星一期项目货运包机监管任务的海关在深冬至初春历时 141 天的时间里，

[①] C. John Langley, Jr., 2017 Third-Party Logistics Study: The State of Logistics Outsourcing, Capgemini, 2016.

累计监管三星项目货运包机 162 架次，实际监管三星项目进口设备 1 万余件、8 千余吨，货物均为三星项目生产所需的精密技术生产设备，总价值高达 24 亿美元。累计投入监管力量 750 人次，轮流抽调机关干部在正常工作之余放弃休息参加监管工作，24 小时应急值守，制定详细的监管方案和应急预案，与口岸各部门充分协调。因此，政府作为产业集聚、产业联动的规划者、政策推动者，在实现物流集成的过程中起着重要的作用。

物流集成体是物流业中组织物流链的龙头企业，是整合社会物流资源的经济运作有机体。政府的政策势能促进两链对接、促进产业链形成并延伸境外，在供应链集成过程中，政府的支持势能使物流集成体主导的物流链切入供应链的过程更加顺利。政府在涉及国际两业联动发展的起步阶段起到了重要的促进作用。

（四）综合信息网络是物流链支持供应链的技术基础

基于大数据、云计算技术的综合信息平台将会对物流链导入供应链服务的能力提供重要的支持。

（1）电子商务、互联网、物联网等当代电子信息技术最新成果的应用和支持。实现电子信息技术在制造业、物流业对接、协同和发展中的应用。这一过程中充满着创新的动力和要求。

（2）高度组织化的物流网络和物流链支持。物流网络是包括交通运输基础设施网络、综合信息网络和物流业务网络在内的网络体系，只有在物流链有效组织的条件下，才能实现最终目标。

（五）供应链集成的供需结构是全程场线形成的基础

供应链集成物流场线是指由流体、流量、流向、流距和流速等直接构成的向量，并通过载体、通道、基地等支持得以实现，跨境物流场线还涉及通关制度，通过这些场元联接而成的一组关系，能够综合体现其运作绩效。场线是受物流集成力形成的，是物流集成体的作业过程。场线的作用范围可以是同一地域或领域，也可以是跨地域或跨国境运作，被称为跨境物流场线。

（1）集货场线组织。场线组织涉及物流集成体之外的构成场线的要素，当所形成场线与整个物流集成系统运行方向一致时称为正向，反之称为负向。指向物流基核的场线是集聚，离开物流基核的方向是辐射，集聚与辐射的平均距离构成了集聚与辐射范围。

（2）中转场线组织。国际物流中转过程中涉及的过境、转运和通运货物是不同的。根据我国《海关法》的规定，过境、转运和通运货物均是由境外起运，通过中国境内继续运往境外的货物，其特点是"两头在外，途经我国境内的货物"。过境、转运和通运货物的区别具体可参见表4-6[①]，海关对货物的包装、标记、商标等进行检验，通过后放行。

表4-6　　　　　　　　过境、转运和通运货物的区别

比较项目	过境货物	转运货物	通运货物
是否已办理进出口手续	未办理	未办理	未办理
是否通过境内陆路运输	通过	不通过	不通过
是否换转运输工具	不换装、同一种或不同运输方式间的换装	同一种运输方式间的换装	不换装
进出境运输工具	车船机	车船机	船舶或飞机
海关监管目的	防止货物在口岸换装中混卸进口或混装进口	防止货物在口岸混同进口货物卸地并监管其原状如数运出境外	防止货物在口岸混同进口货物卸地并监管其原状如数运出境外

（3）进出口场线组织。跨境物流场线体现了不同物流集成体、平台集成体相互间的协同运作，其间协同运作的质量、效率和成本，不仅促成物流实现，而且直接决定了物流集成的质量、效率和效益。在国际物流集成场中，除了国内物流集成场中的运输通道（公路、铁路、航线、航道等）、物流节点（园区、中心、仓库等）、载运工具（汽车、机车、飞机、轮船等）、装卸设备（集装箱吊桥、龙门吊、正面吊、叉车等），还涉及进出口报关通关环节，以及物流集成体与平台集成体之间的协同合作关系。可以按照物流集成系统的目标、任务、集成规律和要求选择资源组合，形成物流作业、功能、流程等过程。这些资源可能是跨主体、跨地域、跨国界的，但要使构成的特定技术、组织和经营等要素的紧密作用关系稳定下来，就需要采用联接键的方式。

---

① 唐丽敏、孙家庆、刘翠莲：《港口物流理论与实务》，中国物资出版社2011年版。

第五节　本章小结

（1）以产品制造为核心的制造供应链，是供应链的基本形式和典型代表，产品市场需求很多都是通过制造供应链对物流过程的需求反映出来的。制造业所涉及的行业很多，装备、汽车、家电制造等都体现了典型制造企业核心，并与关联企业组成制造供应链。国内制造业产品供应链管理水平有待提升。

（2）制造供应链的不同生产流程决定了物流链切入制造供应链的衔接点。制造业企业的产品、规模、生产流程、市场和管控要求等，在很大程度上决定了物流集成的功能、资源、规模和运作组织方式，即物流链的形成。根据物流链形成和切入制造供应链的要求，需要了解掌握生产制造流程的类型。根据生产产品的特点，可以将制造业生产流程分为离散型、连续型和混合型三种。制造流程的类型决定了产品供应链与外部物流链的衔接点、衔接组织和运作管理过程。

（3）供应链内部企业之间不仅是良好的战略合作关系，还是一种竞争的博弈关系。要选择合适的供应链合作伙伴，就是要考虑组织之间的相容性，选择在文化上、价值观上、经营目标上、技术上有相容性的组织。

（4）从信息整合的供应链，到同步计划与协同工作流的供应链，再到全面的供应链集成，形成了供应链企业内部到企业间基于网链治理结构及其组合型联接键的设计。伴随着客户需求的不确定性、多样性以及激烈的市场竞争，在促使企业参与产业链延伸走向国际产能合作的大规模合作竞争中，政府政策势能也发挥了重要的作用。

（5）经济全球化下的市场竞争使得企业面临着严峻的生存和发展挑战，促使境内供应链集成向境外产业链延伸，在全球化趋势中寻求新的价值链定位。"一带一路"倡议提供了供应链集成全球化发展的机遇，指导了制造集成体的转型升级，供应链集成、产业链延伸则可沿"一带一路"沿线地区寻求市场、原料，形成全球价值链场线对称平衡。供应链集成、产业链延伸的全球化要求产品市场的全球化开发和原料市场的全球采购，并且需要物流业与制造业联动发展的支持。

第五章　基于集成场的物流链形成

在制造业与物流业联动发展中，物流业所提供的服务需要与制造业的性质、规模、效率和成本相适应。随着制造业的转型升级，当市场中物流需求从低端向高端发展，对服务种类、规模、质量和成本等的要求有较大变化时，需要以物流链形式切入组织化的制造业供应链过程。

第一节　物流市场需求与物流集成供给

面对《中国制造2025》提出的高端物流发展需求，物流链将呈现物流业专业化、信息化、组织化和集成化的一种高端物流服务形式，这也是物流服务供给侧改革的一种努力。

一　物流市场需求分析

（一）产生物流需求的原因

制造业产生物流需求的原因有很多，如面对不同环境的选择，降低供应链物流成本，提高供应链物流效率。进行物流业务外包，主要考虑以下因素。

（1）自然资源地区分布不均衡，生产力布局与资源产地分离。自然资源是大自然赋予人类的巨大财富[1]，自然资源分布不均衡是一种自然地理现象。生产力布局要考虑自然资源分布状况，但不可能完全一致；人类的经

---

[1] 马运：《运输需求的特性及其分析特点》，《北京交通大学学报》1994年第3期。

济活动必然要求自然资源由储藏丰富的地区向贫乏的地区流动，这就必然产生物流需求。特别是随着全球经济一体化的迅猛发展，资源由过去在一国范围内流动转为在全球范围内流动，更增加了物流需求的广度和深度。

（2）生产和消费在时间和空间上不一致。由于各地区经济发展不平衡，生产力布局与消费群体的分离必然存在。随着社会经济的发展，某些商品的生产与消费的空间分离可能日益减少。但是，随着生产的社会化、专业化、区域经济的分工与合作、生产要素的进一步优化组合，某些商品（包括中间商品）的生产将日益集中在某个或某些区域。而随着全球化的发展，世界大市场概念在今天已成为现实，生产出来的产品要送到世界各地的用户手中。因此，生产与消费的时间和空间分离将日益增大，就必然产生物流需求。

（3）地区间商品品种、质量、性能和价格有差异。不同地区之间、不同国家之间自然资源、技术水平、产业及其优势不同，产品的质量、品种、性能、价格等方面会存在很大差异，由此可引起货物在空间上的交易、流动，形成物流需求。

（二）物流需求特征及变化趋势

（1）需求的派生性。在经济活动中，如果一种商品或服务的需求是由另几种商品或服务派生出来的，则称该商品或服务的需求为派生需求，引起派生需求的商品或服务需求为本源需求。物流需求是由社会经济活动派生出来的。[1]

（2）需求的广泛性。随着商品经济的发展、社会分工的细化以及现代生活的开放化与多元化，物流业日益成为重要的产业部门，各类社会产业、事业的发展都与物流业的发展紧密结合。物流需求产生于人类生活和社会生产的各个角落，现代人类社会活动的各个方面、各个环节都离不开物的空间和时间的位移，大部分的这种位移需要由物流完成。因此，与其他商品和服务的需求相比，物流需求具有广泛性，是一种带有普遍性的需求。[2]

（3）需求的不平衡性。这种不平衡体现在时间、空间和方向上。时间上的不平衡主要源于农业生产的季节性、贸易活动的淡季和旺季、节假日等。空间和方向上不平衡主要源于资源分布、生产力布局、地区经济发展

---

[1] 马运：《运输需求的特性及其分析特点》，《北京交通大学学报》1994年第3期。

[2] 同上。

水平、物流网络布局等。

（4）需求的部分可替代性。在工业生产方面，当原料产地和产品市场分离时，人们可以通过确定生产位置，在运送原料还是运送半成品或产品之间做出选择。例如，某些地区间的煤炭物流可以被长距离高压输电线路代替。

（5）较小的需求弹性。物流日益渗透到生产、流通、消费等社会经济活动中，与社会经济活动的进行有密切的关系，是社会经济活动的重要组成部分。由于物流在经济生活中的高参与度，社会民众对于物流需求有着价格不敏感性。[1]

（6）物流需求变化趋势是从稳定的传统物流服务向高端物流服务延伸扩展。在这一过程中，所依托的是基于大数据、云计算等信息技术的决策支持、价值增值、方案形成等方面的扩展服务。

二 物流集成服务供给能力分析

（一）物流服务的宏观供需特性

物流业属于第三产业，即服务业。物流业的服务性质决定了物流需求，物流企业作为提供物流服务的经营实体，必须有服务对象才能实现其服务能力，进而获得生存与发展。

物流服务的性质决定了其服务对象的业务规模、盈利能力及其服务关系的稳定性要求，而这些又决定了物流企业生存与发展的形式、内容和基础条件。为了能与高端化、规模化的物流需求对接并形成相对稳定的业务关系，物流企业需要根据相应服务对象的要求提供高质量、高效率和低成本的令人满意的服务，这就导致了物流链的形成。

物流链体现了服务过程集成的能力整合，也是物流服务供给改革的一种具体形式。物流链是资源整合、功能整合到系统整合形成的服务链整合过程，是物流业转型升级的一种途径。简兆权等（2013）认为，服务供应链整合及其对服务创新的影响明显，既是服务业发展过程中出现的一种新趋势，也是供应链研究的一个新方向。[2] 前者涉及供给，后者涉及需求。骆

---

[1] 张诚：《基于物流需求的中国铁路发展现代物流战略模式研究》，博士学位论文，中南林业科技大学，2006年。

[2] 简兆权、李雷、柳仪：《服务供应链整合及其对服务创新影响研究述评与展望》，《外国经济与管理》2013年第1期。

温平（2015）基于两业联动研究的物流产业分类，将物流产业划分为两个层次，一是传统物流，以物流环节服务为主，通过规模经济获得物流环节运行效率与成本降低；二是高端物流，以信息技术和集成管理为基础，对物流与供应链环节进行整合，以体现制造业供应链与物流整合的战略层面价值。① 这一划分的结果，与董千里（1999）以电子信息技术与集成管理理论方法应用标志为物流业的初级物流与高级物流划分准则及其结果是基本一致的。② 一些轻资产运营的第三方物流有时也能起到物流集成体的作用，诸如，无船承运人（Non-Vessel Operating Common Carrier，NVOCC）等，但仍需进一步提升物流集成体意识，才能在物流链形成中起主导作用。无船承运人专门经营集装箱货运的揽货、装拆箱、内陆运输及中转站或内陆站业务，可以具备实际运输工具，也可不具备，但需要在过程集成中起主导作用，这就是物流集成体作用。例如，在物流链支持货主（制造）企业的供应链即"货主企业→无船承运人→实际承运人→客户"中，对实际承运人而言，他是托运人，对货主而言，他是承运人。无船承运人应受所在国法律制约，在政府有关部门登记。这一理念也可以影响陆路运输的无车承运人作为集成体的物流集成和优化过程。③ 罗宾逊物流公司就是无车承运人的典型实例。④

物流服务市场需求决定着供给能力，体现着服务能力升级，支持着关联产业的产品质量、生产效率和成本。从整体上看，物流企业多数呈现规模小、布局散、资源少、能力弱等状态，这既受市场规模环境状态等的制约，也受到物流企业自身决策选择的影响，最终直接影响到物流服务的能力和质量。这种面向物流服务的区域供给能力是长期的，是在市场供需动态平衡状态下形成的，有其存在的客观性，且具有一定程度的合理性。因此，在特定的市场环境下，物流资源企业满足市场物流资源需求、物流功能企业满足市场物流功能需求就成为必然，进而物流企业的基本运作方式大多是，物流资源企业（普通仓库、装卸设备、货运信息经营者等）、物流

---

① 骆温平：《基于制造业与物流业联动分析的物流产业划分》，《企业经济》2015 年第 5 期。
② 董千里：《高级物流学》，人民交通出版社 1999 年版。
③ 交通运输部办公厅：《交通运输部办公厅关于推进改革试点加快无车承运物流创新发展的意见》，2016 年。
④ 交通运输部道路运输司：《货运与物流企业转型发展典型案例》，人民交通出版社 2013 年版。

功能企业（运输企业、仓储企业、流通加工企业等）难以承担针对高端物流服务的需求。要形成高端物流服务能力，需要有潜在的物流服务需求拉动，即要把潜在的物流市场需求转化为现实的物流市场需求。制造业是高端物流服务需求方，其需求通常以供应链核心企业需求为代表，作为供应链主导企业的制造集成体，担负着规划、实施和利益主体的角色。

高端物流服务需求的潜力需要发掘，不仅需要理论、方案，而且需要推进实施和发挥利益机制，物流集成体在将潜在的物流服务市场需求转化为现实的物流市场需求的过程中起着决定性作用。要提升物流服务质量和效率、降低物流成本，作为物流集成体的集成物流服务商需要根据客户业务规模、质量、效率来整合物流资源，通过业务资源灵活整合、业务转型和能力提升等方式满足制造业发展的高端物流服务需要。

（二）供应链需求与物流链服务供给能力

物流服务与实体产品之间性质的差异在微观层次主要表现在以下几方面。

（1）物流服务的无形性，又称物流服务的非实体性，即无法直接触摸感知其具体形态。

（2）生产与消费的同时性，即物流服务的提供过程与消费过程往往是不可分割的，服务的生产与消费同时进行。

（3）物流服务的无产权性。实体产品可以储存，有存货可以转移产权；而物流服务无存货性，不可以大量生产并加以储存，因此也无产权转移性。

（4）服务对象的差异性。物流服务相对于不同客户对象会有很大差异，这种差异是由多种原因引起的。

（5）提供服务的人为性。人员直接参与服务过程，其职业素质、服务态度和技能对服务效果影响很大。

（三）第三方物流面临的竞争格局

物流业内的竞争正在加快，在供应链上合并的增加带来的产能提高已导致了更少的第三方物流合作伙伴和价格上升，也就是初级传统物流服务面临能力相对过剩，第三方物流商需要找到更好的发展途径。

（1）不断变化的环境要求。这迫使第三方物流探讨如何与客户企业一起在供应链集成过程中工作。有44%的强调加强关系，以保证运输线和按时发货，40%的表示提高速度，也有29%的表示当需要出货时运输设备还没有着落，还有29%的表示要与更大数目的第三方物流接合，以增强盈利能力。①

（2）形成专业特色物流服务。努力通过提供持续的增值服务、创新的解决方案和基于信息技术促进数据驱动的决策，使自己的服务与众不同。第三方物流和货主企业之间的信息共享范围不断扩大，货主企业更愿意做出调整，以提高物流服务效率，并有可能获得更快的增速。

（3）推动在若干领域的创新，实现最后一公里线路优化、调度、实时电子跟踪和沟通。从全球来看，货主企业正在转向众包解决方案，如按需交付和增值送货服务。

（4）信息技术是提高供应链运作可视化管理和综合绩效的手段。有60%的货主企业正在使用信息技术来进行订单、出货和库存的可视化管理；有40%在使用信息技术进行运输管理，有48%使用信息技术规划运输管理调度。第三方物流企业也利用信息技术来选择最有利可图的、高效的运输路线和运行模式。②

（5）为了满足不断增长的客户需求、提高物流链服务能力，需要进行新的投资。有调查表明，58%的企业表示在为自己的新功能进行投资，有40%表示利用其他不同行业企业的新功能，还有15%表示正在利用来自竞争对手的新功能。③

（6）整合物流功能，以物流链的方式进入供应链全程物流服务领域。物流与供应链业务内容是从简单到复杂、从市场选择到合同物流的过程，其形式是从点、线物流功能服务到网链的全球供应链服务过程（见图5－1）。

显然，业务从简单到复杂的背后是整合，是集成优化，是物流链形成并融入全球供应链的过程。不同类型的物流企业可以从图5－1中寻求自身的发展轨迹。例如，中国远洋：航运→国际货代→全球供应链；中远物流：运输→合同物流→全球供应链物流服务。当然，其中存在合同物流与国际货代之间的业务功能交叉，从而融入全球供应链。

---

① C. John Langley, Jr., 2016 Third‐Party Logistics Study: The State of Logistics Outsourcing, Capgemini, 2015.

② Ibid..

③ Ibid..

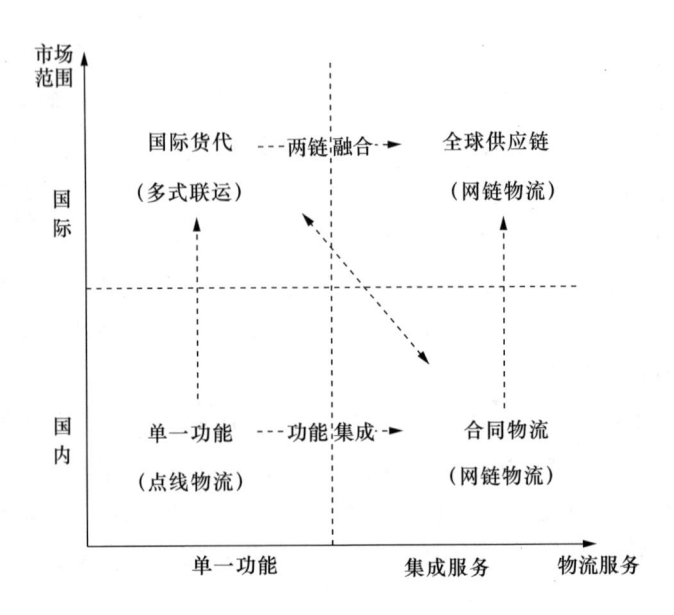

```
市场
范围
         |                                              
    国    |    国际货代  --两链融合--  全球供应链
    际    |   （多式联运）↑    ↗      （网链物流）
         |              |   /
         |              |  /
         |              | ↙
    国    |    单一功能  --功能集成--  合同物流
    内    |   （点线物流）           （网链物流）
         |_____→ 物流服务
              单一功能      集成服务
```

图 5–1　物流集成并融入供应链集成过程

三　物流业 20 年来的发展趋势

20 年来，电子信息技术的发展，给予了集成管理理论以最大的技术性支持，使得原来在室外和途中物流过程中的难以监管部分变成可视化的监控过程。物流集成实践为集成场理论发展提供了更多的、更有意义的事实依据，促进了物流高级化实践与理论的发展。

（一）第三方物流的发展

20 年来，基于电子信息技术和集成管理实践，第三方物流作为物流业发展的引导者，在沿着专业化、信息化、网络化和集成化的发展方向进行持续变革，转型升级成为物流高级化发展的主导力量。[①]

（1）物流功能与管理结合得越来越紧密，信息技术成为支持集成管理的最主要手段。研究表明，1996 年企业使用最频繁的外包服务是货运，

[①] C. John Langley, Jr., 2014 Third – Party Logistics Study: The State of Logistics Outsourcing, Capgemini, 2013; C. John Langley, Jr., 2015 Third – Party Logistics Study: The State of Logistics Outsourcing, Capgemini, 2014; C. John Langley, Jr., 2016 Third – Party Logistics Study: The State of Logistics Outsourcing, Capgemini, 2015; C. John Langley, Jr., 2017 Third – Party Logistics Study: The State of Logistics Outsourcing, Capgemini, 2016.

随后采用第三方运作,不断增加的最频繁的外包活动是货运单审计和支付。伴随着信息技术管理人员角色的增加,信息技术越来越被视作获得第三方运作成功的一个关键方法。1999 年第三方物流市场服务的年增长率为 18%—22%,公司使用仓储服务的占比从 1998 年的 56% 增长到 63%。①

(2) 物流服务趋向于整合,从物流集成到一体化运作,形成集成物流服务过程。2000 年,在满足客户的需求、使企业具有全球性运营能力方面,货主企业②开始将第三方物流公司视作关键要素,从单一物流服务到多种物流服务整合,借助物流集成形成集成物流服务。在这一阶段反映出的第三方物流服务的特点③包括:多种物流活动、物流活动整合、提出物流与供应链解决方案。2002 年以后,货主企业开始关注企业现金流,第三方物流的参与有利于供应链现金到现金的循环周期的缩短;接下来要将物流服务的安全性提到更高水平。到 2007 年,包括中国、印度、俄罗斯、巴西和波兰(排名前五位的国家)在内的许多国家的第三方物流在不断地扩大活动,这一趋势还在扩展。

(3) 关注绿色物流,关注环境物流,关注绿色供应链发展过程。2008 年,绿色供应链开始受到关注。2009 年调查第三方物流公司的报告显示,经济衰退使货主企业面临不可预测需求、库存过剩、波动的燃料成本和币值抗衡等挑战。货主企业改革旨在提高供应链敏捷性,更好地响应供应链并降低成本。④ 据称,供应链中断的经济损失在 2009—2011 年增加了 465%。⑤

(4) 制造企业需要快速敏捷的供应链,物流企业用新技术拓展集成服务支持供应链需求。2012 年以后,电子产品流行度快速增长,需要一个快速和敏捷的供应链,有 80% 的货主企业和 77% 的第三方物流公司计划在新

---

① C. John Langley, Jr., 2016 Third-Party Logistics Study: The State of Logistics Outsourcing, Capgemini, 2015; C. John Langley, Jr., 2017 Third-Party Logistics Study: The State of Logistics Outsourcing, Capgemini, 2016.
② 制造企业包含在货主企业之中。
③ 董千里:《高级物流学》,人民交通出版社 1999 年版。
④ 董千里等:《供应链管理》,东北财经大学出版社 2009 年版。
⑤ C. John Langley, Jr., 2015 Third-Party Logistics Study: The State of Logistics Outsourcing, Capgemini, 2014; C. John Langley, Jr., 2016 Third-Party Logistics Study: The State of Logistics Outsourcing, Capgemini, 2015.

兴国家中开展业务。① 2013 年供应链开启了运用大数据的时代,"近岸"制造企业移向了供应链的再平衡,这里的"近岸"与"离岸"是对称的,体现了基核"同址运营"或"近址运行"的专项协作原理。这表明全球经济状况的变化促使企业首选采购地。由于物流业的服务业性质,制造企业更倾向于使用第三方物流商提供的物流服务,以此与客户企业建立良好的供应链企业合作关系。② 中国"一带一路"倡议,对国际商贸物流发展的影响越来越重要。

(5) 世界贸易格局在大国博弈过程中形成,"一带一路"国际商贸物流在两业联动中的地位备受关注。2014 年,企业商贸和第三方物流的跨境贸易量的增加,与在非洲投资的越来越多的国际公司有关。从供应链角度看,构建全方位物流渠道的机会大大增加,制造企业需要一个跨代理、批发到零售销售渠道的无缝国际物流体验。有 97% 的货主企业和 93% 的第三方物流商认为,改善数据驱动的决策对它们的供应链活动和物流流程在未来的成功至关重要。③ 国内起步晚的物流集成商已经开始从采购、销售环节切入客户的供应链过程。

(6) 供应链需要高端集成物流服务的支持,并贯穿于供应链全方位渠道。2015 年,对全方位渠道的重视继续增长,但 33% 的受访企业表示没有能力处理全渠道零售能力,供应链人才仍然值得关注,44% 的企业经历了寻找或吸引人才的困难,许多公司转向了近岸的生产目标。④ 创新的移动通信和云技术可以帮助调整 3PL – 客户关系。这些研究表明了物流组织化、系统化形成及集成管理作用对供应链的必要性。

(7) 制造业与物流业在各自专业化过程中进行合作,在合作中协同运作,实现共享。调查表明,第三方物流和客户企业越来越擅长于各自或者一起从事工作,这需要改善它们之间的关系。93% 的第三方物流用户企业和 94% 的第三方物流供应商认为它们之间的关系是成功的,它们的工作正在取得积极的成果。2016 年第三方物流研究报告表明:70% 的使用物流服

---

① C. John Langley, Jr., 2016 Third – Party Logistics Study: The State of Logistics Outsourcing, Capgemini, 2015.

② 董千里:《高级物流学》,人民交通出版社 2015 年版。

③ C. John Langley, Jr., 2017 Third – Party Logistics Study: The State of Logistics Outsourcing, Capgemini, 2016.

④ C. John Langley, Jr., 2016 Third – Party Logistics Study: The State of Logistics Outsourcing, Capgemini, 2015.

务的货主企业和 80% 的第三方物流供应商表示第三方物流服务的使用对整体物流成本的降低做出了贡献，83% 的货主企业和 94% 的第三方物流供应商表示第三方物流应用对提高客户服务水平有很大的帮助。而且，75% 的货主企业和 88% 的第三方物流供应商认为第三方物流提供了新颖的方法以提高物流效率。在很多关系中，共享与合作仍然是很重要的，46% 的货主企业和 81% 的第三方物流供应商认为，与其他公司甚至是竞争对手合作都可以实现物流成本的降低以及服务质量的改善。[1] Capgemini 等咨询公司自 20 年前开始考察货主企业和第三方物流供应商之间合作和积极互动的关系，至今这种关系仍在持续发展中，其与集成场理论所倡导体现的"主动优化、关注创新、合作共享、需求拉动和经济效率"等基本特征，具有相似的演变发展趋势。

（二）发展领先的集成物流服务商的必要性

第三方物流是一个统称的大范畴，独立于供需双方之外的为客户提供物流服务的物流商一般都可列入这一范畴。诸如，领先的物流服务提供商、物流集成管理服务商（也称第四方物流）、物流功能商和物流资源商等都可概括在第三方的范畴，其业务内容丰富，边界广阔，物流服务内涵跨越了从初级物流服务到高级物流服务的发展内容。

（1）传统的初级物流服务项目往往是单一的，不能充分满足制造企业供应链管理需求。近年来可以看到的最频繁的外包活动仍然较多存在于传统物流，即具有转运性、可操作性以及重复性的业务上；高端物流往往很少外包，即具有战略性、IT 密集型和面向客户的活动，是集成物流服务有待发展的空间。

（2）物流服务的快捷性、可靠性和安全性越来越受到重视。近来，境外的亚马逊开始自建物流系统，境内的京东也在自建物流系统，这似乎与物流外包的总趋势相违背，但其中都隐含了一种强烈的提高和保障物流服务质量的意愿，说明货主企业和第三方物流之间的物流业务外包关系在整体上是成功的，但是这种服务仍具有很大的改善空间。例如，京东到家创造了比快递更快捷的交付服务。所以，许多货主企业仍在努力转变物流管

---

[1] C. John Langley, Jr., 2014 Third-Party Logistics Study: The State of Logistics Outsourcing, Capgemini, 2013; C. John Langley, Jr., 2017 Third-Party Logistics Study: The State of Logistics Outsourcing, Capgemini, 2016.

理结构，以更好地反映供应链在企业中扮演的重要角色。制造企业、电商、贸易企业继续依赖于提供 IT 服务的第三方物流供应商，基于 IT 服务的管理能力是第三方物流供应商的核心能力，特别是领先的集成物流服务商的必要核心竞争力。制造企业感知的 IT 差距很重要，第三方物流公司目前 IT 能力的等级已经相对稳定，并且有进一步提高的可能。

（三）基于信息技术的服务和满意度的差异正在逐步缩小

近年来，第三方物流所必需的 IT 能力要素与货主（企业）对第三方物流 IT 能力的满意度之间的差异正在逐步缩小。第三方物流研究报告中的数据支撑了差距缩小这一趋势[①]，具体见图 5-2。

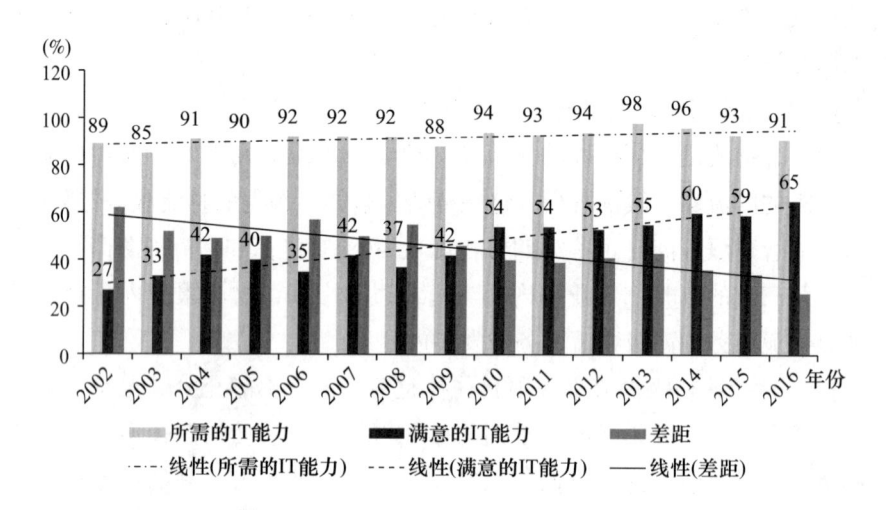

图 5-2　第三方物流 IT 应用能力与货主企业对 IT 服务满意度间的差距变化趋势

第三方物流从合作伙伴关系的视角出发，研发并拥有必须领域的 IT 技术能力，这是物流链与供应链在集成体间的联接键建设方案。综合客户需求的研发步骤如下。

（1）尽可能多地获得当前在市场体系中可行的系统、技术以及云端平台等相关信息。

（2）在客户执行级别会议上了解货主企业的战略和策略需求，在其战

---

① C. John Langley, Jr., 2016 Third-Party Logistics Study: The State of Logistics Outsourcing, Capgemini, 2015.

略目标方面发掘第三方物流所具有的开发潜力,聆听以及思考客户企业物流外包的期望,寻找和提供一种通过外包的协同发展关系并能支持战略目标的实现。

(3) 对内部能力和容量做一个真实的评估,将其与客户战略目标的需要进行比较,评估的内容包括过程、人员、专业知识、设备和技术等。

(4) 邀请外部专家和 IT 技术供应商进行鉴别选择,测算开发成本和时间进度,要能弥补企业当前能力与客户战略目标间的差距,以确保相关建议形成的解决方案能够满足客户的战略期望。

(5) 尽快实行新的解决方案,尽可能考虑最好的金融安排和项目选择,如云平台等,在财务目标和客户战略目标期望间尽可能实现协调一致。

(6) 定期重复这些步骤,确保至少每年都能在继续支持战略目标方面做出努力。这样可以在集成体之间形成更为稳定紧密的关系。

第二节 物流链形成过程与功能

物流集成是物流高级化发展的基本要求和一般过程,物流链是物流集成化、系统化的表现形式。将物流集成过程用物流链理论分析,便于建模寻找其中的内在发展规律。

一 物流链内涵及形式

(一) 物流链内涵

李克宁[1](1988) 编译的《企业物流革新十原则》中提到了"物流链"这个词汇,认为企业应跳出以自身为本位的狭隘观念,将本企业仅仅看作产品及其要素的物流链中的一环,而整个物流链中任何一环出了问题都要影响本企业的利益。孙元欣[2](1995) 在《JIT 实时管理及其应用前景》中提出,整个物流链上的各类企业公开内部信息、互相协调、长期合作、互

---

[1] 李克宁:《企业物流革新十原则》,《中国物资流通》1988 年第 1 期。
[2] 孙元欣:《JIT 实时管理及其应用前景》,《上海大学学报》(社会科学版) 1995 年第 2 期。

利互惠、质量保证、运转可靠，能够实现系统总体优化。孙元欣[①]（1997）在对麦德龙的销售物流即时管理的研究中，进一步完善了对物流链的认识，认为麦德龙的会员客户、销售店面、仓库、采购运输、制造供应商通过逐级商品补充和流动，形成了一条高效的物流链。董千里、闫敏[②]（1997）在《物流战略管理研究》中提出，物流链是将传统概念上的两点（城市、货运站、运输枢纽等）之间的货物位移与两端点上的延伸服务（如订货、取货、分拣、包装、仓储、装卸、配送、咨询及信息服务等）紧密结合为一体，使货物（物品）从最初供应者到最终用户间各个物流环节成为完整的链。1999 年，董千里将物流链作为物流系统化、集成化的组织形式，贯穿《高级物流学》全书，并进一步提出物流链管理。张仁俐、董千里[③]（2001）认为，从功能的角度，物流链由原料组织、生产、销售、运输装卸以及库存控制等环节构成，EDI 在物流链中所起的连接作用非常重要。黄祖辉、刘东英[④]（2006）在进行生鲜农产品物流链的纵向组织化程度分析时，认为物流链的成员涵盖了物流服务需求方和物流服务提供方。按照物流主体的组织化程度和物流活动的综合程度，将农产品物流链分为随机型物流链、计划型物流链、农户自助型物流链和准时制物流链四种典型的形态。董千里等[⑤]（2010）将物流链定义为由相互衔接的物流活动构成的一体化物流运作过程，即由集成商主导，功能商和资源商参与的物流集成过程，其以提供一体化物流服务为基本形式。物流链的服务业性质是其价值实现不具备独立性，不能够独立运作，即必须要切入供应链（或服务对象）过程，才能完成物流链的服务宗旨，实现供应链集成价值。从物流链到物流链管理，有关"物流链"的应用研究多于理论研究，而关于物流服务供应链实证研究的文章虽然较多，但缺少对"物流链"理论框架的系统研究。因此，从集成场理论视角，可以将物流链表述为：物流链是由物流集成商主导，功能商、资源商参与相关功能、资源整合过程，以形成集成物流服务能力的网链结构。由物流集成商（作为物流集

[①] 孙元欣：《析"麦德龙"的销售物流即时管理》，《上海商业》1997 年第 3 期。

[②] 董千里、闫敏：《物流战略管理研究》，《西安公路交通大学学报》1997 年第 1 期。

[③] 张仁俐、董千里：《EDI 在物流链中的作用》，《中国物资流通》2001 年第 12 期。

[④] 黄祖辉、刘东英：《论生鲜农产品物流链的类型与形成机理》，《中国农村经济》2006 年第 11 期。

[⑤] 董千里、陈树公、王建华：《物流运作管理》，北京大学出版社 2010 年版。

成体）主导，功能商、资源商参与所构成的物流链与制造集成体形成的场线关系见图5-3，表现为两业联动通过两链（物流链、供应链）对接的一般系统化组织结构模型。

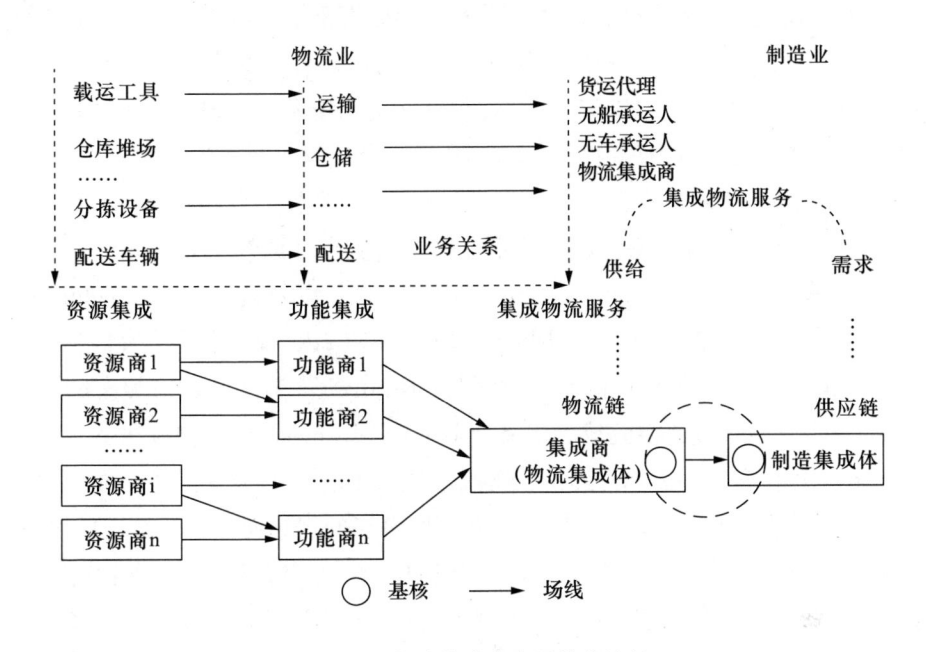

图 5-3　物流集成商主导的物流链

图 5-3 说明了物流资源、物流功能和物流集成商形成的物流链及其优化，能够与客户供应链关键点进行界面无缝对接，这是通过物流链切入供应链实现供应链集成价值提升的必要条件。

（二）物流链所支持的供应链价值

物流链表现为物流服务供应、组织和管理过程，是系统学和集成管理理论在大数据、云计算等信息技术的支持下在物流服务拓展领域中的应用，体现了先进的、高级的物流（Advanced Logistics）理念渗透。物流链以面对市场进行决策的高级物流服务需求为对象，与一般以产品、实物等为对象的供应链不同，有时需要市场微观结构中的中间商的加入。但是，这些都没有改变物流的本质是服务。[①] 物流服务不像产品那样是有形的实物，可

---

① 董千里：《物流市场营销学》，电子工业出版社2010年版。

以储存，生产与消费可以分离。物流服务具有服务的一般性质，即无形性，不能储存，生产和消费通常是同时发生的①；对服务的评价和绩效指标往往带有主观性、一致性和情境性，服务质量在很大程度上取决于服务交付的货—机—人—环境和客户的态度；服务交易更为复杂，需要各方的全面参与及全过程合作。所以，物流服务营销过程有战略性物流市场营销（4P）、战术性物流市场营销（4P+2P）和过程性物流市场营销（3P），总共13P。其中，战略性物流市场营销所涉及的4P是市场探索（Probe）、细分（Partition）、优选（Preference）和定位（Position），其核心任务是开发市场、准确定位、获得稳定的客户群；战术性物流市场营销的产品（Product）、定价（Price）、渠道（Place）和促销（Promotion），以及政治权力（Political Power）和公共关系（Public Relations）称为4P+2P，前者着力点在既有市场，后者着力点在开发新市场；过程性物流市场营销涉及物流服务过程（设计）（Process）、物流设施设备（Physical Evidence）和物流服务人员（Personnel），它们可简称为过程性物流市场营销的3P；物流服务市场营销的13P经营理念②，表明物流链不可以脱离最终的客户而独立存在。所以，物流链是供应链中的组成部分，即供应链中的子链。物流链管理是系统学、集成管理理论在物流管理中的应用，把物流链作为供应链的子链进行专门研究，因为它不仅具有一般供应链所没有的特性，而且具有进一步提升其管理水平的能力。也就是说，物流链管理是将物流全过程各个环节的运作看作一个相互衔接、连贯运行的整体，进行战略研究、规划设计、运行组织和全程监控管理的综合过程。

集成物流服务商是具有整合物流服务功能、资源，并能提供集成物流服务方案设计和其方案实现途径的企业。所以，物流链可以表现为资源商→功能商→集成商→客户（制造供应链），由竞合关系构成的物流需求企业集成体，整合社会物流资源，为客户企业提供一体化物流服务过程，所形成的物流资源整合的组织形式是"物流链"；也可以表现为，以集成物流服务商为主导的专业化的集成物流服务活动过程。③

资源商、功能商、物流集成商所形成的物流链和客户企业之间形成了

---

① 鄢飞：《物流服务供应链的协同机理研究》，博士学位论文，长安大学，2009年。
② 董千里、陈树公、朱长征：《物流市场营销学》，电子工业出版社2015年版。
③ 董千里：《高级物流学》，人民交通出版社2015年版。

物流系统价值增值过程，即一体化物流价值链。在此物流价值链中，客户、物流企业、竞争对手简称"3C"，它们与关联资源供应商之间形成了"多层复合战略三角形"结构，在两两主体之间的物流价值、成本比较中，遵循"优者胜出"的准则，其一般过程见图5-4。对于具体的集成制造商，往往可以在两条或多条物流链中进行选择。

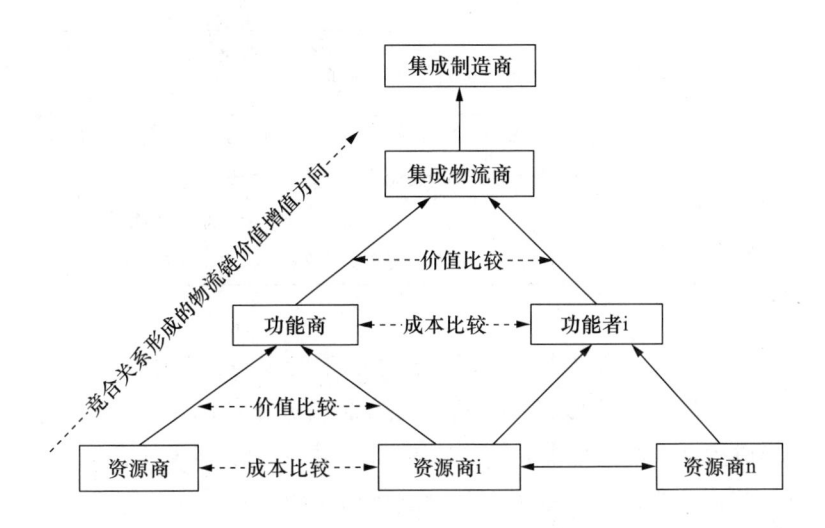

图5-4 市场竞合关系中的物流链形成过程

（三）物流服务集成的必要性

从物流专业化分工与集成的演进过程看，在初级阶段，物流活动以分割的形式分散在企业生产的各个环节，逐步实现企业内部物流管理一体化，企业内部分工向外部分工逐渐市场化，形成新的市场化分工组织——第三方物流。第三方物流是独立于供需双方之外的、为客户提供一体化物流服务的供应商。这种表述意味着，先进的第三方物流应当是物流集成商。实际上，社会上物流服务商的种类很多，绝大多数都是独立于供需双方之外的"第三方"，其是一个庞大的群体，因此，集成物流服务提供商应是第三方物流中的领先企业（俗称"龙头企业"）。为了便于界定，物流服务商的类型、服务重点、关系/业务特征见表5-1。

表 5-1　物流服务商的类型、服务重点、关系/业务特征

类型	物流服务重点	关系/业务特征	备注
供应链物流服务提供商	针对供应链渠道提供物流服务,整合全过程物流服务及资源	紧密融合/设计、监控	4PL
领先的物流服务提供商	针对物流全过程提供物流服务或整合物流服务及资源	战略联盟/设计、监控	LLP
第三方物流服务提供商	提供主要的或全部的客户物流服务	战略伙伴/设计或运作监控	3PL
物流功能服务商	提供客户所需的一部分物流功能服务,或第三方物流中的部分物流功能服务	市场选择/运输、仓储、配送等	LSP
物流资源服务提供商	提供客户所需要的物流资源服务或构成第三方物流服务中的部分资源支持服务	市场选择/车辆、仓库、作业场所等	LSP

随着对企业核心竞争力的认识和管理水平的提高,企业间的分工与合作,促使供应链管理的形成,进而发展形成服务于产品供应链的物流链。物流链形成机理主要围绕集成体、基核、联接键和场线等基本范畴展开。

(1) 场源集聚的核心竞争力是物流链形成的基本条件。物流链服务于产品供应链,产品供应链的集成物流服务需求是物流链形成的前提条件。物流链上的各类物流企业有自己的核心竞争力,为了集中精力运营核心业务,可将非核心的物流业务进行外包。例如,物流集成商的核心业务是为产品供应链提供一体化的物流服务,所以可将具体的运输、仓储、配送、流通加工等物流功能服务外包给专业的功能物流服务商进行运营,自己集中精力进行物流链的规划和物流功能商的管理。

(2) 联接键的稳定性是物流链与客户、物流链内部竞合机制的基本特征。这是物流链协调与稳定的基础。在有限的物流市场中,各物流企业共同分割物流服务市场,物流集成商的服务能力更强,其服务能力所涉及的范围更广,在竞争中处于比较有利的地位。根据非合作博弈理论,企业之间竞争的结果有合作和不合作两种。假设物流市场中的物流企业有 N 个,其中,N_1 个物流企业选择不合作,N_2 个物流企业选择合作,$N = N_1 + N_2$,当 N_2 个物流企业具有比较竞争优势时,容易影响物流市场,使 N_1 个物流企业逐渐从不合作走向合作。

(3) 通过全程场线体现出来的集成物流服务是物流链的最终产品。物

流集成商是物流链的核心企业，其通过集成物流服务满足客户的 KPI（关键绩效指标）的需求，集成物流服务的实现需要资源集成、信息集成、技术集成、组织集成和文化集成等的实现。[①] 物流集成商利用其集成的优势，服务于产品供应链，随着集成商集成能力的增强，其将促进产品供应链的集成，使得物流链与产品供应链之间逐步实现融合，实现产业的有序化发展，形成物流链与产品供应链的互动关系。

物流链不可能是一条孤立封闭的链，客户需求，特别是稳定的大客户的一体化物流服务需求是吸引各类物流经营者的场源，能够把握这些场源的集成体或将其纳入基核的被称为高端物流集成体。伴随着物流专业化、信息化、网络化和集成化的发展，物流链链主从低端走向高端，由高端物流集成体主导整个物流链过程，这是一个必然的发展过程。构成物流链支链的企业之间一般不存在直接联系，这些企业与大客户企业之间一般也难以建立直接联系。

二 物流链界面及控制方式

（一）物流链接口界面类型及控制机理

（1）"一对一"集成体间接口界面。这是供应链集成最容易形成的界面关系，但直接控制的有效性很不理想。传统制造企业一般采用线型控制方式的物流链，其一般形式见图 5-5。

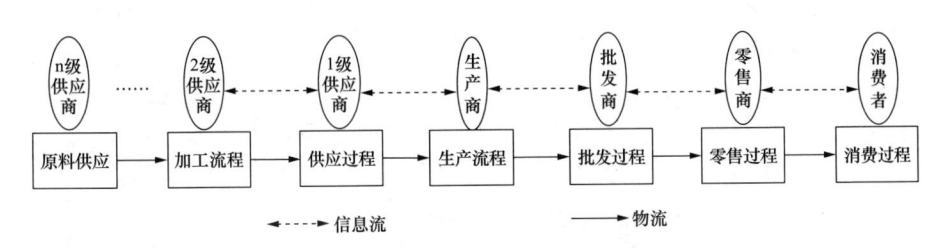

图 5-5 物流链及其联系的基本形式

物流链的实际形式可以用物流企业或物流过程表现出来。制造企业在物流专业化的基础上将物流业务独立外包所形成的物流链过程，可通过 J 汽车生产商与国外客户之间的国际物流链构成来认识。J 汽车生产商的产品销到国外客户的最初国际物流运作流程可参见图 5-6。

---

① 董千里：《物流集成的形成机制探讨》，《物流技术》2009 年第 3 期。

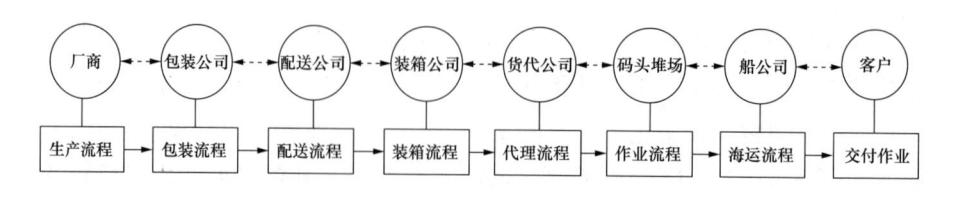

厂商 → 包装公司 → 配送公司 → 装箱公司 → 货代公司 → 码头堆场 → 船公司 → 客户

生产流程 — 包装流程 — 配送流程 — 装箱流程 — 代理流程 — 作业流程 — 海运流程 — 交付作业

图 5-6 J 汽车生产商整车出口的国际物流过程

（2）"多对一"集成体间接口界面。这是内部集成所形成的集成界面，有利于供应链内部对物流全过程信息进行监控。根据流程再造和物流集成管理等物流高级化发展理论，J 汽车生产商重新设计并投入运作的整车国际物流运作流程如图 5-7 所示。显然，在图 5-7 中，J 汽车制造企业通过物流部（信息中心）实现对物流集成管理的全程监控，而具体的物流业务运作则通过外包交给了第三方物流企业运营。这大大提高了生产厂商物流中心对 J 汽车成品物流全程的控制能力，同时提高了客户服务满意度。

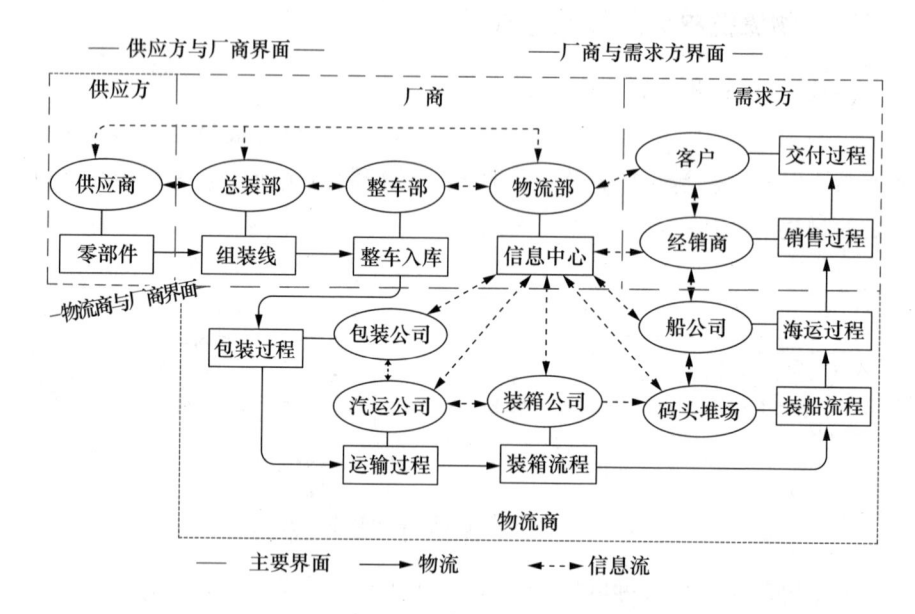

图 5-7 J 汽车生产商重新设计并投入运作的整车国际物流运作流程

（3）两链形成的链对链集成界面。这是剥离或外包所形成的物流链与供应链集成界面。若将 J 制造商的物流部独立出来，成立 L 汽车物流企业，形成以 L 汽车物流企业作为第三方物流企业的运作模式，那么 L 汽车物流企业就成为该汽车制造公司的集成物流服务商，与J汽车制造商就形成了物流链与供应链对接，这是制造业与物流业联动的一种典型对接方式。在这一过程中，整车物流过程被独立出来经营。

还有一种方式是，集成物流服务商与相关包装、公路运输、集装箱、集装箱物流公司等功能和资源物流企业关联，以汽车成品物流链方式切入，具体见图5-8。

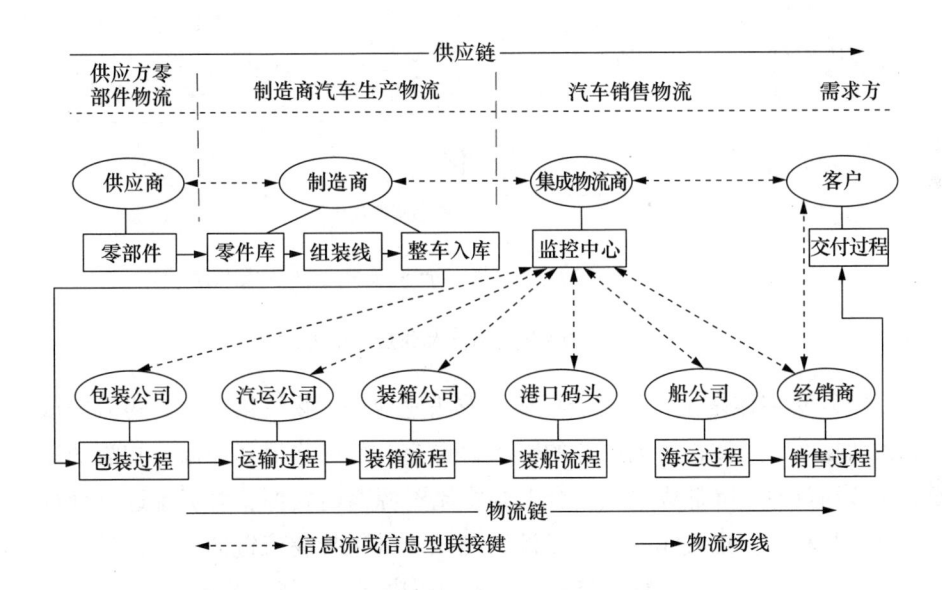

图5-8　物流链形成及切入供应链过程

集成物流服务以高端集成服务方式切入供应链集成过程。当然，供应链集成物流服务可以由分段物流集成构成，并成为产品供应链的组成部分。诸如，新飞电器在20世纪90年代的运作基本上就采用了冰箱冰柜下线后的干线运输物流服务。这一方式促进了新飞电器与新飞专运的制造专家与物流行家的联合，使得新飞产品走向全国、走向国外，两家公司在合作中得到发展。

（二）物流链与供应链对接界面形成及控制应用认识

客户是物流服务需求的载体，当物流链上的客户是一条完整的产品供应链时，物流链与产品供应链相融合，形成由集成体、联接键、基核和场线等场元构成的集成场，具体见图5-9。因此，用集成场视角的基本范畴分析物流链的结构，可以得到以下几点。

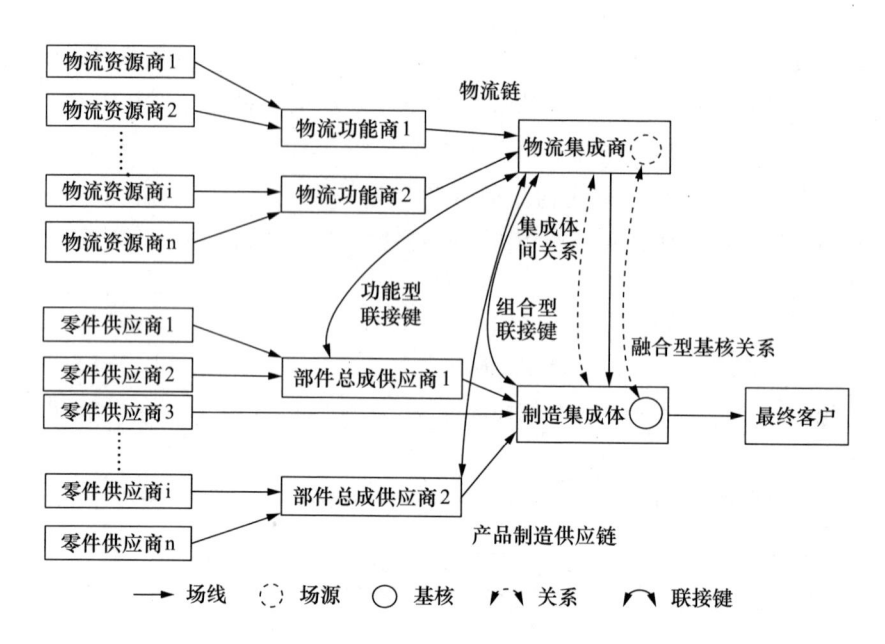

图 5-9　物流链切入产品供应链的方式

（1）集成体是主导物流链形成的龙头企业——物流集成商。物流集成商为满足客户一体化物流服务的需求，整合上游的物流功能商，物流功能商为节约资源、降低成本，整合上游物流资源商的资源，对资源进行合理的组织和利用。集成体掌握（场源）基核，其主导物流链的形成，具有较强的集成引力，并合成物流集成力，影响或决定物流场线绩效。

（2）基核涉及集成体所掌握的市场需求、物流基地等场源，起到吸引相关物流功能商、物流资源商等其他物流企业参与物流链活动的作用。

（3）联接键首先是物流链与客户联接形成的供给—需求稳定结构，一般表现为由信息型、资源型、功能型、技术型、过程型联接键形成的衔接方式，这种关系的紧密、稳定对物流链的内部结构关系有重要影响；其次是物流链构成的各类经营主体（合成场元）之间的衔接关系，大多是信息型、资源型或功能型衔接关系。

（4）场线在形式上是各业务主体到最终客户之间形成的阶段性或全过程的集成物流服务的轨迹，实际上其是表达集成服务的产出函数，也就是业务绩效（见图5-9）。

对物流链内涵的理解可以进一步从以下几个方面展开分析。

（1）从性质特征分析，物流链是物流服务系统的一种运作模式，体现为社会分工和物流专业化、社会化的产物。物流链也是一种集成化管理方式和方法，其根本目的是降低物流服务总成本，提高物流服务水平和质量，在更好地满足客户需求的同时，实现物流产业的更大效益，创造产业持续发展的竞争力。因此，物流链可以被看作通过实现物流服务集成及资源整合，以共同创造顾客价值、实现利润增值的协作型服务链，是物流服务运作链、需求链、利润链、价值链的集成，包含了价值创造与知识传递的过程，最终将形成创新型物流链。

（2）从运作特性分析，物流链以集成化的运作理念，通过对社会物流资源网络化空间的配置和整合，来实现规模化与专业化运作的有机结合，能最大限度地将原有分散的物流资源以及重复交叉的物流活动进行整合与运作，最大限度地利用和发挥存量资源的潜力，削弱信息的不对称性，实现社会物流各要素，包括物流企业、物流基础设施设备、物流技术、物流人才、物流信息等的优化配置和全面整合。因此，物流链并不是一个简单的链状结构，而是以某个物流服务核心企业为中心的服务网络结构，核心企业对于合作企业的选择是以社会物流资源的分工与搭配为基本出发点的。

（3）从组织特性分析，物流链是多个物流供给主体基于一定的相互作用依赖路径所建立起来的一个相互关联的物流运作系统，它将各个分散的利益主体联系起来，以物流资源的整合、共享为基础，以共同的目标利益为方向，以服务客户为中心，通过持续的分工合作、相互影响，逐渐形成一个相互依存的有机整体。这是一种有效提高物流企业经营效率与竞争能力、提升物流服务水平的新型组织与运营模式，具有良好的灵活性与柔性，能较好地适应动态环境的发展变化。物流链中节点企业之间的关系不同于纯粹的市场和企业内部化运作关系[①]，而是一种通过长期合作进行资源共享与配置的制度安排，是一种非资产型联盟形式，各节点企业之间有着利益关系但又相互独立，因此节点间既存在相互依赖、相互支持的合作关系，也存在相互排斥的竞争关系，即节点企业在物流链中建立起了一种效率型竞合关系。

（三）物流链切入供应链集成过程的特征

（1）多个物流企业参与物流链过程。物流链的客户不同于一般的产品供应链的客户，产品供应链的客户通常就是位于供应链末端的最终服务对象，而物流链的客户拥有"双重身份"：既是物流服务需求方，也是物流服务的

---

① 鄢飞：《物流服务供应链的协同机理研究》，博士学位论文，长安大学，2009年。

载体"物"的供给方。它们不仅要向物流链提供"物",还要输入它们的想法、信息等,这是客户—供给者的一种"二元性"(Duality)。① 而物流服务的最终服务对象与物流服务的需求方可能重合,也可能不重合,因此,物流链模式具有很强的客户参与性。从本质上分析,传统物流服务模式与现代物流链模式都要追求客户满意的发展目标,但是物流链模式更强调客户参与性,强调与客户的直接沟通,注重发展与客户长期的、全面的合作关系。

(2) 从关注客户需求到创造客户价值。客户需求是物流链运作的基础,物流服务需求具有多样性和不确定性特征。由于客户需求的时间不确定、内容不易预测,不同客户的需求差异也较大,因此物流链的运作要注重客户需求响应性。物流链将客户纳入系统,能够更及时地响应客户的需求,获取客户的信息反馈。同时,物流链不仅要满足客户的需求,更强调战略性的顾客满意,强调客户价值的创造,包括为客户降低成本,协调物流与客户的生产制造、销售等活动,为客户塑造形象,以及为客户在行业竞争中创造有利条件等。②

(3) 从功能服务转移到以集成服务为核心。传统分散式的物流服务通常提供的是单一功能或少数几个功能环节的服务,而物流链将多个物流供给主体有机整合,可以向客户提供更为系统、复杂、深入、全面的物流服务。也就是说,除了基本的运作服务,物流链还可以提供信息管理、业务咨询、方案设计,甚至是"一条龙"的综合物流服务,并能够根据客户的需要和特点提供个性化定制服务,包括相关系统化的增值服务,甚至是战略性的物流管理服务。因此,物流链服务水平的高低不是由集成型物流商单独决定的,也不是由某一个服务提供商决定的,而是由众多环节共同决定的。只有链上的每一个节点都协同运作、有机配合,才能做到共同受益、协同发展。

(4) 有明确的核心主导方。物流链是以物流服务核心企业为主导的运作模式。功能型物流商提供的服务是在核心企业的整合协调基础上传递给客户的。核心企业最重要的是要具有一体化物流方案的设计能力以及物流资源的整合与调度能力,其既可以是实力较强的第三方物流企业,也可以是基于综合物流信息平台的物流管理公司等。③

---

① Sampson, S. E., "Customer – Supplier Duality and Bidirectional Supply Chains in Service Organizations", *International Journal of Service Industry Management*, 2000, 4 (11): 348 – 364.
② 鄢飞:《物流服务供应链的协同机理研究》,博士学位论文,长安大学,2009 年。
③ 同上。

物流链的核心企业可以被称为集成型物流商。集成型物流商自身可以拥有部分与物流服务有关的固定资产,也可以完全通过整合功能型物流商的资源实现物流服务供给,其作用主要表现在:通过整合、管理、优化自身及相关功能型物流商的资源、技术及能力,从全局协调组织物流服务运作;预测市场需求;实行全面客户关系管理;及时为节点成员提供相关信息;建立并负责实施与维护各种规章制度,包括物流服务定价、利润分配、冲突协调、功能型物流商资格判定、绩效评价及关系管理等。不同的服务对象对物流服务的需求不同,有的甚至差异很大,因此,需要选择合适的功能型物流商在合适的时间,以合适的方式向客户提供满意的服务,这要求集成型物流商必须具备较高的组织管理及协调控制能力,集成型物流商的能力对物流链的整体运作以及服务水平具有十分重要的影响。当然,集成型物流商不仅要对物流链的物流服务运作进行管理,还要更多关注物流链的整体发展与能力提升。

(5) 竞合式共生关系。物流链上的物流供给商过去大多是竞争对手,它们在成为物流链成员后,采用团队分工合作的方式,形成核心能力的叠加或互补,共同参与市场竞争,并利益共享、风险共担,追求的是一种长期的基于信任的协作关系。同时,物流供给商仍是具有自主决策能力的、独立的企业,利益目标不完全一致,信息结构也不对称,企业间具有不完全可见性。因此,各成员之间在物流链上形成了一种既相互依赖又相互竞争的竞合式共生关系。

(6) 基于现代信息技术的集成化管理。物流链是一种群体式协同运作,只有在现代信息技术的支持下,相关节点的企业才能实现有效协作。因此,在信息技术和网络技术的支持下,物流链通过对供应链的协调组织和流程安排,实现供应链全局优化的集成化管理与运作。

(7) 社会性网络化运作。物流链把与物流服务供需有关的企业有机地结合起来,本身就具有很强的社会性,其中集成型物流商利用多个功能型物流商的资源进行业务运作,实质上正体现出了网络化运作的特点。①

(四) 物流链与制造供应链集成的界面关系

物流服务对接产品制造过程,再加上物流集成体主导物流链切入制造集成体主导的供应链过程,两链的对接、运营形成了两业联动。形成

---

① 鄢飞:《物流服务供应链的协同机理研究》,博士学位论文,长安大学,2009年。

的物流链竞争力是一个网链治理结构,在企业间存在管理界面,具体见图 5-10。

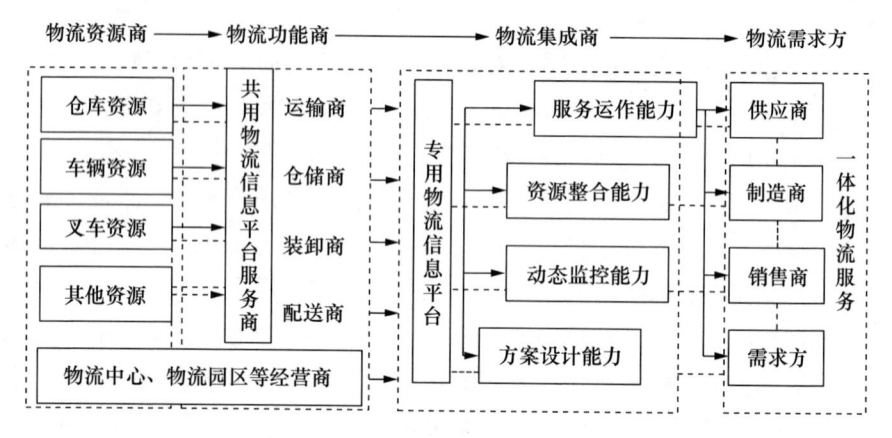

图 5-10 物流链各类实体间的关系及服务能力提升要点

（物流资源商 → 物流功能商 → 物流集成商 → 物流需求方）

物流资源商：仓库资源、车辆资源、叉车资源、其他资源、物流中心、物流园区等经营商

共用物流信息平台服务商

物流功能商：运输商、仓储商、装卸商、配送商

专用物流信息平台

物流集成商：服务运作能力、资源整合能力、动态监控能力、方案设计能力

物流需求方：供应商、制造商、销售商、需求方（一体化物流服务）

同时,为便于制造业与物流业的联动关系研究,将供应链物流相关业务提取出来进行单独研究,以实现整个供应链物流服务的专业化、一体化,其实质是物流集成体主导的物流链是供应链的一部分。物流链的核心企业是物流集成商,物流集成商可以整合分散的物流资源,以集成的形式为供应链提供物流服务。物流集成商与供应链核心企业可以组成强强联盟,形成协同能力更强、更具优势的供应链。引入物流链的概念是实现物流专业化的前提,物流链能与供应链实现无缝衔接,在提升物流产业链的同时,提高供应链服务水平。

三 物流服务的性质与物流链

物流（生产）服务除了具有以上所述的基本特点,还有自己相应的营销特点。物流市场营销的 13P 战略就是指导物流集成体利用物流节点（基核）整合资源形成物流链,主动切入供应链并与物流客户之间构建稳定（联接键）关系的基础理论、策略、实现途径和方法,是物流运营过程中创造新需求、传递新需求和实现新需求的新思路、新策略、新途径。[①] 这具体体现在从点、线物流服务营销走向网—链物流服务营销,需要运用战略性物流市场营销（4P）、战术性物流市场营销（6P）和过程性物流市场营销（3P）组合

---

① 董千里、陈树公、朱长征：《物流市场营销学》,电子工业出版社 2015 年版。

的 13P 物流营销体系，从战略规划、组织运营和运作监控三方面形成一个完整的体系。在高级物流学（Advanced Logistics）理论指导下，将客户需求、客户成本、方便销售、双向沟通的 4C 要素，关联关系、快速响应、关系营销、价值回报的 4R 要素，差异化、功能化、附加价值、共鸣的 4V 要素等有机结合起来，以物流市场营销的 13P 为逻辑主线，并与物流战略考虑的 3C 因素，物流服务营销考虑的 4C、4V、4R 因素的创新及发展融合起来。

（一）物流链的客户价值

物流链的客户价值反映了物流链关联各要素所影响的价值，可以用方程式将其概念表示为式（5-1）：

$$客户价值 = \frac{为客户创造的服务效用 + 服务过程质量}{服务的价格 + 服务的附加成本} \qquad 式（5-1）$$

在式（5-1）中，服务的附加成本包括除客户承受的服务价格以外的成本，如精神成本、体力成本、时间成本等。可见，客户价值与物流链内部员工及外部客户都有关系。①

在两业联动过程中，物流链的客户价值方程式所反映的是供应链企业成员对供应链服务的价值衡量，供应链整体的绩效会影响供应链服务采购决策。客户价值是制造集成体主导的供应链价值，与供应链成员的整体满意程度有关。物流集成体主导的物流链，是由物流服务功能及实现物流功能的设施、设备、技术、人员等要素构成的价值传递过程。这一价值传递过程会与整个供应链价值链联系起来。

（二）物流链是集成运作的形式

物流企业提供的服务是其发展的前提，而提供物流服务和实现物流服务都需要集成。客户对物流服务的要求需要物流企业提供集成物流服务，而物流企业降低物流服务成本需要集成物流资源进行运作。物流企业提供的服务要满足客户需求，在这一过程中，要根据客户需要提供相应的服务。由于客户及其需求的变化性，物流企业需要根据需求整合所需要的物流资源，这样才能降低成本。

物流业高级化发展需要能够提供高端物流服务，而制造业往往是能够提供高端物流服务需求的重要产业领域，物流业与制造业的联系与发展过程也就是在专业化基础上的产业间集成过程。整合了物流资源、功能的物

---

① 董千里、陈树公、朱长征：《物流市场营销学》，电子工业出版社 2015 年版。

流链能满足制造业发展的高端物流服务需求。

（三）服务利润链理论对物流链的启示

物流链的服务对象是供应链，为供应链提供一体化的物流服务，在沿着供应链从原材料到产成品的形成过程中伴随着价值的增值。物流链作为物流服务需求的提供者，一体化物流服务就是物流链的产品，沿着物流链从物流资源服务需求、物流功能服务需求、物流集成服务需求到一体化物流服务需求，每提高一个需求层次都伴随着价值的增值。因此，服务利润链理论对物流链价值观起到了一定的指导作用。

（1）服务利润链明确指出了客户忠诚与企业盈利能力间的相关关系。在这一点上，物流链从物流资源商、物流功能商到物流集成商，相互之间存在一种供需关系，物流链上的成员之间存在客户关系，因此，在物流链内部要提供优质的物流服务工程质量，以获得较高的客户忠诚度，增强物流链内部的稳定性。从物流链外部看，物流链满足供应链的需求，而供应链的需求来源于制造基核，因此，物流链需要重点维护制造集成体的需求，建立优质的服务理念。

（2）客户价值方程式为物流链指出了实现客户满意、培育客户忠诚的思路和途径。物流链服务于制造集成体主导的供应链，而供应链的需求来源于制造基核，为满足制造基核的物流服务需求，需要从三个方面考虑：第一，通过信息技术、网络技术等手段，提高物流链的一体化管理，为客户提供快速、高效的物流服务；第二，通过为客户制定物流战略、规划方案以及信息平台服务，为客户创造较高的服务效用；第三，通过协调物流链内部成员，巩固物流链内部的联盟关系，从而降低物流运作的成本。

（3）服务利润链要求物流链的"服务过程质量"保障客户所需要的服务质量。物流链成功运作的基础是制造集成体主导的供应链形成，从而制造基核为物流集成体提供物流服务需求源泉。物流链的服务过程包括物流服务方案制定、物流服务管理、物流服务运作等物流服务内容，不同于单一的物流服务。因此，要使物流链能够长期稳定地发展下去，必须稳定客户源，保证物流决策、管理和运作的质量，以提高一体化物流服务的效率和质量。

根据服务利润链理论，稳定和协调物流链各成员之间的关系，能保障一体化物流服务的顺利运作。因此，无论物流链内部还是外部，均应具有客户价值意识，提高物流链内外部客户忠诚度，进而实现物流链的持续发展。

(四) 物流企业不能满足制造业的现状和发展要求

现实中的物流企业往往具有以下几种情况。

(1) 物流资源分散,且从事物流作业的资源如仓库、车辆、集装承载设备、装卸等专业设施、设备经营规模较小,物流服务能力弱。

(2) 物流功能服务单一,以运输、仓储、配送服务功能为主的物流功能服务较多,也有以管理咨询、方案设计为主的第四方物流模式,但缺乏功能的整合,使得各种功能之间的转换浪费时间,同时也增加了物流成本。

(3) 物流集成服务专业化水平有待提高,目前的物流集成服务企业以零售业、制造业等的自营物流为服务对象,专门从事物流企业管理与物流方案设计的企业较少,难以形成资源、功能和服务的逐步整合。

以上情况表明,现有物流企业难以具有与大型制造企业的物流服务需求对接的能力。因此,对物流企业提出了以下要求。

(1) 物流企业必须要有集成体意识、整合物流资源的能力、形成物流集成的能力。为节约社会成本,需要整合物流资源,使物流资本社会化,这要求物流企业在通过网络互联、资源共享提高自身专业能力的基础上,寻求企业间的合作,实现共赢。

(2) 随着供应链的发展,制造企业逐步与上下游企业间实现纵向联盟,制造企业的需求逐步转化为供应链的需求,而要满足供应链的需求,需要物流企业间联盟,形成物流链并服务于供应链。

(3) 随着电子商务物流的发展,企业对物流的效率、个性化要求逐渐提高,物流企业需要通过提高自身的信息化和专业化水平,以提供专业化、个性化的物流服务。

四 物流链的协调与稳定

物流集成商主导物流链的形成,但物流链上的物流企业之间存在竞争合作关系,因此,协调物流企业之间、物流企业与客户之间的关系是物流链稳定的必要条件。集成场视角一般将集成对象置于一定的环境中,分析研究对象本身及其与环境之间的关系,因此,可将集成引力形成的原因分为内因和外因。资源动因和能力动因是指物流集成商自身所具备的条件,称之为内因;市场动因是指物流集成商所处的外部环境的影响因素,称之为外因,内因和外因的共同作用形成了物流集成商的集成引力。如图 5-11 所示,资源动因是物流企业提供物流服务所需的资源,能力动因是物流企业所具备的各种能力,市场动因是物流企业根据物流服务市场的环境,为了实施低成本战略、差异化战略、集聚战略等进行的服务产品的市场定位。作为物流集成体,物流集成商的集成引力来源于其与其他物流主体之间的场线关系,而这些场线关系来源于资源、能力和市场环境因素的影响。

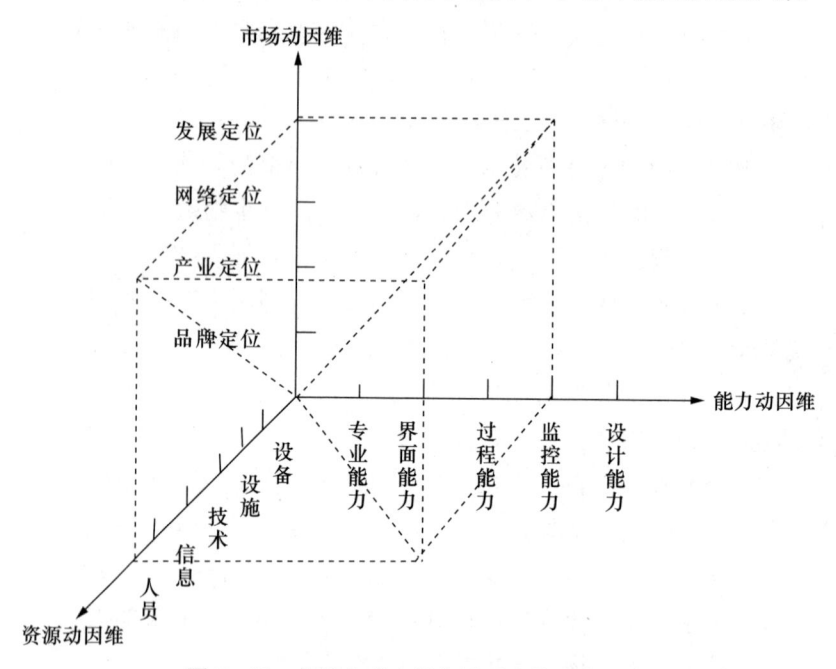

图 5-11 物流集成商的集成引力的影响因素

物流集成商利用自身的集成引力,吸引物流资源商和物流功能商合作,为客户提供一体化的物流服务。刘伟华[①](2007)认为,物流企业的能力合作是物流链形成的关键,当物流链的上游企业具备下游企业所需的物流能力,物流链的总体效益大于物流链的成员单独提供物流服务的效益之和时,物流链成员期望达成合作。如果物流功能商具备物流集成商所需的物流能力,则物流集成商将物流能力外包给物流功能商。物流企业合作后,物流链能够带给物流企业更加广阔的市场,而物流资源商和物流功能商通过物流集成商的集成,能够满足客户的集成物流服务需求。物流链的协调与稳定路径见图 5-12。[②]

---

① 刘伟华:《物流服务供应链能力合作的协调研究》,博士学位论文,上海交通大学,2007年。

② 董千里、江志娟:《物流链——产业联动研究的理论基石》,《物流技术》2015 年第 3 期。

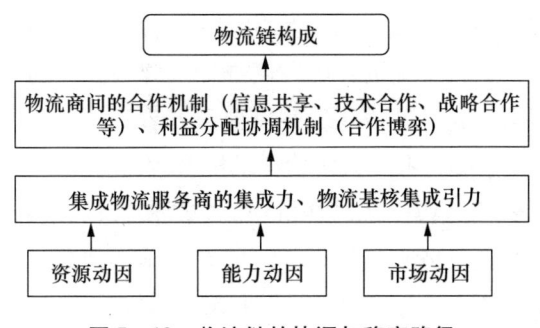

```
                    ┌─────────────┐
                    │  物流链构成  │
                    └──────▲──────┘
        ┌──────────────────┴──────────────────┐
        │ 物流商间的合作机制（信息共享、技术合作、战略合作 │
        │ 等）、利益分配协调机制（合作博弈）            │
        └──────────────────▲──────────────────┘
        ┌──────────────────┴──────────────────┐
        │ 集成物流服务商的集成力、物流基核集成引力        │
        └──▲───────────────▲───────────────▲──┘
    ┌──────┴──┐      ┌─────┴───┐      ┌────┴────┐
    │ 资源动因 │      │ 能力动因 │      │ 市场动因 │
    └─────────┘      └─────────┘      └─────────┘
```

图 5-12　物流链的协调与稳定路径

第三节　集成物流是高端物流服务形式

物流企业依据自身资源和能力可提供的物流服务有多种类型，具有较强资源整合能力的物流企业可以根据客户的需要重新设计物流服务方案。无论是从门到门的货物运输、桌到桌的快件递送，还是从限时服务到支持准时（JIT）服务、供应商管理库存（VMI）等，无不是集成物流服务水平的提升，体现了满足高端物流服务的能力。

一　物流运作方式的分类

（一）根据物流企业提供物流服务的方式划分

物流企业需要根据市场需要、自身资源和能力选择市场定位。根据物流服务需求的不同可以将物流运作分为单功能物流运作模式、多功能物流运作模式和一体化物流运作模式三种类型。[①]

（1）单功能物流运作模式，是指物流企业为客户提供以单一功能（如运输、仓储、配送等）为主的物流服务的运作模式。[②] 由于运输和仓储是物流系统中最主要的服务功能，单功能物流运作模式又可以进一步划分为运输主导型物流服务运作模式和仓储主导型物流服务运作模式，即在主导物流服务的基础上开展其他相关增值服务业务。

[①] 董千里：《高级物流学》，人民交通出版社 2015 年版。
[②] 鄢飞：《物流服务供应链的协同机理研究》，博士学位论文，长安大学，2009 年。

（2）多功能物流运作模式，是指物流企业为客户提供运输、仓储、配送等两种或两种以上的物流服务内容的物流运作模式。为了实现多功能物流运作模式，不同物流服务功能之间需要很好地进行物流运作衔接，涉及不同物流设施、设备和作业方式等之间的配合。

（3）一体化物流运作模式，是指物流集成服务商为客户提供所需全部物流服务所进行的多项物流服务为一体的物流运作模式。一体化物流服务也称为集成物流服务，是为客户量身定制的物流服务运作模式。

（二）根据物流需求方与供给方之间关系的物流运作方式划分

根据物流需求方与供给方之间关系的物流运作方式，可以划分为：基于自营物流的运作模式、基于第三方物流的运作模式、基于"1+3"物流（即自营+第三方物流）的运作模式（华润物流的运作模式即为典型的"1+3"物流运作模式）、基于管理平台的物流运作模式、基于第四方物流①平台的智慧物流运作模式。② 基于第三方物流的运作模式是最基本的专业化物流服务方式。

二　第三方物流运作方式及服务类型

（一）运作方式

根据近年来学者们的研究，常见的物流运作模式可以按物流运作主体分为自营物流运作模式、第三方物流运作模式和物流集成运作模式等。

（1）自营物流运作模式：即供应链成员（供应商、制造商、零售商等）为满足自身生产或销售的需要，自建物流设施设备，进行物流服务运作。因此，该模式的物流需与企业的生产或销售等部门联合运营。这样的运营模式一般会造成企业在管理和服务水平上的压力。

（2）第三方物流运作模式：是由独立于买卖双方的第三方提供一体化物流服务的运作模式。在这一模式中，提供物流服务的主体可以是集成型物流服务企业，也可以是功能型物流服务企业或资源型物流服务企业。它们使用自己的专业物流服务设施和组织管理技术，为客户提供货物或商品的物理位移和增值服务。

---

① 本书称之为"物流集成管理商"。
② 江瑜、龚卫恒：《基于第四方物流平台的智慧物流运作模式》，《中国物流与采购》2012年第5期。

（3）物流集成运作模式：是物流集成商通过提供物流系统设计、资源整合以及电子商务与信息咨询等服务，将供方、需方和资源商的物流资源整合起来，集成运作，实现客户所需要的全方位的集成化物流服务的运作模式。这种模式是更为有效地实现物流服务质量、效率和成本的集成物流服务及管理活动。其中，第三方物流是专业化物流服务，物流集成运作模式是第三方物流的高端服务运作模式，以 TNT 物流为集成商的物流集成运作模式，可参见图 5－13。

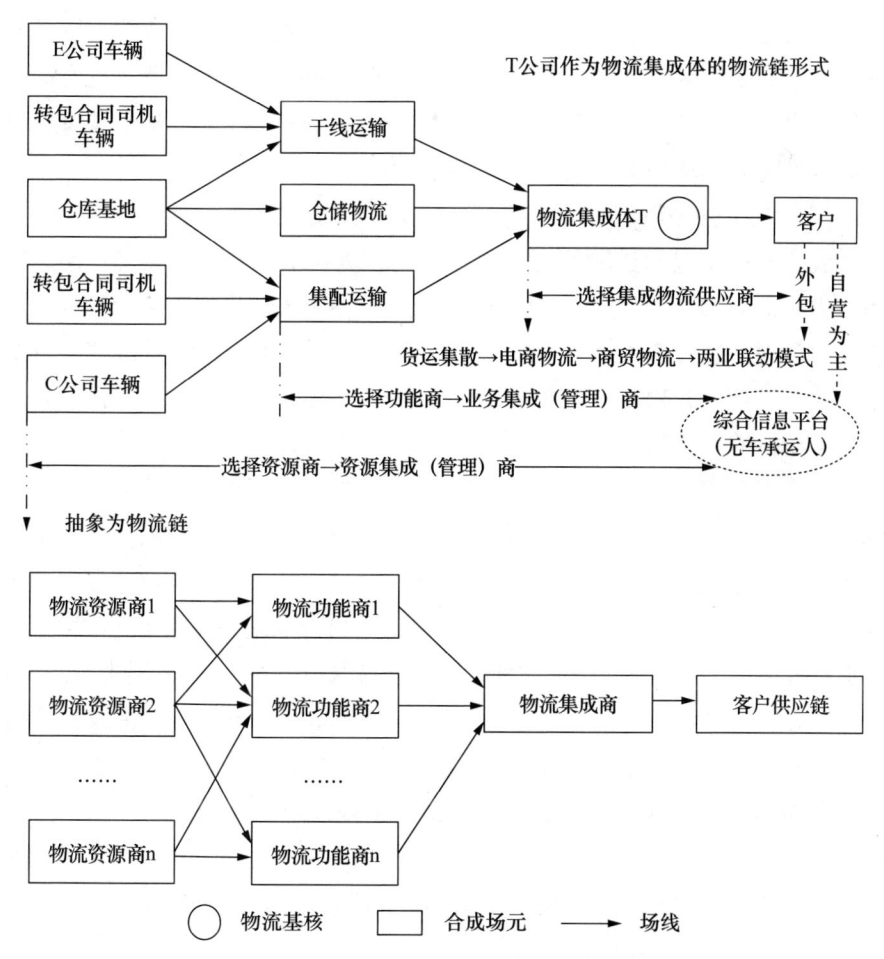

图 5－13　以 TNT 物流为集成商的物流集成运作模式

（二）服务类型

从第三方提供的物流模式来看，第三方物流提供商提供以下四种不同层次或类型的物流服务。

（1）基本的物流资源服务。主要提供运输、仓储、配送等单一或少数物流服务所需要的资源及其物流资源组合的服务项目。在物流资源这一服务层次是将出租车辆、设备、仓库资源活动及其初级物流服务结合在一起。大部分营业性物流资源企业所提供的以车辆出租、仓库出租、装卸设备出租等物流资源为基础，并结合简单的物流作业基本上都属于这一服务层次，可以看作第三方物流服务的雏形或狭义的第三方物流服务的初级形式。

（2）基于实务运作的物流功能服务。建立在长期物流合同基础上，为客户提供运输、配送、分销、流通加工、采购、收款、咨询、信息以及其他增值作业等实务服务，双方合作期限不等，一般为一年以下，也有的在一年以上，多至三年、五年或更长时间。其主要业务特点是基于从供应方到需求方物品流动的全程或主要流程的运作与管理。

（3）基于管理活动平台的物流服务。建立在物流管理合同基础上，除了物流业务，还包括运输管理、库存控制、货物跟踪、需求预测、网络管理、供应链IT支持、物流行政管理，包括将某些仓库及车队交给第三方物流公司管理。这种模式需要一定的信息系统集成、业务流程重组和经营组织变革，是第三方物流服务中需要管理咨询、系统集成、虚拟经营等外脑和技术支持的典型形式。

（4）基于集成方案的物流服务。在客户与第三方物流提供商建立的长期物流合同的基础上，形成一体化供应链物流方案，根据集成方案将所有的物流运作以及管理业务全部外包给第三方物流公司。这是第三方物流服务提供商整合内外部资源，提供商流、物流、信息流和资金流一体化运作的集成供应链管理形式。实际运作中，即使是同一物流服务提供商也有不同类型服务对象、方式和内容的交叉。例如，既有稳定的长期客户，也有阶段性的客户；既有基于实物的物流服务，也有基于管理的物流服务。[①] 大多数第三方物流公司都正在朝着成为集成的合同物流服务公司而努力。采用第三方物流服务，企业可在获得收益的同时降低成本，提高顾客服务水平，增加企业柔性，改进生产效率，更集中于主业，提高物流专业水平，等等。

（三）物流集成服务3P运作要件

第三方物流商所提供的服务要从点、线传统物流服务，走向网—链集

---

① 董千里、江红、国强：《第三方物流发展的问题与对策研究》，《交通运输系统工程与信息》2002年第3期。

成物流服务,在两业联动过程中,就必须关注 3P 物流运作要件,努力变革与创新,走向自己的巅峰状态。

董千里(2005)提出了第三方物流的 3P 模式。[①] 物流服务的传递方式体现在物流过程之中,物流是附带一定设施设备的服务,在这一服务过程中,设施设备一直处在有形展示之中。所以,物流服务过程的人员、设施设备均融于服务过程中,这几个因素相互之间的关系决定了物流服务质量,传递了客户的直接感受。所以,可以将物流服务质量公式表示为:

物流服务质量 = 服务项目(过程)设计 + 服务设施设备 + 服务人员

其中,物流服务过程的 3P 是指集成物流服务过程中的服务集合过程(Process of Service Assembly,体现为项目设计)、实物依据(Physical Evidence,体现为运用的技术设备)和参与者(Participants,企业员工是最基本的)。

(1)一体化物流方案设计。物流服务过程的 3P 要素是物流服务质量传递及实现的关键因素,是能够实现产品或系统价值增值服务的保障。

(2)必要的技术设备应用。为保障供应链安全监管,要实现可视化监控的合规性和可持续性。要实现以必要技术、设备和工具方法为基础的支撑,除了掌握集成管理理论方法,还需要有相应的支持工具[②],具体参见表 5-2。

表 5-2　　　　　　　第三方物流需要掌握的工具

序号	工具名称	比例(%)	序号	工具名称	比例(%)
1	RFID 技术	16	9	运输资源	36
2	场地管理	17	10	全球贸易管理工具	39
3	基于云系统	21	11	条码技术	41
4	先进的数据分析挖掘工具	22	12	网络建模和优化	42
5	配送订单管理	24	13	门户网站预定、订单跟踪、投资管理和订单	48
6	顾客关系管理	27	14	电子数据交换	54
7	供应链计划	29	15	运输管理时间表	60
8	顾客订单管理	35	16	可视化工具	60

资料来源:Capgemini 咨询公司等的 2016 年度第三方物流研究调查报告。

[①] 参见董千里《物流市场营销学》,电子工业出版社 2010 年版;董千里、陈树公、朱长征《物流市场营销学》,电子工业出版社 2015 年版。

[②] C. John Langley, Jr., 2016 Third – Party Logistics Study:The State of Logistics Outsourcing, Capgemini, 2015.

在供应链软件应用上的变革已经很明显了，货主（企业）和第三方物流企业在关键的供应链流程中更多地使用移动技术，逐步使用基于云的系统，以协助管理供应链的流程和活动。

（3）使用最优秀的人员。依据外包物流服务的全球市场和国内市场的变化要求，企业用户和物流供应商要使用最优秀的人员、流程和技术，除效率与成本、投资和服务水平相关之外，第三方物流企业在供应或需求方面全员参与是重要因素，这是由物流市场营销过程的 3Ps 特征[①]，即服务集合过程（Process of service assembly）、实物依据（Physical evidence）和参与者（Participants）所决定的，即集成物流服务过程质量 = 物流服务（项目）设计 + 服务设施设备 + 服务人员。

三 物流链形成、集成、转型和管理模式

货运集散一体化模式是物流集成的基本模式，其以物流链的方式体现出来。在此基础上，可以形成物流链集成模式，如电商物流一体化运作方式，也可以形成物流链转型延伸模式，如物流集成体转型商贸集成体运作方式，还可以形成物流链集成管理模式，如物流集成体主导客户物流链集成物流管理作用等。物流集成体可以主导一体化物流功能作用，也可以主导物流集成管理作用。

（一）物流链基本模式：物流集成体主导物流链提供集成物流服务

物流链伴随产品供应链的物流服务需求而产生，带动了制造业、金融业、信息业等其他产业间的互动。物流链提供系统化、专业化、集成化的物流服务，促进了各产业的有序发展，是产业联动发展的理论基石。

货运集散一体化是指物流集成商整合物流功能商服务于产品供应链，是物流链的一种运作方式。图 5 - 14 所示的是货运集散一体化基本模式：城间货运集散一体化业务模式。

A 城与 B 城之间的货运集散一体化的基本业务模式中，单向物流场线是货主经过与集货、运输和配送的不同经营主体的合作，将货物送达收货人。作为物流集成体的企业对客户提供"一票到底"的物流服务，所形成的单向物流场线如图 5 - 14 所示。其中，基核分别是 A 城、B 城的物流中心，集货物集散中心、物流信息中心和全程监控中心三大功能为一体，联

---

① 参见董千里《物流市场营销学》，电子工业出版社 2015 年版，第 34 页。

接键包括物流通道、物流信息、载运工具等。相对的业务场线也同样如此,并能够满足场线对称平衡的基本要求,物流运作效率可以达到很高的水平。这一模式可以用于零担货物构成的城间物流服务体系。

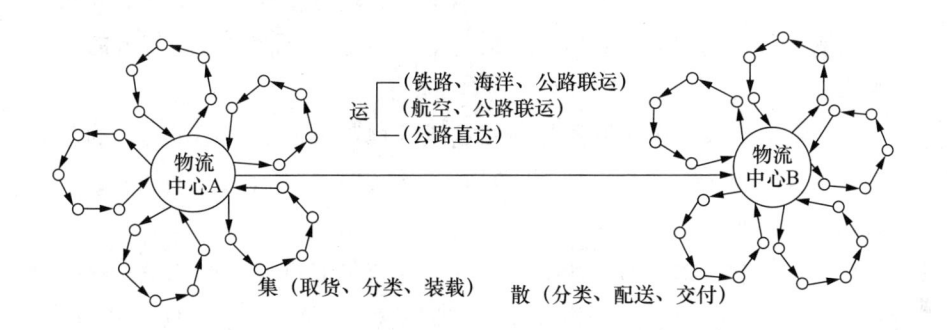

图 5-14 货运集散一体化基本模式

这一典型模式可以扩展到多条线路和节点构成的物流网络,包括基础设施网络、物流信息网络和业务集成网络,可以连接形成区域、全国和全球的物流网络。这一模式可以运用函件、包裹物流体系,例如,中国邮政物流、顺丰物流等的业务模式。

基本业务模式是经过物流中心 A、物流中心 B 分别集货、运输和配送的不同经营主体的合作,对客户提供"一票到底"的物流服务,在整合物流企业的基础上提供一体化物流服务。具体参见图 5-15。

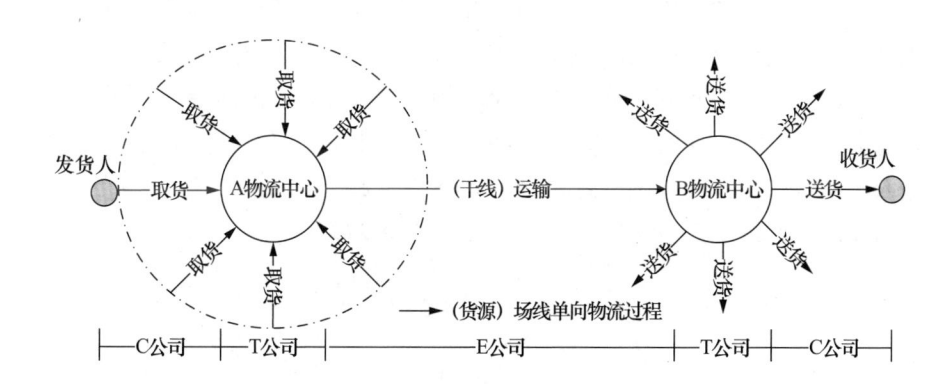

图 5-15 货运集散一体化服务过程

物流中心是集散、信息和配送中心一体的物流集成运作基地,在这个基地上实现货物集散、信息交换、配装配载等物流业务。因此，物流中心在其服务范围内，形成以物流中心为场源载体，第三方物流企业为集成体，由货主、配送企业、运输企业、物流设备供应商等构成的物流链。物流中心之间通过联接键实现资源共享、信息交换、业务传递等，实现更大区域范围的物流服务一体化，所构成的物流中心服务网络，也是物流链的一种组织形式。

货运集散一体化运作模式与轴辐式区域物流服务网络运作模式的基本原理是一致的。[①] 只不过一个强调的是物流集成运作过程，一个强调的是集成运作的物流网络。

将货运集散一体化的内涵扩展至一般物流集成过程进行认识，就可以看到物流链形成的企业间逻辑关系，掌握基核（客户需求、物流基地等）的企业处于集成体地位，在物流链的网链结构中处于高端位置，而物流链是专业化基础上的合作关系。TNT 澳大利亚公司（该集团当时有 22 家子公司或分公司）为客户提供"一票到底"的多式联运物流服务，其间有多个物流企业介入这一集成物流服务过程。TNT 澳大利亚公司（T 公司）及其下属的 Express 公司（E 公司）和 Comet 公司（C 公司）所形成的货运集散一体化的物流链一般模式见图 5-16。[②] 创造价值是需要合作的协同过程，获得分享价值则往往是存在相关博弈的过程，TNT 是通过战略制度管理来实现"协同"合作和"共享"利益的，即参与一体化运作的物流企业的各自利益是通过集团战略管理及其制度来得以保障的。其中，战略经营单位起到了重要的专业化服务作用。[③] 在物流链的运作过程中，物流集成商通过整合各类物流企业，促进了物流产业的集聚，同时，其服务于零售商、供应商和制造商，引导制造业、零售业和物流业在空间上的集聚，并通过提供仓单质押监管等融资服务，使金融业和信息业融入物流链。物流链通过嵌入产品生产加工流程的方式，进一步促进了其与产品供应链的融合，因此，物流链促进了产业集聚，是各产业间联动发展的纽带。

[①] 海峰、郭强、邵校：《轴辐式区域物流服务网络的协同机制与模式研究》，《珞珈管理评论》2009 年第 2 期。

[②] 董千里：《高级物流学》，人民交通出版社 2015 年版。

[③] 同上。

(a) 单向物流过程

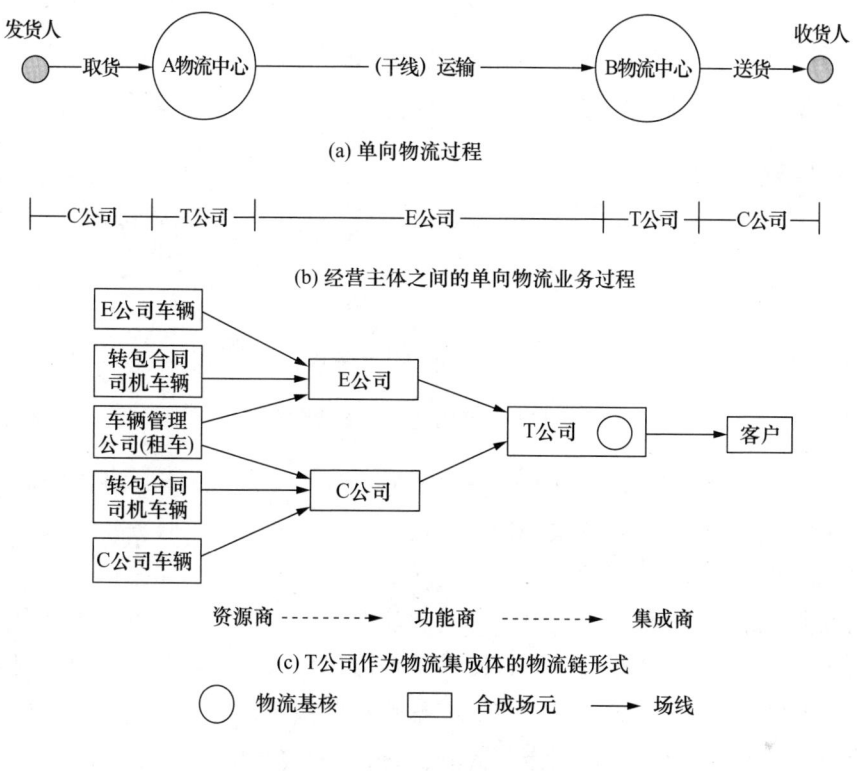

(b) 经营主体之间的单向物流业务过程

(c) T公司作为物流集成体的物流链形式

图 5-16 一体化物流模式的物流链形式

（二）物流链集成模式：电商物流一体化运作模式

电商以网络销售的综合信息平台为基核，连接供货方和采购方（客户）。这里涉及"网上交流、网上看物、网上下单、网上支付"之后的货物到达顾客手中的物流活动能否迅速完成。将电子商务模式与物流一体化运作模式用联接键结合起来，形成一个完整的系统，这样就会形成电商到物流的一个畅通的物流场线过程。其中，最重要的联接键是电子商务订单系统与快件物流订单系统的对接，同时传递到客户。电子商务下单受理的平台信息系统与物流作业平台的货运订单信息系统对接，受理电子商务采购订单的同时，所对接的快件配送系统就接到了货运订单任务。电商物流一体化运作模式见图 5-17。

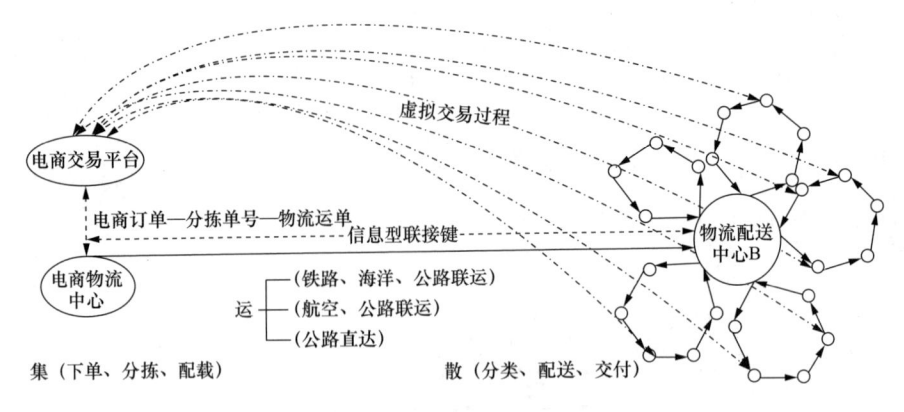

图 5-17　电商物流一体化运作模式

在电子商务模式下，具有快速物流通道网络连接的城际、城市物流系统就会有很好的集成物流服务效率；在以云计算的大数据服务作支持的前提下，可以根据客户群的集聚地提前布局电子商务的商品储存地，这样可以减少一部分货物的长途运输，提高物流效率并降低物流成本。通过上述描述可以看到，以电子商务综合交易平台为基核的电商业态和以物流网络服务平台为基核载体的快递业态，在信息型联接键、信息交易平台和物流业务的资源型联接键的综合作用下，形成了产业联动的新模式。

（三）物流链转型延伸模式：集成体主导物流链转型延伸为主导供应链集成

物流集成体从主导物流链切入商贸关联产业，转型为商贸集成体主导商贸物流。在果业生产基地的果品供应链过程中，作为果品供应链的商贸集成体收购果品，存放在物流基地，同时"接力"主导商贸物流业务延伸部分，为果品寻求销售市场。这里涉及果业基核（生产基地）和物流基核（基地），"集成体"体现了由"物流"集成体到"商贸"集成体的"转型"，商贸集成体"接力"主导果品供应链生产，继续销售物流过程。集成体要能把握果品市场（销售渠道）→果品采购（融资能力）→仓储（流通加工）→销售配送→客户（消费者）的全过程。集成体可运用买断制（经销制）来控制销售渠道，这是生产者在分销产品的同时将产品的所有权转移给批发商或零售商的经销方式。而代理制（代销制）获取的是代理费或佣金，不具有对渠道的强势控制能力。如果集成体仅仅是切入物流业务，则同前述的货运集散一体化运作模式的性质一样，物流链只是构成了商贸供应链中的一段物流链作业过程。

目前，分散的果农和果业生产基地还不具备主导果业供应链的集成体和基核的发展能力。这就为物流集成体转型为商贸集成体，并主导果业商贸物流供应链过程提供了机会，为延伸果业供应链及其服务质量、实现果品供应链集成运作奠定了基础。具体参见图 5-18。

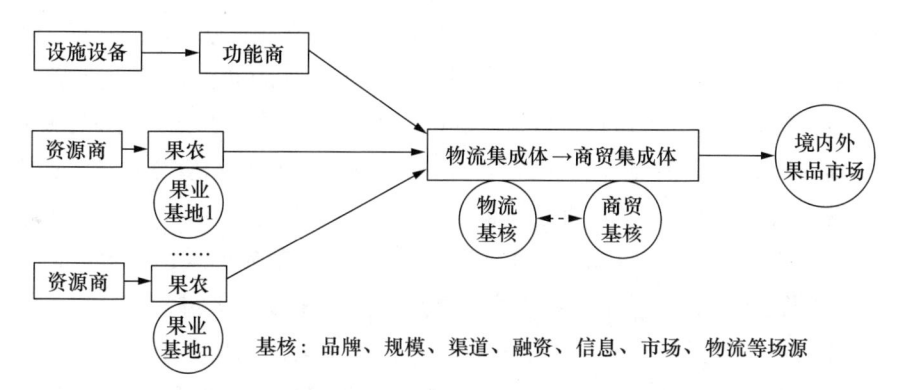

图 5-18 集成体转型并将果业物流链延伸至供应链集成

商贸集成体主要以果品商贸基核为基地，其场源构成涉及境内外果品市场、果品质量、果品品牌、产量规模等方面的保障、联系和衔接掌控，实现果品销售过程；物流集成体主要以物流基核为基地，其场源主要涉及储存仓库（常温库、气调库、冷藏库）、果品展示、流通加工（筛选分拣）、运输配送和信息系统等设施设备的建设运用，实现果品物流过程。果品物流与果品销售和生产之间的关系十分密切，冷藏保鲜要求高、环境影响因素多、分段经营风险大。因此，果品商贸与物流联动所形成的供应链集成运作，不仅体现了集成体对果品销售渠道、果品收购能力、银行融资能力（与银行的联接键）、果品仓储（和果品知识链）能力，以及与果品生产加工基地和生产资料渠道关系的掌握与控制水平，而且有利于风险降低。近年出现了果业集团以集成体身份主导果业供应链，即主导果业生产资源供应、果业物流和果品销售一体化运作过程，形成果品生产、果品物流、果品销售一体化供应链管理过程。这一产业联动过程是从果业供应链源头做起，通过引进农药、肥料、果袋、纸箱、机械等企业入驻果品物流园，聚集各类生产要素，整合果用物资生产、销售资源，开展果业深加工的研发、生产、商贸、电子商务、会展服务、物流及仓储等。果业集团作为集成体，果品物流园区作为基核，通过市场开发、电子商务、供应链金融、果品仓储和物流集成服务等联接键方式，形成集选育种、生产、科研、推广、服务和市场为一体的果业供应链体系，推动果业供应链集成创新、转型升级，降低市场风险，也拓宽了果农增收渠道。

（四）物流链集成管理模式：物流集成体主导集成物流管理作用

物流集成体在物流功能商与客户之间起关系调节、业务管理的作用，可称其为集成物流管理商。集成物流管理商（俗称第四方物流）的功能包括：整合各种操作和第三方协议，应对增加的服务需求，通过新的或额外的服务项目提供价值，跨不同地区提供无缝的供应链服务，处理和应对基于信息技术的需求以及可能会出现在货主（企业）、物流商和服务提供商之间的问题。

领先物流供应商（LLP）可以采取许多不同的服务形式，极大地促进第三方物流与货主（企业）和供应商结成联盟。从本质上讲，一个领先物流服务商代表负责一个客户企业的第三方物流关系，这是一个负责管理第三方物流的投资组合，以帮助实现客户组织的战略目标的组织。

2001年7月，中国远洋物流公司、广东科龙电器股份有限公司、无锡小天鹅股份有限公司共同投资组建了安泰达物流有限公司，成为我国首家由大型物流企业和多家著名家电企业联合成立的家电物流企业。安泰达成立初期，以股东的物流业务为主要业务来源，随着公司的不断发展和成熟，逐步引入了其他家电企业。① 其以集成物流管理服务商的角色面向家电企业，形成了一条典型的物流链，具体见图5-19。

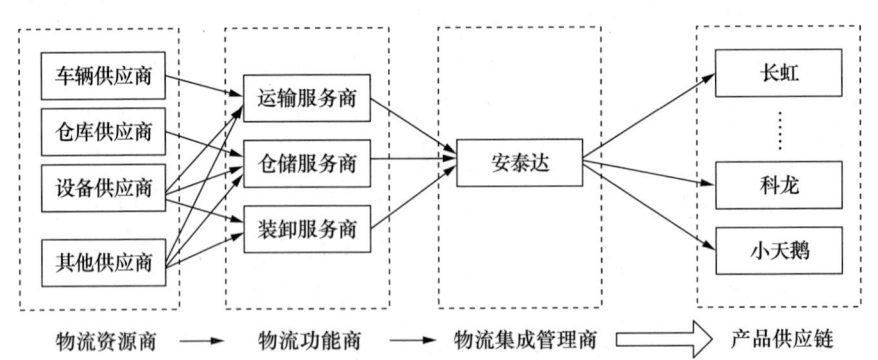

图5-19 安泰达面向家电企业的物流链结构

资料来源：根据《安泰达：家电业第三方物流》提炼。

---

① 参见卢立新、刘存《家电业物流：从功能改进到系统优化》，《物流技术与应用》2005年第3期。

物流链运作主体具有第三方性质，有实力的可采用领先的物流集成运作模式，通过集成实现高端物流服务。第三方物流企业大部分是单一功能的中小型物流企业，主要提供资源、信息和物流功能服务，是物流链的组成部分。

四　物流集成商主导物流链形成

（一）从第三方基础物流业务到物流集成协同关系

面向社会提供物流服务的第三方物流是独立于供需双方的物流业务模式，以物流资源、物流功能等基础性服务为主要内容。将一般性的物流业务关系提炼成物流集成的协同关系，是物流链形成的必要条件。诸如，国际海运是面向社会的基础性物流服务，涉及港口装卸搬运、远洋运输等基础过程。其国际物流链中的物流经营实体包括货代、无船承运人、国际船舶代理（船代）及船公司等。其中，船代是船公司的代理，负责代表船公司接受货代的订舱、签发船公司提单、收取运费等事宜。货代是货主企业的代理，代表货主企业向船代或船公司订舱、办理相关出口报关手续、垫付运费等。从国际海运物流链形成及运行环节来看，常见的物流链业务运行形式主要有以下几种：

（1）货主企业→货代→船公司→货代→收货人。

（2）货主企业→货代→无船承运人→船公司（实际承运人）→货代→收货人。

（3）货主企业→货代→船代→船公司→货代→收货人。

其中，前后货代业务可以由一家公司或集团公司负责，这样，货代就起到组织物流链、形成物流链的协同作用。显然，对货主企业到其客户这一系列环节而言，一体化的集成物流服务可以省去很多麻烦，不仅有利于降低物流成本，而且有利于提升质量和效率。

对上述业务过程进行理论抽象，集成物流服务商（ILS）可以把集成商作为物流集成体，组织并形成物流链网链结构，其自身处在网链结构的高端节点位置；物流功能商（F）可处在物流集成体网链结构的中端节点位置；物流资源商（R）可处在网链结构的低端节点位置。高端物流集成体可将基核（场源）建设纳入规划设计、资源整合、功能整合、全程监控和集成管理过程。将场源与货主企业及其客户的联系方式构建于自身形成的基核之中，是建立集成体战略优势的重要手段。

(二) 集成物流商的集成理念与网链结构形成

当第三方物流企业作为集成物流商与所需要的物流资源或功能服务商所形成的集成物流服务提供给使用第三方物流的客户时，所形成的资金流、信息流和物（服务）流过程（见图5-20），加上供应商与客户之间的商流关系，就可以形成商流、物流、信息流和资金流等集成界面关系，这种集成界面关系可以通过连接银行、海关等综合信息平台得到巩固，所谓"赢在平台"就是指这种理念。凡是做得很好的集成物流服务商都具有这样的系统或平台作为业务的支撑。

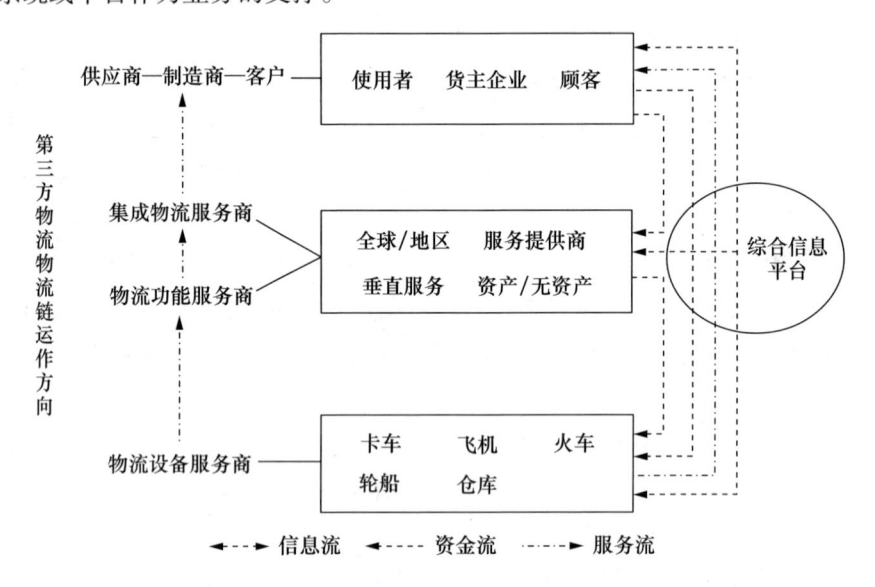

图5-20 物流集成商与物流资源、功能商合作时形成的业务流程关系

在物流与供应链网链结构中的集成体需要具有直接对接的能力，通常可以用"垂直服务"来涵盖"运输商/货代直接接触客户"这一过程。因此，物流集成体需要确立自己在主导集成的网链结构变迁中的地位或称链主地位，在构成竞争优势中，除了依靠自身的质量、成本和效率竞争力，还必须确立自身的网链位置优势。

将一体化物流运作基本模型的内涵扩展至一般物流集成过程进行认识，就可以看到物流链形成过程中的企业间逻辑和利益关系。掌握基核（客户需求、物流基地等）的企业处于集成体地位，在物流链的网链结构中处于高端地位，便于且能够体现直接对接客户的全程绩效，以体现物流链在专业化基础上的协同合作、共赢价值关系。

第四节 物流联盟与物流链运作

物流企业联盟是物流业组织化的一种形式,是在第三方物流发展的基础上兴起的物流组织的又一创新,是物流集成过程的又一组织形式。

一 物流联盟类型与物流链

(一) 战略联盟的含义

企业联盟(Corporation Alliance)通常是指两个以上的企业组织为了一定目的和利益而共同行动、订立盟约所结成的一种联合形式。企业联盟作为企业间的一种联合或合作行动形式,是为战略利益而结成的长期性联盟;为一定目的和利益构成的临时性共同行动的盟约,与战略联盟相对应,可称其为动态联盟。[①] 战略联盟(Strategic Alliances)是指两个或两个以上的企业组织为了实现资源共享、风险或成本共担、优势互补等特定战略目标,在保持自身独立性的同时通过契约联结、股权参与等方式所结成的一种竞争性的合作组织。战略联盟的深度基于契约、股权(参股、控股)等制度安排。

战略联盟超越了纯粹的市场交易关系,但联盟企业之间的相互合作并没有达到合并的程度,它们的交易关系建立在长期合作和互相信任的基础上。企业战略联盟作为市场化的组织和组织化的市场,既可以规避高额的市场交易费用,又可以避免完全内部化所导致的较高的组织成本。因此,战略联盟是有效利用组织和市场双重优势的一种组织创新,它不仅可以保持联盟成员的相对独立性,而且可提高资源的利用效率,同时还能增强企业的战略灵活性。[②]

在供应链企业之间形成新的竞合关系的过程中,构建战略联盟是一种重要的方式,战略联盟包括供应链企业战略联盟和同业企业战略联盟。供应链企业合作竞争最主要的形式之一就是建立企业战略联盟。[③] 物流企业联盟是同行业企业为扩大经营范围或开发新产品、新技术,而不扩大企业规

---

① 董千里:《供应链管理》,人民交通出版社 2002 年版;董千里等:《供应链管理》,东北财经大学出版社 2009 年版。
② 林季红:《跨国公司战略联盟》,经济科学出版社 2003 年版。
③ 孙彦东:《企业战略联盟:走在供应链管理之前》,《物流科技》2007 年第 2 期。

模所采用的一种新的组织化方法。① 物流企业联盟与供应链企业联盟的业务性质是不同的,前者是同业企业的联合,后者是不同业企业之间的联合。

田宇、朱道立②(2000)应用交易费用理论及其决定因素,提出物流联盟可以节约物流交易成本,认为物流企业联盟是一种创新的组织形式,并且这种新的组织形式超越了单个企业独立从事物流服务活动的效率。这一理论为我国物流企业战略联盟的研究提供了一个新的研究方向。Murphy 和 Poist③(2000)认为,物流联盟即第三方物流联盟是为了实现物流战略目标而由不同的物流企业通过协议或契约的方式组建的一种新的组织,由此可以实现收益共享和风险分担。戴勇、陆俊强④(2001)提出了虚拟物流企业联盟的概念,指出了信息技术在虚拟企业联盟中的重要性。李骏阳、刘宁⑤(2003)指出,物流联盟是由若干具备专业特色与互补特征的物流组织,通过契约关系结成的物流作业联合体。物流联盟的产生是物流社会化向纵深发展的结果,其根本原因是企业节约交易费用的需要。陈建生、王立杰⑥(2004)以煤炭企业为背景,提出了物流供应链联盟的三种方式,即基于快速反应战略、持续补充战略和供应商管理库存战略的方式实现供应链联盟。2007 年以来,国内学者将物流企业联盟研究的重点转移到物流企业联盟的稳定和协调上,如物流企业联盟的利益分配问题⑦,且特别关注中小型物流企业联盟⑧。

---

① 于立、孟韬:《企业联盟和虚拟企业的理论解释与现实意义》,《社会科学辑刊》2001 年第 5 期。

② 田宇、朱道立:《物流联盟形成机理研究》,《物流技术》2000 年第 2 期。

③ Murphy, P. R., Poist, R. F., "Third – Party Logistics: Some User Versus Provider Perspective", *Journal of Business Logistics*, 2000, 21 (1): 121 –133.

④ 戴勇、陆俊强:《基于 Internet 的虚拟物流企业联盟信息技术平台》,《物流技术》2001 年第 5 期。

⑤ 李骏阳、刘宁:《论物流联盟的本质及发展趋势》,《财贸经济》2003 年第 8 期。

⑥ 陈建生、王立杰:《论煤炭企业物流供应链联盟》,《管理世界》2004 年第 11 期。

⑦ 王若钢、冯英浚:《虚拟物流企业联盟的利益分配策略研究》,《控制与决策》2008 年第 10 期;蒋畅、周国华、韩姣杰:《铁路物流企业动态联盟的利益分配》,《铁道运输与经济》2008 年第 10 期;范海洲、唐德善:《夏普里值法在物流企业联盟收益分配中的应用》,《中国流通经济》2009 年第 3 期;林强、孙文聪、郝艳丽:《考虑风险、贡献和时间效用的物流企业联盟收益分配模型》,《工业工程》2010 年第 2 期;王鹏、陈向东:《基于改进夏普利值的物流企业战略联盟利益分配机制研究》,《统计与决策》2011 年第 12 期。

⑧ 周兴建、黄纯辉:《基于核心竞争力基础的中小型物流企业价值链联盟》,《武汉科技学院学报》2007 年第 9 期;闫黎、赵艳萍、罗建强:《中小物流企业联盟的收益分配策略研究》,《工业工程》2010 年第 5 期;王道勋:《中小型物流企业核心竞争力分析》,《经济研究导刊》2013 年第 17 期。

从物流联盟的概念被提出以来,物流联盟在企业间不断形成,国内学者对物流联盟的研究也不断深入,从物流联盟、动态联盟、虚拟联盟到供应链联盟,是企业业务合作、业务整合到业务集成发展的过程。国内专家尤其关注中小型物流企业的联盟,根据国内物流发展现状,中小型物流企业运营占物流市场很大的份额,因此,其在供应链集成中不可或缺。

(二) 战略联盟与动态联盟的组织制度特征

1. 联盟的组织特性

联盟的组织性质是由相互间合作既有稳定性又有开放性的综合特点所决定的,联盟行为是介于完全企业行为与完全市场行为之间,完全企业行为不具有开放性,完全市场行为不具有稳定性。

战略联盟和动态联盟的柔性不同。与动态联盟是短期合作不同,战略联盟趋于长期稳定性。为了适应市场的变化,动态联盟内的组织结构要具有能够及时反映市场的动态高柔性结构[①],传统企业的层级结构难以实现这样的特点,而为了满足这些特性,较多的动态联盟采用了生物细胞型和扁平网络型结构,较好地满足了动态联盟中企业间关系是纯契约关系的特点。由于是契约关系,动态联盟形式的合作稳定性不高,或者说稳定的时间短,这与动态联盟以经营机遇为中心的特点相适应。而战略联盟是一种长期的合作,需要保持较强的稳定性,这就使得战略联盟的有些组织特性与动态联盟相反,如组织结构应具有长期稳定性、合作伙伴相对动态联盟稳定等。

2. 联盟的分类

根据不同的联盟分类方式,可以将企业构筑的联盟划分为以下不同类型。

(1) 根据股权参与和契约联结的方式,Michael A. Hitt 等将战略联盟分为合资企业、股权战略联盟、非股权战略联盟三种类型。这三种类型所体现的企业间关系的紧密程度依次递减,灵活性依次递增。合资企业最接近于企业性质,非股权战略联盟最接近于市场性质。战略联盟在组织形式上更偏向于合资企业、股权联盟等合作形式,但由于涉及产权关系,战略联盟柔性不高。动态联盟基本不涉及产权关系,较为接近市场行为,合作关系建立和解除都相对容易,相对战略联盟具有更大的柔性。

---

① 刘德智、武成莉:《供应链环境下战略联盟与虚拟企业的比较研究》,《中国商界》2010年第6期。

(2) 根据联盟成员间合作的紧密程度和合作范围，可以将联盟划分为非正式合作、契约性协议、合资、股权参与、国际联合五种主要形式。① 各种形式的战略联盟的出现，为各企业间的供应链协同运作、物流一体化、产业联动等提供了一个共同平台基础，提供了一个信息共享、资源整合、功能对接、系统兼容的大平台。

(3) 以供应链战略目标为依据，企业间战略联盟在以下几方面有可能形成制度型联接键：战略研究与开发（R&D）联盟，集成技术创新资源；战略生产联盟，集成生产能力，扩大生产规模，提高物流效率，降低物流成本；战略营销联盟，扩大市场份额。

(4) 根据供应链形成过程的主导方向，可以将联盟分为纵向联盟与横向联盟，按照波特的分类，除了上述两类还有混合联盟。

纵向联盟也被称为供应链联盟、供应链企业联盟等。纵向联盟是指有投入产出关系的企业间的联盟，例如，以某个大型跨国公司为核心，也就是，作为集成体所主导的供应链所形成的联盟关系。这种纵向联盟一般包括由集成体（核心企业）、相关的供应商、分包商、批发商、服务商而形成的国际生产经销网络。这种供应链战略联盟形成于制造业的上下游企业之间，其目的主要是扩大市场范围和原料范围、降低国际物流成本等。日本汽车厂商与零部件供应商的联盟就是一个例子。

横向联盟也被称为同业联盟、同业企业联盟，属同一产业中生产、销售同类产品企业间的联盟，是企业扩大规模经济的方式。它是指从事类似活动的厂商、企业所结成的联盟。诸如，汽车厂商联盟、计算机厂商联盟、物流企业联盟等就属于横向联盟。横向联盟主要包括以下几种情况：①同行业的领头企业在研发方面进行合作的风险共担，其目的是加速技术创新和分散风险。②在产业界限模糊渐趋融合的背景下，不同产业的领先企业联合制定技术和产品标准，以主导技术的演进。典型案例是 Wintelism（微软—英特尔联盟）。② ③同业中小企业共享资源形成资源间、功能间、区域业务间的合作关系。诸如，依托物流园区作为基核，可以形成物流企业集聚，形成以相对集成体的方式主导物流链运作，能够充分发挥中小物流企业在区域产业联动、区域经济发展中的作用。

---

① 林季红：《跨国公司战略联盟》，经济科学出版社 2003 年版。
② 同上。

所谓混合联盟是指没有关联的企业所结成的联盟，其目的是扩大企业规模，实现同心、异心多角化经营，加强对不同市场面的控制。

3. 联盟组织制度的性质

战略联盟是介于市场和企业之间的一种中间形式，市场是一种完全自由的竞争，企业是一种科层组织关系。物流与供应链企业联盟主要表现为结盟企业在法律上的独立性和资源上的共享性，两业联动发展往往不是在联盟企业内部，而是在联盟企业外部、企业之间发生作用，拓展了联盟内单一企业不能达到的资源、产品和市场范围、能力和优势。联盟是一种企业间的组织制度安排，从集成场视角分析，就是一种组织制度性质的联接键。基于对制度联接键的认识，战略联盟作为制度联接键设计、形成、组织和运作的基本特征，可从以下几方面展开。

(1) 法人制度结构下跨企业组织联接。构建战略联盟这种制度联接键，可以实现两个或多个企业独立的法人关系基础上的协同合作，联盟成员企业仍是独立的企业，不存在隶属控制关系，但可以通过战略联盟的独立法人之间的合作获得协同运作绩效。

(2) 战略联盟属于制度联接键，而制度联接键属于信息型联接键范畴。以信息型联接键衔接的企业之间通常以契约和协议为纽带，比一般的纯粹市场交易具有更强的关联性，处于企业与市场之间的中间状态。成员企业在密切合作的同时保持独立性，这是其保持竞争性的原动力。

(3) 构建战略联盟的集成体一般是基于战略意图而并非战术意图。战略联盟成员注重的是参与联盟后所带来的资源共享、市场经营领域扩张、竞争实力和优势提升等涉及企业全局、长远和根本性的利益。战略联盟企业间的关系不是为了应对临时的市场变化而采取的应急措施，而是着眼于构造企业未来的竞争优势环境或核心竞争能力。因此，战略联盟的绩效往往不是以短期的利润作为衡量标准，而是以是否提高企业的竞争力和获得长期的竞争优势作为更重要的目标。大多数战略联盟的目标不是短期性的低成本，而是出于对企业长期性定位战略的考虑，因而带有明显的战略性。

(4) 联盟制度安排的企业间是竞合关系。供应链企业间的合作与竞争关系是全球供应链集成中长期存在的主题，合作是局部的协同，而竞争是全方位的视角，即联盟成员企业在两业联动的某些领域合作，而在其他领域竞争。与传统的对抗性极强的竞争不同，战略联盟制度安排是为竞争而合作，靠合作来获取竞争优势。有学者认为，战略联盟企业之间的制度联接键安排使企业不仅是战略伙伴，也是潜在的竞争对手；联盟之间是合作与竞争并存，合作是手段，而竞争才是最终的目的。①

(5) 跨国联盟制度安排使供应链企业之间的合作与竞争关系表现出更为灵活的特点。在联盟制度安排下表现出新的特点。①供应链合作圈内企业与圈外企业相竞争。诸如，欧洲信息产业跨国公司与日本跨国公司结成国际战略联盟的主要目的在于与 IBM 公司在欧洲市场竞争。②供应链合作圈内企业在合作领域之外相竞争。如美国通用汽车公司与瑞典沃尔沃汽车公司联合在美国建立了一家合资企业生产重型卡车，与世界其他汽车公司相竞争。但是在其他产品线上，这两家公司仍保持竞争关系。③供应链合作圈内企业先合作后竞争。许多跨国公司之间的战略合作是基于短期目标，也就是动态联盟，一旦目标实现，合作组织就会解体。

(三) 制度型联接键设计建设要点

1. 长期性和临时性组织制度联接键选择

基于供应链集成过程的战略联盟与动态联盟（虚拟企业、虚拟化策略等）决定的制度型联接键之间的比较如下。

(1) 体现组织制度的特征。在保持集成体的独立性、平等性的基础上，实施供应链集成过程中的竞合关系。供应链战略联盟或虚拟企业的两种合作形式，需要一定的合作稳定性做基础。从企业间协作关系看，战略联盟与虚拟企业的合作注重整体利益的互补性。两种合作关系并不一定是企业与企业之间的市场交易关系，也可能而是供应链成员企业间的一种利益互补关系。每个成员都拥有自己特定的优势，通过扬长避短可降低交易成本，这就改变了过去企业之间完全零和的输赢（Win–Lose）机制关系，形成一种共赢（Win–Win）机制②，形成共享机制。

(2) 突出集成体专业能力差异或集成。参与战略联盟与动态联盟的集成体在合作的专业特性上存在很大的区别，具体如下。

①合作期限。合作期限因战略或业务侧重点的不同而不同。战略联盟更侧重于全局、长远和根本利益基础上的战略层面合作，由于在供应链企业集成管理中所建立的双方或多方合作更多的是出于战略层面而非业务层面

---

① 林季红：《跨国公司战略联盟》，经济科学出版社 2003 年版。
② 刘德智、武成莉：《供应链环境下战略联盟与虚拟企业的比较研究》，《中国商界》2010 年第 6 期。

上的考虑，合作基于某种供应链合作"共同愿景"而追求供应链双方或多方整体、全局或长期的利益。例如，供应链集成过程中的两个战略联盟企业在达成供销协议时，一般不需要业务层职能部门人员的参与。战略联盟的合作关系具有长期性。在虚拟企业中，合作既存在于战略层面，也存在于业务层面。供应链集成过程中的虚拟企业是通过功能虚拟将存在于不同企业的研发、设计、生产、销售、财务、运输、装卸、仓储、配送、加工等功能整合起来，以提高核心竞争力，而虚拟企业的联盟关系具有临时性。

②合作内容。合作内容因业务侧重点的不同而不同。虽然战略联盟和动态联盟都存在企业间的合作与协调，但供应链动态联盟利用信息技术实现企业之间的合作是一个新概念。借助现代信息和移动通信技术的应用，动态联盟使企业之间的合作可以突破空间和时间的限制，运作范围更广、业务形式更多，彼此信息交换、共享和集成优化活动的协调能力大大提高，使供应链企业能够更主动、更密切和更默契地合作。

③发展前景。供应链战略联盟的合作更多的是同种业务或大行业背景下的合作，诸如，新飞专运与新飞电器前两轮的战略联盟合作关系。动态联盟的合作更多是互补性业务的合作，诸如，耐克运动鞋的生产过程。

迈克尔·波特认为，联盟是超越了正常的市场交易但并非直接合并的长期协议。分析供应链集成过程中的战略联盟关系，其目标不在于一时的短期利益，而是希望通过持续的合作增强自身的竞争优势，以实现供应链长远收益最大化。而动态联盟是针对市场机遇的临时组织形式，一旦市场机遇消失，动态联盟也就宣告解散，因而具有很强的临时性。[①]

2. 长期制度安排与短期制度安排的差异

根据战略联盟与动态联盟合作期限、合作内容和发展前景等方面的动因比较，在设计组织制度型联接键时要关注以下几个方面。

（1）供应链集成过程中战略联盟形成的动因。①基于交易费用的战略联盟动因认为，战略联盟能够将交易内部化的费用降低，同时可以巩固企业原有的资源，能够在共享外部资源的基础上相互交换企业经营活动所需的其他资源。②基于非零和博弈的战略联盟动因认为，全体局中人支付的总和不等于零是战略联盟的前提条件，基于此，战略联盟可以缓解激烈的对抗性竞争

---

① 刘德智、武成莉：《供应链环境下战略联盟与虚拟企业的比较研究》，《中国商界》2010年第6期。

对企业的冲击,而资源的节约可以产生联合的最大化利润。③基于供应链集成管理的战略联盟动因认为,战略联盟动因随企业市场地位的不同而不同。处于市场领导地位的企业进行联盟,动因一是为了保持企业次要业务组合的地位,二是为了获得市场和技术,确保资源的供应,防御竞争者对核心业务的挑战。处于追随者地位的企业,其联盟动因,一是为了追赶领先公司的先进技术或管理方法,得到新的销售渠道,提高自己的竞争地位;二是为了重组对企业不太重要的业务,将其以合理的价格卖出。[①]

(2) 供应链中的动态联盟形成的动因。现代市场竞争环境日趋复杂化、顾客需求日益多样化、产品技术不断提高、生命周期日趋缩短使得快速的市场机遇或者说经营机遇越来越难以被单个传统企业及时抓住。而动态联盟的产生正是为了快速满足经营机遇的需要,经营机遇是动态联盟存在的先决条件,因而也可以说是动态联盟产生的最根本动因。具体来说,动态联盟创建的动因包括:①增加企业产品线。②扩大产品市场占有率,增加地域势力并实现企业全球化。③优化配置资源,避免重复投资和建设。④提升竞争力。各成员企业通过动态联盟,相互学习并完善自身的核心能力。⑤降低取得或保持竞争优势的成本、风险,尤其是新产品开发中的风险。⑥扩展企业边界,保持对重要供应商的控制。

通过上述对供应链集成过程中战略联盟和动态联盟形成动因的分析,不难看出两者的出发点有着根本的不同。战略联盟的根本动因是长期合作,要克服相关劣势,发挥集成优势,提高供应链价值竞争力,如供应链物流过程就要克服跨国、跨区贸易壁垒,建立行业统一标准,获得新市场的经销权等,这些都体现了战略联盟的这一思想。国内一些学者有时把强强联合也作为战略联盟的同义语,因为它们反映了同一思想。而动态联盟的根本动因是要迅速地抓住经营机遇[②],其市场经营机遇可能是显性的或是隐性的,但其具有短平快性质,可以拓展企业的基本能力。市场经营机遇从形成到消失的过程,决定了动态联盟形成的整个生命周期四阶段:市场经营机遇评估→动态联盟构建→虚拟企业运行→虚拟企业结束。

3. 组建制度型联接键的支持条件

组建供应链集成的战略联盟和动态联盟是一项复杂的系统工程,需要

---

① 刘德智、武成莉:《供应链环境下战略联盟与虚拟企业的比较研究》,《中国商界》2010年第6期。

② 同上。

进行顶层设计，充分利用各种资源条件、信息技术、组织条件，利用基核场源建设，以及联接键优化设计和选择组合的支持。以下分别从集成体、基核和联接键三个方面对战略联盟和动态联盟组建的支持条件及其区别和联系进行探讨。

(1) 集成体顶层设计和组织实施能力条件。战略联盟和动态联盟的联盟行为既非完全企业内部的行为也非完全市场行为，因为这两者都不完全依赖于某一企业的治理结构，也不完全依赖于市场机制。

(2) 基核场源建设及供应链物流资源整合条件。战略联盟和动态联盟都是为了弥补自身资源的不足，这些资源包括财务资源、物化资源、技术资源、商誉资源、人力资源、组织资源等。相对企业不断提升的发展目标来说，任何企业都不可能完全拥有所需的一切资源，在资源和目标之间总存在着某种战略缺口（Strategic Gap）。战略联盟与动态联盟可以集合各成员的核心能力和资源，在管理、技术、资源等方面形成得天独厚的竞争优势，实现共同目标。

战略联盟和动态联盟从不同角度实现资源互补性。一方面，战略联盟使拥有异质资源的企业通过合作取得互补效应，着眼于通过联盟学习和模仿伙伴的优势资源，提高联盟各方劣势资源的竞争力，即战略联盟的异质性强调合作伙伴间劣势资源与优势资源的异质性。另一方面，战略联盟使拥有同质资源的企业共享资源，获得规模效益，如提升某一行业的竞争力，从而与国外强大对手竞争。动态联盟形成的资源前提是资源的异质性，这种异质性强调优势资源的异质性，或者说核心竞争力的异质性。资源互补不是为了提升伙伴劣势资源的竞争力，而是为了整合各方优势资源以形成完整的企业功能。[①]

(3) 联接键设计的技术、组织和监管条件与机制。动态联盟是针对虚拟现实（Virtual Reality）技术在制造业中的应用（虚拟制造）而提出的一种企业组织形式。虚拟现实技术是动态联盟最根本的技术，它是一种可以创建和体验虚拟世界（Virtual World）的计算机系统。虚拟现实技术的不断发展推动了虚拟制造（VM）这一概念的产生和运用。虚拟制造技术是在计算机仿真技术[②]、计算机辅助制图（CAD）、计算机辅助制造（CAM）、计

[①] 刘德智、武成莉：《供应链环境下战略联盟与虚拟企业的比较研究》，《中国商界》2010年第6期。

[②] 同上。

算机辅助工艺过程设计（CAPP）等技术和虚拟技术基础上逐渐发展起来的，它是实际制造在虚拟环境下的映射，是实际制造过程在计算机上的本质实现。正是在虚拟制造的支持下，先后出现了柔性制造、精益生产、敏捷制造的先进生产技术，大大提高了企业的市场应变能力，动态联盟才得以实现和发展。同时，因为动态联盟是跨机构、跨地区，甚至是跨全球的企业组织方式，信息交流技术（ICT）使得地理位置分散的企业能够很方便灵活地组合起来，实现动态联盟作为一个企业所应具有的完整功能。因此在虚拟现实、虚拟制造中，ICT 技术是构建集信息与交流为一体的组合型联接键的实现基础。ICT 联接键，可在提供便于沟通和开放的收益机理的条件下，使供应链企业加快组织学习的速度和企业产品经营跨边界的扩张，形成一种典型的合作博弈格局。①

4. 服务于供应链集成的动态联盟组建过程

服务于供应链集成动态联盟组建的整个过程包括以下几个步骤。

（1）主导供应链的集成体确立。在动态联盟的组建过程中，首先应确立作为集成体的企业。并不是所有的组织都能有效履行集成体的职责并具有相应的能力，只有在知识链上拥有多方面比较优势的组织才有资格成为集成体，完成集成体主导供应链的各项职能。在此过程中的知识链不仅包括一定时间、地点环境下的市场知识、生产制造、物流、售后等生产技术知识和经营管理知识，还包括组织动态联盟所具有的声望和核心能力。只有具备这些条件的集成体组织供应链，才能把整个虚拟链条有效地衔接起来。

（2）联接键的设计。主导供应链的制造集成体确立后，根据最终客户的需求，首先，需要进行市场机遇识别与服务对象确定，即根据所收到的产品订单确定新的机遇，准备相应资源；其次，对特定价格下的成本、产品质量、交货时间等进行描述，提出整合运用资源方案；再次，通过各种收益/风险分析模型与方法，对获利性和风险性进行评估，以决定是否接受提供集成物流服务订单；最后，将研发的产品/服务需求与企业已有关键资源和核心能力进行比较，来决定是否需借助其他企业完成，若需要，就要确定哪些过程由本企业完成，哪些过程需借助外部完成②，这样才可形成动态联盟。

---

① 刘德智、武成莉：《供应链环境下战略联盟与虚拟企业的比较研究》，《中国商界》2010 年第 6 期。

② 朱文峰、姜彦福、尤政：《虚拟企业——小卫星研发的新模式》，《中国航天》2002 年第 12 期。

（3）动态联盟在供应链集成中的过程设计与伙伴选择。过程设计是为了建立动态联盟而对原有的组织结构进行的一种资源重组。在此基础上，供应链企业选择战略、文化、价值观、经营目标、技术与自己有相容性的组织作为合作伙伴。当然，合作伙伴的选择是一个多标准的问题，需要考虑很多定性和定量的因素，这就需要对一些相互冲突的因素进行综合考虑。

（4）形成动态联盟合作关系。这一阶段的主要工作有：其一，由供应链的制造集成体的有关人员与伙伴企业成立一个可依靠供应链物流网络进行联系的协调总部，负责对动态联盟的各项活动进行组织和协商处理；其二，签订各合作伙伴均可接受的合作协议，对各方的责任、义务、权利（即场界）明确地加以界定，包括制造供应链各成员和切入供应链的物流集成体及物流链成员企业的职责范围、生产过程的协调、贡献及绩效的测量方法及评价准则、收益/风险的分配策略等。

（5）基于供应链的动态联盟运行。对外部的客户来说，动态联盟应该像一个组织一样，共同对客户负责。为了各伙伴之间协调一致，应借助各种信息技术进行交流与沟通，如网络技术、计算机协同工作、数据库等。伙伴企业业务过程的集成和协调可以看作并行工程方法的延伸。在运行过程中，动态联盟像实体企业一样，需要进行生产计划与控制的管理、供应链管理、质量管理、成本控制、交货与售后服务等工作。

（6）动态联盟的解体与清算。供应链动态联盟是建立在市场交易机制上的动态联盟，当双方无订单时，就需要解体动态联盟。动态联盟解体之前，需按事先的供应链合作协议对原料、部件、成品等库存等未了的财务进行清算，并进行有关产权的分享、残余责任的划归，以便重构新的动态联盟。

由以上步骤可以看出，供应链集成过程中的动态联盟从创建到解体的过程非常短，非常适应当前快速多变的市场需求。[①]

5. 在供应链集成中的战略联盟的应用

（1）供应链企业战略联盟是集成体与成员企业为了寻求战略优势而结成的联盟。战略联盟的形式有很多，如供应链产品联盟、采购联盟、销售联盟

---

① 朱文峰、姜彦福、尤政：《虚拟企业——小卫星研发的新模式》，《中国航天》2002年第12期。

和知识联盟等，其中知识联盟是具有知识经济时代特点的联盟形式①，往往涉及结盟企业的全局、长远和根本性利益。所谓物流联盟就是指两个或两个以上的经济组织为实现特定的物流目标而采取的长期联合与合作。物流联盟是战略联盟的一种具体形式，是为实现企业供应链物流战略的协同、资源的互补、组织的扩展等目标，为寻求供应链领域制胜而建立的战略优势。

（2）战略联盟促进了企业组织结构变革。企业组织结构是指为实现既定战略和经营目标而确立的企业内部权力、责任、资源分配、协调与控制关系的形式。自20世纪80年代中期以来，面对迅速变化的市场和不断增加的竞争压力，能够适应外部环境不断变化的新型组织结构正在出现，诸如三叶草结构型组织、星型组织、扁平化组织等。其组织结构变革的共同特点是通过企业组织重构简化内部组织结构，弱化等级制度，强化信息技术作用，支持信息交流和员工参与决策，集中力量积累和增强企业核心竞争力，将非核心业务分离出去，在核心能力上建立竞争优势。

（3）战略联盟体现了供应链组织间的作业安排。在供应链中，任何一个企业都要与其他相关企业发生业务关系。在企业间联盟关系形成以前，这种业务关系是建立在各个企业技术、经济等实力基础上的对手间的谈判，每一次谈判都存在紧张的博弈关系。为准备一次谈判，企业需要组织人员做大量准备工作，业务经理也要将大量的精力用于准备、协商、签约等重复性工作，交易费用很高。采用联盟形式能够有效安排组织间作业，使得供应链各相关企业可以将主要精力集中于业务上，有助于增强供应链竞争实力，降低市场交易费用，取得联盟企业的共同成功。

（四）客户企业对联盟的关注度

随着供应链联盟的提出，企业间依托物流资源商、物流功能商、集成物流服务商构成的物流服务供应链，构建以物流集成体为主导的物流链，物流链融入供应链实现供应链联盟。第三方物流对于结盟的认可度显然高于客户企业服务商②，具体参见表5-3。

---

① 林季红：《跨国公司战略联盟》，经济科学出版社2003年版。
② C. John Langley, Jr., 2016 Third-Party Logistics Study: The State of Logistics Outsourcing, Capgemini, 2015.

表 5-3　　　　　　第三方物流与客户企业服务商结盟　　　　　单位：%

因素	客户企业服务商	第三方物流
相互认同的绩效期望	87	96
正式的绩效复核包括测量与反馈结果	80	81
指示板，帮助明白当前第三方物流运作的过程和结果	63	73
提供给第三方物流者关于托运者的目标和策略信息	53	54
适应第三方物流的文化	43	70
清晰托运者和第三方物流的工作流程与管理过程	46	69
使货主（企业）与第三方物流管理和运营人员一起作计划工作	37	51
船运公司、第三方物流和服务提供者之间的多企业协作系统	25	43
当有适合的时机时实现战略计划的连续内容	25	36
除了支付服务以外的支付性能	16	33
日历可视化，便于安排会议和活动	21	30

资料来源：Capgemini 咨询公司等的 2016 年度第三方物流研究调查报告。

二　物流与供应链联盟关系

（一）物流企业与制造企业在供应链联盟中的关系

在研究两业联动的物流链与供应链集成关系时，与物流集成体作为第三方物流、集成物流管理商等的总代表一样，制造集成体也是制造企业的总代表。在不涉及具体的物流企业类型时，如基于资产的物流企业、轻资产物流企业和非资产经营的物流企业等，都可以用物流集成体进行概括阐述。在涉及具体的物流企业类型或物流企业类型与供应链集成有深度关联时，需要应用相应宽泛的概念范畴。

第三方物流与货主企业和服务供应商之间的关系是提供综合供应链服务的供应链，也就是物流链切入供应链集成所形成的供应链，即两链集成所形成的供应链。

物流集成体与制造集成体的协同关系，形成了集成界面管理关系。大多数制造企业与其第三方物流有正式的合作计划。物流集成体主导第三方物流与其客户企业之间体现了物流链与供应链的集成体间关系构建过程，形成长期稳定关系的往往经历了若干发展阶段。物流企业作为集成体介入制造企业外包物流，必须明确以下几个关键步骤的具体内容。

（1）清晰绘制出两业联动到两链对接的主要实物流、信息流和资金流过程，并能够满足制造企业高级管理层的战略决策需要；

（2）为物流链切入供应链的两链界面关系管理制订正式的工作计划，以保障其目标的实现；

（3）物流企业作为集成体有能力以规模化经营要求，在两业联动到两链协同运行过程中达成并实现共同协议；

（4）作为物流集成体能够理解并能处理好基于资产的服务供应商的角色和关系。

物流企业作为物流集成体切入制造企业的外包物流过程，没能成功的原因很多，但是很好地解决上述步骤的关键内容，往往是走向成功的关键所在。

（二）集成场视角的供应链联盟认识

物流企业联盟的形成能节约物流交易费用，提高企业竞争力，更好地服务于产品供应链过程。物流企业联盟服务于供应链的过程，与供应链相融合，形成由集成体、联接键、基核和场线构成的产业联动集成场。以集成场理论视角的基本范畴为基础，可以从以下几个方面分析物流企业联盟。

1. 物流联盟中的集成商——相对物流集成体

集成体是物流联盟中的核心企业——集成物流商。在物流企业联盟中，集成体具有相对性，其地位不是一成不变的。在物流企业A接到订单并组织与整合其他物流企业的过程中，企业A处于物流联盟中的集成体地位；在物流企业B接到订单并组织其他物流企业的过程中，企业B成为集成体，企业A则可能成为资源、物流功能商，不参与订单完成过程。物流集成体是具有一定竞争优势和物流服务资源供求关系整合能力，并能够提供物流综合解决方案的物流企业，它们以物流信息技术、客户关系管理和集成管理为主要支持，在物流企业集群中拥有一定接收订单的能力，是物流联盟中的相对物流集成体。物流集成体具有稳定的客户资源，能够吸引并整合其他的物流功能商和物流资源商。

2. 物流联盟与基核、场源

基核涉及物流企业联盟的市场需求、物流基地等场源，起到吸引相关物流功能商、物流资源商等联盟外的物流企业参与物流联盟活动的作用。例如，德国中小物流企业在与大企业的竞争中，成立了优势互补、稳定合作的物流企业联盟，并建立了功能齐全的大型货运中心作为基核，支撑物流联盟中物流活动的运作。

3. 物流联盟中的联接键

联接键是物流联盟成员企业之间紧密合作关系的衔接方式，在产业联动集成场运作中，物流联盟整合的联接键主要有资源型联接键、技术型联接键、信息型联接键、功能型联接键、过程型联接键等。

（1）资源型联接键。对于已经或将要把未来业务发展目标定位于物流解决方案供应商的物流企业来说，资源整合能力是非常关键的。物流企业联盟基于资源型联接键进行整合，形成一个有机的资源整体，从而达到集成场整体功能倍增的效果。中小物流企业的资源型联接键主要从运输（运力）资源、仓储资源、人力资源三个方面出发进行整合。

（2）技术型联接键。技术型联接键主要从技术层面将不同企业有机地结合在一起，使其形成高效、快速的集成场。在产业联动集成场中，物流企业联盟的技术型联接可以通过无线网络技术将不同的场元，如车辆、货物、人员组织在一起，通过信息平台使其方便、快捷、高效地完成交易；还可以通过无线射频技术（RFID）将仓库及在途货物信息扫描到数据库，以便实现对货物的监管。

（3）信息型联接键。物流联盟的发展需要公用信息系统的支撑，将不同企业、物流活动连接起来。信息型联接键是物流企业联盟整合的最重要的联接键形式之一，其构建的联盟合作信息平台是物流联盟企业间合作、与上游供应商合作的基础。

（4）功能型联接键。物流企业联盟能够集成多家物流企业的多种物流功能。功能型联接键通过物流功能来实现各种物流资源在集成场中的高速运转。其将不同企业的优势功能集中到一起，发挥规模优势，在市场竞争中形成联盟的核心竞争能力。

（5）过程型联接键。物流企业联盟之间通过物流过程进行衔接，使得整个物流过程能够高效快捷地运转，使客户感觉像是一个企业在进行运作。

（6）场线是物流联盟成员企业到最终客户之间形成的阶段性或者全过程的集成物流服务轨迹。在系统联盟的增值服务中，客户可以选择 8—20 时每隔两个小时的任意时间点为交付货物的时间，这种个性化的服务能够更好地满足客户需求，吸引更多的客户。

物流企业联盟的相对物流集成体与制造集成体的关系一般是市场选择或合作伙伴关系，基核是公共型物流基核，与物流集成体主导的物流链与制造供应链之间的关系相比，集成体之间的关系紧密程度较低。其具体的连接方式参见图 5-21。

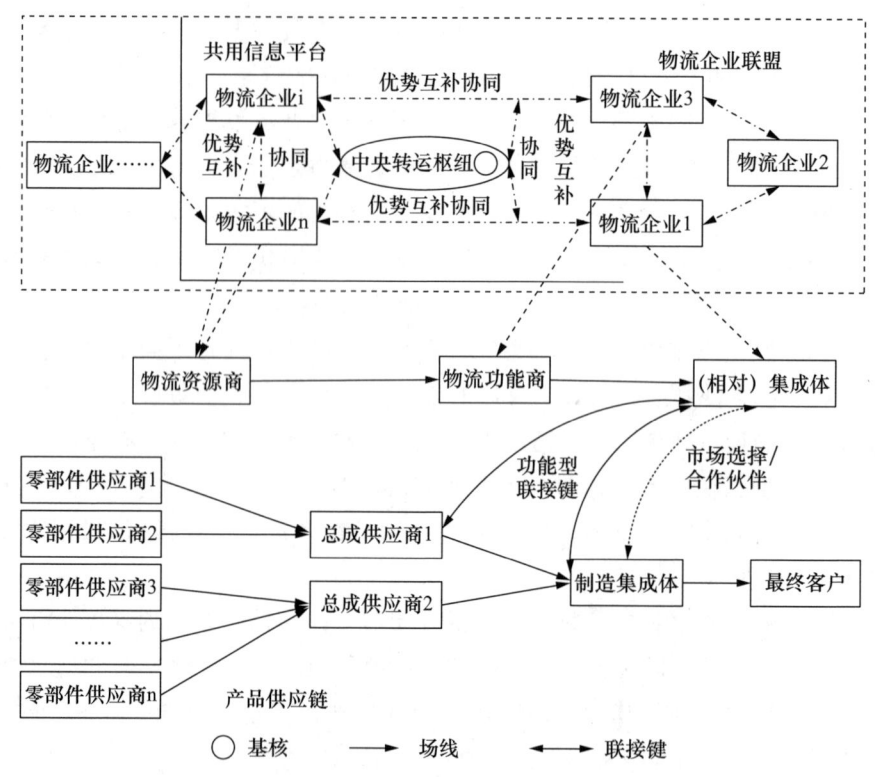

图 5-21 物流企业联盟物流服务切入产品制造供应链方式

4. 物流联盟的组织柔性

一些中小物流企业组织的物流联盟所形成的物流链，提供的物流服务效果已经远远超过了单个企业。物流企业（包括功能商、资源商）通过契约组织起来，形成一个风险共担、资源互补、相互协作的物流网络组织。可以通过其中的某一物流集成体组成物流链为制造集成体提供综合性的物流服务。这个物流链往往是一个相对的集成体组织起来的，组织内的成员企业在法律上都是独立的经济实体，具有法人资格。物流联盟组织形成过程并不伴随资本的转移，成员企业之间是完全的非产权关系，物流联盟具有关系协调作用，但不是法律上的经济实体，一般不具有法人资格。因此，物流联盟的企业成员之间具有绝对的独立自主性，诸如，一个企业可以同时参加多个联盟，故物流联盟具有更大的组织柔性和业务弹性。

5. 物流联盟的敏捷性

物流联盟通过相对物流集成体可以随时将来自不同企业的核心能力进行组合分解，以体现实时主动优化的服务能力，形成快速响应市场的供需关系，根据物流联盟的形成和结束而快速动态重构和调整，这被称为动态物流联盟。动态物流联盟随市场机遇的来临而诞生，随市场机遇的丧失而解体，因此供需网链也会随着市场机遇的出现和丧失而动态重构和调整。当供需网链的变化引起物流联盟成员的变化时，物流联盟将分布在各个组织中的核心能力结合到一起，通过联盟形式获得优异的核心能力、产品服务、技术和服务设施，为制造集成体提供物流服务。因为物流联盟的内部组织结构、规则和管理是按动态性、敏捷性要求的准则进行设计的，所以它具有极强的应变能力。

三 物流联盟运作模式

（一）大型物流企业主导的物流联盟

在物流联盟的构建和优化中，大型物流企业具有物流集成体的绝对主导或支配作用，其处于物流联盟中的核心位置，协调、控制和管理整个联盟的物流运作。在许多情况下，这种物流联盟中的集成体是其中规模大、有影响力、有支配能力的物流企业，可以将制造集成体和业务合作伙伴集成在一起，并制定资源整合标准，主导物流网络的构建。

物流集成体集成主导的物流联盟，是物流集成体与供应商和顾客发展的良好合作关系，由集成物流资源商、物流功能商共同完成物流活动过程，实现物流全过程一体化。

供应链集成网络上企业之间的长期物流合作，通常是以供应链上集成体为集散中心的物流体系。一个企业要想在某条供应链上发挥作用，或者要成为集成体，主导链化组织体系，或者要与集成体以及关联企业建立较为稳定的物流联盟关系。

基于产业联动的物流联盟，不仅要考虑联盟组织中的企业，还要考虑整个产业链上的物流运作和协调管理。因为，在产业链上的每个节点企业，可以将自身资源与其他企业共享，通过联盟合作达到双赢或者多赢，从而使以"合作"为特征的物流联盟成为产业整合的重要方式，实现整个物流链一体化运作。

（二）中小物流企业联盟

中小物流企业联盟是指由处于水平位置的具有相对优势的两个或多个中小物流企业（物流资源商、物流功能商）为了实现资源共享、成本共担，在保持自身独立性的同时，结成较为稳定的集约化物流合作伙伴关系，进而共同拓展物流市场、降低物流成本、提高物流效益的企业成长模式。

这种联盟能使分散的物流获得规模经济和集约化运作，降低了成本，并且能够减少重复劳动，但是要有充足的客户资源。中小物流企业联盟是一个动态的网络结构，在激烈的市场竞争环境下，取得了竞争优势，适应了市场的变化，也决定了会不断地有更优秀的物流企业进入网络中，同时淘汰不适应组织发展的企业。

德国的中小企业联盟发展迅速，其组织化、系统化水平较高。[①] 系统联盟（System Alliance）有限公司是德国的一个由 56 家中等规模的物流服务企业组成的物流企业联盟，成立于 2001 年，联盟管理总部位于德国黑森州的尼德劳拉（Niederaula）。联盟致力于开发、构建和组织德意志联邦共和国全国货运代理的物流服务网站，主要业务为零担货物运输和物流采购。系统联盟作为联盟管理实体机构是独立法人，由汉宏货运（Hellman Worldwide Logistics）等 10 家中型物流服务商控股，联合其他分布在德国 42 个区域网点的伙伴区域开展业务，此外还有 4 个项目合作伙伴。目前，系统联盟在德国拥有 1 个中央转运枢纽，联盟成员企业中转的货物在此集中并转运，有员工近 10000 人，运输车辆约 6000 辆。

（1）系统联盟物流服务的概况与特点如下。

①标准服务。德国境内 24—48 小时交货的集运服务，包括包装和集散货物，均秉持快速、安全、优质的原则进行运输。

②增值服务。系统联盟将标准产品与多种附加（增值）服务相结合，推出其高级服务产品。为了使客户的货物集散和交付更具灵活性，实现定制化的物流方案，客户可以单独选择物流产品，也可对其进行组合（见表 5-4）。

③采购物流。系统联盟针对客户采购物流的具体环节进行深入流程优化，进行系统化的质量控制，尽可能地为客户节约资源、降低成本。系统联盟及其 42 个区域网点的运输专家均从以下角度出发提供采购物流服务：在确切地点确切时间提供确切货物的确切客户；如何最好地控制采购流程，并使其透明化；复杂的供应量由谁管理；货物到中央仓库的运输，或直接面向市场销售的物流流程由谁计划和管理；管理过程可以达到什么效果等。

---

① 交通运输部道路运输司：《货运与物流企业转型发展典型案例》，人民交通出版社 2013 年版。

④国际货运。系统联盟能够提供国际货运物流解决方案。对于国际货件运送，联盟通过国际合作伙伴完成物流服务，利用 System Plus 或其他合作伙伴覆盖欧洲的网络等优势资源，提供一个完整的运输方案。系统联盟在欧洲范围内有一整套业务服务组合，同样保证货物运输的最高质量和安全标准。

（2）联盟信息层网络协同的实现机制，主要涉及以下几方面。

①运输信息系统（CIM. online）。系统联盟将联盟所有信息的收集与处理整合到联盟的运输信息系统 CIM. online 中，在整个物流作业过程中，各关键环节对携带条形码电子标签的载运单元进行扫描并实时上传，主动记录作业过程中的每个步骤信息，从而在系统页面上显示货物的实时信息以及正确轨迹，了解从接货到交付过程中任何时刻的订单状态，客户通过 CIM. online 对货物进行跟踪和追踪，随时了解货物的运送状态。系统联盟通过现代化的信息平台，使其物流流程成功透明化，客户可以获得最佳的动态信息服务。

系统联盟对 CIM. online 不断进行优化，所有货物都记录在 DV 上，以保证服务质量，便于监督。通过信息系统所获得的数据信息流也对系统联盟实现高品质要求非常重要，这些数据将被用于基于 IT 的车辆调度和线路规划，以及对数据的比较和制定最优方案。为了优化信息的交流，系统联盟扩大了车载通信：通过 MDC（移动数据采集设备）可采集揽货、交货时间、日期及其他有关事件的信息。

自 2013 年年初，系统联盟把它的货运网络放在了"云端"。"SyA - cloud"应用程序将联盟成员间、成员与客户间的信息交流变得更为安全、快捷。联盟物流业务各相关主体可以在软件中方便查询信息和交换传递信息，为联盟伙伴间以及和系统中心的准确信息沟通构建了基础。

②注重引进先进信息技术获得最佳的服务质量与安全性。系统联盟致力于提供高品质物流服务，其中，安全性和业务在成员企业间无缝衔接是必不可少的。对此，联盟配备了现代化的视频系统，并对控制界面进行设计以更好地详细记录装运过程。高科技的电子控制摄像机使得它们可以记录其在货物处理过程中每个包裹的发货变动情况，同时具备数字发送功能的扫描器，可以将运输单元的条形码数据有效传输至系统联盟的中央数据库，并建立与相应图像数据的连接，通过全程监测保障服务品质、业务协同与货物安全。例如，在北部黑森林的中心枢纽，可以查询每批被监测的

运输货物。此外，视频系统的用户终端可以选择不同的视角——这得益于全方位、高品质的图像数据，从而提高安全水平和运输质量，以便进一步优化订单处理。

③强化信息采集、传输与集成处理的各环节的质量控制——每个环节安全透明。面对日益增加的业务量，为保障物流服务质量得到有效控制，系统联盟利用现代技术优化业务流程，建立稳定的质量监督体系。在系统联盟的质量体系中，明确定义相关的质量参数或衡量指标，如装载、运输装卸和交付质量，作为联盟建立质量管理体系的基础。同时，确定统计质量指标的相关标准，如装载工具的使用、运输的跟踪、货物交付、整个流程的分析等。

在系统联盟内部统一的质量标准中，透明化和可核查流程的设计是其信息层网络协同的最具价值之处。通过准确的条形码扫描无缝跟踪和追踪以及现代化视频系统，其业务流程得以有效透明化。依据规定的指标，系统联盟可以在第一时间掌握货物的位置及其质量情况以及可采取应急措施的条件。其中，分拣中心具有严格的技术标准，所有操作均是可溯的。另外，同一质量标准可保证成员企业服务质量和联盟信息中心最优质量管理同步并密切配合。其中，装运工具和货物交付质量是质量考评的重要依据。

系统联盟集聚了 56 家中等规模的物流服务企业，各物流服务企业具有独立性。系统联盟通过建立中央转运枢纽作为基核，承载了市场需求、物流基地等场源，具有吸引相应物流商的作用。系统联盟企业之间衔接的联接键主要有：资源型联接键（共享车辆、仓储设备等）、功能型联接键（共享运输、仓储、配送功能等）、信息型联接键（建立运输信息系统——CIM.online）、技术性联接键（每经过一个监测地方都进行条码扫描、视频录制，对在库货物时时监测，对在途货物进行及时跟踪）。除标准服务形成的场线外，系统形成了具有较个性化的场线过程，即在增值服务中，客户可以选择 8 时至 20 时每隔两个小时的任意时间点为交付货物的时间，这种个性化的服务能够更好地满足客户需求，吸引更多的客户。具体参见表 5-4。

第五章　基于集成场的物流链形成

表 5-4　系统联盟物流服务产品的信息服务要求

运行服务（仅限交费）	增值服务	传感器要求	通知	通知—不超过交货前1小时	交付转移—基于IT的交付数据传输	交付转移—通知交货	交付转移—交货的数据回执	货到付款	快捷支付	召回	即时返回	温度	使用位置	包装服务—仪器与"使用位置"配合
标准服务	翌日	●	●	●	●	●	●	●	●	●	○	—	—	—
高级服务	翌日8时	○	—	○	○	●	●	●	●	●	○	●	●	●
	翌日10时	●	—	●	●	●	●	●	●	●	○	○	●	●
	翌日12时	●	—	●	●	●	●	●	●	●	○	●	●	●
	指定日	○	—	○	●	●	●	●	●	●	○	—	●	●
	指定日8时	●	—	●	●	●	●	●	●	●	○	—	—	—
	指定日10时	—	—	—	—	—	—	—	—	—	—	—	—	—
	指定日12时	●	—	○	●	●	●	●	●	●	○	—	—	—
	星期六运送	●	—	●	●	●	●	●	●	●	○	●	●	●
	温度控制	—	—	—	—	—	—	—	—	—	—	—	—	—
	翌日8—10时	●	—	●	●	●	●	●	●	●	○	—	●	●
	翌日10—12时	●	—	●	●	●	●	●	●	●	○	—	●	●
	翌日12—14时	●	—	●	●	●	●	●	●	●	○	—	●	●
	翌日14—16时	●	—	●	●	●	●	●	●	●	○	—	●	●
	翌日16—18时	●	—	●	●	●	●	●	●	●	○	—	●	●
	翌日18—20时	●	—	●	●	●	●	●	●	●	○	—	●	●
	指定日8—10时	●	—	●	●	●	●	●	●	●	○	—	●	●
	指定日10—12时	●	—	●	●	●	●	●	●	●	○	—	●	●
	指定日12—14时	●	—	●	●	●	●	●	●	●	○	—	●	●
	指定日14—16时	●	—	●	●	●	●	●	●	●	○	—	●	●
	指定日16—18时	●	—	●	●	●	●	●	●	●	○	—	●	●
	指定日18—20时	●	—	●	●	●	●	●	●	●	○	—	●	●

资料来源：http://www.systemalliance.de/。

第五节　本章小结

（1）物流链作为物流业转型升级的一种途径，是物流业有序化的专业化再组织的有效方式，具有服务性、动态性、竞合性等基本特征。形成的诱因是物流业的服务性质决定了物流企业的生存、发展中需要有相对稳定的客户。而对于客户具有的高端物流需求，物流企业需具有宽绰的物流服务能力才能胜任。制造业往往是提供中高端物流需求的主要行业，对物流业转型升级具有很大的吸引力，这就是物流企业为何要作为物流集成体整合物流功能、物流资源，形成物流服务供应链的重要原因。

（2）物流集成体是主导物流链形成的最重要的主动性合成场元。它是实现物流服务一体化、形成组织和运作多样化的物流链核心实体，可通过信息化、规模化、网络化和集成化的手段，促进物流链的形成，降低物流成本，提高物流服务质量。

（3）不同类型的联接键实质是核心竞争力理论、信息经济学理论和博弈理论在信息、资源、功能、技术和过程等方面所形成的相对固定关系的共同作用，不仅促进了物流链的形成，而且决定了其稳定性。

（4）全程物流场线体现了物流链的集成物流服务的形成过程和绩效。全程物流场线是集成物流服务形成的路径，包括其传递的物流服务，又涵盖承载物流服务实体的绩效。基核作为场源的载体，是物流链集成引力的形成之源，是形成物流链向心力最重要的资源。

（5）对物流业的企业经营活动，从物流链的"链"角度观察分析，是研究物流集成过程、两业联动发展过程和联动发展模式的方法创新，体现了系统学、集成管理理论的思想，反映了行业资源整合基础下集成发展的重要趋势。

第六章 基于集成场的两链融合

在信息技术的支持下，随着物流功能的集成和制造过程的标准化发展，物流一体化服务逐步嵌入制造过程，可以以JIT方式直接服务于生产工位。然而，目前两业联动的研究大多局限于制造企业与物流企业之间的关系，很难带动产业联动的深入发展，要明确两业联动深入发展解决什么关键问题，就需要转向物流链与产品供应链的深度关系研究。根据集成场基本范畴，分析物流集成体主导物流链和制造集成体主导供应链的网链结构形成及融合过程，探讨场源、基核在两业网链的形成、融合的发展机理，提炼集成体间联接键及竞合关系理论以指导两业联动在实践中发展。

第一节 两业联动基础与两链融合的前提

集成场视角考察制造业与物流业联动发展，把很重要的因素都提升到合成场元角度进行考察，其中最主要的是集成体、场源、基核、联接键和场线。

一 集成体间的竞合关系

组织场线按其业务内在规律运动的是集成体。主导产品生产制造过程场线组织的是制造集成体，主导物流服务过程场线的是物流集成体，在国际物流过程中还涉及通关报税等平台运作的是平台集成体。在制造业与物流业联动发展中主要是处理好制造集成体与物流集成体之间的彼此认识问题，以及业务衔接之间的资源、信息、技术、功能、过程等的联系。据 Cagemini 咨询公司的调研汇总，集成物流商认为货主企业所需要的主要是最低的成本、保证抵达时间、良好的客户服务和响应能力以及产品跟踪的可视化等。① 具体参见表6-1。

表6-1　　　　　第三方物流认为客户企业需要的服务要点

物流指标	占比(%)	物流指标	占比(%)
最低的成本	77	最短的运输时间	38
保证抵达时间	75	共享创新，降低运输成本	35
良好的客户服务和响应能力	63	流畅的国际跨境流程	30
产品跟踪的可视化	54	担保模式	23

基于关系逐渐深入的层次认识，集成体之间可以是市场选择、合作伙伴、战略联盟和紧密融合关系。市场选择的关系异动非常明显，紧密融合就体现了专业化基础上的协同运作，是更高层次的协同关系。

二　基地的类型与业务衔接

场线之间的衔接形成节点或基地，重要且规模大的基地是处于网链结构高端的节点，具有凝聚市场、战略、生产等功能、资源的场源内涵，具有多种重要的场源载体的基地称为基核。在产业联动中，基核可以分为物流基核和制造基核。物流基核根据其影响力可以分为国际物流基核、区域物流基核和企业物流基核等类型。制造基核一般是制造的总装基地，各种总成、部件、零件的汇集地，也是产成品的发运基地。制造集成体的总装线基地就是重要制造供应链的基核。对第三方物流企业，特别是对集成物流服务提供商具有非常大的吸引力的是处于制造供应链网链结构高端的基核。这是集成物流商切入制造供应链最重要的物流作业基地选址考量因素。

物流运作的地理空间分布对物流运作效率影响极大，且两业联动集成场中的基核关系对两链融合运作效率影响极大。

---

① C. John Langley, Jr., 2016 Third-Party Logistics Study: The State of Logistics Outsourcing, Capgemini, 2015; C. John Langley, Jr., 2017 Third-Party Logistics Study: The State of Logistics Outsourcing, Capgemini, 2016.

三 联接键的跨界集成作用

将集成体之间、集成体业务之间的联系，从临时的市场选择转向中长期的合作关系，从动态的业务联系转向相对稳定、固定的业务关系，就需要建立相关的联接键。联接键可以通过集成体、集成体业务、基核之间的资源、信息、技术、功能和过程等一个或几个方面来构建，形成跨界集成的基本结构，可以概括为基础类、服务类和综合类联接键。集成体之间的关系倾向于紧密融合关系、融合型基核关系，联接键倾向于组合型联接键的选择和建设。

四 场线的形成

制造供应链主要体现为产品总装、部件制造、零件制造、毛坯制造、原料采集等企业按照产品总装要求形成场线运作过程。物流集成的场线体现为物流集成体主导的物流运作轨迹，体现了物流集成体整合物流资源进行物流集成的过程，使物流集成过程成为物流集成系统的重要组成部分。在物流集成场中，场线体现为物流集成体主导的物流链形成、运行过程的轨迹，诸如，国际物流场线，是国内、国际多段物流链衔接的接力物流运行过程，是典型的国际物流组织化形式。在制造业与物流业联动集成场中，场线在形式上表现为不同集成体的业务运行轨迹，制造集成体主导供应链的形成过程，物流集成体主导物流链的形成过程，在两业联动运行机制作用下，物流链与制造供应链过程对接、作用的供应链物流运作轨迹，体现了供应链物流全程运作过程。场线在内容上是各个制造商、物流集成商的业务流向的综合绩效体现，可以用制造商或物流商的生产效率函数，即产出函数的一阶导数的表达式来体现。

五 制造业与物流业的联动关系描述

制造业与物流业的联动关系受到物流集成体的集成力、制造集成体的集成力、制造集成体与物流集成体之间场线关系的影响。在集成体具备较强集成引力的基础上，基于制造集成体和物流集成体的合作选择与合作形式，形成不同的联动模式。

（一）制造集成体的集成引力

制造集成体是物流集成体的需求源泉，是两业联动模式的需求基地，吸引物流集成体为其提供一体化的物流服务，从而使其逐渐产生较强的集成力。制造集成体的集成力即由于制造集成体整合了供应链上的供应商、制造商、批发商、零售商等供应链成员，使制造集成体具备集采购、生产、销售于一体的功能，因此，需要制造集成体整合供应链成员的功能，实现制造一体化，这种制造一体化能力被称为制造集成体的集成力。而制造集成体的集成引力即制造集成体凭借其自身的集成力和其在市场竞争中所处的地位形成的对供应链企业或其他集成体所产生的吸引力。Lin 等 (2012)[①] 证明了行业竞争对制造业与生产性服务业的融合产生显著的正向影响，因此，制造集成体的集成引力受制造集成体的集成力、制造集成体整合的供应链企业个数以及外部制造集成体的个数的影响。

假设 F 表示制造集成体的集成引力，z 表示制造集成体的集成力，x 表示制造集成体集成的供应链成员的个数，y 表示市场上制造集成体的个数，则函数关系式可表示为式（6-1），其中 k 为常数，表示制造集成体的集成引力与集成力、供应链成员的个数、制造集成体的个数之间的综合比例关系。

$$F = f(x, y, z) = k\frac{zx}{y} \qquad \text{式（6-1）}$$

（1）当 $z = R$ 为常数时，F 与制造集成体集成的供应链成员的个数成正比，与市场上制造集成体的个数成反比，即制造集成体在保持其集成力不变的情况下，有两种提高其集成引力的方法：一是通过扩大制造集成体的规模；二是通过淘汰、并购等方式减少市场上的制造集成体个数。

（2）当 $x = R$ 为常数时，F 与制造集成体的集成力成正比，与市场上制造集成体的个数成反比，即制造集成体在保持其规模不变的情况下，有两种提高其集成引力的方法：一是通过改善集成体内部的组织结构、人员结构、管理技术水平等方式提高对内部供应链成员的管理能力，从而提高供应链的效率和服务质量，进而达到增强制造集成体的集成引力的目的；二是通过淘汰、并购等方式减少市场上的制造集成体个数。

（3）当 $y = R$ 为常数时，F 与制造集成体的集成力和制造集成体集成的供应链成员的个数成正比，即在市场环境没有变化的情况下，可以通过提

---

① Lin, F. J., Lin, Y. H., "The Determinants of Successful R&D Consortia: Government Strategy for the Servitization of Manufacturing", *Service Business*, 2012, 6: 489-502.

高制造集成体的集成能力和扩大集成体的规模来增强制造集成体的集成引力。

(二) 物流集成体的集成引力

物流集成体是通过对物流资源商、物流功能商和综合物流商的整合，为提高物流服务水平而实现的物流服务商联盟的载体。物流集成体主要表现为集成物流商，其通过整合物流资源商、物流功能商形成物流链，物流链通过切入制造集成体所主导的供应链，为其提供一体化的物流服务。在供应链竞争的环境下，物流企业间的竞争合作关系转变为物流链间的竞争合作关系（这里的物流链是产品供应链的一部分，为了方便研究供应链上的物流服务，将其从产品供应链中剥离出来，进行单独的研究），而物流链的竞争则表现为物流集成体间的竞争。而物流链是在物流集成体的集成引力作用下形成的，因此物流集成体的集成引力大小影响物流服务一体化的程度。

物流集成体的集成引力主要受资源动因、能力动因和市场动因的影响。资源动因是物流企业提供物流服务所需的资源，能力动因是物流企业所具备的各种能力，市场动因是物流企业根据物流服务市场的环境，为了实施低成本战略、差异化战略、集聚战略等进行的服务产品的市场定位。在制造集成体和物流集成体的集成引力共同作用下，形成了物流链与供应链之间的场线对接等关系。

(三) 物流链与供应链之间的场线关系

在制造集成体主导的供应链上的节点企业之间，主要存在物资的供应场线关系；在物流集成体主导的物流链上的节点企业之间，主要存在物流资源或物流服务的场线关系。在供应链和物流链之间，资源供应商向制造集成体主导的供应链提供物流服务资源的场线关系，如运输车辆的租赁服务、仓库租赁服务等；功能物流服务商为供应链提供各项物流功能服务的场线关系，如运输服务、仓储服务、配送服务、物流信息管理服务等；集成物流服务商为制造集成体提供一体化物流服务的场线关系。

若制造集成体与物流集成体不能达成合作，则产品供应链上的成员企业自主选择自营或外包物流服务，制造集成体与物流集成体之间无场线关系；若制造集成体与物流集成体合作，则供应链与物流链通过集成体之间的合作实现两链融合。于是，制造集成体与物流集成体的博弈，影响制造业与物流业联动的模式，有必要对双方的博弈过程和博弈结果进行分析，寻找两业联动模式的形成条件。

第二节　基核是两业联动发展的基地

一　基核是制造集成体的集成引力所在

两业联动的制造集成体与物流集成体，可以根据其制造过程的离散型、连续型或混合型生产流程等性质，在原材料库、产成品库或工位过程进行衔接。显然，只有高端物流集成体才可以与制造集成体主导的供应链直接联接。而制造集成体为了保障供应链产品质量对其各级供应链商提出要求，包括物流集成体的选择，必须把这些纳入集成化供应链的一体化管理体系。

制造业瞄准市场需求制造产品，具有明显产品和服务导向场源，场源引力具有叠加性，场源越多，引力越强，产业集聚能力越强；市场反应越快，物流效率越高，拉式供应链特征越明显。

二　两业联动形成网链结构的价值导向场源

物流业具有连接性、衔接性等特性，渗透于关联产业之中，具有明显的服务导向场源，在物流网链内是伴随性知识链管理，在物流与产品供应链网链间是适应性知识链管理。理论上，高端集成物流服务商主导的物流链与制造集成体主导的供应链各级成员在网链结构的点—场源—基核—场线关系，可以构成网链关系。物流集成体在两业联动网链融合中的地位取决于物流集成体所能够整合的物流功能、资源的数量，以及与制造集成体所主导的供应链成员之间的网链关系。物流集成体主导物流链与供应链对接模式可见图6-1。

可见，物流链与供应链融合的网链结构中，集成体要求价值共享，形成价值导向的场源，并与制造、服务等场源复合嵌入基核载体，在集成体间形成竞合关系机制。因此，集成体将场源纳入基核建设是物流集成体增强集成力的需要，也是巩固两业联动网链竞争优势位置的需要。制造集成体依附的基核具有吸引性、辐射性，与物流场线衔接过程中承载着供应链

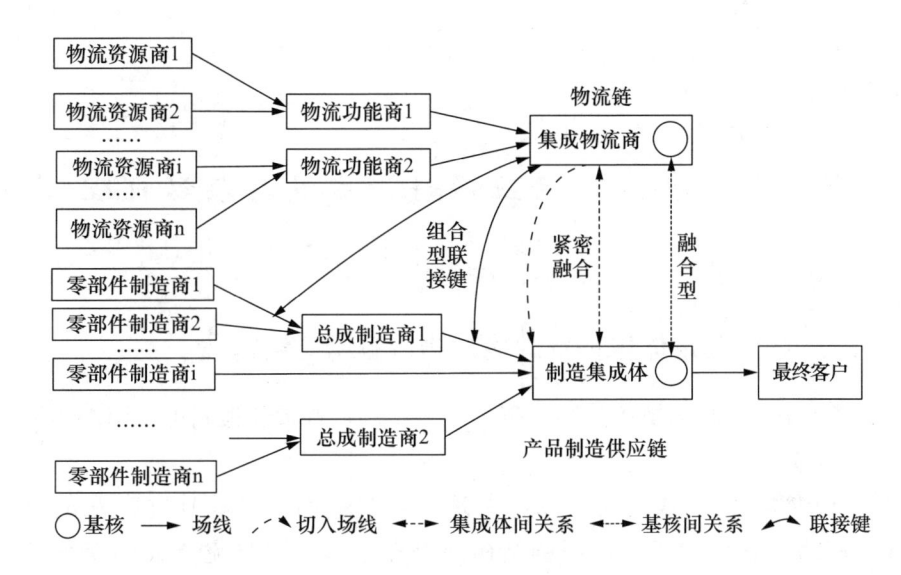

第六章 基于集成场的两链融合 221

图 6-1 物流集成体主导物流链与供应链对接模式

物流过程的质量、效率和成本。两业联动发展涉及多种场元素、场源、基核、联接键，需要集成体主导，将其组成场线并按照物流集成场规律组织其实现。物流链、供应链及其融合的网链集成场要素可见表6-2。

表 6-2 物流链、供应链及其融合的网链集成场要素

场源（基核）	集成体	场线
服务需求	物流集成体主导物流场线构成的网链结构	以原料、半成品、成品、商品等为对象的场线
产品、服务需求	制造集成体主导制造场线构成网链结构	以制品、成品等为对象的场线
价值需求（制造、服务基地）	集成体主导物流场线构成网链结构	以原料、部件、成品、商品、服务等为对象的场线

基核作为复合场源载体是场源自身完善的需要，也是基核吸引场元、引导组织场线的源泉所在，具有主客观相结合的特点。在两业联动中，场源是产品，基核是产品形成的基地，是场源载体，流水线组织过程是场线形成过程。各类物流集成体的形成、成长和发展涉及关联产业的发展，而基核可通过产品制造、产业集聚区等场源功能吸引产业布局和集成制造环

境实现。

第三节　集成场两业网链形成及其联动机理

一　物流集成体依托场源构建物流链网链结构

基于集成场理论视角的物流链形成、布局、晋级和稳固可以归纳为以下几条机理。

（1）物流链形成的需求场源机理。物流链网链是非独立存在的服务性网络，它依赖于客户网链结构的存在。因此，物流集成体获得客户网链业务及规模能力成为物流链资源整合、网链形成和完善的重要场源。

（2）物流链融入制造供应链机理。产品供应链是一个从原料到产品形成直至最后销售、消费的完整链条，物流链是供应链的子链，只有融入供应链，才能支持完善和提高供应链质量、效率和成本指标，实现供应链价值共享。

（3）物流链节点位置优势差异机理。处于物流链结构低端和高端的物流集成体的信息沟通渠道不同，所占据的功能区位优势差异不同，高端集成体能直接接触制造集成体渠道和竞争优势区位。在物流链网链结构中，高端集成体具有直接与制造集成体衔接的机遇，而低端集成体缺乏直接衔接的渠道。

（4）场源、基核向网链高端移位机理。向物流网链高端基核移位是物流集成体的发展机遇，占据高端位置的物流集成体，需要加强场源、基核联系的联接键建设，提高联接、占有和应用基核等的排他壁垒。高端物流集成体不仅具有资源选择优势，而且具有基核区位的排他优势。

二　制造集成体供应链竞争的优势在于基核

两业联动的关键在于供应链效率，制造集成体主导的供应链运行机理主要从以下两个方面归纳提炼。

(1) 市场需求快速响应机理。两业联动发展需要引入集成体、基核、场源等概念，考察其集成力、集成引力在吸引集成体集聚，形成竞合机制体系，并指导两业联动通过两链对接实现集成实践活动的作用。

(2) 产品、服务快速到位机理。供应链基核地位决定了制造集成体的竞争优势，强化基核核心竞争能力建设是制造集成体关心的主要内容，包括基核在整个供应链的地位。

三 两业联动的形成条件与博弈分析

制造集成体的集成引力与集成制造商的个数正相关，与市场上制造集成体的个数负相关。假设 MI 为制造集成体，其具有较强的集成能力，且已集成某产品从采购、生产到销售的产品供应链，是该产品供应链的主导者，其正在考虑是否与能够提供一体化物流服务的物流集成体合作。而物流集成体（LI）也有意愿与制造集成体（MI）合作，开发一体化物流服务项目，如果一体化物流项目合作成功，其将获得巨额利润，同时，市场占有率也会大幅度提高；反之，其将蒙受巨大的损失。所以，对于制造集成体和物流集成体来说，有合作和不合作两种策略选择。如果不合作，制造集成体和物流集成体无场线关系，即制造集成体选择供应链上各节点企业的自营物流，制造集成体和物流集成体不发生关系，各自有其独立的收益。如果合作，则双方要探讨合作模式，实现利益的合理分配。因此，要考虑制造集成体和物流集成体在何种条件下会选择相互合作，且应选择怎样的合作模式。[①]

（一）非合作博弈分析

假设制造集成体（MI）和物流集成体（LI）是完全理性的，其策略可达集为｛合作，不合作｝，相应策略的收益如表 6-3 所示。制造集成体和物流集成体选择合作的概率分别为 p_1 和 p_2，$0 \leq p_1$，$p_2 \leq 1$，则选择不合作的概率分别为 $1-p_1$ 和 $1-p_2$。制造集成体和物流集成体的总收益为 U_i，u_i 和 v_i 分别是制造集成体和物流集成体选择策略 i 时的收益，而 u_0 和 v_0 则分别是选择最优策略时的收益，我们有：

$$U_i = u_i + v_i, \quad i = 1, 2, 3, 4 \qquad 式（6-2）$$

[①] 江志娟、董千里：《制造业与物流业联动发展的竞合关系研究——基于集成场的视角》，《技术经济与管理研究》2015 年第 8 期。

表6-3　　　　　　　制造集成体和物流集成体的策略与收益

制造集成体 \ 物流集成体	合作 p_2	不合作 $1-p_2$
合作 p_1	(u_1, v_1)	(u_2, v_2)
不合作 $1-p_1$	(u_3, v_3)	(u_4, v_4)

当制造集成体选择合作时,物流集成体的期望收益为 $EL1 = p_2 \cdot v_1 + (1-p_2) \cdot v_2$;当制造集成体选择不合作时,物流集成体的期望收益为 $EL2 = p_2 \cdot v_3 + (1-p_2) \cdot v_4$。由于制造集成体选择合作和不合作的概率分别为 p_1 和 $1-p_1$,因此,物流集成体的期望收益为 $EL = p_1 \cdot EL1 + (1-p_1) \cdot EL2$,即:

$$EL = p_1 \cdot [p_2 \cdot v_1 + (1-p_2) \cdot v_2] + (1-p_1) \cdot [p_2 \cdot v_3 + (1-p_2) \cdot v_4]$$
$$= v_0 \qquad\qquad 式(6-3)$$

同理,制造集成体的期望收益为:

$$EM = p_2 \cdot [p_1 \cdot u_1 + (1-p_1) \cdot u_3] + (1-p_2) \cdot [p_1 \cdot u_2 + (1-p_1) \cdot u_4]$$
$$= u_0 \qquad\qquad 式(6-4)$$

当 $\frac{1}{2} \leqslant p_1 \leqslant 1$ 且 $\frac{1}{2} \leqslant p_2 \leqslant 1$ 时,$v_0 = v_1$,$u_0 = u_1$;否则,双方不能达成合作。

制造集成体和物流集成体作为理性参与者都期望获得最大的收益,故 EL 对 p_1 和 p_2 求偏导数,使得 $\frac{\partial EL}{\partial p_1} = 0$,$\frac{\partial EL}{\partial p_2} = 0$。

求解得到:

$$p_1 = \frac{v_4 - v_3}{v_1 - v_3 - v_2 + v_4},\ p_2 = \frac{v_4 - v_2}{v_1 - v_3 - v_2 + v_4}$$

当物流集成体的收益值满足 $\frac{1}{2} \leqslant p_1 = \frac{v_4 - v_3}{v_1 - v_3 - v_2 + v_4} \leqslant 1$ 且 $\frac{1}{2} \leqslant p_2 = \frac{v_4 - v_2}{v_1 - v_3 - v_2 + v_4} \leqslant 1$ 时,$v_0 = v_1$,即制造集成体选择合作的策略。

当满足以下两个条件之一时,制造集成体选择合作策略。

$$v_4 > v_2,\ v_4 > v_3,\ v_1 \geqslant v_3,\ v_1 \leqslant v_4,\ v_1 + v_4 > v_2 + v_3 \qquad 式(6-5)$$
$$v_4 < v_2,\ v_4 < v_3,\ v_1 \leqslant v_3,\ v_1 \leqslant v_2,\ v_1 + v_4 < v_2 + v_3 \qquad 式(6-6)$$

同理,当满足以下两个条件之一时,$u_0 = u_1$,物流集成体选择合作策略。

$u_4 > u_2$, $u_4 > u_3$, $u_1 \geq u_3$, $u_1 \leq u_4$, $u_1 + u_4 > u_2 + u_3$ 式（6-7）

$u_4 < u_2$, $u_4 < u_3$, $u_1 \leq u_3$, $u_1 \leq u_2$, $u_1 + u_4 < u_2 + u_3$ 式（6-8）

（二）合作博弈分析

两业联动的产生，本身源于制造业和物流业在寻求一种合作的途径，在信息经济学的角度上，就是物流业和制造业都选择了集体理性行为，即通过合作追求整体利益最大化。因此，假设制造集成体和物流集成体在取得个体利益最大化的基础上进行合作，即制造集成体和物流集成体非合作时的双方收益分别为 u_0 和 v_0，双方合作后收益分别为 $\bar{u}$ 和 $\bar{v}$，供应链总收益为 U。

在制造集成体和物流集成体的博弈过程中，在满足以下两个条件的基础上，探讨双方的合作形式问题。（1）集体理性：供应链的总收益等于制造集成体和物流集成体的收益之和；（2）合作理性：双方选择合作的个体收益大于或等于不合作的收益。即：

$$U = \bar{u} + \bar{v} \quad \text{式（6-9）}$$

$$\bar{u} \geq u_0 \text{ 且 } \bar{v} \geq v_0 \quad \text{式（6-10）}$$

制造集成体和物流集成体合作的目标是整体利益的最大化，设目标函数为：

$$\max z = (\bar{u} - u_0)(\bar{v} - v_0) \quad \text{式（6-11）}$$

可得到合作博弈模型：

$$\begin{cases} \bar{u} = \dfrac{U - v_0 + u_0}{2} \\ \bar{v} = \dfrac{U - u_0 + v_0}{2} \end{cases} \quad \text{式（6-12）}$$

制造集成体和物流集成体之间通过有效的谈判，协调彼此的策略，达成共同认可的具有约束力的协议，共同遵守并分享收益。

在合作的过程中，供应链成员、物流企业以及外部环境的变化，使得制造集成体和物流集成体的总效益发生变化，但双方的期望依然是总效益最大化，并获得合理的分配。假设制造集成体和物流集成体合作后的总体收益（供应链收益）为 $U(t)$，制造集成体和物流集成体的收益分别为 $\bar{u}(t)$ 和 $\bar{v}(t)$，是双方合作年限的函数，t 为双方的合作年限。建立制造集成体和物流集成体的合作博弈模型，具体如下：

$$\max z(t) = [\bar{u}(t) - u_0][\bar{v}(t) - v_0]$$

$$s.t. \begin{cases} U(t) = \bar{u}(t) + \bar{v}(t) \\ \bar{u}(t) \geq u_0 \\ \bar{v}(t) \geq v_0 \\ t > 0, t = 1, 2, \ldots, n \end{cases} \quad \text{式 (6-13)}$$

当 $z'(t) = 0$ 时，$t = t_0$ 是模型的解，故 (U, u_0, v_0, t_0) 决定供应链的最大收益，因此，我们认为这四个参数影响制造集成体和物流集成体的选择，从而影响双方的合作模式。

(三) 算例分析

制造集成体和物流集成体的非合作收益矩阵为：

$$\begin{bmatrix} (8, 6) & (9, 6) \\ (7, 5) & (10, 7) \end{bmatrix}$$

收益矩阵满足式 (6-6) 和式 (6-8) 两个条件，根据非合作博弈分析的结果，可知最优策略为 (合作，合作)，双方收益分别为 $u_0 = 8$，$v_0 = 6$。

(8, 6) 是在非合作原则下，双方各自追求利益最大化的一种均衡，收益是较低的，因此，可以考虑在寻求个体收益最优的基础上，通过谈判，使得总体收益最优。

制造集成体和物流集成体的合作形式是多样的，如以长期合同、联盟、并购等方式进行合作，虽然已有的很多学者在其研究领域内均有不同的分类，但基本上是通过定性分析划分，较少考虑合作后企业的收益。实际上，合作后双方的收益影响合作的稳定性，且收益与合作年限之间存在某种函数关系。可以通过上述合作博弈模型，计算双方的收益分配，有助于企业选择合作年限及其相应的合作模式。

董千里[①] (2013) 根据制造企业与物流企业间的关系紧密融洽程度，将两业联动模式分成紧密融合型、战略联盟型、合作伙伴型和市场选择型，并通过典型案例说明了四种类型的特点。其中，市场选择型是临时性市场选择，实际上是在制造集成体和物流集成体选择不合作时，供应链上的企业成员与物流企业的自主合作方式，此时，追求个体利益最大化，根据非

---

① 董千里：《基于集成场理论的制造业与物流业网链融合发展机理研究》，《物流技术》2013 年第 5 期。

合作博弈分析，各自的期望收益分别为式（6-3）和式（6-4），此时的收益分配为（8，6）（见表6-4），故这种市场选择型不被纳入制造业与物流业联动的合作模式中。这里将制造集成体与物流集成体之间的合作形式按照制造集成体与物流集成体合作的紧密程度分为紧密融合型、战略联盟型和合作伙伴型三种类型。假设 u_0、v_0、t_0、U 的取值如表6-4所示，则得到合作的最优分配，将各种分配方案所对应的合作策略作为最佳策略选择。

表6-4　　　　　　　　　参数取值与策略选择

t_0	0	1	3	5
u_0	8	10	11	10
v_0	6	9	5	8
U	14	19	18	30
$(\bar{u}, \bar{v})$	(8, 6)	(10, 9)	(12, 6)	(16, 14)
策略	市场选择型	合作伙伴型	战略联盟型	紧密融合型

（四）博弈结果

在制造集成体和物流集成体追求个体利益最大化的条件下，当制造集成体的收益满足式（6-5）或式（6-6）的条件，物流集成体的收益满足式（6-7）或式（6-8）的条件时，制造集成体和物流集成体选择合作策略，合作的最佳收益分配为 (u_0, v_0)。此时，双方的合作为临时合作，供应链上的成员与物流企业在市场上自主选择，制造集成体与物流集成体之间无场线关系，制造业与物流业的联动模式为市场选择型。物流市场依然会保持物流企业规模小、物流标准不统一、资源浪费严重的市场环境。

在制造集成体和物流集成体追求整体利益最大化的条件下，可根据 u_0、v_0、t_0、U 的取值确定合作后的收益分配方案和合作模式。制造集成体和物流集成体的策略选择与合作年限、供应链总收益、$|u_0 - v_0|$ 正相关。因此，随着合作供应链总体收益和双方合作年限的增加，双方合作的紧密程度会加大。制造集成体与物流集成体之间的场线关系体现为双方的合作年限、合作前的收益、合作后的总体收益等要素，随着 u_0、v_0、t_0、U 的变化，场线关系不同，体现出不同的两业联动模式。

四 集成场视角的两业联动机理概括提炼

从集成场理论视角分析,两业联动的关键是集成体之间的竞合关系,其竞合关系又由场源、基核的分布位置决定,因而导致集成体间竞合关系建立在不平等的地位上。因此,两业联动机理可以概括为以下几方面。

(1) 物流集成体主动作用机理。其原因是制造集成体与物流集成体在两业联动的网链结构中地位不平等。制造集成体主导的供应链可以独立于物流集成体主导的物流链,直接满足市场需求的场源;而物流链不可以独立于供应链,而且必须融于供应链才能够获得两业联动中的双赢。

(2) 网链间对称适应衔接机理。由于网链结构中的不平等关系,在两业联动过程中要追求对称性、适用性原则,即高端物流集成针对复杂供应链网链结构,中低端物流集成针对简单供应链过程。

(3) 知识链推动联动发展机理。物流集成体应用知识链才能识别、设计和切入供应链,高端物流集成体强化适应性知识链管理,主动寻求制造集成体构建战略联盟关系和构建联接键。

(4) 提升场源、基核引力机理。高端物流集成体加强自身网链建设,必须稳定其场源、基核位置,具有维护场源、基核或直接与其联接的能力,强化场源与基核建立和巩固竞争优势。

上述集成场理论阐述直观形象,其中部分机理也可以在结构洞理论中得到印证。

第四节 陕西两业联动协同发展关系实证分析

通过对陕西物流业与制造业联动发展的现状的分析,整理面板数据,运用格兰杰方法对陕西制造业与物流业发展关系进行实证研究。[①]

[①] 郭淑娟、董千里:《基于制造业与物流业联动发展的合作模式研究》,《物流技术》2010年第13期;董千里等:《陕西省制造业与物流业联动发展研究》,长安大学物流与供应链研究所,2013年;董千里、张林、申亮:《制造业与物流业联动发展的产业协调度研究——基于陕西省数据实证分析》,《技术经济与管理研究》2015年第3期。

一 陕西两业联动机制的内容与作用

两业联动发展机制包括制造业与物流业间物流供需对接、协同运行、共享绩效机理及其共赢发展方式。具体表现为，物流集成体主导的物流链切入并支持制造供应链的物流需求，制造集成体主导的供应链将非核心物流业务通过外包等方式与物流链对接，从而使得制造业引导物流需求服务质量水平的提升、物流业与制造业的互动发展机制，形成两业联动互动升级关系、陕西两业联动关系。从两业协同发展方式的角度分析，需要在物流基地、物流主通道的基础上，加强以信息为基础、功能为需求、资源为支持的技术型、过程型联接键的建设和完善。

二 陕西制造业与物流业发展关系实证分析

陕西制造业和物流业之间存在供需关系，即制造业是物流服务的需求方，物流业是制造业的供应方。可以说，制造业所产生的物流活动能促进物流业的发展，物流业所提供的物流服务能保障制造业的发展。[①] 为了证实陕西制造业与物流业发展存在一定的联动关系，运用计量经济学分析软件 EViews 6.0，通过协整分析及格兰杰因果检验的方法，对陕西制造业与物流业联动发展关系进行实证研究。

（1）数据处理。运用陕西统计年鉴中的交通运输、仓储及邮政业增加值和制造业增加值来表示物流业和制造业随时间发展的概况。通过对数据的处理，减少序列的波动性，得到的基本数据如表6-5所示。

表6-5　　　　2003—2013年陕西制造业与物流业增加值数据

年份	制造业（亿元）	$L_{制造业}$	物流业（亿元）	$L_{物流业}$
2003	411.98	6.02	226.01	5.42
2004	519.93	6.25	204.88	5.32
2005	630.18	6.45	246.48	5.51
2006	903.98	6.81	291.76	5.67
2007	1186.96	7.08	326.99	5.79

---

① 董千里、张林、申亮:《制造业与物流业联动发展的产业协调度研究——基于陕西省数据实证分析》，《技术经济与管理研究》2015年第3期。

续表

年份	制造业（亿元）	$L_{制造业}$	物流业（亿元）	$L_{物流业}$
2008	1494.04	7.31	378.63	5.94
2009	1607.03	7.38	423.24	6.05
2010	2145.79	7.67	474.60	6.16
2011	2759.79	7.92	552.54	6.31
2012	3117.44	8.04	617.39	6.42
2013	3486.45	8.16	657.31	6.49

资料来源：《陕西统计年鉴》（2004—2013年）、2014年陕西统计公报。其中，$L_{制造业}$ 和 $L_{物流业}$ 分别是制造业增加值和物流业增加值的对数标准化数据。

（2）平稳性检验。对序列 $L_{制造业}$ 和 $L_{物流业}$ 进行平稳性检验，经过二阶差分，序列 ii（$L_{制造业}$）和 ii（$L_{物流业}$）均已经平稳，都为二阶单整序列，即 I（2），说明满足了协整检验的前提条件，检验结果如表6－6和表6－7所示。

表6－6　　　　序列 ii（$L_{制造业}$）的 ADF 检验结果

ADF 检验统计量		t－统计量	概率
ADF 检验统计量		－4.990784	0.0018
临界值	1%	－3.271402	
临界值	5%	－2.082319	
临界值	10%	－1.599804	

表6－7　　　　序列 ii（$L_{物流业}$）的 ADF 检验结果

ADF 检验统计量		t－统计量	概率
ADF 检验统计量		－7.572542	0.0001
临界值	1%	－3.109582	
临界值	5%	－2.043968	
临界值	10%	－1.597318	

（3）协整检验。以 $L_{制造业}$ 为因变量，以 $L_{物流业}$ 为自变量建立回归模型，回归模型估计结果见表6－8。

表6-8　　　　　　　　　回归模型估计结果

	系数	标准差	t-统计量	概率
$L_{制造业}$	0.820343	0.008872	92.46778	0.0000

得到估计方程：

$L_{制造业} = 0.82 L_{物流业}$

由于方程不存在残差序列，不需对残差进行平稳性检验。回归模型结果显示，R^2值趋近于1，模型拟合效果非常好。

通过上面的检验过程，说明序列$L_{制造业}$和$L_{物流业}$是协整的，即陕西制造业与物流业之间存在着长期稳定的协整关系。

（4）格兰杰因果检验。对具有协整关系的变量$L_{制造业}$和$L_{物流业}$进行格兰杰因果关系检验，检验结果见表6-9和表6-10。

表6-9　　　　　　　　　格兰杰因果检验结果一

假设无效	样本数目	F-统计量
物流业不是制造业的格兰杰成因	10	0.01310
制造业不是物流业的格兰杰成因		29.3812

表6-10　　　　　　　　　格兰杰因果检验结果二

假设无效	样本数目	F-统计量
物流业不是制造业的格兰杰成因	9	1.58126
制造业不是物流业的格兰杰成因		0.10093

从格兰杰检验结果可以看出，当滞后期取1时，在98%的置信水平，可以认为陕西物流业发展是促进陕西制造业发展的积极影响因素。而不论滞后期取1或者2，检验都不能拒绝"物流业不是制造业发展的格兰杰成因"原假设，可以认为陕西制造业没有成为促进陕西物流业发展的影响因素。这表明，陕西两业联动中的相互促进、协调发展关系尚未形成。

三　陕西制造业与物流业发展关系推论

从分析结果可以看出，自2003年以来，陕西物流业与制造业一直存在明显的支持和推动作用,而陕西制造业对陕西物流业发展的引导和推动力不足,即陕西制造业与物流业联动协同发展关系和机制尚未形成。其具体的表现形式体现在以下几方面。

(1)陕西物流业为支持和促进制造业发展奠定了陆港、空港、物流园区等物流基地、物流资源和物流功能基础,但是所提供的集成物流服务能力和实现程度尚不高。

(2)制造业对物流业高级化发展推动力不足,主要是先进制造业的物流业务专业化、业务外包的释放程度不高。

(3)近年来陕西加大了对物流业的投资,提高了对物流业的重视,客观上支持了制造业的物流成本降低,但物流业与制造业间的关系不够紧密,只在一定程度上促进了制造业的发展;另外,近年来陕西制造业快速发展,虽然制造业对物流外包意识有一定的提升,但其还是没有高效地推动物流业的发展。

第五节 两业联动在两链融合过程中的创新思路和策略

"一带一路"倡议提供了制造业与物流业联动发展的契机,即使得两链融合的空间由境内走向境外。在集成场理论引导下,制造业与物流业联动是一个主动打破平衡的优化过程,通过物流链切入供应链过程得以实现。在其实现过程中,创新始终是主动优化的重要手段,也是两业转型升级的必要条件。

一 两链融合的不同阶段渗透着创新

打破静态平衡的创新。物流链切入供应链是一个打破静态平衡的过程,需要从了解、掌握和满足制造供应链的需要进行业务等方面的创新。这一主动打破平衡的优化过程是由物流链切入、适应供应链而形成的。

进行主动优化的创新。物流链主动切入供应链过程,显然是要比原来供应链的运作过程、运作绩效更加优化。因此,物流集成体通过互动并融合于供应链过程,进行资源、信息、技术和组织等多方面的优化以实现其目标。

进行深度融合的创新。物流链与供应链形成了从切入、适应、互动到融合多阶段发展中的更紧密的关系，可以明确地认识到，从两链切入、适应、互动到融合的过程中处处需要综合创新。综合创新促进两业在联动过程中精准对接、平稳运作和协同合作，是实现产业转型和升级的一种重要渠道。

二 集成体的创新意识和理论

（一）创新是产业转型升级的必要条件

在制造业与物流业联动发展过程中，不仅制造业面临着转型升级，物流业也面临着转型升级，需要走高级化发展的道路。特别是在两业联动从境内走向跨境的供应链集成运作过程中，国际物流过程涉及不同集成体、物流节点、通道、环节等的作用，阶段性作业集成起来实现全程物流，有时需要采用联接键方式简化衔接过程，提高物流服务质量、效率，降低成本费用。[①] 所以，物流集成体、平台物流集成体都必须有全程场线绩效意识。

（二）"三同"是跨境集成体间的共赢机制

在"一带一路"倡议中，"五通三同"中的"三同"是指利益共同体、命运共同体和责任共同体。从集成场理论视角分析，其分别体现了集成场的合成场元，即集成体、基核、联接键等之间的联系和作用。[②] "三同"更强调了在跨境商贸、跨境物流和产品制造"集成体"间不可分割的利益渗透于跨境物流链与供应链的竞合关系，以及以竞合关系为基础的命运共同体关系构成的共赢机制。跨境物流场线组织必须有全程场线效率意识。

（三）"五通"是联接键设计、建设的指导思想

"一带一路"中的"五通"包括政策沟通、设施联通、贸易畅通、资金融通和民心相通。其中，设施联通就是通过基础设施作为联接键，形成跨境物流快速通道网络，这是跨境物流高效运作的必要条件；政策沟通就是形成跨境商贸、跨境物流、跨境（文化、风俗等）信息和跨境资金的联

---

① 董千里：《物流集成场：国际陆港理论与实践》，社会科学文献出版社2012年版。
② 董千里：《基于"一带一路"跨境物流网络构建的产业联动发展探讨》，《中国流通经济》2015年第10期。

接键;这些都可以看作由集成体、基核等合成场元通过不同联接键构建的统一体。多种形式的联接键构成了组合型联接键,在不同国家的商贸物流过程中形成了缺一不可的机制。

三　基核的集成引力创新

"一带一路"形成了更广阔的跨境物流"基核"与"联接键"衔接的网络支撑,为经济"新常态"下的物流业转型升级指明了发展方向。

（一）中国要在西部形成向西开放的战略高地

构建西安国际（空—陆）港综合枢纽,使其成为国际快速直达物流通道的上下桥的重要节点。支撑向西开发场源集聚型产业布局,形成商贸与交易中心、集聚辐射、快速通道的起点;重点发展基核的场源,吸引国际物流业务量、国际中转量,支持区域产业发展。集聚物流集成体、制造集成体、商贸集成体、平台集成体（起支撑作用）四类集成体的战略高地。

（二）依托亚欧大陆桥形成"一带"与"一路"的国际物流中转枢纽

（1）全国配送中心。建设国际中转枢纽和丝绸之路衔接的物流基核;集聚物流集成体,布局国际中转物流场线,使其成为东西部交流的中转基地;可以形成以国际物流为基础的全国配送中心。

（2）集聚跨境货源。通过国内物流基核间联接键构建以国际物流场线衔接的基地,形成国际空港—国际陆港的加强联接键的衔接。要树立其产业联系、产业互动、区域共赢的战略发展思想,在竞合中扩大自己的发展空间。

（3）形成成本洼地。面对全国向西开放的国际物流,利用大平台、大物流、大集成服务,形成国际物流通道上的对称平衡之势,形成国家向西开放的国际物流成本洼地。各地分散孤立发展难,协同发展易。

四　联接键的创新设计

境内两业联动发展模式已经有充分的案例验证,可以在跨境产业联动发展中参考应用。境内与境外物流对接过程中要特别关注"五通"与"三同"的集成体、基核和联接键之间关系的建设,并将其落实在创新设计之中。

（一）基础设施网络联接键构思设计

基于新亚欧大陆桥的东段延伸,可以通过联接键的设计进行创新。规划设想的中韩国际物流通道典型的联接键有以下四种类型。

（1）海铁联运：在陆港与海港、海港与海港之间形成跨境物流通道网络。在集装箱海铁联运中，集装箱具有灵活的集装单元性质、便于依其组织铁海联运的现实条件，通过韩国海运至青岛、连云港等港口进行必要的链接，既能突出效率，又有实现条件，而且距离不远，省时省力，突出效益，有利于提高场线组织效率。海铁联运重在物流集成体组织，提高场线效率。

（2）铁路轮渡：通过铁路站点—栈道—海港—渡船—海港—栈道—铁路站点形成铁海联运通道。建设铁路轮渡系统可以形成多种服务对象的滚装运输。国内有多条铁路轮渡线，具有可以移植的技术条件，场线组织效率较高，难度较低；铁路轮渡建设周期短，修建费用低，能很快形成运输能力。

（3）海底隧道：建设海底隧道沟通跨境通道；海底隧道一旦投入运营，在场线组织方面中转、接力环节少，场线组织难度小，全程场线组织效率高。海底隧道在基础设施建设方面难度很大，尤其是跨国的，而且会涉及政治层面的问题。

（4）国际铁路：建设和连通国际铁路形成跨境物流网络。国际物流场线经历的中转、接力环节较多，对周边区域经济有明显带动作用，场线效率取决于通道效率。韩国铁路要与中国连接，必然要通过朝鲜，需要有政治条件。丝绸之路经济带距离远，运输耗费时间长，效率也不够突出。韩国企业进军中西部距离远、效率低、效益低，需求与供给匹配也不平衡。

上述四种构建物流通道的联接键方式的集成场视角比较参见表6-11。海铁联运是现在采用的主要方式；铁路轮渡需要一定投资进行相应的基础设施建设，目前可选在连云港港与韩国港口直接连接新亚欧大陆桥通道；国际铁路在技术上比较容易实现，但还需要其他因素配合；海底隧道投资大、时间长，技术经济方面的实现需要一定努力。

表6-11　　　　　　物流通道联接键设计的比较选择

比较对象	联接键	场线	基核	集成体	基建投入	备注
海铁联运	集装箱铁海联运	物流通道短，需港船换装中转	海港—海港；海关清关	铁路、海运等多集成体协作	可基于既有铁海基础设施运行	容易

续表

比较对象	联接键	场线	基核	集成体	基建投入	备注
铁路轮渡	铁路轮渡（滚装运输）	物流通道相对较短，环节较多；需要轮渡站编组运行	海港—栈道—铁路站点；海关清关	铁路、海运等多集成体协作	需新建轮渡站	较易
海底隧道	铁路运输	物流通道短；直接通行；时间最短	海关清关	可单一集成体运行	需新建海底隧道；投资大、建设期长	有难度
国际铁路	铁路运输	物流通道长；分段衔接中转；运行时间长	多站点；海关清关	单一或多集成体协同运行	可连接、提升现有铁路基础设施	要条件

（二）综合信息平台联接键设计构建

（1）单一功能为主的信息型联接键。物流链运行过程的识别系统［条码、电子阅读器、激光阅读器、无线射频（RFID）技术等］、定位技术（BDS、GPS、GIS、GPRS等技术）等物联网是基于互联网、RFID等技术的物物相连的网络。

（2）综合信息平台为基础的组合型联接键。以综合信息平台作为联接键是多功能的组合型联接键，其中可以结合一些"云网端"的云技术、互联网和应用端等新兴信息技术。

（三）基于信息技术可以形成一些创新思路和策略

（1）物联网技术在物流链的应用。物联网是基于无线射频等智能化物流的技术基础，其根本上还是以互联网为基础，只是在它的基础上做了一些延伸和扩展，从人与人的交流，延伸到了人与物之间、物体和物体之间，进行信息交换和通信。很多物流智能化技术创新集聚在物联网技术应用上，它会是一个很有前景的发展方向。

（2）创新形成新的物流服务业态。载运工具是物流场线组织中的合成场元，是构成车联网的关键因素。车联网是在物联网技术应用基础上，以载运工具、地理信息系统和物流运行组织为基础开发形成的一种物流信息服务业。车联网服务业是有利于制造业与物流业联动发展的新型服务业态。可视化追踪新技术的诞生和消费者相关权益的保障，可以在两业联动发展过程、环境监督下进一步完善。这也是促进产业结构的优化和服务质量水平升级的一种途径。

第六节 本章小结

（1）从集成场视角观察两业联动是通过两链专业化基础上的导入、适应、共享和融合过程实现的。以制造集成体主导产品生产制造各环节的制造企业，围绕产品制造工艺过程进行组织生产形成制造供应链；以物流集成体主导集成物流服务过程及关联物流企业基核形成满足客户（制造供应链）需求的物流链。这就使得制造业企业与物流业企业联动发展过程，要通过制造供应链与物流链的两链对接和融合过程来实现。

（2）集成场视角观察两业联动的网链形成、网链融合都是以基核、场源为主形成的网络支持全程场线运作，可以通过全程场线绩效体现两业联动绩效。制造集成体与物流集成体的竞合关系是通过网链的基核、场源和联接键形成稳定战略联盟的竞合关系。将集成场理论应用到两业联动过程中体现顶层设计思想，从而可以抓住关键因素、战略创新重点，以构筑集成体、场源—基核的联接键来谋求创新和长期的进步发展。

（3）制造集成体、物流集成体、基核、联接键与所形成的全程场线具有紧密关系，能够表现制造业与物流业联动发展的合作空间。制造业与物流业的联动关系应从企业间合作关系的研究，转向物流链与产品供应链之间关系的研究，表现为制造集成体与物流集成体间合作关系的研究。为解决物流企业规模小、物流标准难统一、资源浪费的问题，需要制造集成体与物流集成体在集成体理性的条件下进行协同决策，只有双方将产品供应链的收益最大化作为追求目标时，才能实现物流资源共享、物流功能集成。

（4）制造集成体和物流集成体的合作促使物流链与产品供应链融合，其合作的紧密程度则反映两链融合的深度，进而表现为合作伙伴模式、战略联盟模式和紧密融合模式等两业联动模式。

（5）制造业和物流业的转型升级能够推动两业联动向纵深发展。"一带一路"倡议背景下的"五通"与"三同"是建设跨境物流网络联接键和实现跨境集成体间共赢的关键。两业联动在两链融合过程中，基核的集成引力创新和联接键的创新设计是提高物流服务质量和国际物流网络运作效率的重点。

模式机制篇

本篇的主要研究思路和内容是提出两业联动发展模式,并将其作为一个可供实际参考的顶层设计、选择和组合的理论模型,以期用于两业联动过程的策略制定和演化路径选择。不同产品供应链制造过程的特点、流程等环境不同,物流链的切入点、融入供应链的方式也不同,这就构成了两业联动发展模式的一个选择体系。其中涉及发展模式的识别依据、选择条件和模式选择。本篇从集成场最主要的合成场元集成体、基核和联接键等维度设计制造业与物流业联动发展模式,分析制造业与物流业联动的集成体间作用类型、基核间关系和联接键设计理论,提出制造业与物流业联动发展模式的识别依据,并通过案例探索指出制造业与物流业联动发展的演化路径,为宏观政策制定和微观模式创新设计提供策略理论。

第七章　集成体在两业联动中的顶层设计角色

用集成场理论构建两业联动集成场的基本范畴时，一般有两种角色：集成主体和集成体介入顶层设计过程。政府是推动产业联动的政策主体；集成体是主导物流链与供应链规划、衔接、融合的企业实体，具有规划主体、执行主体和利益主体性质。前者是政策主体起到政策势能推动作用，后者是集成体起经济集成动能作用，从而物流集成体主导物流链、制造集成体主导供应链，在各自链条形成、对接及融合过程中，按照所适用两业联动发展模式设计机理、途径和方法。

第一节　集成场视角的两业联动案例梳理

集成场视角的两业联动案例涉及集成体、基核、联接键，以及场线、场界等概念。其中最有代表性的是集成体，也就是具有一定主导两业联动能力的企业。在集成场理论指导下，梳理两业联动案例时还涉及制造业所处的行业，直接决定了企业的生产类型、生产流程、供应链集成等特征。这对两业联动发展模式研究的调研方案设计提出了要求。

一　两业联动案例考察基本情况

我们课题组先后亲历调研、考察两业联动现场实际情况的企业有57家，其中物流企业30家，制造企业27家；发出两业联动问卷（针对物流企业、物流园区和制造企业）三种，问卷有效回收企业（单位）有130家，其中物流企业 80 家，制造企业 50 家；重点考察物流业与制造业两业联动案例 116 个，其中 28 个案例是两业联动办公室组织专家撰写的，起到了验证作用。这些案例调研资料为两业联动、两链协同的时间截面的功能结构、过程结构和系统结构研究提供了定性和定量研究资料；其中一些两业联动案例，通过实地考察、课题研究、教学研究等方式关注、跟踪研究有 2—26 年，例如，对 TNT 集团物流的关注和跟踪有 26 年，曾先后编写案例进教材、拍摄视频教学片。[①] 这些两业联动经典案例，提供了两业联动集成体间关系形成、演变和发展的较为完整的历史资料。[②]

作为调研对象的每个制造企业，所涉及两业联动的案例都可以与一个或几个，甚至更多的物流服务商合作，一般至少可形成 1—2 个典型的制造业与物流业联动案例；而每一个物流企业参与的两业联动案例，也都可以与一个或多个制造企业合作，形成多个典型两业联动案例，如通汇物流—陕重汽[③]、陕西大件—西变、斑马大件—西核等。而物流企业依其在物流链网链结构中的位置，依其专业化、信息化、网络化和集成化物流服务特征，针对不同供应链成员客户可提供具有专业化或通用化的物流服务，如招商物流—宝洁、招商物流—埃克森美孚等形成以自身网络为基础的融合型基核关系。当其服务的客户种类、数量差异很大时，相应的服务深度差异也会很大。本项目结合文献研究工作形成了 116 个制造集成体与物流集成体协同合作、联动发展的个案，如何才能将个案整理为典型案例系列，需要找出各个案例间的共性，需要在案例研究中找到制造业与物流业联动发展模式形成、运作、发展和完善的相似性，从相似性中归纳总结，找到其发展规律。

案例研究的特点是可以考察时间截面，就历史和以后趋势展开研究，发掘两业联动发展在各个阶段的特点。结合此前科研和教学工作，所涉及

[①] 董千里：《高级物流学》，人民交通出版社 1999 年版；董千里：《供应链管理》，人民交通出版社 2002 年版；董千里：《实行战略管理——市场经济体制下企业的必然选择》，《现代企业》1994 年第 4 期；董千里、陈树公、王建华：《物流运作管理》，北京大学出版社 2010 年版；董千里等：《物流现代化实践》（音像制品），人民交通出版社音像部，2002 年。

[②] 董千里等：《陕西省制造业与物流业联动发展研究》，长安大学物流与供应链研究所，2013 年；董千里：《基于集成场理论的制造业与物流业联动发展模式研究》，长安大学物流与供应链研究所，2015 年。

[③] 董千里等：《陕西重型汽车产业配套及物流发展战略研究》，长安大学物流与供应链研究所，2011 年。

的个别案例进行了 2—26 年的跟踪研究，诸如，TNT 物流（集成体：TNT 形成、海外扩张、收购兼并、被收购兼并等；基核：货运集散一体化战略；联接键：一体化战略管理制度等）发展过程，以及 TNT 物流－HP、上海通用—安吉天地等两业联动中合作的业务模式，加之国内的新飞专运—新飞电器、安得物流—美的等诸多两业联动典型案例；这一百多个国内外典型的两业联动案例，均可以集成体、基核（含场源作用，也含物流基地集聚、辐射场线等功能）、联接键（综合物流信息系统、电商物流平台）等基本术语作为案例数理统计的识别标记。因此，可以将集成场基本范畴作为归纳分析的关键因素。

涉及物流业与制造业所体现的两业间作用关系，首先是由两业间的集成体之间的物流链与供应链关系、两链在两业联动过程中关系演变情况以及产业地位和作用体现的。在两业联动中的物流集成体是从制造业中分离出来的经过组织化形成的集成体间两业联动关系的案例；物流集成体是从市场介入制造业供应链过程形成的集成体间两业联动关系的案例，后者案例相对前者而言，更有实践引导和指导意义。

（一）TNT 物流战略管理案例

TNT 澳大利亚公司在 1991 年就有 22 个子（分）公司，在运输与配送一体化运行模式下，形成了物流链运作体系。在 TNT 澳大利亚公司货运集散一体化运作模式下，电子信息技术是重要的支持，当时每一辆卡车上安装了（市内与城间）两种通信方式，用 2840 个中继站在澳大利亚本土形成的物流（运输与配送）信息网络，与交通设施网络形成一体。不同实体分别承揽取货、送货，集配中转，仓储配载和干线运输等业务，通过战略管理制度，形成了协同运作系统[1]，成为集成物流服务的经典案例，实现了 TNT 集团公司战略管理体制[2]运行机制。在我国刚刚开始改革开放时，TNT 就与中国运输企业进行合资合作经营，带来了国际物流企业货运集散一体化运作理念、管理手段和技术方法，对我国物流企业业务服务水平提高有着一定的促进作用。诸如，上海天地物流所开发的上海—深圳—广州、上海—北京，以及上海—武汉—成都等经营线路和方式，在一定程度上传递

---

[1] Express，T.，*Transport and Distribution*，British：Mercury Books Division of W. H. Allen & Co. Plc，1990.

[2] 董千里：《高级物流学》，人民交通出版社 2015 年版；董千里：《高级物流学》，人民交通出版社 1999 年版。

了外资物流企业经营理念。TNT 与中国安吉物流的合作使得安吉天地物流构建并完善了信息平台,为安吉成为今天中国汽车物流市场份额占最大比重的提供商奠定了基础。直至今天,TNT 物流在全球物流市场仍有很强的品牌影响力。

（二）新飞专运——新飞电器案例

最初是新飞电器剥离运输车队,新乡市汽车运输总公司第 5 分公司与新飞电器合作,在制造业冰箱冰柜下线后长距离物流过程中的"多对一"服务过程中脱颖而出。其业务起步从新飞电器厂门外以苇席围地作业务点开始,逐步以其诚信和业务能力打动新飞电器管理者,进而发展到成为新飞专运员工穿新飞电器工作服进驻新飞电器厂区办理业务,新飞电器为其配置了办公场所设备,这样新飞专运和新飞电器展开了长期战略合作。在为新飞电器提供下线冰箱等产品的干线运输切入新飞电器供应链的过程中,新乡市汽车运输总公司第 5 分公司相约 18 家公司成立了新飞专运,其是集成体主导功能商、资源商形成的物流链的组织形式,通过这种方式,在面对新飞电器业务高峰需要 600 余辆卡车、低谷需要 200 余辆卡车的需求时,达成了一种协调、稳定的服务方式,融入了新飞电器供应链过程[①],先后分别签订 3 年、2 年的合作合同。1998—2002 年,新飞专运——新飞电器合作案例中的新飞专运公司经历了新飞电器（中方董事长逝世）换届新方董事长、新飞电器实施向社会招标物流业务,以及新乡市汽车运输总公司改制,成立新运物流公司等事件。在长达 26 年的考察中,新飞专运先作为国有企业下属公司,后在企业集团体制改革中,成为股份制企业的下属公司。

模式机制篇将借助两业联动实践案例,运用集成场理论进行制造业与物流业联动发展模式的顶层设计,重点剖析制造业与物流业联动过程中涉及的切入、适应、共享和融合的发展阶段,在不同阶段物流链切入供应链的运作过程,导入、适应、共享和融合是有明显特征的。

二　经典案例对两业联动模式的贡献

（一）集成场视角的案例研究可提炼出两业联动发展的基本范畴

从集成场视角,在由集成体、基核和联接键等合成场元组合构成的两业联动发展模式中,应用所熟悉的两业联动案例,利用集成场基本范畴,

---

① 董千里:《供应链管理》,人民交通出版社 2002 年版。

可以构建两业联动模式结构。

（1）将集成体分为物流集成体与制造集成体，其间的关系类型分为市场选择型、合作伙伴型、战略联盟型和紧密融合型四种，物流集成体与制造集成体之间的关系逐渐增强。

（2）将基核间的关系类型分为公共型、连接型和融合型三种，其间的距离和业务专业化、协同化程度依次增强。

（3）构建合成场元间联接键。运用集成场理论构建集成体、基核等之间的联接键，通过基础类、服务类和综合类联接键研究设计，进而从更为具体的信息型、资源型、技术型、功能型、过程型和组合型六种联接键进行选择和应用。

（二）通过案例研究，分析提炼合成场元间的作用机理和主要过程

应用所掌握案例的内在历史演变过程，用逻辑过程描述两业联动主要范畴之间的关系与运行机制。应用其他专家撰写的两业联动案例验证两业联动发展模式的基本结构。应用中突出了切入方式和适应、共享的稳定状态发展的不同。通过一系列实例的应用，诸如，"安得物流—美的电器""安泰达物流—小天鹅"等，实例验证是可行、适用的。

在上述研究的基础上，运用探析型多案例研究方法，进一步探索基于集成场理论的两业联动发展模式的实践，并模拟两业联动发展的演化过程。针对目前提出的两业联动发展模式缺乏实践指导与验证的现实，根据集成场理论探索案例中的制造业与物流业的联动发展在实践过程中所表现出的典型的联动发展模式。

（三）有利于验证和进一步深入认识两业联动发展机理与实现过程

集成场提供了研究制造业与物流业联动的合成场元空间分布及运动规律的研究范畴，两业联动过程主要涉及集成体、场源、基核、联接键和场线等，经归纳可以分别用于分析物流集成体所主导的物流链切入制造集成体主导的供应链的两业联动、两链融合过程中的相互作用关系。从集成场视角分析全国两业联动典型案例，囊括了上述关键因素，通过一系列个别案例研究发现其中的共性、特点和规律，进行归纳总结分析，在此基础上对集成场中合成场元受集成力分布和作用进行分析与观察，不仅精简了集成场中考察集成运动的基本要素，而且提供了一种更广阔创新模式的顶层

设计的思考方式和途径。①

三 陕西两业联动集成体间关系分析

在研究陕西省两业联动的发展过程中，所整理的 102 个案例②中囊括了典型制造企业与物流企业联动发展的不同模式类型，基本反映了陕西地区制造业与物流业联动发展的关系及特点。

在两业联动集成场中涉及的主要合成场元包括集成体、集成体间关系、联接键、基核等，从两业联动模式的表达式上可以看出，两业联动发展模式的特点主要从集成体间业务关系、联接键和基核关系三个方面着手，对案例进行归类分析，从而总结出陕西地区制造业与物流业联动促进两链融合的发展特点。

集成体间的关系是两业联动集成场中的物流集成体和制造集成体分别主导的物流链与供应链在集成过程中形成的一种复合关系，通常表现为经济和法律关系，可运用价格、协议、契约合同等方式表达或固定下来。在陕西两业联动的案例调查和统计中，物流企业主导物流链形成的是物流集成体，制造供应链的核心企业是制造集成体。物流集成体和制造集成体之间的控股、契约等决定的关系紧密程度，可以归纳为四类，即紧密融合型、战略联盟型、合作伙伴型和市场选择型，其合作的紧密程度依次递减。

根据实地考察调研和陕西两业联动案例统计分析，可归纳出陕西地区两业联动集成体间关系类型的百分比。陕西两业联动的集成体间关系案例统计分析可参见表 7-1。

表 7-1　　　　陕西两业联动的集成体间关系案例统计分析

集成体间关系	紧密融合型	战略联盟型	合作伙伴型	市场选择型
案例个数	8	32	51	11
百分比（%）	7.84	31.37	50.00	10.78

注：数据经四舍五入。

---

① 董千里、董展：《制造业与物流业联动发展模式的识别与应用——集成场视角的案例研究》，《物流技术》2013 年第 12 期。

② 董千里等：《陕西省制造业与物流业联动发展研究》，长安大学物流与供应链研究所，2013 年。

调查的样本主要是陕西比较典型的制造业与物流业的两业间合作企业。它们的合作基本上是以合同关系或长期协议下的合同关系为主,在此基础上以参股,特别是以控股方式进行两业联动的案例所占比例还是比较少的。但紧密融合型、战略联盟型的两业联动到两链融合的深度对接关系还是较为突出的(见图7-1)。

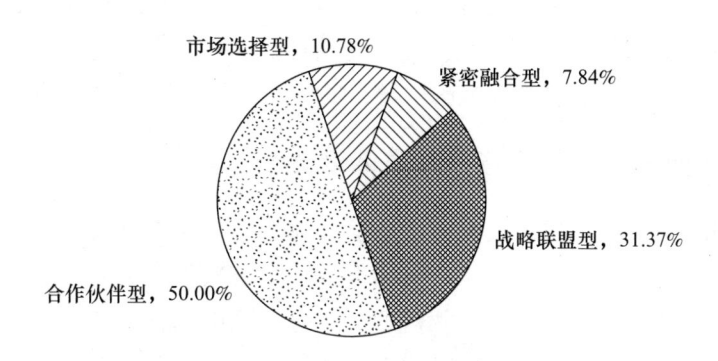

图7-1　陕西集成体间关系统计分布

注:数据经四舍五入。

从图7-1中可以看出,陕西两业联动集成体间的关系以合作伙伴型为主,占到市场的50%,这种合作模式的主要特点是制造企业与物流企业签订一年以内的中短期合作合同,业务不存在交叉,业务内容清晰,这类合作模式关系不是非常稳定。陕西两业联动战略联盟型的占比为31.37%,仅次于合作伙伴型,在这类模式中制造企业与物流企业有长期合作合约,业务边界清晰。陕西两业联动紧密融合型只占7.84%,这类模式中的制造企业和物流企业之间有长期合作的历史,业务过程和资源融合,形成供应链物流管理过程,是比较成熟、高端的合作模式。最后,市场选择型占10.78%,这是一种合作时间最短、合作业务程度最低的类型,个体商户没有被纳入此次课题统计分析范围。

陕西物流企业与其服务的企业在紧密融合型的联动模式方面存在不足,占比较低;而陕西地区两业联动集成体关系模式主要是以合作伙伴型为主,即联动以短期合作为主,业务合作内容单一,边界清晰,集成体融合性小。因此,物流企业需要进一步加强与制造企业的合作,合作模式应向战略联盟型及紧密融合型过渡。

第二节 两业联动集成场的基本范畴

两业联动集成场主要有集成体、基核、联接键、场线和场界等基本范畴。其中,集成体、基核、联接键、场线是最主要的合成场元,而集成体是主动性合成场元,是具有战略主导、贯彻执行和经济利益性质的有机体。

一 两业联动集成场的集成体设计

将物流链、供应链以及两链融合运作作为主要研究对象,突出了主动性场元作用,这些都属于人工场的研究范畴。物流集成场的提出来自物流高级化实践需求,首先是解释物流业高级化实践中的物流集成问题,再就是利用集成场理论解决两业联动实践中的物流集成问题。物流集成体主导物流链的形成,并切入制造集成体主导的供应链,形成两链融合的两业联动模式。集成体的设计,即是集成体的结构和集成体的集成力设计。

(一)集成体结构设计

物流集成体由物流链成员构成,即物流企业构成;而制造集成体由供应链成员构成。集成体结构设计即设计集成体内部企业成员的类型和个数,以及企业间的连接方式。物流集成体所集成的企业类型为物流资源商、物流功能商、集成物流商三种,而制造集成体集成的则是供应链成员,其类型是供应商、制造商、批发商、零售商、物流企业等供应链成员企业。集成体的形成主要通过企业间的联盟、并购、控股等方式,因此,集成体的结构稳定性也取决于企业间的集成形式。

1. 两业联动集成体的种类及作用关系

在制造业与物流业联动过程中,涉及分别主导物流链和制造供应链过程的集成体及其间的关系。通过分析两业联动集成场理论与实践关系,可知:

(1)集成运作必须有主动设计、布局优化的集成体,在两业联动集成场中的集成体主要涉及制造集成体和物流集成体。此外,还有其他类型集成体,例如,管理物流节点的海港、空港、陆港等平台集成体。

(2)物流集成体一般应主动寻求与制造集成体及其所主导的供应链展

开物流业务合作。在两业联动集成场中，物流集成体必须主动与其客户"供应链物流服务对象"寻求合作。

（3）两业联动发展是制造业与物流业间衔接、合作等的集成运作过程，集成场理论中的集成体主导两链适应对接，导入、适应和共享这一领域的协同绩效。

2. 物流集成体在物流链形成与运作中的地位与组织条件

物流集成体作为主动性合成场元，体现了集成体主体场元战略意图、行为能力和经济利益，以及整合客体单元（如物流资源等）的综合实力，即物流集成力。针对物流集成体在集成过程的地位分类，可以划分为绝对的物流集成体、相对的物流集成体和分散的物流集成体。

（1）绝对的物流集成体。绝对的物流集成体是始终处于物流链前端，即集成体在物流链的主导地位是稳定的，占据物流基核并能充分发挥场源作用来整合物流功能、资源，能够提供客户供应链所需的集成物流服务。

物流集成体在两业联动中的地位往往取决于双方合作中的彼此认可程度、信赖程度，以及组织物流链的需要。绝对的物流集成体在两业联动集成场中处于物流链的主导地位并发挥主导作用，由于诸多因素，合作关系的地位一般是稳定的。诸如，在"通汇物流—陕重汽"合作案例中的通汇物流，在安得物流与美的电器合作案例中的安得物流，它们在一定程度上都在两业联动中处于绝对物流集成体的地位并起到相应的角色作用。国外制造企业进入中国制造业市场开发业务，往往也是用其在国外的物流合作伙伴在中国组成物流链，实现其所需的集成物流服务。

对制造集成体而言，处于物流链绝对主导地位的物流集成体，在一定时期往往具有专有技术、专有能力、规模较大、实力较强、诚信可靠、有相当长的合作历史等基本特征。

（2）相对的物流集成体。相对的物流集成体是根据物流企业联盟规定或运作制度要求，在受理客户物流需求时发挥物流集成体作用，或在关联伙伴作物流集成体时能够起到物流功能、资源等配合作用角色的物流集成体。相对的物流集成体在两业联动集成场中的地位取决于与客户之间的关系、与联盟中的企业间的关系，其物流集成体的地位是相对的。据统计，德国有 30 多家物流企业联盟，平均每个物流企业联盟约有 32 家物流企业，它们可共享联盟的物流基础设施等资源，承揽物流业务的物流企业可以作为物流集成体完成物流服务过程，必要时相关物流企业可以相互配合。这种物流集成体的地位就是相对的,这种物流集成体对其他物流集成体承揽的业务而言就是资源商。

(3) 分散的物流集成体。分散的物流集成体是指分别按照自主能力和意识为客户提供物流服务的物流集成体。这类集成体往往规模小、能力弱,业务上起到见缝插针的作用。

在两业联动集成场中,主导物流链形成的集成体是绝对的物流集成体,或联盟中的相对的物流集成体,物流企业联盟中的相对的物流集成体可以借助共享联盟资源获得物流场线绩效。

(二) 两业联动集成体间的关系与集成力

1. 集成体关系类型

制造集成体与物流集成体之间的关系可以是市场选择型、合作伙伴型、战略联盟型和紧密融合型。

(1) 市场选择型关系。主要指市场上选择形成的临时或一次性合作关系。集成体之间根据自身能力、市场需求和竞争环境等因素条件,通过市场包括信息交易平台选择合作伙伴或物流业务,这种方式选择基于市场供求关系、价格和竞争环境等机制作用,大多是一次或临时性的业务合作。在公共信息交易平台寻求和进行的业务大多是这样的合作关系,对提供物流服务方的信任,往往是通过第三方或平台提供的证明作支撑。

(2) 合作伙伴型关系。主要体现为一定时期的合同伙伴关系。不同集成体之间根据自身能力、市场需求、竞争环境和对合作方的了解等因素,通过签订短期或一定时期(如一年以下的)合同的业务合作方式,建立明确的契约关系,明晰各方的责权利。

(3) 战略联盟型关系。主要体现为战略联盟协议(长期业务合同)上的较长时期合作。根据集成体之间战略、价值、文化、技术等方面的认可,通过签订中长期(如一年以上)的协议,明确各方的业务合作。例如,新飞专运和新飞集团曾经多次签订两年期、三年期的战略联盟协议,并通过每年确定一次合同关系的方式,具体明确业务关系细则;新飞专运也与相关的 18 家合作单位签订合作合同,以新飞专运为集成商整合 18 家单位为功能商(含资源商)形成物流链,确保其与新飞电器合同的全面实现。

(4) 紧密融合型关系。主要体现为资产或以股权控股关系为基础的长期合作。紧密融合型关系往往是在战略联盟关系基础上,通过采用相互参股或其中一方控股方式建立起长期业务合作关系。例如,陕重汽属于陕汽集团,在通汇物流与陕重汽两业联动合作发展到一定水平和深度时,由陕汽集团(陕重卡母公司)控股通汇物流,使得陕重汽与通汇物流两者合作关系更为稳定持久。

从市场选择、合作伙伴、战略联盟到紧密融合,先后经历了合同、长期合同到股权合作等关系,形成了业务、技术、信息、资金等更紧密的关系,这一过程所经历的是专业化、组织化、信息化基础上的再集成过程。

2. 集成体关系类型对集成力构成的影响

(1)集成力构成的战术性和战略性。重要的合作伙伴倾向于战略性合作,集成力关注于战略因素构成,反之是战术性资源构成。两业联动的集成体间关系,为集成体的集成力构成与设计提供了基本支撑。制造集成体的集成力体现为由制造集成体实施整合了供应链上的供应商、制造商、批发商、零售商等供应链成员,使制造集成体具备集采购、生产、销售于一体的功能,因此,需要制造集成体整合供应链成员的功能,实现制造一体化,这种制造一体化能力被称为制造集成体的集成力。而物流集成体的集成力是物流集成体集成物流资源商、物流功能商和集成物流商,为制造集成体提供一体化物流服务的集成能力。因此,集成体的集成力设计取决于集成体的结构,集成体的结构越复杂,所需要的集成力越强,而较强的集成力需要付出较高的管理成本,因此,集成力设计要恰当。

(2)集成力持续的短期性和长期性。长期性合作更倾向于物流与供应链网络构建和一体化服务形成。在制造业与物流业联动发展集成场中,从点、线物流到网—链物流运作的物流高级化发展过程来看,集成体是一个不可或缺的角色,在两业联动集成场中,长期合作导致不同集成体间在博弈、竞合、协同发展中,愿意投入更多资源,以取得共赢绩效。

(三)两业联动集成体地位的影响因素与条件

1. 决定物流集成体成为物流链主导者地位的因素与条件

(1)物流集成体自身的结构。物流集成体在物流链形成、运行、监控中掌握场源、基核功能,能够对物流集成系统进行整体规划、运行监控和协调管理,或能够借助外部资源实现这一过程和能力。物流集成服务商成为物流集成体,才能够主导物流链。物流集成体可以是第三方物流企业、集成物流管理服务商等。

(2)物流集成体的信息、资源、管理的整合能力。物流链具有相对稳定的特性,为巩固物流集成体的主导地位,需要提高物流集成体的集成力,使物流集成体通过其完备的信息网络进行资源整合，从而使物流链协调稳定发展。同时，物流集成需求是物流集成体主导物流链的动力源泉，因此，需要有足够的供应链物流需求才能显现出物流集成体的主导作用。

2. 决定制造集成体成为供应链主导者地位的因素与条件

（1）制造集成体的制造集成能力。供应商、制造商、零售商和客户所形成的产品制造供应链是物流、信息流、资金流和商流的统一体。作为制造供应链的主导者，供应链核心企业，必须具备产品、品牌、信誉，以及完善的信息网络平台、产品交易平台和产品的实体配送网络，从而能够主导产品制造供应链的形成与运作。

（2）制造集成体在供应链中的核心地位。制造集成体必须是制造供应链中的核心企业才能够主导供应链。因此，制造集成体一般为制造企业或制造企业联盟的核心企业，具有产品、品牌、市场和信誉等场源的基核，能够形成制造及物流集成引力。

二 两业联动集成场的基核设计

集成场体现了包括人的意志在内的各类集成力作用及其规律的研究范畴，两业联动集成场体现了分别主导两业的集成体，产生集成力、集成引力等复合场源作用的基核间关系，以及在两业联动中的运作、相互作用机理，这些都在两业联动集成场理论与实践的范畴应用中得到统一。

两业联动集成运作往往需要有能够使制造与物流过程精准对接、方便作业和全程监控的基地。这一基地要满足制造过程需要和物流过程对接的需要，对接的距离形成了融合型、连接型和公共型（分离型）基核关系。基核依托于土地资源，选址具有排他性。物流链与供应链融合过程发生在企业、产业、区域和全球相关的空间范畴，连接不同企业、产业、区域和国家并渗透其间发挥作用，这是合成场元在空间分布、作用和运动的过程。

物流业高级化发展过程体现了以点、线为基础的物流功能向以网—链为组织结构的集成物流发展过程。物流节点是点、线、网和链的基础，所有物流集成过程都离不开点的建设、线的连接和网的编制，这些构成了物流链、供应链的"链"运行的高效路径选择条件。强化重要物流节点的场源建设，就构建了两业联动集成场中的基核形成的基础。其场源实质体现的是"集成"、集成力、集成引力等的源泉与作用，体现了初级物流到高级物流的发展趋势，体现了物流集成体资源布局、功能服务、价值增值等要求。两业联动体现了物流链融于供应链过程,其中的制造基核与物流基核在两业联动的集成场的产业集聚、产业融合中发挥集成功能区位和集成引力的作用。

三 两业联动集成场的联接键设计

两业联动集成场中的联接键设计涉及国际、国家、区域、产业和企业等多个层次。国际物流集成过程是一个企业运营国际物流的资源、功能、技术、制度和全部过程的综合体现,将极大地影响到两业联动的质量、效率和成本。

(一) 实施改革开放政策

设立自贸区开拓了市场,降低了国际市场进入的门槛;废除过时的规章,体现的是一种制度创新或者是制度重新设计。自贸区体现了国内市场与国际市场的对接,也体现了市场对接的资源型联接键的作用。制度创新设计破除了市场机制衔接的文件障碍,是不同国家、不同所有制企业合作的基础,体现了一种以信息型联接键为基础的组合型联接键的设计。

(二) 基础设施建设的完善

国家或区域的海港、陆港、空港建设,公路、铁路、航道、航线建设开发,是以基础设施资源为基础的资源型联接键的设计。国家"一带一路"倡议所涉及的国际物流通道建设,是不同国家对国际物流基础设施资源的共享,体现的是以资源型联接键为基础的组合型联接键设计。诸如,丝绸之路经济带建设以政策沟通、道路联通、贸易畅通、货币流通、民心相通"五通"为主要内容,其中,政策沟通、货币流通、民心相通都是信息型联接键,贸易畅通需要信息型联接键促进信息畅通,物流资源型联接键、物流信息型联接键等共同促进基础设施畅通。国家、地区以完善基础设施作为重大合作项目的抓手,以建立各种类型联接键作为完善合作机制的方式,是努力打造惠及沿线各国的利益共同体、命运共同体的产业合作、经济合作的基石。[①]

(三) 信息系统及其平台的建设

信息系统涉及专项、共用和公用功能,一些专项物流信息系统(例

---

① 潘莹:《国内外专家学者为丝绸之路经济带建设出谋划策——丝绸之路经济带国际研讨会成果综述》,《中亚信息》2014年第7期。

汽车零部件物流信息系统等）往往是第三方物流企业与其客户物流业务对接并建立双方长期合作关系的基础，是典型的信息型联接键。信息系统的对接深度构建了双方发展战略、价值和文化兼容的程度。物流综合信息平台一般具有物流交易信息和物流业务管理的基本功能，其中在公共物流信息平台中以物流交易信息功能应用最为广泛，往往连接了更广大的市场需求者与供给者。以某一公共信息平台为例，特色功能与增值服务包括：零担运输系统、多式联运功能、担保交易功能、商务智能分析、全网点车辆便捷维修服务。

四　两业联动集成场的场线形成

两业联动实践中的物流链切入制造供应链是在专业化基础上的集成问题，是利用集成场理论提高两业联动实践中的分段场线的集成问题。集成场视角的人工大系统分析，要求尽快抓住关键要素、关键环节和关键过程。集成体在两业联动集成场中主导集成活动绩效，其集成活动绩效可用集成场线表示，体现了两业联动产出效率函数的轨迹，可以用产出效率函数进行理论分析。

两业联动的集成放大效应使用两业联动的集成乘数效应来反映。供应链企业物流专业分工的放大效应体现为外包业务的专业化。在专业化效率提高基础上的集成就是协同效应，两业联动发展在专业化基础上具有进一步放大的效应作用。

两业联动过程中，物流链与供应链集成的放大效应体现为放大系数 α，具体表现为信息集成、技术集成、组织集成等，体现为功能集成、过程集成和系统集成放大。物流集成涉及不同物流要素功能集成的效率，可用式（7-1）表示：

$$\alpha_{单元集成} = \frac{A_{单元集成}}{B_{单一单元}} \qquad 式（7-1）$$

例如，高速公路不停车收费系统是典型的技术型联接键，把人工收费的多段工序集成起来，用计算机系统在车辆通过的同时完成收费作业。这也是基于RFID技术的物联网应用。

两业联动过程集成涉及不同的物流功能参与供应链物流过程的集成效率，即两链互动、融合的物流功能、过程集成效率的乘积，可用式（7-2）表示：

第七章　集成体在两业联动中的顶层设计角色　255

$$\alpha_{过程集成} = \frac{A_{过程集成}}{B_{单一过程}} = \prod \alpha_{单元集成 i} \qquad 式（7-2）$$

式中，i 表示相关功能集成单元。

例如，公路集装箱运输从西安（高新区）到上海（开发区）要经过几段公路送到开发区：工厂→高速公路→过江大桥→高速公路→普通公路→城市道路→客户。

$$\alpha_{过程集成} = \frac{A_{过程集成}}{B_{单一过程}} = \prod \alpha_{单元集成 i}$$

$$= \alpha_{城市道路} \cdot \alpha_{普通公路} \cdot \alpha_{高速收费} \cdot \alpha_{高速公路} \cdot \alpha_{跨桥收费} \cdot \alpha_{跨桥行驶} \cdot$$
$$\alpha_{高速收费} \cdot \alpha_{高速行驶} \cdot \alpha_{普通公路} \cdots$$

显然，频繁的人工收费环节使 α ≪ 1，大大降低了运行效率。改变方式，如利用不停车收费系统代替人工收费，以联网收费减少收费次数，都有利于提高整个两业联动系统效率。产出效率函数取决于全程场线各段效率乘积。

五　两业联动集成场的场界确定

两业联动集成场的集成体及其场线作用范围体现了两业联动的环境。当物流集成力突然为零时的集成活动边界，就是场界。在现实中可以是企业间竞合环境、供应链竞合环境和虚拟网络竞合环境。

（一）企业间竞合环境

企业间竞合环境的场界可以分为物流企业之间的合作范围以及制造企业与物流企业之间的合作范围，前者涉及物流企业联盟或物流链的形成，后者基本上是供应链企业联盟。无论是前者还是后者，基本上都是企业间的博弈关系。

（二）供应链竞合环境

供应链竞合环境是物流集成体主导的物流链与其所服务的制造供应链之间的关系。物流集成体主导的物流链切入以制造集成体为核心的供应链，其间的联动竞合作用体现在两业，特别是有组织化机理作用的供应链竞合关系，如物流链切入并融入供应链，形成服务型制造业和生产型服务业。

（三）虚拟网络竞合环境

虚拟网络竞合环境是建立在"互联网+"基础上的两业联动作业过程。在德国"工业4.0"计划、《中国制造2025》所体现的聚焦新一代信息技术产业的先进制造业、服务型制造业和生产性服务业中,虚拟网络技术平台所确立的虚拟网络竞合环境,将对制造业与物流业两业联动产生深远的影响。

目前主要体现为制造业通过电商平台实现销售,电商通过物流联盟实现电商与物流的对接,物流联盟的作用有明显的体现。

(四)典型案例分析(电商物流联盟——菜鸟物流网络联盟)

2013年5月28日,阿里巴巴集团、银泰集团联合复星集团、富春集团、顺丰集团、三通一达(申通、圆通、中通、韵达)、宅急送、汇通以及相关金融机构共同宣布,"中国智能物流骨干网"(简称CSN)项目正式启动,合作各方共同组建的"菜鸟网络科技有限公司"正式成立。① 马云任董事长,沈国军任首席执行官。12月"菜鸟网络"正式落户郑州;"菜鸟网络"与上海众萃物流联合,启动冷链物流平台;"菜鸟网络"对海尔进行约人民币22亿元的投资,合作运营日日顺物流公司。菜鸟网络"智能骨干网"项目,主要通过以下两个方面的投资和整合布局物流业:一方面,中国智能骨干网要在物流的基础上搭建一套开放、共享、社会化的基础设施平台,平台搭建后,通过自建、共建、合作、改造等多种模式,在全中国范围内形成一套开放的社会化仓储设施网络。另一方面,通过大数据、云计算、物联网等新技术,建立开放、透明、共享的数据应用平台,为电子商务企业、物流公司、仓储企业、第三方物流服务商、供应链服务商等各类企业提供服务,实现信息共享。②

菜鸟仓储设施网络由8个左右大仓储节点、若干个重要节点和更多城市节点组成。大仓储节点针对东北、华北、华东、华南、华中、西南和西北七大区域,选择中心位置进行仓储投资。③ 华东节点最大仓在金华都市新区;华南节点最大仓则在广州萝岗区;华北节点最大仓落户天津等。

菜鸟网络信息平台的第一个关键点是需求预测和库存计划。需求预测,即通过大数据对各个片区市场需求进行预测,客户下单之前就可以在各仓储节点铺货;库存计划,即利用大数据,基于商家市场需求科学地进行库存计划,这是智能骨干网的关键,例如在双十一来临前,通过云计算、大

---

① 程婕:《我国第四方物流发展新进程——"菜鸟"计划的性质及其前景分析》,《中外企业家》2013年第13期。
② 同上。
③ 霍恬、李晶晶:《浅谈菜鸟运输网络》,《知识经济》2014年第13期。

数据等手段预测各区域需求,并提前将货物运达 8 大仓储节点。第二个关键点是物流信息平台。其是菜鸟网络的一个核心枢纽,是基于大数据的中转中心或调度中心、结算中心,能够打通阿里内部系统与其他快递公司系统,通过转运中心,买家从不同卖家购买的商品包裹可合并,节省配送费用。其中,物流信息平台会根据以往的快递公司的表现、各个分段的报价、即时运力资源情况、该流向的即时件量等信息,进行相关的"大数据"分析;通过分析,得到优化线路选项,对各个第三方物流公司进行优化组合配置,并将订单数据发送到各个环节,由第三方物流公司完成。这样,物流成本降到最低,速度做到最快。阿里既掌握了信息流,又掌握了物资流,并制定了规则。

从集成场的角度出发,菜鸟网络的形成与运作体现了物流联盟与物流链的运作过程,以电子商务信息平台(基核)作为可靠的货源、仓储、第三方支付质量保障等社会所关注的场源的载体,以网上交易与沟通作为厂商、客户和第三方物流商之间的联接键,从而形成产业、电商和物流联动发展模式。在客户在电商平台完成商流的交易过程中,物流订单同时生成,并按照物流单据完成物流作业过程,一并形成了商流、物流、信息流和资金流等在综合信息平台的集成界面全面和全程对接过程。

第三节 两业联动集成场的动力之源设计

两业联动集成场的集成动力主要是合成场元如物流集成体施展的物流集成力,不同合成场元间如不同集成体之间、基核与集成体之间、基核与基核之间产生的集成引力,它们的综合作用形成了两业联动"场线"的绩效表达方式。

一 物流集成力在两业联动中的作用

物流集成体产生的物流集成力是一种综合的经济力。在本书中,根据动力学的力原始模型 $F=ma$,设定物流集成函数为 $y=f(o, r, a)$,其中,o、r、a 分别代表组织、资源和调控能力,都是以 t 为自变量的各类资源函数。建立物流集成力的同态概念模型可表示为式(7-3)。

$$F = ma \rightarrow p_{集成} = r \cdot a_{集成} = r \cdot \frac{d^2 y}{dt^2} \qquad 式（7-3）$$

在两业联动集成场中，物流集成体的资源掌控调度能力越强，其整合能力和形成物流链的作用越强，产出效率绩效增长力也越强。

二 物流集成引力在两业联动中的作用

两业联动集成体之间的集成引力可以表示为：两个集成体之间的集成引力与物流集成体可用于集成的资源质量成正比，与两者网络之间距离的可达性的平方成反比。

物流集成资源质量表明了可用于两业联动集成场中的系统和集成过程资源的兼容性、有效性和协同性，兼容性、有效性和协同性越高，表明资源质量越高。这种条件下，物流集成体用于物流集成过程产生的物流集成力也越大，在物流集成体之间产生的物流集成引力也越大。

可达性是用时间指标衡量的两点之间的距离，物流集成系统集成体之间是网络联系，因此表示为网络的可达性。[①] 可用式（7-4）表示。

$$P_{集成引力} = k_{引力系数} \cdot \frac{r_1 \cdot r_2}{t^2_{网络可达}} \qquad 式（7-4）$$

式中：r_1、r_2 分别表示集成体 1 和集成体 2 可调控资源质量；$t_{网络可达性}$ 表示物流集成体所介入物流网络的可达性；$k_{引力系数}$ 表示资源质量的兼容、协调和协同能力级别的参数，取值范围如表 7-2 所示。

表 7-2　　　　　　$k_{引力系数}$ 的系数级别及取值范围参考

系数级别	不兼容	兼容	协调	协同
取值范围	$0 \leq k_{引力系数} < 1$	$k_{引力系数} = 1$	$k_{引力系数} > 1$	$k_{引力系数} \gg 1$

当 $0 \leq k_{引力系数} < 1$ 时，表明两个物流集成体资源不兼容，硬往一起凑可能导致物流集成系统效率降低。

当 $k_{引力系数} = 1$ 时，表明两物流集成体资源性质基本兼容，当物流集成后的集成系统产出规模能力扩大时，物流集成效率基本没有改变。

当 $k_{引力系数} > 1$ 时，表明两物流集成体资源协调，物流集成后的集成系

---

① 董千里：《物流集成场：国际陆港理论与实践》，社会科学文献出版社 2012 年版。

统规模能力扩大，物流集成效率提高。

当 $k_{引力系数} \gg 1$ 时，表明两物流集成体资源协同，物流集成后的集成系统规模能力扩大，物流集成效率提高，视其倍增效率取值。

在两业联动集成场中，不同集成体掌控资源协同性越高、规模越大，资源调度能力越强，集成体之间的集成引力越大，形成长期合作、战略联盟乃至紧密融合的可能性越大。

三　集成物流商导入方式

在不同的连续式生产流程、混合式生产流程供应链各个环节中，常见的两业联动切入点主要交集通常是原材料库、产成品库和市场交易实物作业点等，在离散式（或称组装式）生产流程中，除了上述几个交集点，还有工位上的交集。实施两链融合的工位上的衔接是指物流服务直接对接生产过程，两链衔接的交集是制造过程基核。物流链切入离散式生产流程各个交集点可形成切入模式，形成复合界面管理过程见图7-2。复合界面包括信息、物流、资金等综合管理系统。

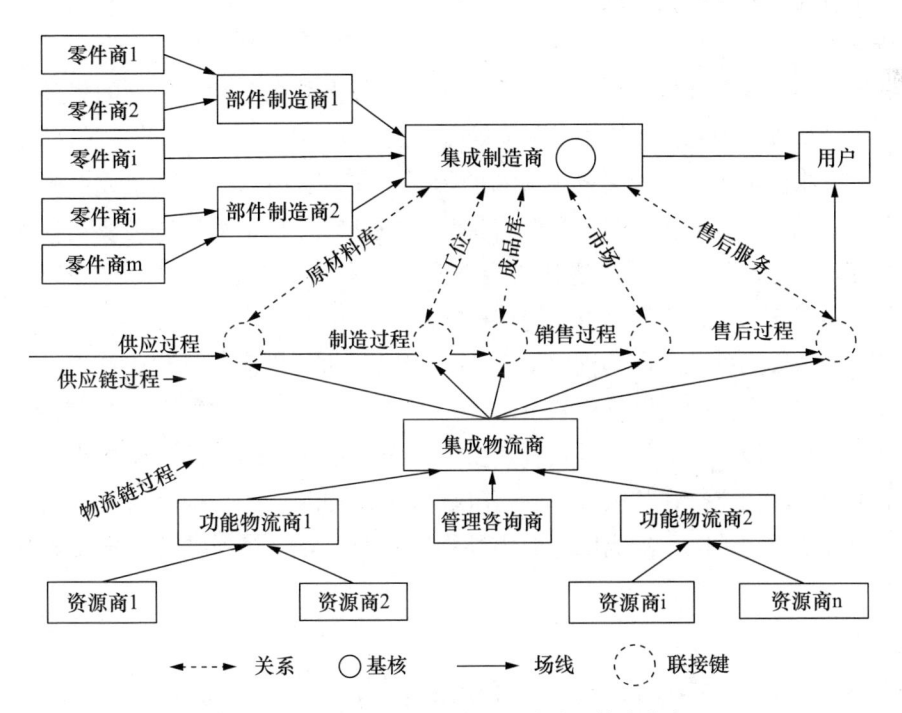

图7-2　物流链切入离散式生产流程的交集点

(1) 物流集成衔接方式。物流集成商是两链衔接的高端方式，满足敏捷制造、JIT 生产装配等拉式供应链所需的准时物流服务要求。在 JIT 准时送料体系中进行运输包装翻包，按照生产作业计划配送零部件到流水线作业现场。

(2) 功能物流衔接方式。典型的有运输、仓储等功能物流服务商切入的两链衔接方式，大型装备检验合格后可以采用下线直接装车运输的方式，衔接的交集点在检验合格的终端作业点，如长途运输方式、产品配送方式。根据产品技术性能要求，实现运输专业化，提高运输质量和效率。

(3) 资源物流切入方式。提供仓储、货场、设备等资源服务，可由制造集成体组织相应的物流运营、管理活动。

四　集成供应商导入方式

集成供应商的导入方式，是从供应链最前端的采购供应过程导入，可以主导供应链的价值增值过程。集成供应是指由几个供应商组成联盟，在一个或几个领域中共同满足一个客户需求的供应或采购模式。[①] 在集成供应概念下，由集成供应商承担客户需求计划、采购、收货、储存、库存管理和配送的集成管理责任，可以大大减轻客户外部采购负担。广义的集成供应概念可以延伸到供应链中从最初的制造商到最终用户的伙伴关系，这样，第三方物流也可以进入集成供应商的行列，进一步引入并应用集成供应过程这一概念。有案例表明，在非直接物品的供应过程中采用这种模式具有很好的成效，其特点是渗透到制造企业组织中，支持整个供应成本降低。集成供应商切入单一产品供应链过程的模式见图 7-3。

这一模式可以推广到同时服务多个不同产品的供应链过程。首先，可以进入非生产性的物资供应领域，具有通用性，容易取得规模效应；其次，可进一步扩展至全部供应链过程。由大型企业集团中的不同产业板块构成的不同产品供应链在其供应环节的前端切入集成供应（采购）过程，也可取得规模经济效应。集成供应商主导物流链切入多个供应链的基本模式见图 7-4。

[①] 董千里：《供应链管理》，人民交通出版社 2002 年版；董千里等：《供应链管理》，东北财经大学出版社 2009 年版。

图 7-3　集成供应商切入单一产品供应链的基本模式

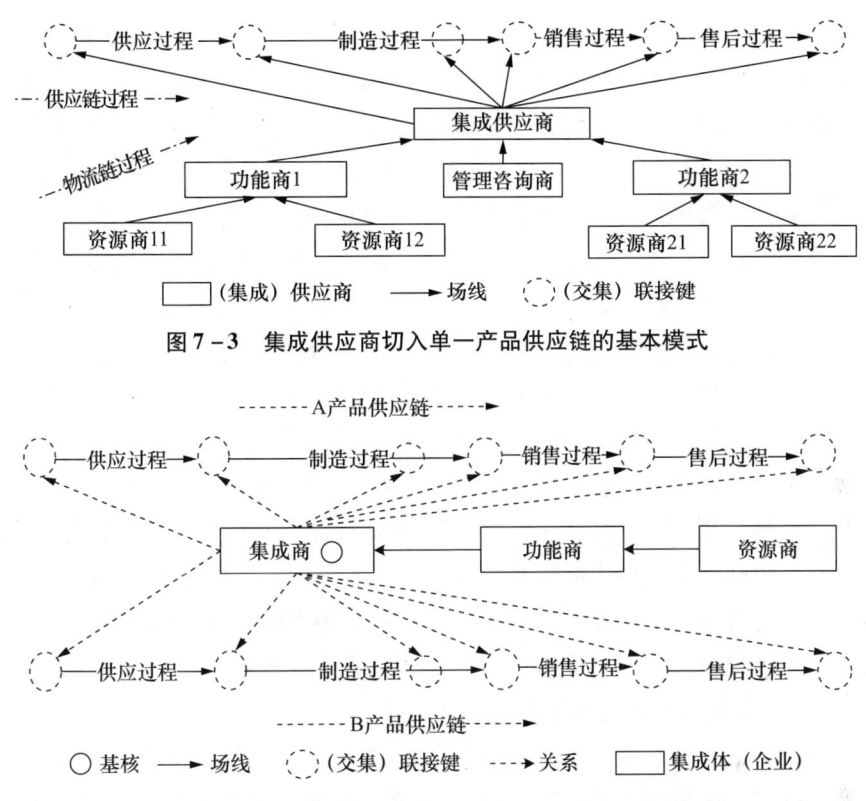

图 7-4　集成供应商主导物流链切入多个供应链的基本模式

第四节　两业联动的网络支撑

网络在形态上指网状的东西，也指由许多互相交错的分支组成的系统，或由若干元件、器件或设施等组成的具有一定功能的系统。

一　网络的基本结构

（一）两业联动网络的构成

管理实践对网络多从组织机理描述，意指企业网络、产业网络。[①] 如

---

① 鞠颂东、徐杰：《物流网络理论及其研究意义和方法》，《中国流通经济》2007 年第 8 期。

Hakansson 和 Snehota（1995）提出的"ARA 模型"指出，行为主体（Actor）、资源（Resource）、活动（Activity）的相互作用、相互影响，促进企业间联系的发展，企业间相互联结并逐步形成网络。王成金、韩增林[①]（2004）认为，物流网络是在交通运输网络的基础上，物流经济要素与其所吸收的其他类型的经济要素的集聚形式，表现为地域运动形态，同时也是一种空间结构。徐杰、鞠颂东[②]（2005）认为，物流网络是在网络经济和信息技术的条件下，为适应物流系统化和社会化的要求，由物流组织网络、物流基础设施网络和物流信息网络三者有机结合而形成的物流服务网络体系的总称。《中华人民共和国国家标准：物流术语（GB/T 18354－2006）》将"物流网络"定义为"物流过程中相互联系的组织与设施的集合"。[③] 鄢飞、董千里[④]（2008）通过分析物流集成实践的发展，认为物流网络是由线路（通道、渠道）、枢纽（节点）等物流基础设施网络、信息网络和物流业务组织网络集成构成的体系，即集成体主导的"三网一体"。物流网络不仅是物流链运作的载体和支撑，也是两业联动集成场的运作环境。因此，两业联动集成场运作网络环境包括实体网络和虚拟网络。

（二）物流设施：两业联动的骨骼支撑

物流设施网络是各类物流节点构成的实体网络。两业联动的网络是制造供应链供产储运销等功能环节形成的网络和第三方物流所布局的业务网点。第三方物流的网点布局优势是随着所服务客户的网络布局，也就是以制造集成体为核心的市场布局到哪里，第三方物流作为物流集成体主导的物流链网点就布局到哪里。

（三）物流信息：两业联动的神经沟通

物流信息网络可以提供物流交易信息服务，可以将若干仓储管理系统联网起来运作，形成仓储网络管理系统；可以支持电子商务和第三方物流服务，将第三方支付的增值服务引入。其可以是实体网络的组成部分，也可以是虚拟网络的组成部分。

---

① 王成金、韩增林：《试论环渤海物流网络的形成与运作》，《人文地理》2004 年第 2 期。

② 徐杰、鞠颂东：《物流网络的内涵分析》，《北京交通大学学报》（社会科学版）2005 年第 2 期。

③ 《中华人民共和国国家标准：物流术语（GB/T 18354－2006）》，中国标准出版社 2007 年版。

④ 鄢飞、董千里：《陕西区域物流网络构建研究》，《西北农林科技大学学报》（社会科学版）2008 年第 2 期。

二 物流业务：两业联动的价值体现

（一）实体网络

不同物流业务所需要的实体支撑网络是不同的。以中国远洋物流有限公司为例，作为具有领先地位的国际化第三方物流企业，其在家电和电子物流、航空物流、化工物流、会展物流、电力物流、供应链管理、海运空运货代等业务领域为国内外客户提供全程物流解决方案，以"PENAVICO"品牌经营的船代业务在国内的市场份额超过50%。中远物流在中国设立了9家区域公司、400多个业务分支机构，在17个国家和地区设立了海外业务机构，与40多家国际货运代理企业签订了长期合作协议，形成了遍及中国、辐射全球的服务网络系统。

（1）作为第三方家电和电子产品物流服务商，在全国50多个城市运营超过100万平方米的仓储配送分拨中心，为家电、电子信息产品、精密仪器等制造企业提供入厂物流、干线运输、产成品配送及各项增值服务等端到端全程物流解决方案。

（2）为化工、电力企业提供化工工程建设项目的"交钥匙"物流解决方案。化工产成品包括危险品和剧毒物的仓储与分拨、远洋运输、内河运输、公路运输、灌装、储罐清洗等物流整合服务，及化工、电力的普通设备、重大件设备等的物流整合服务。业务范围包括第四方物流供应商、工程物流服务、专业仓储及订单处理、包装、装桶及样本服务、干线运输及配送管理、驻厂物流服务、沿海运输方案、ISO Tank运输及管理、罐区清洗及管理、供应链金融服务等。

（3）作为最具竞争力的航空、电子物流服务商，为全球主要飞机和电子制造企业提供飞机大部件、航空和电子零部件、生产设备、原料和产成品的跨国运输服务和保税仓储、驻厂服务等物流增值服务。

（4）作为国际会展物流服务商，为国际会展项目提供展品包装、跨国运输、展台设计和搭建、布展等"钉到钉"的服务。业务范围包括：外国政府和企业来华展览全程物流业务；中国政府出国文化交流活动全程物流业务；中国企业出国展览会全程物流业务；来华展和出国展留购展品报关及物流业务；国内国外大型体育赛事、演唱会、音乐会道具全程物流业务；国内各地区展览会全程物流业务；ATA单证册的报关商检物流业务；艺术品专业全程物流业务操作；国内外美术品展览布展、撤展全程物流业务；

外租展板及搭、撤展板；全球仓储业务。

（5）作为具备核燃料运输、核电成套设备运输、核乏料运输全过程物流操作资质的专业化核能物流企业，为核电企业提供包括设备、材料、燃料、乏料等物资的全程物流服务。

（6）提供大宗农产品进出口运输服务，与国内外知名农产品贸易商开展长期稳定的业务合作，业务范围涉及船代、报关、陆运、仓储、内贸等。

（二）虚拟网络

虚拟网络是一种包含虚拟网络连接的计算机网络。虚拟网络连接是在两个计算设备间不包含物理连接，而是通过网络虚拟化来实现。最常见的虚拟网络形式为基于协议的虚拟网络（如 VLAN、VPN 和 VPLS 等）和基于虚拟设备（如在 hypervisor 内部的网络连接虚拟机）的虚拟网络。从互联网形态上看，可以形成电商与物流衔接的虚拟网络，可以用虚拟网络支持 O2O 服务模式。

三 物流网络的系统化形式支持物流链运作

物流网络是由相互联系的物流线路（物流通道、渠道，Logistics Route）和物流节点（Logistics Node）有机构成的网状结构。从功能上看，物流网络是一个需要承担所有物流活动，并具有相应功能的网状系统；从系统结构上看，在"互联网+"技术支持下，这个网状系统既包括实体网，也包括虚拟网，既是组织与设施的集合，也是物流信息的集合。[①] 基础设施网、物流信息网和物流业务网是物流链运作的支撑[②]，即三网一体支撑了物流链的运作。处于网链高端的物流链可以在实体网络环境运作，也可以在虚拟网络环境中运作。物流网络是不同主体依据一定目的衔接构成的网络。网链结构是供应链运作与管理的基础，也是物流基础设施网络、组织网络和信息网络等集成运作与管理的基础。

供应链物流必须面对整个网络，支持整个流程，这是供应链管理与一般功能性物流服务最明显的区别。

[①] 鄢飞、董千里：《陕西区域物流网络构建研究》，《西北农林科技大学学报》（社会科学版）2008 年第 2 期。

[②] 鄢飞、董千里：《物流网络的协同效应分析》，《北京交通大学学报》（社会科学版）2009 年第 1 期。

(一) 物流网络及类型分析

物流网络构成了物流集成过程优化和选择的前提条件。物流业务进入物流网络和离开物流网络经历的时间是时间周转量。可见，物流网络质量、效率对时间周转量指标改善有决定性的影响。

在经济发展一体化、信息及网络技术飞速发展的背景下，在物流活动逐步走向现代化、社会化、信息化、系统化的过程中，物流网络所形成的具有一定功能的网状空间系统，可以满足不同层次物流需求及经济资源流通的需要，从而满足经济社会发展的需要。

总的来说，物流网络是在经济发展一体化、信息技术及网络技术飞速发展的背景下，物流活动逐步走向综合化、系统化、集成化的过程中，所形成的具有一定功能的网状系统。[①] 对物流网络概念的理解可以从以下几个方面展开。

（1）从空间结构分析，物流网络主要由点（物流节点）、线（物流线路）、链（物流链）有机构成，是具有比较完整的物流功能的网状空间系统，是现代物流系统的空间脉络表征。

（2）从系统组成分析，物流网络是一个由相互作用、相互影响的各个要素有机构成的系统，是多种网络的复合体。这个复合体既包括实体网，也包括虚拟网，既是组织与设施的集合，也是物流信息的集合。

（3）从功能特性分析，物流网络以网络化的运作模式来实现经济社会物资、信息等各种资源的联系与交流，这种模式可以实现规模化与专业化运作的有机结合[②]，能最大限度地将原有分散的物流资源以及重复交叉的物流活动进行网络化的整合与运作，能最大限度地利用和发挥存量资源的潜力，实现社会物流要素，包括物流企业、物流基础设施、物流技术、物流人才、物流信息等的优化配置和全面整合。

(二) 物流网络的特征

支持供应链管理的物流网络一般具有以下特征。

（1）复合性。物流网络是由相互作用、相互影响的点、线、链要素有机构成的，是实体网络、虚拟网络等多种网络的复合体，也是一个具有多

---

① 鄢飞、董千里：《陕西区域物流网络构建研究》，《西北农林科技大学学报》（社会科学版）2008年第2期。

② 同上。

种功能的复杂系统,可以满足不同层次物流需求及经济资源流通的需要。只有系统中各个子系统、各个要素能够做到协同运作,才能产生高效、有序的系统结构和行为。①

(2)服务性。物流网络实质上是一个综合性的服务系统,它通过一种新型的物流业务运作形态——空间网状形态为客户提供物流服务,高效、低耗、准时、可靠地将客户所需的物品从供方送达到客户。

(3)开放性。物流网络是一个开放系统,其与生产、流通、消费等各个领域紧密相关,通过物资、能量、信息的输入与输出,与外界自然、经济、社会环境等彼此作用、相互影响。因此,物流网络运作既受制于环境的发展变化也要适应环境的发展变化。同时,随着计算机技术、电子信息技术、现代网络技术和通信技术的迅猛发展以及各种信息网络的建设和运营,物流网络的开放特性更为明显,物流网络中每个节点都可以与其他任何节点进行联系,各种活动完全可以超越组织的边界和时空的限制进行协调与运作。

(4)动态性。物流网络是适应环境变化而演化的一个自组织系统,其演化过程呈现"点→线→链→网"的发展轨迹。在物流网络中,物流节点不是固定不变的,在不同的发展阶段,对物流节点的性质、功能的要求可能会发生变化,节点的地位可能会发生调整,基于需要随时会加入新的节点,淘汰落后的节点,这是一种不断调整、不断完善的复杂适应过程。同时,受内外部环境的影响,物流网络自身的性质、功能、地位等也会发生变化。从这个角度而言,物流网络的发展演化结果也是具有多样性和随机性的。

第五节 两业联动集成场的场线作用规律

一 从物流网络到集成场场线网络

在物流链各个成员企业及其客户的网络中,在完全竞争的市场环境下,上述物流链成员企业与其客户构成了物流网链关系,为了方便起见称其为

---

① 鄢飞、董千里:《陕西区域物流网络构建研究》,《西北农林科技大学学报》(社会科学版)2008年第2期。

物流链综合关系，包含商流、物流、信息流、资金流等，参见图7-5，其物流链联系为组合关系。在这一纷繁复杂的关系中，战略利益是不清楚的，整个系统处于混沌状态，需要一种理论使这一过程更为清晰简要，而集成场理论满足了这一要求。

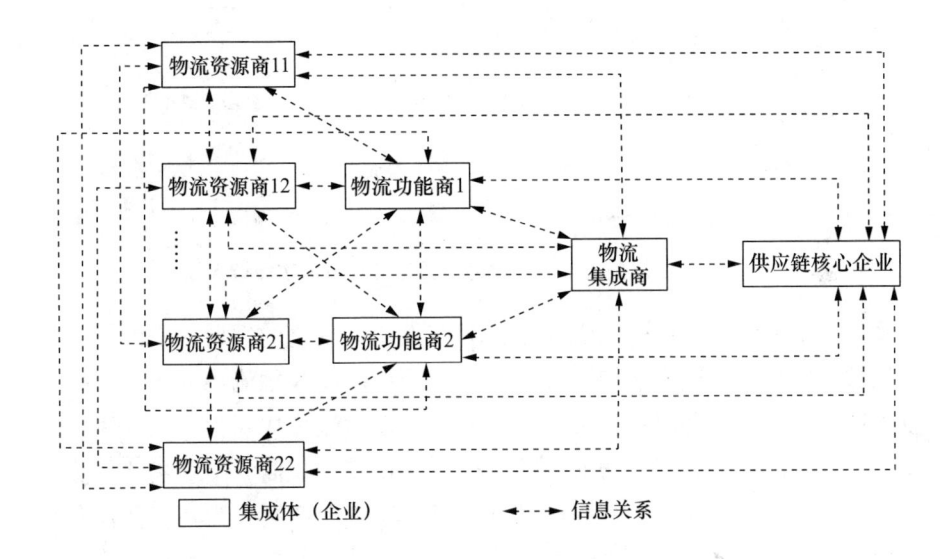

图7-5　物流企业与客户的物流信息关系

根据物流服务的性质，物流链不可能是一个封闭的独立网链结构。客户需求特别是稳定的大客户对一体化物流服务的需求是吸引各类物流经营者的场源。能够把握这些场源是物流服务提供商生存与发展的必要前提①，这一前提构建了物流链形成的场源，主导这一过程实现的是物流集成体，相对关系较低的称为次级物流集成体或初级物流集成体。当物流集成体形成多级体系时，将场源纳入基核的为高端物流集成体。在场源作用下，物流集成体主导的物流链关系使多种场元像电荷一样由集成力组成场线，场线是矢量线，这样就形成了物流集成场的场线网络。具体参见图7-6。

比较物流链综合关系图和物流链场线关系图，很显然，后者通过最终场线绩效，将战略地位、综合关系网络变得更为简洁、清晰。在构成物流链不同支链的企业之间一般不存在直接联系，与大客户企业也难以建立直接

---

①　董千里：《物流集成的形成机制探讨》，《物流技术》2009年第3期。

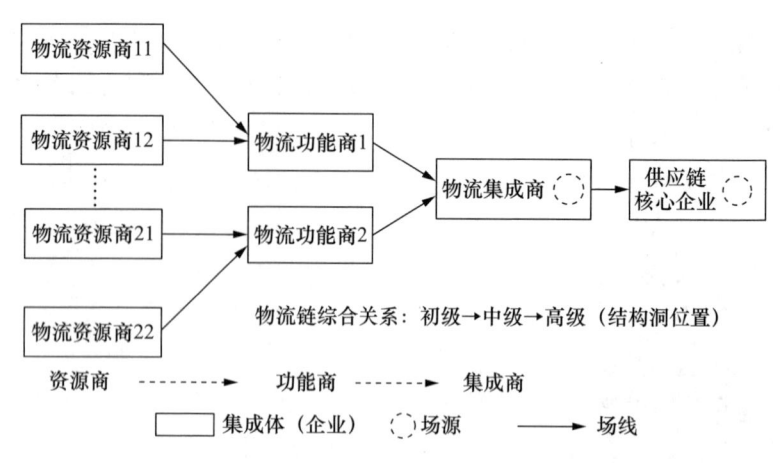

```
物流资源商11 ──┐
              ├──→ 物流功能商1 ──┐
物流资源商12 ──┘                 ├──→ 物流集成商 ⋯→ 供应链
    ⋮                            │                  核心企业
物流资源商21 ──┐                 │
              ├──→ 物流功能商2 ──┘
物流资源商22 ──┘

物流链综合关系：初级→中级→高级（结构洞位置）

资源商 ┄┄→ 功能商 ┄┄→ 集成商
□ 集成体（企业）  ○ 场源  ──→ 场线
```

图7-6　物流集成体以场源为引力主导形成的物流链场线

联系。伴随着物流专业化、信息化、网络化和集成化的发展，物流链业务从低端走向高端，链主从初级走向高级，最终由高级物流集成体主导整个物流链，这是一个必然的发展过程。显然，以物流集成商为高级物流集成体主导的网链结构是高端物流网链结构，以物流功能商为中级物流集成体主导的网链结构是中端物流网链结构，而物流资源商则作为初级物流集成体形成低端物流节点。高级物流集成体将场源建设纳入规划设计、资源整合、全程监控和集成管理中，将场源与客户的联系方式构建于自身形成基核，是建立集成体战略优势的重要手段。

二　两业联动集成的场线网链结构形式

与物流链形成过程类似，以总装商表示供应链核心地位的制造集成体，总成商1、总成商2代表总成（部件）供应商，零件商11、零件商12、零件商21、零件商22等代表零部件供应商，供应链产品（最终）客户为CI，产品制造供应链也可以是完全市场竞争条件下的供应链关系，其完全平等下的供应链成员信息关系构成见图7-7。

两业联动模式发展水平很大程度上取决于主导物流链与供应链两链的集成体衔接过程的竞合关系，其两业联动集成场的制造供应链场线一般过程见图7-8。

两业联动发展模式的基础是制造集成体与物流集成体主体单元的对接，制造过程与物流过程的客体单元对接。连续型流程和离散型流程分别有其衔接的交集点。两业联动本质上是物流集成体主导的物流链与制造集成体主

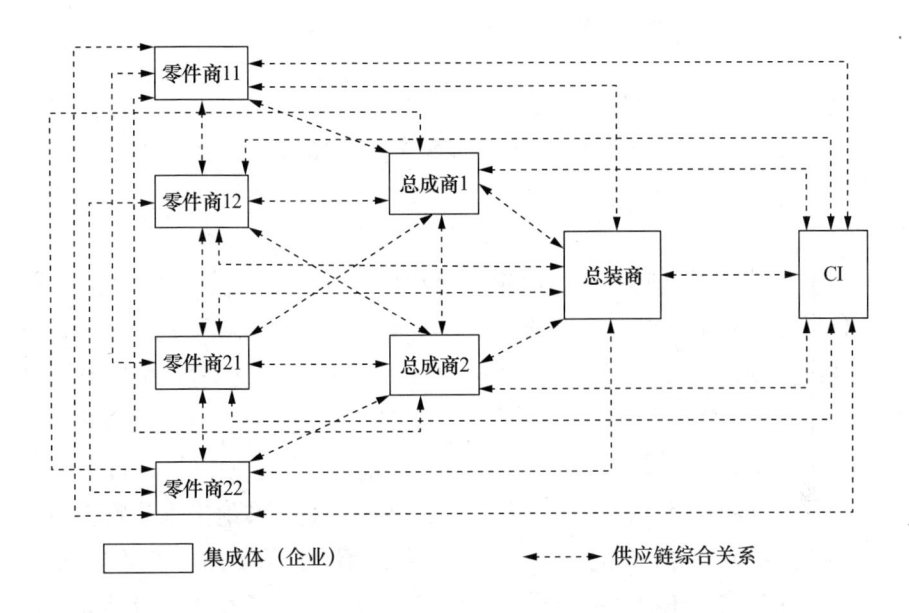

图 7-7 完全平等条件下的供应链成员信息关系

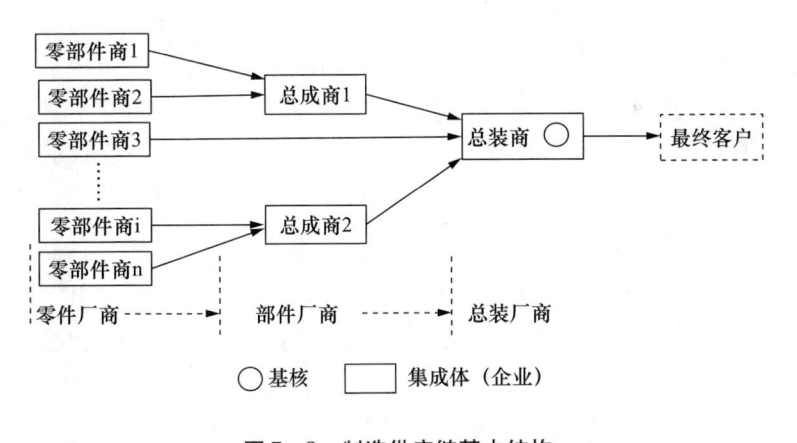

图 7-8 制造供应链基本结构

导的供应链融合为一体化的供应链过程,也就是在各自集成化基础上的再集成,即供应链集成过程。

第六节　本章小结

（1）集成体及其间的关系决定了合作的性质和资源投入的战略水平。集成体需要有战略意识和战略能力，才能更好地运用集成场基本范畴，进行顶层统筹设计。根据两业联动现场调研、统计分析和经验研究，结合结构洞理论[1]进行案例分析，有关案例研究印证了集成体运用集成场理论布局基核间关系、联接键设计等集成实践的战略资源投入与应用的可行性。

（2）由集成体主导物流链、供应链形成时，制造基地需求是物流服务场源的重要组成部分，制造供应链为市场最终用户提供产品（商品），也是两业联动的基核。在物流链与供应链两链对接过程中，即使物流链高端的物流集成体也处于相对弱势地位。

（3）基核承载的场源由服务市场规模、服务品牌、技术诀窍等合成场元构成，并在基核集聚，能够对多种场源的载体发挥作用，形成引导系统化的供应链集成核心竞争力。在物流链、供应链场线分别形成、进行联动融合的过程中，占有网链结构高端场源、基核构成的是物流集成体和制造集成体。

（4）制造基核在两业联动中具有举足轻重的地位和作用，其品牌、质量、产能、工艺等形成的场源，承载于基核之上，也是吸引并引导物流链服务走向高端的前提和基础。两业联动集成体在高端融合的网链结构越稳定，其竞争优势就相对越稳定。强化场源、基核建设是物流集成体、制造集成体巩固高端竞争战略优势的必然选择，因为它可以提高规模经济、提高效率和降低成本。在两业联动中的高端物流集成体应该更为主动地与制造集成体，围绕基核间关系设计和建设联接键，以形成相对稳定的集成体、基核和场线运营网络体系，在提高供应链价值的基础上实现效益共享。

（5）两业联动场线是受集成体集成力作用形成的，是物流集成体和制造集成体互动的过程，是在基核的场源集成引力共同作用下形成的，两业

---

[1]　［美］罗纳德·伯特：《结构洞：竞争的社会结构》，林虹、任敏、李璐译，上海人民出版社、格致出版社 2008 年版。

联动的实质是物流链与供应链在高端的衔接和融合。

（6）物流链不是一个孤立的网链结构，需要融入产业和经济过程才能实现物流链、供应链价值目标。因此，物流链是一个衔接、联接和适应外界环境的动态发展链，在物流链场线形成过程中处于高端的集成体具有更强的信息利益、监控利益和竞争优势。这一推论表明，物流链成员要提升竞争的结构位置优势就需要从网链场源位置向高端基核方向移动。

第八章 基核与联接键在两业联动中的作用机制

在从两业联动到两链融合的过程中,基核及其区位关系体现了集成体主导集成过程依托基核形成的竞合关系。针对由集成体所主导的融合型、连接型和公共型基核区位分布关系,分析不同基核关系类别在两业联动到两链融合过程中的作用,进一步提出基核间直接衔接和间接衔接作用机理,指出带有公共型特征的基核(物流中心、物流园区和国际陆港)在两业联动中的基础性作用。

第一节 基核在两业联动中的形式与机制

一 基核的含义及类型

(一)基核在两业联动中的含义

基核是集成场中的重要范畴,它起着承载多种复合场源、产生集成引力、支持场线运作、组织和管理的综合基地作用。在两业联动形成的制造供应链的网链结构中,处于网链结构高端节点的重要基地往往是基核的载体,零部件、总成在此装配成最终产品,并走向国内外市场。产品的声誉、市场销路、生产规模、经济效益等对该网链结构中各个节点的经营者具有相应的引力,吸引、诱导相关资源向这一基核集中。显然,产品品牌声誉、市场销路、市场规模、交通条件和经济效益等构成了该基核的场源。基核的建立、场源的引力是一个长期的积淀过程。在两业联动的基核结构中,土地是基核区位的物质载体，土地作为生产要素具有不可移动的基本特征，因此在制造业与物流业联动过程中，集成体主导物流链切入供应链的物料（产品）流动过程都离不开土地作为对接作业的空间载体。在两业联动发展过程中，制造集成体所主导的供应链产品生产（组装）基地，因其产品性能及服务品牌、生产规模和市场价值等场源的复合作用，形成了对各类物流服务商不同集聚引力的基核。董千里（2013）提出了物流集成体主导物流链形成、布局、晋级和稳定发展的机理，包括物流链形成的需求场源机理、物流链融入供应链机理、物流链节点位置优势差异机理和场源、基核向网链高端移位机理，这些机理①体现了物流业高级化发展中集成体构建的网链结构需求。②

（二）基核在两业联动中的分类

（1）按照两业各自的基核区位距离进行分类，可以分为融合型基核关系、连接型基核关系、分离型基核关系。制造集成体主导的供应链竞争优势在于基核，两业联动发展的关键在于两链融合所体现的质量、效率和成本，重点是市场需求快速响应和产品服务快速到位机理的作用，这些指标的测量也可以用物流链切入制造供应链过程的两链衔接或融合的基核空间相对区位关系来表示，它们是两业联动发展的紧密衔接、精准对接实现程度的基础，体现了两业联动发展模式的效率、成本和质量特征。③ 其中，基核间区位是两业联动走向两链衔接或融合的一个重要的基核衔接区位点，也是以土地等资源为基础构建联接键、形成排他性的区位要素。

（2）按照两业联动专用和公用性质可以分为自建专用型基地构建的基核和租用公共型基地构建的基核。前者投资大，建成利用效率高；后者前期投资少，使用没有自建的自由度高。

基核建设的关键是场源建设。基核（含物流网络节点）自建或租用是构建以基核为基础的物流网络的一类战略决策。特大型、大中型和小微型物流企业都有自己的基本战略选择。

---

① 董千里：《基于集成场理论的制造业与物流业网链融合发展机理研究》，《物流技术》2013年第5期。

② 董千里、董展：《集成体主导的基核区位分布与两业联动发展关系研究》，《物流技术》2013年第10期。

③ 董千里：《基于集成场的省域制造业与物流业联动发展水平研究》，《物流技术》2013年第2期。

二 基核承载的复合场源作用

(一) 制造基地基核作用

制造企业主导的供应链，是制造企业为更好地满足客户的需求，整合上游的供应商、下游的零售商而形成的链式结构。制造企业是客户的需求基地，根据客户的需求，在生产过程中产生相应的供应需求，生产出产成品后产生相应的销售需求。因此，制造企业作为需求基地吸引着上下游企业，制造企业的需求引力越大，供应链的结构相对越稳定。制造企业、供应商、零售商等企业构成的供应链在空间上的集聚则形成了制造基地，制造基地具有制造资源集成引力，吸引其他企业的加入。

(二) 物流基地基核作用

为满足供应链的集成物流服务需求，物流企业间需要通过资源整合、物流功能互补来实现，因此，集成物流商整合物流资源商、物流功能商形成物流链为供应链提供一体化的物流服务。而物流的集成需要集成空间，该集成空间具有较强的物流集成引力，吸引物流商的加入，从而形成了物流基地，是物流需求的源泉。

第二节 基核与集成体及其两链融合机制

基核具有极性的对称性、业务的均衡性、场线的集散性和功能的统一性等性质。显然，基核及其间关系特征与两链融合的基核区位条件相关。

一 两业联动中的基核间关系

从两业联动发展过程来看，以制造集成体主导的基核，可以成为最终产品形成基地，该基地可以包容物流集成体的业务基地。两链融合涉及基核间所发生的场线联系是由物流基核指向制造基核的过程。从作用区位及服务对象看，基核关系可归纳为融合型、连接型和公共型（通常表现为分离型状态）三种基本类型。[①]

[①] 董千里、董展:《集成体主导的基核区位分布与两业联动发展关系研究》,《物流技术》2013年第10期。

(一) 融合型基核关系

制造供应链核心基地与物流链作业核心基地处于同一区位。这样，物流场线运作距离比较近，容易实现 JIT 物流服务，可以精准服务到工位，能够体现高质量的专业化服务水平，实现物流服务质量高、物流运作效率高、成本低的全程场线绩效；便于不同集成体之间建立战略联盟关系，或建立更紧密的合作关系。融合型基核关系的两链对接见图 8-1。通汇物流—陕重卡合作的重卡生产线工位和中都物流—北汽总装线工位的 JIT 配送采用的就是这种融合型基核关系。

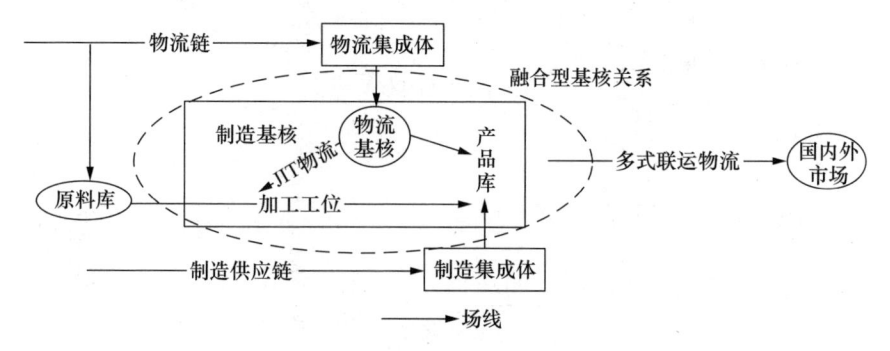

图 8-1 融合型基核关系的两链对接

(二) 连接型基核关系

制造供应链核心基地与物流链核心基地处于相连或距离相近的区位，能够比较方便地实现精准对接，体现出一定的专业化物流服务水准，物流运作效率比较高、成本比较低；便于不同集成体之间建立战略联盟关系。连接型基核关系的两链对接见图 8-2。中都物流—北汽商品车的全国配送采用的就是连接型基核关系，是因为商品车生产基地没有足够的停放面积。

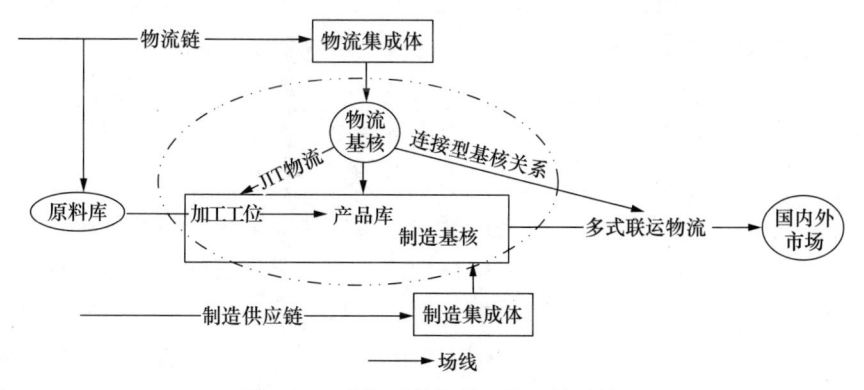

图 8-2 连接型基核关系的两链对接

（三）公共型基核关系

利用公共型物流基核，例如区域物流中心、物流园区、陆港、海港等，为制造企业供应链提供物流服务。比较典型的是物流企业联盟利用公共的物流枢纽为客户供应链提供轴辐形式的物流服务。利用公共型物流基核提供的物流服务选择范围广、服务通用性强，物流作业距离比较长。公共型基核关系的两链对接见图8-3。依托海港、空港和陆港所形成的一般就是公共型基核关系的物流运作模式，码头、货站所服务的是公共服务对象。

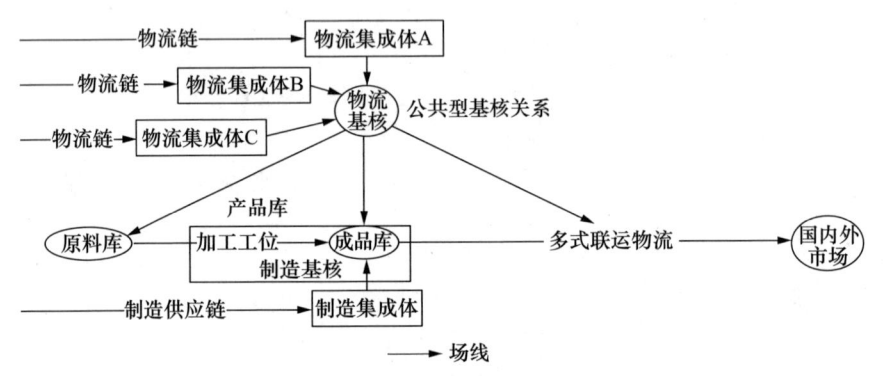

图8-3 公共型基核关系的两链对接

近几年，铁路也开始了向大客户延伸基核站点，公共型基核关系演变为连接型基核关系，有利于提高物流效率、降低成本。图8-1、图8-2和图8-3中所反映的基核间三种关系的基本特征，可以进一步用表8-1进行比较说明。

在融合型基核关系中，由于物流基核融合于制造基核之中，所体现的物流集成体与制造集成体的关系大多是"一对一"或"多对一"。例如，在制造基核中，基于新飞专运—新飞电器的基核就从"一对一"演变成了多家物流企业为新飞电器提供服务的"多对一"服务模式。根据对物流与供应链企业现场考察调研的分析，构成融合型、连接型和公共型的基核关系的数量结构往往是金字塔式的，即融合型很少，公共型数量很大，连接型介于其中，但数量偏小。一些规模大、实力强的第三方物流企业除了利用公共型基核，还占有一些物流基核为社会上客户提供物流服务。只有少数物流集成体涉及的物流业务属于融合型基核关系，其形成往往需要一定的天时地利人和条件，否则只是物流集成体在制造集成体的基核上进行相关物流作业。

表 8-1　　　　　不同类型集成体主导的基核间的关系类型

关系类型		表现形式特征	典型合作范例	典型的衔接业务形式	典型的衔接地点	备注
融合型		基核边界交融	通汇物流—陕重汽	专业化服务：组装生产线 JIT 送料	生产工位	业务规模达到对所合作的集成体有足够的引力
			新飞专运—新飞电器	专业化运输专业设备等	产品库区	
连接型	点对点	基核边界清晰	华秦物流等—比亚迪	专业化服务：成品车运输	成品库(区)、装载区	业务规模对所合作的集成体有一定的引力
	网络型	网络型"一对多"	新科安达—众多品牌客户；阿凡提—众多零担客户	仓储、运输、配送等	网络化作业节点	全球、全国或区域节点网络的集成引力
公共型		没有共同边界	物流中心（园区、陆港）—（制造企业）生产基地	通用服务：原材料、零部件、总成件、半成品、商品等运输	园区作业场地	有一定的批量规模的集成引力

再者是连接型基核关系，这一类型又可进一步分为点对点连接和网络型连接的基核关系。在这两个子类中，点对点连接是物流集成体基核与制造集成体的基核直接连接，便于进行专业化协同作业；而网络型连接是指物流集成体的物流节点呈网络体系，如分布在全球、全国或一定区域，能够在集成体之间最大限度地提高以网络型节点为基础的衔接，提高对接效率和质量，并与最重要的物流基地基核用联接键连接起来。不同类型的基核间关系与处于不同竞合关系的集成体及产业布局、经济环境密切相关。

融合型、连接型和公共型基核间关系，可以反映产业布局和不同集成体间基于土地等作业场所的竞合关系，从融合型、连接型到公共型基核关系的专项物流效率可能递减，因而在专项物流服务中被取代、被更替的可能性逐层加大。

二　物流基础设施网络与时间周转量

物流基础设施网络体系构成了物流点—线—网资源型联接键体系，物流集成体运作的物流量在这一基础设施网络系统所经历的时间与基础设施网络运作效率有关。一些典型的第三方物流企业面对众多的主要客户，即在"一对多"模式下，倾向于建立自己的物流基础设施网络体系。所规划建立起来的包括公共型物流节点在内的物流基础设施网络，需要与综合信息网络和物流业务网络紧密结合起来，形成服务与主要客户物流网络，即"一对多"物流服务模式的基础。时间周转量[①]就成为考核物流效率的重要指标。例如，新科安达、招商局物流都针对其主要客户及其分布进行物流基础设施网络的节点布局。本着跟着品牌客户走的理念，品牌客户的市场布局到什么地方，新科安达、招商局物流网络节点就布局到哪里。安吉物流的整车物流与此类似，采用两级分拨发运体系，其物流运作是从整车厂、整车分拨中心（Vehicle Distribution Center）和整车储运中心（Vehicle Storage Center）到4S店（销售方）的物流运作系统，物流节点涉及铁路货运站、水路货运站（多以公共型基核关系为主）与公路货运站（多以公共型或连接型基核关系为主），并由综合物流信息系统形成的全程信息型联接键连接起来。[②] 理论上，公共型基核间的关系距离可以有远距、中距和近距，物流企业多数利用的是公共型基核关系。但是，公共型基核关系大多不是服务于客户的专用物流基核。物流节点网络成为物流集成体主导的基核中的场源建设，起到物流集成引力的作用。

三　两链融合的交集点及基核的组成部分

不同集成体主导的两链融合交集点成为两业联动的基核间关系的组成部分，在一定范围内反映了不同产业在空间的联系程度和产业在空间的集聚程度。这一规律可以通过国内外很多案例得以验证。从集成体间关系和不同类型基核间关系所涉及的"解剖麻雀"的研究中可以看到，制造集成体与物流集成体的主体单元一般需要在战略、价值和文化等方面达成共识，才可能在可掌握可控制的资源范畴中达成兼容运作的关系体系，即从主观到客观均需建立长期关系。在不同集成体之间建立稳定的长期合作关系，其供应链伙伴关系模型参见图8-4。[③]

---

① 从进入到离开特定物流基础设施网络体系的物流量所经历的物流过程的总时间。
② 交通运输部道路运输司：《货运与物流企业转型发展典型案例》，人民交通出版社2013年版。
③ 董千里：《高级物流学》，人民交通出版社2015年版。

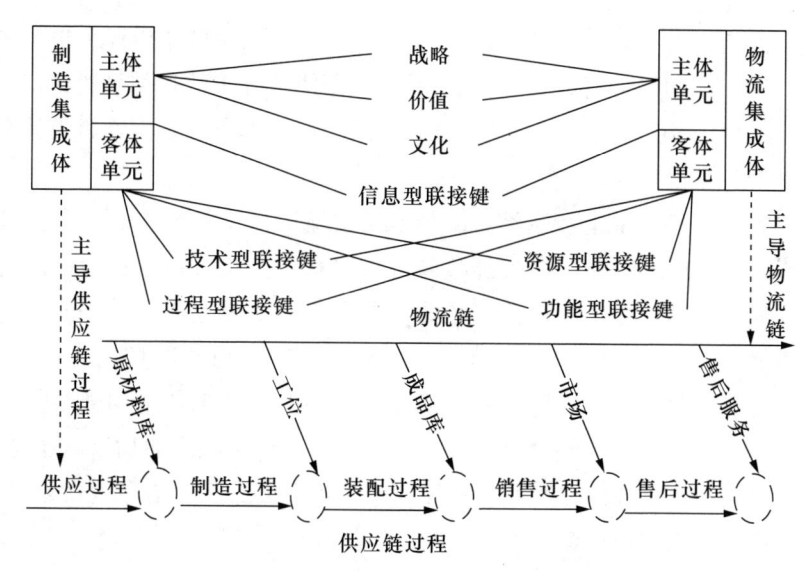

图 8-4 制造集成体与物流集成体间的多元渠道衔接关系

第三节 基核对两业联动发展的影响

通过问卷调研、现场调研对两链相切所涉及制造供应链的交集进行的研究可知,基核间关系是两链衔接中的关键因素,与物流集成体主导对接的业务规模、能力,集成体间关系高度相关,不同业务规模在物流集成体与制造集成体的主观认识和客观资源把握方面也有明确差异。

一 制造集成体的基核与物流通道关系

(一) 制造基核与物流基核的三种关系

(1) 融合型。集成体之间相互持股,制造集成体对物流集成体具有控股关系,需要在战略、价值和文化等方面达成一致,形成战略合作伙伴关系。当业务规模足够大时,物流集成体对构建稳定的竞合关系非常关注,对于新进入集成场的竞争者具有强力排他作用。

(2) 连接型。这就是说,物流与制造的点对点或网络型基核间物流距离是相对较近的。制造集成体与物流集成体之间通过建立长期合同关系,当业务规模足够大时,可构建集成体在基核间点对点的稳定战略关系,有利于提高业务运作质量、效率,并降低成本;网络型是有实力的集成体,根据主要客户分布构建支持客户群的网络型体系,长期使用可使其间关系达到相互认可的稳定水平。点对点或网络型基核关系对于新进入集成场的竞争者具有一定的排他作用。

(3)公共型。陆港、空港、海港以及物流园区、物流中心,多为公共型基核,与客户的业务点形成公共型基核关系。公共型物流基地中的物流集成体多为中小企业,或是在园区的大型集成体下属业务单位。业务规模较大的物流集成体与制造集成体之间一般有一年或较长时期的合同关系,而业务规模小的只签订短期合同,或以一次性业务票据作为形式合同。因为公共型基核(即基核间处于分离状态关系)需要长距离的物流通道连接,所以要解决连接集成体之间业务的环境等涉及不确定性的诸多因素,诸如,高速公路通行费和地方交通管制收费、罚款等物流通道相关问题。

(二) 三种关系对合作模式的影响

制造基地作为基核可以直接与物流集成体在此对接重型装备、机器设备等的集装箱运输、大件运输流程,完成高效率的产品交付任务,因此具有重要的供应链价值。特别是在按照订单制造的供应链模式下,在制造集成体的基核与运输通道对接过程中往往存在道路运输、铁路运输、公路航空联运等运行阻力、运行环境和运行成本的作用,对物流服务方式、运营绩效有重大影响。不同类型基核与集成体间合作模式的关系参见表8-2。

二 物流集成体涉及的基核与制造集成体的关系

大中型物流集成体往往采用构建物流网络节点形成连接客户的基核,其网络节点体系成为业务营销的关键因素,可以支持其众多客户供应链物流发展需要。显然,当两种类型基核无缝对接时,零距离基核间的物流作业使得合作效率更高、发展关系更密切。

各类基核往往有公路、公路—航空、铁路、公—铁—海联运等多种物流通道衔接方式。物流中心、物流园区为企业进驻物流作业区提供了基础条件。而中小物流集成体往往采用物流中心、物流园区等公共型服务平台作为连接生产企业的基核,完成中转、换装、装卸、仓储、配送等服务功能。这种模式可以减少集成体自建物流服务网络的投资和风险。以物流园区为基核,物流集成体可以通过共同运输方式形成场线,例如,零担货运等服务方式与制造企业对接,可以实现物流集成体"一对多"的服务方式,

表 8-2　　　　　　　不同类型基核与集成体间合作模式的关系

关系类别	基核类型	场源类型	场源作用	集成体角色	典型模式	备注
融合型	制造基地	市场需求	高端物流需求；入厂物流需求；出厂物流需求	制造集成体：主导制造供应链过程	驻厂运输 驻厂物流精准对接	直接在制造基地提供服务，可直接服务销售过程
连接型	企业专用节点	作业场所、设施设备、相关资源；网络服务	仓储设施；装卸设施、设备；物流作业场地；相关货源、车源、企业	物流集成体：主导物流供应链过程	专业化精准服务	物流企业主导专业化、信息化、网络化和集成化物流服务
连接型	企业网络节点	作业场所、设施设备、相关资源；网络服务	仓储设施；装卸设施、设备；物流作业场地；相关货源、车源、企业	物流集成体：主导物流供应链过程	网络化节点服务	物流企业主导专业化、信息化、网络化和集成化物流服务
公共型	物流中心（面向社会）	作业场所、资源集聚；返程货源信息及货源获得	公路运输方式为主，航空运输方式为辅；货源信息集聚地；货源集聚地；车源集聚地；寻车配载可靠方便	（中心）平台集成体：支持功能；资源型物流服务物流集成体：主导功能型物流服务过程	中小物流企业、业务点专线运输	集聚、辐射范围大，集聚500—1000千米；辐射1000千米以上
公共型	物流园区（面向社会）	多式联运、作业场所、资源集聚；返程货源信息及货源获得	公铁联运等方式；物流企业集聚地；货源集聚地；车源集聚地；物流信息服务平台；集成物流服务商	（园区）平台集成体：支持区域物流功能；物流资源整合服务物流集成体：主导功能型物流服务过程	大中物流企业专线运输	集聚、辐射范围大，集聚1000千米；辐射1000千米以上
公共型	国际陆港（公共服务）	通关功能、保税功能；多式联运；资源集聚；增值服务	报关通关；保税物流；公铁联运；堆场；集装箱货站；物流增值服务	陆港平台集成体：支持国际物流、保税物流和装卸；中转物流服务过程物流集成体：主导国际物流、区域物流和一体化物流过程	大中物流企业大陆桥运输	国际物流范围；国际物流需求及其物流通道指向就是国际物流场线辐射范围

将零担货物通过配载转变为整车运输。这样形成90%—100%的吨位利用率和容积利用率完成干线运输过程，其运距通常可达到1000千米，从而使得单位物流成本降低。

国际陆港是具有更多唯一性场源的基核，除了能够面向社会提供许多公共物流服务，还能够提供通关、保税等综合性的平台服务，因此，作为基核的陆港平台集成体作用也就凸现出来①，国际陆港的物流集成力，在两业联动集成场中起着集聚、辐射物流场线的作用，全程物流场线运作效率与每一个物流节点作业、服务效率密切相关。

第四节 以基核为基础进行两业联动发展机制比较分析

业务和能力条件平衡是构建基核间融合型关系的前提，即制造集成体具有提供一定规模的集成物流业务的能力。当集成体间能够形成基核间直接对接区位的条件时，业务规模、物流能力的稳定性就为融合型基核间关系的建立创造了前提条件。

一 基于基核间直接衔接的两业联动机制

集成物流商能够通过整合相关资源，满足制造集成体供应链物流业务要求。例如，在连接型基核关系中，集成物流商能够整合功能及相关资源，将集成物流服务与制造集成体供应链物流需求进行直接对接。从供应链价值导向看，直接衔接的两业联动机制是供应链价值导向集成物流服务功能提升的过程。

若缺乏足够稳定规模的业务，物流集成体需要整合多个制造集成体业务，可采用同一物流通道的物流业务，当基核缺乏直接衔接的必要条件时，可通过各类面向社会提供通用物流服务的基核，通过多个物流集成体完成不同方向、不同规模的供应链物流业务。其共同物流服务方式可以划分为专业化或通用化的物流服务过程。从供应链价值导向分析，间接衔接的两

---

① 董千里、董展：《提升国际陆港物流集成力的战略思考》，《综合运输》2011年第8期。

业联动机制是以成本导向为主的供应链物流服务过程。

二 陕西两业联动基核间关系分析案例研究

从陕西两业联动的基核间的关系上看，基核是基于土地的复合场源载体。作业基地、物流资源、海关服务、保税服务等通用和公共服务都是场源，是吸引相关企业的基本要素，起着产生物流集成引力的作用。从制造业与物流业联动发展角度来看，制造集成体主导的基核是以其产成品为核心形成的基地，该基地可以包容物流集成体所占用的物流作业基核或基地。从区位关系及服务队形角度，可将基核间关系分为融合型、连接型和公共型（分离型）。两业联动集成场中的基核关系主要是以作业区位及服务对象为目标进行分类，即制造集成体与物流集成体之间的区位距离。融合型基核通常情况下位于制造企业制造基地内部；连接型一般情况下是物流企业为了便捷业务合作，将物流作业场地建在紧靠制造企业周边范围；公共型基核集中处理物流业务，一般情况下双方作业场地或区域距离较远。陕西两业联动的基核间关系分布情况参见表8-3。

表8-3　　　　陕西两业联动的基核间关系案例统计分析

基核关系	融合型	连接型	公共型
案例个数	7	33	62
百分比（%）	6.86	32.35	60.78

注：数据经四舍五入。

融合型关系所占比重小，准时配送到生产线（工位）的服务类型欠缺，说明专业化深度对接的物流基地比较少，基本上是依靠制造基地直接或连片划出一部分区域展开两业联动深度对接业务。结合图8-5可以直观地看出，公共型占60.78%，达到两业联动企业半数以上，可见在陕西制造业与物流业联动发展过程中，主要依靠公共型物流园区、物流中心等的支持。显然，空港、陆港、物流园区、物流中心等面向社会服务的物流设施仍然是两业联动的基本运作基地，是经济方面考量的首选。融合型基核关系所占比重最少，说明在陕西两业联动发展过程中，制造集成体与物流集成体之间的两链融合、融合深度、对接的精准性和时效性等方面还有较大发展空间。

融合型，6.86%

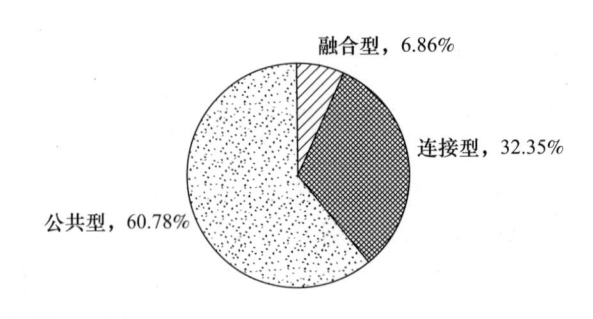

连接型，32.35%

公共型，60.78%

图 8-5　陕西两业联动的基核间关系案例统计分布情况

注：数据经四舍五入。

三　陕西两业联动发展模式选择的考虑因素

陕西制造业与物流业联动发展具备深度对接、协同发展的条件和优势，物流业专业化、信息化、网络化和集成化发展，对深化陕西物流业专业分工、改善物流资源配置、提高物流功能间联系，从而支持陕西制造业供应物流、销售物流两头衔接市场，与生产过程和产品配送过程精准对接，促进生产效率提高、产业结构调整、产业转型升级及推动陕西省区域经济协调发展，都起到重要的作用。因此，推进制造业与物流业联动发展，应紧紧抓住联动发展模式构建和选择的关键因素，具体包括：

（1）在考虑制造企业与物流企业之间的关系时，应特别关注能够组织物流链切入供应链的龙头企业——物流集成体。这是改变物流企业散、小、弱现象，加强物流业内在业务联系，实现组织化的引导力量。

（2）关注物流基地作为基核在产业集聚、整合资源和提升陕西物流业服务水平的作用，进而支持制造业提升核心竞争力，促进陕西区域经济协调发展。

（3）实现信息技术、物流资源和物流功能的获取要以高水平应用作为基础，要将创新技术、业务过程作为在物流链与供应链深度对接中的重要手段和必然选择。

（4）从集成体、基核和联接键三维因素考察的两业联动发展模式也会因外界环境的变化而变化，诸如，物流企业可能依制造企业在其市场份额的比重以及生产规模的大小和物流企业的业务能力的变化而变化，即可能从原来物流企业"一对一"物流服务模式转变为"一对多"物流服务模式。

第五节 联接键在两业联动中的构建

在两业联动的集成场中,集成体分别主导物流链与供应链,在网链联接的基核间的场线运作中,需要形成相对稳定的关系,因此需要构建相应的稳定联接键以加深两链融合的深度,巩固和提升集成运作效率。

一 联接键及其作用

（一）联接键及性质

在分析两链融合过程的联接键内涵、性质、类型和构建的必要性的基础上,需要进一步分析集成物流商或以集成供应商为主导的物流链切入供应链上下游交集处,探讨联接键在两链融合中的作用,运用集成场理论构建和运用不同类型的联接键。物流高级化发展需要有高端需求支撑,制造业与物流业联动发展为物流业发展提供了高端物流服务需求,从而形成了两业通过两链进行对接,实现相互促进、协同发展的机制。集成场很好地反映了集成体、基核、联接键及其他合成场元在集成力和集成引力作用下的空间分布和运动状态。董千里（2013）分别探讨了"制造业与物流业联动集成场的场线形成及推论""基于集成场理论的制造业与物流业网链融合发展机理"和"基于集成场的省域制造业与物流业联动发展水平研究",将制造业与物流业联动放到集成场中进行考察,在集成场范畴中考察两业联动乃至两链融合的全过程。

两业联动集成场中集成体主导的场线形成过程,在场源的吸引下构成物流链和供应链。处于其网链高端地位的集成体具有更多、更强、更主动的选择性。陕西省制造业与物流业联动发展水平评价研究验证了集成体之间的合作、融合深度,其合作、融合深度与两链融合的联接键构建有密切的关系。本书将两链融合过程中的联接键置于集成场范畴进行研究。

集成过程也是集成系统形成和完善的过程,联接键是人工构建和连接集成系统各个合成场元的集成机能结构,构成了集成系统的机能架构。刘明菲、李雷宇（2005）从供应链的视角出发,提出如何评价供应链界面管理的绩效,形成了一套供应链界面管理的基本框架。① 董千里、鄢飞（2011）提出用场来认识物流集成的基本范畴体系，涉及合成场元、物流集成体、基核、联接键，以及场线等基本术语。② 联接键是通过基核、场元、场线间内在机理形成或结成更为紧密相互作用关系的一个合成场元。③ 所谓"键"就是指其紧密相互作用关系单元的表现形式。联接键表明了集成体在两链融合的功能、过程、技术、信息、资源等方面衔接、对接的质量、水平，同时表明了集成体间体现的相互依赖、相互作用、相互促进的关系，实质上就是在集成体间形成了特定的界面，即以组合型联接键为基础的集成界面。联接键在物流信息集成、物流技术集成、物流系统要素以及物流过程（包括人、物、技术及管理）集成与实现过程中得以体现，并且切入供应链过程，通过联接键作用与供应链形成更为紧密的供应链集成关系。

在两业联动集成场中，联接键发挥着集成体之间的连接作用。为形成稳定的集成场两业联动活动，联接键应具备衔接性、有效性、稳定性和排他性等基本性质。

（1）衔接性。联接键是衔接两个或多个合成场元（集成体、基核、环节、过程等）的核心构件。

（2）有效性。联接键作为由人工设计的能够执行衔接、融合任务的合成场元，需具备高效完成任务的能力。

（3）稳定性。联接键的稳定性，使得两业联动的服务方能够更好地通过设计实现其目的和目标要求，使得服务方式具有稳定的共享利益。两业联动效率的稳定性需要通过联接键的稳定性来实现，否则会导致物流链与供应链系统断裂，影响场线运行。

（4）排他性。联接键一旦形成，联接键两端的集成体形成固定的合作关系，这种联接键关系越强越紧密，就越难被其他竞争者破坏和替代。因此，联接键建设是加强集成场各集成体之间关系构建的关键因素。

（二）联接键类型及应用

1. 联接键设计与构建条件

（1）设计中的创新意识及对知识链的把握。联接键设计需要具有创新

---

① 刘明菲、李雷宇：《面向供应链的界面管理问题研究》，《科技进步与对策》2005年第3期。
② 董千里、鄢飞：《物流集成理论及实现机制》，社会科学文献出版社2011年版，第17—18页。
③ 董展、董千里：《构建物流集成场的主体思路与基本范畴》，《物流技术》2012年第9期。

意识、创新特点。因此，集成体需要拥有一支专业化的物流与供应链方案策划和运作团队，或者利用外部智能资源。在物流与供应链集成过程中，联接键体现集成体对物流与供应链各个环节的掌握，即伴随着物流与供应链的知识链掌握。物流集成体及其主导的物流链和制造集成体主导的供应链的联接键有多种构成类型，董千里等先后结合物流集成实践归纳了信息型联接键、资源型联接键、技术型联接键、功能型联接键、过程型联接键和组合型联接键等类型，并将其纳入两业联动集成场中考察其形成、运行和发展。[1] 为了便于理论分析，还可将联接键分为基础类、服务类和综合类联接键。

（2）联接键运作要有界面管理和跨界执行力。联接键功能体现了跨界集成的执行力，需要有集成过程复合界面的集成管理系统和管理能力。下面结合物流链的典型实例以及安吉物流案例进一步研究其内在特征从而便于理论提炼，进行联接键设计、应用和发展的创新，并为其赋予更具体的内涵。

安吉物流的前身（1989年）是上海汽车工业销售总公司（上海大众总经销）长征储运经营部，其于1992年在上海成立安达汽车储运公司，并率先在中国大陆投入试运转轿运车4辆，实施商品车离地运输服务。2000年，上海安达汽车储运公司正式改名为安吉汽车物流有限公司，全力发展第三方物流服务，2002年6月，安吉汽车物流有限公司与荷兰天地物流控股有限公司合资成立安吉天地汽车物流有限公司。2009年1月，上汽集团对属下汽车物流企业进行重组，将安吉汽车物流有限公司升级为二层次企业。现在安吉物流作为一家为汽车及零部件制造企业提供服务的第三方物流公司，下属业务包括整车物流、零部件物流、口岸物流、航运物流四大业务板块。安吉物流公司以"服务产品技术化"的理念，从事汽车整车物流、零部件物流、口岸物流以及相关物流策划，物流技术咨询、规划、管理培训等服务，是提供一体化、技术化、网络化、透明化、可靠的解决方案的物流供应链服务商。目前，安吉物流是上汽集团全资子公司，在国内拥有船务、铁路、公路等10家专业化的轿车运输公司以及50家仓库配送中心，

---

[1] 董千里、鄢飞：《物流集成理论及实现机制》，社会科学文献出版社2011年版；董千里：《物流集成场：国际陆港理论与实践》，社会科学文献出版社2012年版；董千里、董展：《制造业与物流业联动集成场中的联接键形成与运行研究》，《物流技术》2013年第11期。

仓库面积近 370 万平方米。

2. 对基础类联接键的认识和应用

（1）对基础类联接键的认识。基础类联接键包括信息型联接键、资源型联接键和技术型联接键。一般信息、技术等都可被认为是广义的资源，构成了集成系统的基础资料。《辞海》对资源的解释是："资财的来源，一般指天然的财源。"联合国环境规划署对资源的定义是："所谓资源，特别是自然资源是指在一定时期、地点条件下能够产生经济价值，以提高人类当前和将来福利的自然因素和条件。"上述两种定义只限于对自然资源的解释。马克思在《资本论》中说："劳动和土地，是财富两个原始的形成要素。"恩格斯的定义是："其实，劳动和自然界在一起它才是一切财富的源泉，自然界为劳动提供材料，劳动把材料转变为财富。"① 马克思、恩格斯的定义，既指出了自然资源的客观存在，又把人（包括劳动力和技术）的因素视为财富的另一不可或缺的来源。可见，资源的来源及组成，不仅是自然资源，而且还包括人类劳动的社会、经济、技术等因素，此外还包括人力、人才、智力（信息、知识）等资源。据此，所谓资源指的是一切可被人类开发和利用的物质、能量和信息的总称，它广泛地存在于自然界和人类社会中，是一种自然存在物或能够给人类带来财富的财富。或者说，资源就是指自然界和人类社会中一种可以用以创造物质财富和精神财富的具有一定量的积累的客观存在形态，如土地资源、矿产资源、森林资源、海洋资源、石油资源、人力资源、信息资源等。②

（2）信息型联接键的地位与应用。信息一般指音讯、消息、通信系统传输和处理的对象，可泛指人类社会传播的一切内容。人通过获得、识别自然界和社会的不同信息来区别不同事物，得以认识和改造世界。在一切通信和控制系统中，信息是一种普遍联系的形式。美国数学家香农（Shanon）在《通信的数学理论》（1948）中指出，"信息是用来消除随机不定性的东西"，认为创建一切宇宙万物的最基本万能单位是信息。他以信息公式的方式定义"信息是熵的减少"，这里用到的"熵"是不确定性的度量，也就是说信息是"用来消除不确定的东西"。信息论作为系统学的组成部

---

① 《马克思恩格斯选集》（第四卷），人民出版社 1995 年版。
② 牛国鹏：《管理的逻辑起点和管理资源观的初步探究》，《科技信息》（学术版）2007 年第 16 期。

分，对指导物流系统化设计、系统重新设计等方面具有重要的理论指导作用，而信息型联接键就是以信息系统的衔接方式消除分布在不同领域中的不确定的东西。所以，信息型联接键是构成全球物流与供应链网络的最重要、最基本的联接键。"大通关"政策使得内陆港在"属地报关"，可以在海港"异地通关"，实现国际物流在境内与境外的快捷衔接方式。

在制造业与物流业联动环境下，过时制度规定的废除、新制度的确立就是消除不确定性信息，这就是以制度形式体现的信息型联接键。用相互消除了不确定性的信息及其相关传输的手段所构成的合成场元固定下来新的成果，可以大大提高协同运作的物流服务质量、效率，降低协同运作成本。根据市场特点、业务需求、存在问题来分析，汽车物流具有起步早、规模大、技术新、功能强、进步快等特点。紧紧抓住汽车物流发展契机，经过连续多年的高投入，造就功能齐备、数目众多的软硬件基础设施，同时，坚持以业务需求为先导，以业务流程为主线，充分运用现代物流技术、计算机技术、通信技术等各种先进设施，自主创新开发建设，完善以信息型联接键为基础的联接键建设。仅就信息型联接键方面来说，供应链集成模式经历了从 EDI 到电子商务平台的发展历程[①]，其中，电子商务平台的供应链集成模式是供应链集成信息型联接键的发展趋势。

安吉物流作为一家 5A 级的物流企业，致力打造交互的、一体化的信息技术平台，全方位实施电子收车系统，成为国内首家在汽车物流领域利用"物联网技术"实现全程无纸化运作的企业。海通国际是一家以口岸汽车物流供应链为依托的公共物流服务商，目前已建成整车物流和零部件物流两大服务平台，服务产品涵盖十五大类，并已获得挪威船级社质量体系认证，能提供"个性化""一体化""菜单式"的物流服务。海通国际为两大平台度身打造的全程可视化信息系统，成为典型的信息型联接键。

安吉物流信息化建设是构成信息型联接键的基础，目前已形成具有汽车物流企业特色的业务操作系统〔运输管理系统（TMS）、仓储管理系统（WMS）、分供方管理系统（FMS）、呼叫中心、商品车交接电子签收系统（TSS）〕、辅助管理系统〔财务管理系统、人力资源管理系统、办公自动化系统（OA）、知识管理平台（KM）〕、测量与分析系统〔车辆定位系统（GPS）、可视化管理系统、数据交换平台（数据仓库、BI 工具）、报表中

---

① 罗新星、陈伟谋：《供应链集成模式的发展研究》，《微型电脑应用》2003 年第 3 期。

心〕、决策与优化工具（物流中心选址决策支持系统、整车订单智能调度系统和路径优化系统、轿运车适载性三维模型系统），为业务的运作和管控提供了强有力的管理保障和决策支持。①

（3）资源型联接键的含义与构建。资源是一切可被人类开发和利用的客观存在。资源一般可分为经济资源与非经济资源两大类。资源型联接键所涉及的资源是经济学研究的资源，是不同于地理资源（非经济资源）的经济资源，它具有使用价值，可以为人类开发和利用②，并利用于经济与管理活动之中。用资源作为媒介将不同集成体及其业务、经济和利益关系衔接起来，形成性能更为稳定的合成场元，可以简化集成活动的博弈过程。集成系统的资源涉及狭义内涵，作为资源型联接键涉及的对象很多，仓库、货场、堆场、作业区等货物堆放、存储和作业空间场所，车辆、叉车、吊车、传输带等物流作业设备，火车、飞机、轮船、卡车等载运工具，构成了物流集成的主要资源。物流链资源往往分布于不同经营者的掌握之中，将分布在不同经营者、不同地方的资源，按照统一标准，将设施建设、设备选型、工艺技术、作业流程、检测系统、监控系统衔接起来进行构建、运行，就形成一体化运作的基础设施支撑体系。支撑一体化集成系统的资源网络关系就形成了联接键。像仓库月台登车桥（调节板）就可以将仓库内部取货、搬运和库外装卸车过程有效地衔接起来，形成以托盘为基本作业对象的一体化物流配送系统。这样可使得一体化托盘物流作业系统效率更高、质量更好，而成本却更低。通过集成体间共享资源的内容、设计协同方式、规定共享形式等，就可以构成资源型联接键。资源型联接键可以在不同类型集成体之间形成、运行，也可以在同类集成体之间形成、运行。前者往往体现了不同基础类联接键基础上的双方或多方互补的协同方式；而后者可以体现同类集成体集聚资源实现更大规模、更高技术水准的服务资源，诸如，物流企业联盟共享物流枢纽设施的资源机制，就构成了联盟内企业合作的联接键，可以大大提高协同效率。资源型联接键还可以进一步充实其他资源，形成综合性资源型联接键。

以安吉物流为例，安吉物流网络配置几乎覆盖全国各地，拥有十个区

---

① 汤国生、张梅子、谭支雄：《安吉物流发展网络化第三方汽车物流战略定位研究》，《物流工程与管理》2013年第3期。

② 高镔：《西部经济发展中的水资源承载力研究》，博士学位论文，西南财经大学，2009年。

域中心（华东两个区，华南、华北、华中、西北，西南两个区，山东，东北）。它具有达到年均 640 万辆商品车的物流服务能力，约占国内整车物流市场 35%，拥有公路运输可控运力 15000 辆，营运线路覆盖全国；水路运输海轮 10 艘、江轮 5 艘；铁路运输车皮 348 节；仓储中的整车仓库 27 个，约 470 万平方米。安吉物流是中国最大的专业汽车物流企业。其一体化物流解决方案满足了不同客户、不同销售模式的运作需求，具备以下能力：

①需要知识链支持的集成物流服务能力：一条龙进口车服务能力，即报关—商检—堆存—短驳—运输；

②满足封闭型驳运车及超宽型配载需求；

③提供多层次仓储解决方案：车辆动态控制系统（Vehicle Dynamics Control，VDC）/枢纽（车身稳定控制系统 Vehicle Stability Control，VSC）/站台、码头、公路中转；

④多式联运服务能力：陆路运输（公路运输＋铁路运输＋滚装运输）、水路运输（滚装船运输＋水路集装箱运输）；

⑤完善的运输网络能力：运输网络的规模效应、整合效应和对流效应；

⑥灵活定制的 IT 能力：灵活的信息采集网络—灵活定制的业务流程系统—灵活的信息分析系统，实时在途监控和面向订单的配送（OTD）时间窗控制。

这些能力都是建立在信息型联接键和资源型联接键的基础上的，有时还需要考虑结合技术型联接键形成的综合类联接键，以支持集成物流服务能力。

（4）技术型联接键的含义与研发。世界知识产权组织在《供发展中国家使用的许可证贸易手册》（1977 年版）中，给技术下的定义为："技术是制造一种产品的系统知识，所采用的一种工艺或提供的一项服务，不论这种知识是否反映在一项发明、一项外形设计、一项实用新型或者一种植物新品种，或者反映在技术情报或技能中，或者反映在专家为设计、安装、开办或维修一个工厂或为管理一个工商业企业或其活动而提供的服务或协助等方面。"实际上，知识产权组织把世界上所有能带来经济效益的科学知识都定义为技术。① 通过技术手段进一步将信息、资源等衔接起来，就需要有技术型联接键。冷链物流的仓库货物装卸、运输、卸货和交付全过程的

---

① 温丽琴：《我国技术出口的现状及发展战略》，《经济问题》2007 年第 4 期。

温度监控和货物跟踪就是典型的技术型联接键，这种专业化基础上的监控过程就形成了技术型联接键。有时可以由第三方建网独立运营，接受冷链全过程相关企业成员、社会和用户的监督，在冷链物流、制造企业和用户之间构建起联接键。

安吉物流在积累了20年物流行业的丰富经验的同时，也秉承着科技绿色物流的企业发展理念，开发了大型的、专业化的、适用于多客户的IT系统；创建了企业的核心技术，包括分流模式及路径的设计、核心技术创建，如计划与预警管理、网上查询的业务跟踪系统、仓库选址和内部规划、仓库管理系统、运输管理系统、Matrix系统、三维模拟装载等，致力于走在物流行业的技术最前沿。安吉物流及其分供方均通过了ISO9002认证，并且建立了相关的质保体系，实现管理及业务操作过程的标准化，具有针对客户产品捆扎的设计和测试能力，还建立KPI指标体系，保证物流全过程的可控性。

3. 服务类联接键及其应用

服务类联接键是联接键中最外在的表现形式，具体可以分为功能型联接键、过程型联接键，分别表现了集成的广度和深度。过程集成往往包含了多个功能集成过程，更能体现集成的一体化成果。联接键是用相对稳定的合成场元结构方式将不同的部分形成一个完整的集成机理结构。

（1）功能型联接键。功能指事物或方法所发挥的有利作用、效能。价值工程要求用简单明确的语言定义功能内容。物流功能很多，有些物流功能企业仅仅完成其中的一部分功能，而用户需要的却是多种功能的集成服务。用一定结构的项目或方式将用户所需要的物流功能有机地结合起来，形成集成物流服务或结构体系的就是功能型联接键。通过功能型联接键，安吉物流构建和形成了一条龙进口车服务能力，例如，报关→商检→堆存→短驳→运输。

上海海通国际汽车物流有限公司是由安吉汽车物流有限公司、上海国际港务（集团）股份有限公司共同组建的合资企业。物流公司具有"一级国际货代"资质，能集成海关、码头、公路及铁路等方面的强大资源，具有完整的内外贸口岸服务功能，提供国际航运、进出口报关、国内水运、陆运及铁路运输、零部件拆装箱、仓储、外贸转关等服务。海通国际整车物流平台目前已拥有5个滚装专用泊位，总面积为28万平方米的3个立体停车库和2.6万平方米的3个增值服务中心，具有供应链管理、码头装卸、整车商检、加装改装、售前检查、整车仓储、整车分拨、整车运输、进出口代理和信息服务等服务能力，能为到港车辆提供一体化的全方位服务，是一种典型的综合性功能联接键。码头滚装除常规汽车装卸之外，还能为特种工程车和重大件提供滚装服务，定制的专业设施确保了货物装卸的安全和质量。专门设计的趸船，可确保尾直跳滚装船型的安全靠泊和装卸，专业团队可为到港车辆提供快捷的海关报关和清关服务，车辆有较高的存储要求可按照高标准建成室内立体停车库。针对在存储过程中有加装改装、车辆维护、简易维修、售前检测等要求的车辆，增值服务中心便可为其提供服务，专业的技术管理和多项技术专利可确保服务的质量。

（2）过程型联接键。"过程"与"流程"的含义很接近。前者可广泛用于任何一件事情的描述，而后者则是做某件事情、某个产品、某项活动时规定的配套先后顺序。流程是指一个或一系列连续有规律的行动，这些行动以确定的方式发生或执行，导致特定结果的实现。国际标准化组织对流程的定义是一种将输入转化为输出的相互关联和相互作用的活动。"流程"一词含有经验总结和内涵科学的要求，含有"应该怎样或必须怎样"的意思。所以，集成场中的过程型联接键是将不同集成体形成的流程精准对接、无缝衔接、协同运作、共享绩效，并以构建合成场元的形式将其固定下来，便于在两业联动中重复运用。在过程中包括资源、功能等的集成，是资源集成、功能集成用特定的合成场元再集成过程形成的稳定形式，这种特定的合成场元就是联接键，根据需要可以设计选择恰当的类型。例如，安吉物流构建商品车多式联运物流服务系统，以合同与制度规定形成了过程型联接键，从而能将多种运输过程集成起来，进行高效运作，包括陆路运输（出厂滚装作业+公路运输+铁路运输+公路运输+滚卸作业）、水路运输（滚装船运输+水路集装箱运输）等过程的再集成。过程型联接键往往涉及负责不同过程的集成体间业务合作关系、网链结构关系及其界面管理。

在实际的网链过程管理中，对于流程有很多种解释，概述起来就是管理行动的路线，包括做事情的内容、顺序、方法和标准，即作业内容全面、流程顺序合理、操作方法恰当、衔接标准正确。过程型联接键的构建要求在内容正确合理的前提下，按照统一标准进行对接。把设备从北京运到上海并组装，按照正确的顺序操作，应先用汽车运到北京火车站，装上火车运到上海,再用汽车送到指定地点,最后用吊机送到指定位置。想要组成一个完整、完善的内容、流程、方法和标准必须涵盖全部,只要缺少一项,都会使之前的行为功亏一篑。标准是衡量事物的准则。做任何事情都要有标准,比如,运输设备在装卸、搬运的过程中要轻拿轻放,否则会使设备受到损坏。用过程型联接键不仅可以保障与合作伙伴的合作,而且有利于巩固一体化物流服务的核心竞争力。

4. 综合类联接键构建及其应用

两业联动中常见的是以两种以上类型联接键方式构筑的联接键。在实际的衔接过程中往往是两种或多种典型的联接键合成在一起发挥作用,涉及业务层面、信息层面、技术层面和管理层面的接合所形成的界面管理。构建这种复合界面管理系统和制度的就是综合类联接键。例如,TNT 集团的"货运集散一体化"战略管理制度[1],事实上发挥综合类联接键的作用,需要有货运集散一体化业务模式、综合信息系统、移动通信设备等相关多种类型联接键的支持。[2]

安吉物流的海通国际零部件物流平台目前已拥有占地 11 万平方米的口岸汽车零部件物流中心,并在烟台、沈阳、哈尔滨、深圳等地设立 8 个业务网点,业务包括供应链策划、口岸零部件集拼、零部件多式联运、进出口代理和信息服务,为客户提供零部件供应链一体化解决方案。口岸汽车零部件物流中心具备内贸零部件、外贸进出口零部件和进口售后件的集散功能,通过快捷、高效的零部件口岸集散物流,能提供批量大、成本低、安全可靠的一体化零部件物流服务。从供应商到零部件物流中心,再到生产线,可以实现"门到门"一体化物流服务。

显然,联接键的形成和实现与两业联动物流业务关系紧密,与其所服务制造供应链的知识衔接紧密。诸如,缺失具体物流业务不知为何衔接,在哪方面衔接;缺少相关知识管理技能则不知如何衔接;没有很好的集成意识,不知如何与物流资源企业打交道,不知如何平衡利益进行业务衔接。因此,明确具体业务、提高供应链知识管理水平、培养集成体的知识链意识十分重要。物流企业作为集成体介入两业联动的基本形态可参见表 8-4。

---

[1] 董千里:《高级物流学》,人民交通出版社 2015 年版。
[2] 参见董千里的《高级物流学》(第三版)第 7 章物流战略管理中的内容,这部分内容体现了战略管理制度作为综合类联接键的功能。

表 8-4　　　　物流企业作为集成体介入两业联动的基本形态一览

企业规模	集成体主导地位	基核		联接键		场线	场界	备注
		场源特点	网络布局	大类	类型			
特大物流企业	绝对物流集成体	物流节点网络布局	国际海港；与重要陆港衔接	自有综合型为主；自有船舶、飞机	涉及信息、资源和技术（专用设备）等的综合类联接键	全球供应链物流过程	全球供应链物流	中国远洋；中外运；中远物流；顺丰物流
大中物流企业	绝对或相对物流集成体	专用信息平台；专用信息系统；专用车辆设备	陆港布局；衔接海港；少量专有基核	自有或租用综合型平台；以集成物流为基础的综合型	资源、功能、管理等多类型联接键	全国或全球物流过程	全球或全国供应链物流	安吉物流；安得物流；华秦物流
中小物流企业	相对物流集成体	共享公共型基核场源	使用公共型基核	基础类	以信息为基础的随机衔接	区域间专线运输；专线物流	国际专线；国内专线物流	加入物流联盟中的物流企业①
小微物流企业	配合性服务	共享园区物流基地；共享园区信息平台	公共型基核	随机信息联系	随机信息联系	单一点线业务	零星市场业务	西安亚欧物流中心（园区）中的信息业户

注：①据有关资料统计，德国有 35 个物流企业联盟，平均每个联盟有 32 家中小物流企业。

(1) 联接键的设计和选用。

集成场中的联接键效能发展水平测量可以从以下几方面考虑：对接质量的精准性，可以从偏差大小比率角度测量；需求满足的准时性，可以从构建联接键前后时间偏差范围考察；完成作业的效率性，可以从相关作业效率乘积来考察；协同作用的时效性，可以从联接键构建前后时效对比分析进行考察；区位布局的合理性，可以从土地资源合理利用、业务区位排他作用等进行考察。

根据联接键在两业联动集成场中物流集成体与制造集成体之间所起的

作用，可将联接键分为信息型、资源型、技术型、功能型、过程型、组合型六类，见表8-5。

表8-5　　　　两业联动集成场的联接键构成及实现途径

类型		结构形式举例	实现途径	运行的关键因素
综合类	组合型	陆港—海港间五定班列；属地报关、异地通关的大通关政策等	多种联接键整合的集成设计与实现	基核间的联接；一站式运作
服务类	过程型	送料流程+加工流程一贯托盘化物流（仓储托盘化+运输托盘化）过程	不同生产流程的衔接、对接；不仅需要硬件技术兼容配合，而且需要制度等软件支持	交集点；无缝衔接
	功能型	原料运输+原料仓储运送原料+制品加工产品验收入库+订单运输	原料库、工位、成品库、验收入库（手续）点	上下游企业作业的衔接点
基础类	技术型	冷藏仓库+冷藏车辆+测量跟踪等技术的对接；不同制冷技术的环节、过程对接	仓库制冷、仓库货台、出入库门设计与车辆技术参数的对接	标准、兼容性等
	资源型	载运工具、仓库设施、装卸设备等的能力、数量及其相关人力、物资、土地资源	载运工具、仓储设施、装卸设备、作业模式的集成设计和运作	资源品种数量的稀缺性
	信息型	单一信息、复合信息、综合信息	电话、短信文件+传输方式系统功能	实时、准确；有效获得性

（2）构建联接键的必要性。

两业联动发展联接键设计与构建的必要性体现在以下几方面。

①更好地满足两业联动的物流需要。按照市场需求及发展的趋势可以看到生产类型由大量生产向多品种小批量方向发展，物流链要主动适应供应链呈现的制造业发展趋势，而联接键是物流链切入供应链成功与否的关键因素。

②能有效地提升物流集成业务效率。两业联动发展需要提高两链融合运行效率，提高联接键专业化水平。从理论到实践，制造业有离散型、连续型和混合型生产流程三种典型模式。其中，离散型生产流程是指产品组装过程，即将元件、配件、零件组装构成部件、组件再构成产品形成的，

其加工对象只在流程中发生形状改变，没有质变。物流链切入供应链过程中除了同原料库、产成品库、市场及售后服务四个典型前后过程的交集，成为集成物流服务的衔接点以外，还有制造过程的工位成为高端集成物流服务的切入点。

③能主动地实现供应链物流服务过程优化。通过信息集成、过程优化及资源优化，实现物流、信息流、价值流的集成和优化运行，达到人与组织、管理和技术三要素的集成优化，从而提高企业的市场应变能力和竞争能力。

④有助于在集成体间构建长期合作关系。两业联动需要两链融合关系稳定下来、固定下来。两业联动中的"制造业服务化""服务业制造化"的集成发展特征，诸如，过程可视化、网链一体化，在两业联动中需要体现物流集成体主导的物流链与制造集成体主导的供应链之间的技术联系、信息联系、资源联系、功能联系和过程联系，这些联系从一次性、偶尔的联系，发展到长期的、稳定的联系就需要通过构建联接键的方式将两业联动中的基本关系稳定下来、固定下来。

二　物流链在两链融合中的联接键构建

物流链在两链融合中的主要性质体现在服务性、衔接性、渗透性和主动性等方面。其服务性是指物流链提供的集成服务具有服务业通用基本特征，诸如，非实体性；同时性，服务生产过程与服务消费过程同时进行；易逝性，服务不可储存，不存在产权转移；异质性，具有自身的特性，附带一定设施设备、技术等的服务，体现其异质性。其衔接性是指不同产业、不同集成体经济活动过程紧密衔接，尽可能减少不必要的停滞影响效率。其渗透性是指产业、不同集成体经济活动及其资源之中，优势在不同集成体之间的边界呈融合状态。其主动性是两链融合的关键因素。

物流集成体将从听命于客户作业要求的"佣人"思维方式转移到为客户主动设计的"管家"思维方式的物流服务，形成两业联动的供应链物流集成服务方案。

物流链切入供应链的导入特征表现在系统再集成优化、分步稳定关系和知识链管理伴随等几方面。

（1）系统集成再优化特征。集成物流商、集成供应商主导物流链切入供应链的基本特点是在集成基础上的优化。集成物流商、集成供应商主导的物流链要形成专业化、信息化、网络化、集成化的运行特征，以集成物流链切入供应链体现了两链融合的基本模式，即专业化、信息化、网络化、集成化基础上的再集成、再优化过程。

（2）分步稳定关系特征。物流集成体主导物流链切入供应链过程，首先有功能性的合作关系，物流集成体业务发展需要与供应链集成体形成长期稳定的关系，就必须构建相互之间的联接键。其主要过程是物流集成体与制造集成体的主体单元之间在战略、价值和文化方面的认同，同时在物流资源间形成相互支持、相互促进的关系。

（3）知识链管理伴随特征。在网链衔接过程中涉及专业特征和知识链管理。制造商在以产品为中心的制造业开始向供应链价值高端的研发设计、营销、售后等服务环节延伸，部分生产性服务通过剥离、外包给服务企业，再重新嵌入到产品供应链中；而服务业则以现代信息技术为支持，呈现出规模化、定制化的运作趋势，通过制造业的服务外包渠道将触角逐渐伸向产品供应链的各个环节。物流业是服务业的重要组成部分，是制造业服务化过程中服务外包的主要对象，也是服务业融入制造业的重要途径。制造业与物流业联动发展模式构建的稳定形式是联接键。[①]

三　陕西两链融合的联接键类型分析

两业联动过程中的联接键是通过基核、场元间内在机理的相互作用形成的具有稳定关系的合成场元。其主要特点是在不同基核、集成体和业务功能间形成了一个性质稳定的合成场元。例如，利用综合信息平台连接了物流服务提供商、客户、运输车辆和监控运输过程等。陕西物流服务的组合型联接键占到93.13%，说明物流企业在联动过程中，需要多种类型的联接键对服务过程提供支持。具体统计分析情况见表8-6和图8-6。在对陕西两业联动案例统计的过程中，是严格按照所示的六种类型进行归纳总结的。

---

① 鄢飞、董千里：《物流网络的协同效应分析》，《北京交通大学学报》（社会科学版）2009年第1期。

表 8-6　　　　　陕西两业联动的联接键类型案例统计分析

联接键类型	信息型	功能型	资源型	技术型	过程型	组合型
案例个数	96	92	89	72	36	95
百分比（%）	94.12	90.20	87.25	70.59	35.29	93.13

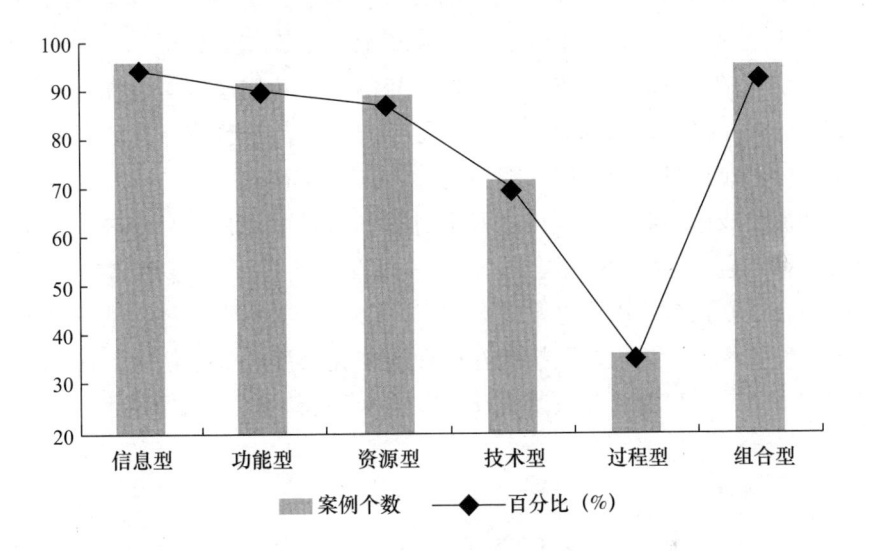

图 8-6　陕西两业联动的联接键类型统计分布情况

从表 8-6、图 8-6 可以看到，在联接键中，信息型、功能型、资源型乃至这几项的组合型占比都非常高（87.25%—94.12%），可以认为，这几种类型是陕西制造业与物流业联动的联接键的最基本的形式，也是基础性联接键带有的共性特点。而技术型联接键（70.59%）和过程型联接键（35.29%）变化很大，分别涉及技术创新能力和子系统对接能力，属于企业核心能力范畴，带有特殊性质，需要在竞争环境中予以特别关注。

信息型联接键是以专用的信息系统间合作形成信息共享单元，一般包括单一信息联接、复合信息联接和综合信息系统联接等方式。陕西两业联动中，企业间的信息型联接键占比达到 94.12%，但大部分为单一信息联接，专门的信息系统数量极少。通过仓库、车辆等资源衔接运作的是资源型联接键，通过运输、仓储、配送和公共服务等在物流功能上衔接成一体化物流的是功能型联接键。陕西物流信息型、功能型和资源型联接键应用面的数量比例相对比较高，但衔接的质量、深度和紧密程度尚待提高。

技术型联接键有特定的技术对接，往往体现了联动过程的深度对接，诸如，可以改变仓库结构设计、业务流程方案、载运工具选择、装卸设备和方式等。技术型联接需要采用同一标准，诸如，条形码技术标准。过程型联接键是完成基本功能过程之后的再连接，如物流企业完成干线运输后进行仓储、配送等其他流程。陕西物流过程型联接键占比最少，说明物流企业基本上是以点、线运作为主，诸如，仓储、专线运输等，较少采用物流网、供应链物流的运作方式。这样，与制造企业供应链对接深度、精度不够充分，质量、效率和成本难以满足客户要求。这说明，物流产业组织化不充分，制造供应链的网—链物流需求引导不充分。

物流集成体与制造集成体在联动过程中涉及的联接键有多种，故联接键种类在数量上有叠加。结合图 8-6 可以看出，信息型、功能型、资源型以及组合型联接键均占到总案例数的 87% 以上，技术型、过程型联接键相对较少。技术型、过程型联接键在产业组织化程度中的地位高，一旦形成并固定下来，对稳定两业联动关系、形成竞争优势有十分重要的作用。

第六节　本章小结

（1）两业联动基核建设、基核间关系，是两业联动发展中的重要因素，也是集成体在两业联动发展战略设计选择考虑的重要因素和关系。基核是两业联动协同运作的基地，是以土地、堆场、仓库、海关、口岸、保税区、自贸区，以及银行、工商、税务等公共服务场源作为载体的基核区位，是两业联动发展走向两链融合的基础，也是进一步构建信息型、功能型、技术型、资源型、过程型乃至组合型联接键的基础。

（2）融合型、连接型基核间关系的建立是产业以土地（区位）为基础的资源集聚的一种形式，不同集成体选择基核（功能、区位及其资源关系）区位需要多种条件，不仅涉及企业战略、价值和文化的一致性认同，而且需要在长期合作、关系稳定等条件的支持下能够实现资源兼容运作。由于基核间长距离的外界环境影响，两业联动绩效、效率、成本和质量等的不确定性增加。因此，降低物流集成体间长距离运营成本是公共型基核间关系的关键任务。①

（3）基核间的直接衔接关系在一定程度上反映了制造业与物流业的集聚程度。融合型、连接型基核关系支持了紧密的、精准的联动方式及两业联动的深度发展和融合。基核间融合型关系的构成与供应链价值导向十分密切，融合型、连接型基核关系更容易从提升功能的角度来实现供应链价值增值，而不仅仅是寻求成本降低的价值导向。

（4）跨地区、跨境合作的基核建设可以分为实物基核和虚拟基核。实物基核直接关系到物流运作效率、成本，基于大数据技术的虚拟基核在一定程度上影响物流运作效率和成本。

（6）两业联动的联接键在两业联动中起到产业间的衔接作用，推动物流链切入制造供应链，促进产业组织化、有序化的发展。集成物流商是主导物流链切入供应链的物流集成体，从切入、互动的动态过程寻求两链融合的稳定性，这种稳定性需要在物流集成体与制造集成体之间形成两链融合的合成场元，即联接键。

（7）在两链融合的过程中，除了集成体之间的战略、价值和文化达成一致的前提，还需要在两链融合的资源、信息、技术、功能、过程及其组合等方面构成更为紧密的合成场元关系，这就是联接键的类型选择与构建。

（8）功能型、过程型联接键构建过程中的具有动态性质的业务及其集成过程，往往体现为不同性质的活动过程对接。通过资源、信息和技术型联接键可以使这种动态性业务过程得以稳定、巩固。信息是联接键的基础，技术作为联接键构成中的基本要素，与信息融合一直处于成长与发展中，很大程度上是创新技术的综合应用。

（9）组合型联接键所结成的两链融合关系比单一类型的联接键功能更为稳固。当土地等作为资源型联接键的基础设施网络表现形式时，所形成的两链融合关系往往还带有较强的排他性、竞争性。

---

① 董千里、董展：《集成体主导的基核区位分布与两业联动发展关系研究》，《物流技术》2013年第10期。

第九章 两业联动发展模式的识别与选择

在制造业与物流业联动发展模式研究中，以两业联动集成场基本范畴为理论依据，构建由集成体主导的两业联动发展模式。通过对物流集成体导入两业联动发展过程的案例进行追踪研究，分析联动发展模式微观识别体系，针对集成体间、基核间与联接键形成的关系，提出结合两业联动发展阶段选择恰当的联动发展模式。

第一节 两业联动发展模式的结构

一 两业联动发展模式及作用

（一）联动发展模式构成

在陕西省发改委重大项目的两业联动发展研究过程中，调查整理的102个案例[①]中囊括了典型制造企业与物流企业联动发展的不同模式类型，在国家社科项目的研究中则持续调研分析了116个两业联动案例。以此为基础，本书构建了制造业与物流业联动基本范畴，形成三维坐标空间，用集成体间关系（市场选择、合作伙伴、战略联盟、紧密融合）、基核间关系（公共型、连接型、融合型）和联接键（信息型、资源型、技术型、功能型、过程型、组合型）来表示两业联动发展模式，两业联动集成效应综合体现

[①] 董千里等：《陕西省制造业与物流业联动发展研究》，长安大学物流与供应链研究所，2013年。

为全程场线绩效。制造业与物流业联动发展模型的基本结构如式（9-1）所示。

$$两业联动发展模式 = 集成体 \begin{Bmatrix} 紧密融合 \\ 战略联盟 \\ 合作伙伴 \\ 市场选择 \end{Bmatrix} 关系 + \begin{Bmatrix} 融合型 \\ 连接型 \\ 公共型 \end{Bmatrix} 基核 + \begin{Bmatrix} 组合型 \\ 过程型 \\ 功能型 \\ 技术型 \\ 资源型 \\ 信息型 \end{Bmatrix} 联接键$$

式（9-1）

此外，本书还用其他专家研究总结的 28 个案例进行验证。式（9-1）反映了全国制造业与物流业联动发展模式的主要关系及特点。

（二）模式的三维集成创新

两业联动之所以能够带来集成效应，很大原因来自集成体主导的三维组合关系可以直接导致生产要素函数变革，进而引导模式应用基于集成体、基核、联接键形成三维范畴引导的集成创新空间。

模式是将研究某一类问题的方法论上升到理论高度，形成解决这种问题的标准式样，其作用是通过模式识别、模式引导、模式应用，引导模式创新。模式识别是模式引导、模式应用和模式创新的前提，需要从生产社会实践中经过抽象和升华提炼出相应的核心知识体系，作为归纳识别模式的依据；通过模式引导、模式应用可以使其成为解决某一类问题的方法和途径，还可以通过模式创新提升其用于分析和解决问题的水平，达到提升价值的目的。

物流链形成、转型升级为两业联动发展模式的形成与完善奠定了基础，这是以物流集成体为主导的物流链实施的物流集成、产业转型过程，也是物流业实现供应侧改革的过程。[①] 两业联动模式包括制造业与物流业联动方案的构思、形成、运行和升级等过程并以某些特征关系表现的式样，经过理论提升可以作为学习和应用的范本。所以，可以在两业联动实践中解决两链间对接方式，即链接或嵌入等方式，促使其按照精准对接、紧密协同、合作共赢的集成界面设计，达成供应链集成目的、方法和过程等在理论高度的归纳总结和提升，这就是两业联动发展模式。将两业联动发展模式作为一种理论归纳提炼，用于指导物流链与供应链融合过程，在一个稳定的

---

① 董千里、江志娟：《物流链——产业联动研究的理论基石》，《物流技术》2015 年第 3 期。

环境下，有助于两业联动发展目标和任务的实现①，有助于集成体做出一个事半功倍的优秀方案设计，达到实现预期效果的目的。

二 两业联动发展模式构成

基于集成场的由集成体、基核和联接键构成的两业联动发展模式，形成了三维空间结构。其中，集成体间业务关系分为紧密融合、战略联盟、合作伙伴和市场选择四种类型；基核间关系分为融合型、连接型和公共型三种；联接键分为资源型、功能型、过程型和组合型四种。根据集成场理论研究可以将案例中的制造业与物流业的联动发展模式分为多种联动组合关系的模式表达式，在此基础上探索两业联动的实践过程中所表现出的联动发展模式。

三 两业联动模式的识别

两业联动模式的选择是典型关系的选择。从两业联动模式可能选择项的排列组合来看，种类很多。而两业联动在实践中所表现出来的发展模式往往是几种典型的模式。以下分别就通汇物流与陕重汽、华秦物流等多家物流企业与比亚迪、新飞专运与新飞电器②进行分析。典型的联动发展模式的识别与选择概要如下。

（1）集成体间相互关系。诸如通汇物流与陕重汽的联动发展过程，通汇物流是将汽车零件物流信息系统作为联接键切入陕重汽供应链的"一对一"合作方式，结合入厂零部件物流功能切入制造过程。通汇物流与陕重汽集成体间的关系从最初的合作伙伴型，发展为战略联盟型和紧密融合型，陕汽集团控股通汇物流。

（2）基核间的关系类型。华秦物流等多个物流企业形成物流企业集群，通过连接型物流基核关系，形成"多对一"的第三方物流服务模式。新飞专运与新飞电器的基核关系是从连接型转变为融合型，集成体之间的关系

---

① 董千里、董展：《制造业与物流业联动发展模式的识别与应用——集成场视角的案例研究》，《物流技术》2013年第12期。

② 新飞专运是新乡市汽车运输总公司第五分公司，在这里作为集成体，是组织十八家运输公司的专业化的家电产品物流公司，后来该公司的总公司改组为新乡市新运有限公司，并继承了原新飞专运承担的新飞电器部分干线运输业务。后来新飞专运在体制改革中成为新运物流的一部分。参见董千里等《物流现代化实践》（音像制品），人民交通出版社音像部，2002年。

是从合作伙伴关系发展到战略联盟关系；在企业集团改制后由原来"一对一"的物流服务关系，转变为"多对一"的第三方物流服务关系，从战略联盟关系成为合作伙伴关系；在联动发展中一个很重要的问题是，在战略联盟关系阶段没有很好地抓住组合型联接键的构建。

（3）联接键的类型以及设计、选择和构建。联接键的设计、选择和构建会反过来影响集成体之间的关系。典型案例模式的识别、选择和组合归纳见图 9-1。

通过对典型案例的归纳分析，得到典型模式的选择策略，从图 9-1 所示，可以得出以下几点结论。

（1）通汇物流与陕重汽集成体间是合作伙伴→战略联盟→紧密融合关系的演变过程；是从信息型联接键、技术型联接键向组合型联接键方向发展的演变过程；基核、联接键的稳定性，促进了集成体间关系的稳定，两业联动集成体在彼此之间的合作中共享联动集成的绩效。

（2）新飞专运与新飞电器集成体之间尽管有长期的合作，但上述两链间在特定环境下未能及时建设有效的联接键。在缺乏联接键的深度衔接的稳定关系时，一旦集成体之间战略联盟出现战略、文化和价值的矛盾时，原来"一对一"的第三方物流服务模式，就会很快演变成"多对一"的物流服务模式，通过年度招标实现业务的连贯性，集成体间关系降为合作伙伴关系。

（3）德国物流企业联盟通过共享基核（物流园区或中心）、信息平台资源形成同业联盟关系，并形成针对具体客户的相对集成体作用关系。

从上述案例分析可以看到，集成体业务间的联接键设计、选择和构建，对稳定集成体之间的战略、价值和文化关系，建立集成体之间的经济法律联系，都有很大的影响。当业务性质的专业型联接键功能较弱时，制造供应链所需要的物流服务是通用性的。这种联接键的设计、选择和构建，对两链之间的稳定性来说显得更为重要。

集成场理论正是在物流集成和集成物流服务过程实践中提炼、总结形成的。

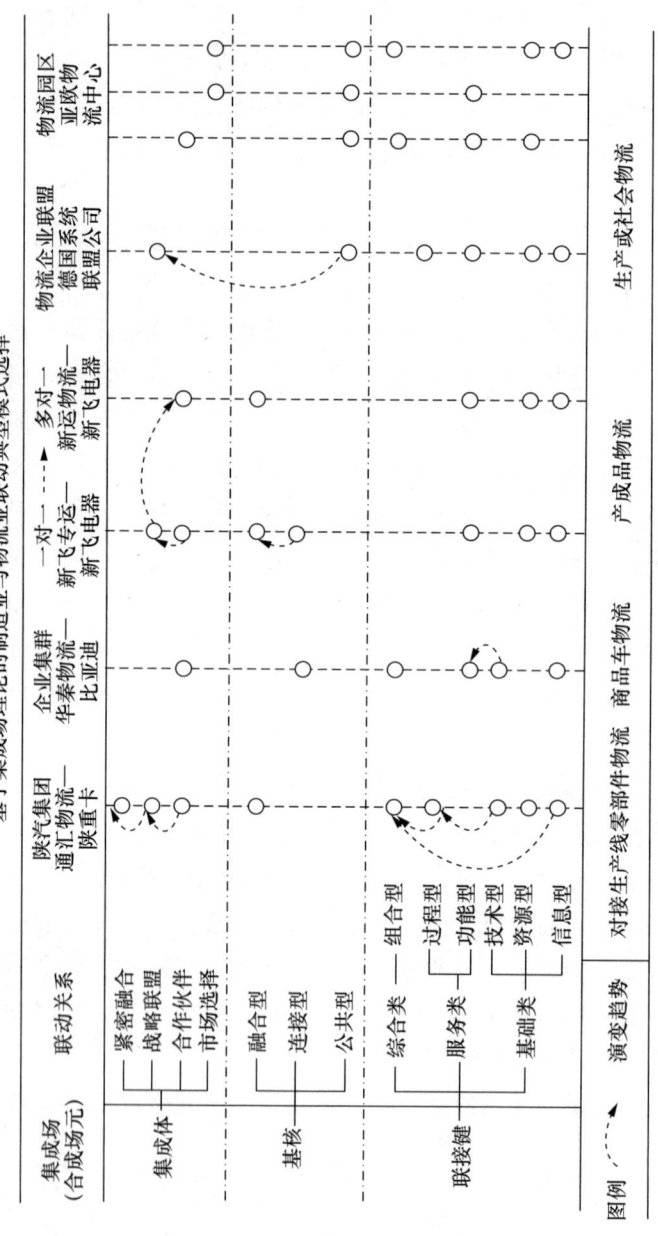

图 9-1 典型案例模式识别、选择和组合归纳分析

第二节 两业联动发展环境与关系演化
——基于案例的验证

因为制造业与物流业的联动关系具有环境适应性，所以市场竞争环境的变化，影响制造企业与物流企业的选择。以下将通过三组典型案例的纵向和横向分析，探索制造业与物流业联动关系的实践及其演化过程，并在此基础上，提出两业联动关系的改进策略。选择三组满足两个条件的案例，即具有业务关系的制造企业和物流企业，且合作关系随着时间的推移、市场结构的变化呈现出阶段性变化。对三组案例进行探索性的分析，得出两业联动关系的企业间竞争、供应链竞争和虚拟网络环境的阶段性演化过程。在这三种市场竞争环境中，从单个企业之间的竞争环境到供应链竞争环境，体现了为达到共同的目标企业间通过纵向联盟形成供应链，市场的竞争环境要求集成体向供应链全过程中寻求竞争发展优势；而在虚拟网络环境的大数据、云计算等（或者虚拟信息技术）的驱动下，企业之间形成包括IT技术等在内的更为错综复杂的网络关系。网络大数据是指"人、机、物"三元世界在网络空间（Cyberspace）中交互、融合所产生的并在互联网上可获得的大数据。网络大数据的规模和复杂度的增长，给现有的IT架构以及机器处理和计算能力带来了极大挑战，也为人们深度挖掘和充分利用网络大数据的大价值带来了巨大机遇。这就是主导物流链的集成体面对的以大数据、云计算等为背景的复杂虚拟网络的竞争环境。[1]

一 两业联动案例研究

（一）两业联动案例选取

本章的研究目标是研究由基核、联接键和集成体构成的两业联动关系的实践及联动关系的演化过程。围绕两业联动关系的实践和演化过程这一

---

[1] 孟小峰、慈祥：《大数据管理：概念、技术与挑战》，《计算机研究与发展》2013 年第 1 期；冯登国、张敏、李昊等：《大数据安全与隐私保护》，《计算机学报》2014 年第 1 期；王元卓、靳小龙、程学旗：《网络大数据：现状与展望》，《计算机学报》2013 年第 6 期。

主题,选择三组典型案例样本,分别梳理各组联动案例中重要事件的时间线索,并对研究情景进行叙述性分析,将所提取出的与两业联动关系相关的材料,编码为"情景"和"行为",最后根据"情景"与"行为"之间的关系,阐释制造业与物流业联动关系的决定性因素。因此,样本选择必须是具有业务关系的制造企业和物流企业,且合作关系随着时间的推移、市场结构的变化呈现出阶段性变化。

本研究通过访谈、问卷调查和企业内部文档的方式获得了100多组制造企业和物流企业的合作案例,在此基础上,梳理、归纳出表9-1中的三组典型案例,三组案例基本反映了目前电器、食品、电子、汽车和化工等制造企业与物流企业的合作模式。这里,制造企业和物流企业选择标准是:制造企业和物流企业建立至少有10年的历史,企业之间有长期的合作伙伴关系,且合作关系呈现阶段性的变化;制造企业实施标准化作业、产品供应链结构明显,物流企业与其他同行业企业有较多的合作关系。

表 9-1　　　　　　制造企业和物流企业的基本情况

序号	企业名称	成立时间	主营业务	企业合作
1	物流企业 A1	1996 年	运输、仓储服务	服务于电器、摩托车等8家企业
	家电企业 B1	1994 年	电冰箱(柜)	与三家物流公司合作
2	物流企业 A2	1990 年	供应链一体化综合物流服务	服务于日化、电器、电子、汽车等行业的13家企业
	食品企业 B2	1995 年	功能型饮料	与两家物流公司合作
3	物流企业 A3	2005 年	危险品物流等综合物流服务	服务于4家大型化工生产企业
	电子化工企业 B3	2001 年	化工涂料、汽车电子	主要与A3公司一家物流公司合作

(二) 两业联动案例的数据收集与分析

课题组在1999—2014年,以实地考察和访谈的方式,对10个制造企业和物流企业进行追踪。在案例的追踪过程中,我们发现随着企业的变革和市场环境的变化,制造企业与物流企业之间的联动关系也随之变化。因此,我们选择了三组制造业与物流业联动的典型案例进行分析,以获得制造业与物流业联动的典型关系和演化过程。在数据收集的过程中,我们提炼出各组案例企业在各发展阶段的"案例情景"和企业所采取的"合作行为",得到如表 9-2、表 9-3、表 9-4 所示的案例描述。

表 9-2　　　　　　　　　　第 1 组案例的叙述性分析

时间	案例叙述	企业合作行为
1994—1995 年	成立之初,B1 家电企业被国内家电业界誉为冰箱行业的"四朵金花"之一,该家电企业采取自营物流的方式;而 A1 企业最初是 B1 企业内部的一个运输部门,负责 B1 企业的运输业务	A1 是 B1 内部的业务部门,为 B1 提供单一的运输服务
1996—2001 年	在此期间,B1 一跃从全国第三成为全国第二,其电器产品品牌风靡全国,在国外也有一定的影响。1999 年年底与美国通用电气公司实现了强强联合,为产品进入国际市场奠定了基础。2000 年成为中国冰箱行业外贸出口量增长速度最快的企业,2011 年 B1 日发货突破 8000 台 A1 企业以其诚信和业务能力打动 B1 企业,1996 年在"运企联合、优势互补、权责分明、互惠互利"的基础上,运输分公司成立了 A1 企业,A1 与 B1 企业开始了长期战略合作伙伴关系。B1 企业下线冰箱产品的干线运输过程中,A1 企业联合 18 家运输单位形成物流链组织结构。采用此战略合作方式可以使 B1 企业的运输成本由 0.65 元/吨千米,下降到 0.45 元/吨千米	A1 与 B1 企业建立长期合作伙伴关系,A1 所主导的物流链为 B1 企业提供销售物流服务
2002—2014 年	B1 公司的业务量逐步加大,2001 年 2 月 7 日发货突破 8000 台。鉴于 A1 物流运输效率低下、运作成本高的特点,2002 年 11 月 B1 采用公开招标的方式选择物流公司,而 A1 企业在投标中中标方运价高 0.03 元,A1 与 B1 企业的 7 年战略合作关系结束。此后,B1 企业与包括 A1 在内的多家物流公司合作。而 A1 为包括 B1 企业在内的多家家电企业提供物流服务,且与多家大型生产企业建立业务关系	A1 与 B1 企业的战略合作关系结束,A1 企业与 B1 企业分别向市场谋求与更多企业的合作

资料来源:根据企业现场调研访谈录音整理。

表 9-3　　　　　　　　　　第 2 组案例的叙述性分析

时间	案例叙述	企业合作行为
1999—2002 年	由于 B2 公司处于起步阶段，产品及市场效应没有充分发挥，资金链也不完善，出于对该公司的信任，A2 企业接受了 B2 公司提出的"先行垫付，半年借款"的方式。合作之初，A2 企业处于亏损的状态，随着 B2 企业业务范围的拓展，A2 企业为 B2 企业提供从工厂的成品库出来后一直到终端的物流业务	B2 企业将供应链上的销售物流部分外包给 A2 企业。而 A2 企业也为 B2 企业的发展提供了资金支持
2003—2006 年	由于缺乏对库存和市场终端的即时反应的了解，B2 企业将其全部的 9 个区域和仓库的物流业务外包给 A2 企业。A2 企业为 B2 企业量身定做了针对物流业务的订单管理系统，把 B2 企业的订单流程整合，并负责 B2 企业的所有物流环节	B2 企业将其全部物流环节外包给 A2 企业，而 A2 企业将 B2 企业作为其重要的客户，为其提供定制化的物流服务
2007 年至今	随着在中国的市场份额的不断增加，B2 企业与多家物流企业建立了合作关系，但 A2 企业依然是 B2 企业的主要合作伙伴。而 A2 企业不断发展壮大，已在全国 80 多个城市建立分（子）公司和办事处，与国内外近百家著名企业结成战略联盟	B2 企业与多家物流公司建立了合作关系，但与 A2 依然保持战略合作关系。B2 企业是 A2 企业的重要合作伙伴之一

资料来源：刘光琦：《与宝供一起成长》，《中国储运》2014 年第 12 期；陶倩：《红牛，物流外包先行者》，物流技术与应用会议论文，2016 年 12 月 28 日。

表 9-4　　　　　　　　　　第 3 组案例的叙述性分析

时间	案例叙述	企业合作行为
2001—2005 年	早期 B3 企业从事汽车涂料业务，其大部分物流业务由集团物流部负责，小部分物流业务外包给包括 A3 在内的第三方物流公司	B3 企业部分物流业务外包给 A3 企业，A3 企业为 B3 企业提供单一的运输服务
2006—2008 年	B3 企业生产规模扩大、技艺工艺提高，但物流部运营、管理水平低下，物流成本高、效率低，危化品仓库数量、质量等不足，难以满足企业仓储需要；提出了信息化、自动化、专业化、一体化等现代化的发展要求。B3 与 A3 采取并购式合作方式，最终经过合资、收购股权等方式，A3 企业成为 B3 的全资子公司	B3 企业与 A3 企业采用并购式合作方式，A3 为 B3 提供全面的物流服务
2009 年至今	经过几年的发展，A3 企业成功地从企业物流转型为第三方物流公司，在满足 B3 企业物流需求的同时，为其他客户提供快准运输、高效仓储、精准配送、危险品物流等一体的综合物流服务。同时，B3 企业也发展成为集化工涂料、仓储物流、汽车电子为一体的多元化企业集团	A3 发展成为第三方物流公司，为 B3 企业提供一体化物流服务。B3 的全部物流业务由 A3 企业完成

资料来源：全国现代物流工作部际联席会议办公室：《全国制造业与物流业联动发展示范案例精编》，中国物资出版社 2011 年版。

（三）两业联动的案例分析与编码

表9-1中介绍了制造企业和物流企业的基本情况，表9-2、表9-3和表9-4的案例描述中，详细叙述了三组制造企业与物流企业在不同的情景下，所选择的合作方式。接下来，我们需要提炼叙述性分析中所涉及的情景要素。根据表9-2、表9-3、表9-4中案例描述与企业合作行为之间的关系分析，可以看出，组织结构、制造企业的物流战略、物流企业的服务能力、企业间的信任四个要素直接影响了企业间的合作行为。对于企业双方而言，信任表现在两个方面：一是信任的实质，即诚实、可靠、开放、公平合作以及遵守已达成的合同或协议的条款；二是信任建立的过程，即合作双方的履行承诺。[1] 因此，提炼出三组案例的"情景"要素，分别为组织结构、制造企业的物流战略、物流企业的服务能力、企业间的信任度，在相应的"情景"条件下企业做出的"合作行为"反映了企业间的联动关系。由此，可得出典型案例内部分析结果（见表9-5）。

将三组典型案例进行比较，能够明确企业组织结构、物流战略、物流服务能力直接影响企业间的合作方式。从制造业中选择标准化作业的生产性企业代表制造业的发展，从物流业中选择具有典型发展阶段（从单一业务、综合业务走向物流一体化）的物流企业代表物流业的发展。通过制造企业与物流企业间表现出的合作行为，分析制造业与物流业的联动关系。分析结果表明，企业间组织结构关系、物流战略关系、物流服务能力与需求关系决定制造业与物流业之间的联动关系。

这里的企业间组织结构关系反映出了基核的变化，第1组案例的基核由融合型经历连接型最后转变为公共型；第2组案例中的基核由公共型向连接型转变；第3组案例的基核由公共型经过融合型转变为连接型。物流战略关系反映出了集成体的变化，第1—3组案例中由于集成体的形成，制造企业采取物流整体外包战略或物流企业采取一体化物流战略，随后，由于集成体的集成引力的减弱，制造企业选择物流分散外包战略。物流服务能力与需求关系反映联接键的变化，第1—3组案例中主要表现出制造集成体与物流集成体之间通过功能型、过程型、信息型联接键的连接，使物流集成体以专业化物流服务能力满足制造集成体的一体化物流服务需求。

---

[1] 许淑君、马士华：《供应链企业间的信任机制研究》，《工业工程与管理》2000年第6期。

表9-5　　　　　　　　　　典型案例内部分析

案例	企业组织结构	物流战略	物流服务能力	企业间的信任关系	合作行为
第1组	成立之初，B1企业下设运输公司，是A1企业的前身；而后运输企业与B1公司联合成立A1公司，A1企业联合18家运输单位形成物流链组织结构；最后，A1从B1中分离，独立成立第三方物流企业	B1企业经历了自营物流战略、物流整体外包战略、物流分散外包战略	A1企业的服务能力从单一的运输服务、销售物流服务发展到专业化的物流服务能力	B1企业因为A1企业的诚信，以及对A1企业业务能力的信任，与A1企业建立了7年的合作关系	从单一业务关系，到长期合作伙伴关系，最后到企业各自发展
第2组	A2和B2企业的组织结构之间没有交叉；而后B2企业的29个区域和仓库的管理工作由A2企业负责；最后，A2在全国80多个城市建立分（子）公司和办事处，而B2的销售区域也分拨到多个物流企业	B2企业经历了物流业务外包战略、一体化物流战略、物流分散外包战略	A2企业以一体化物流服务为主，经历了物流一体化、供应链一体化、全球供应链一体化、汽车供应链一体化的过程	由于A2对B2的信任，以"先行垫付，半年借款"的方式与B2企业开始了十几年的合作	从合作之初就选择了供应链合作形式，从物流链上的销售物流服务合作到一体化物流服务合作，最后在双方合作的基础上拓展与其他企业的合作
第3组	早期B3企业设立物流部门，A3与B3企业的组织结构间没有交叉；而后A3企业成为B3的全资子公司；最后B3发展成为多元化企业集团，与A3只有业务关系，而组织结构之间无交叉	B3企业经历了自营与外包相结合的物流战略、并购式物流合作战略、分散外包物流战略	A3企业经历了从单一的运输服务能力到综合物流服务能力的发展过程	A3是B3的下属子公司，二者之间存在充分的了解和信任关系	从单一的物流业务合作到综合物流业务合作，最后在双方合作的基础上，拓展与其他企业的合作

（四）案例研究的重点与思路

产业之间、企业之间的业务集成关系，可以由各种典型案例表现出来，利用集成场理论进行两业联动发展案例分析要达到预期成果分析，需抓住以下几点：

（1）研究的问题：通过物流企业与制造企业的长期合作关系，分析为什么要研究两业联动，两业联动关系有哪几个关键因素可以作为识别依据。集成场提供了集成体、基核和联接键。

（2）研究的目的：旨在探索物流业与制造业联动的结构关系、内在机理，找出两业联动发展模式识别的依据，验证两业联动发展模式的实践演化规律。集成场提供了追求主动优化本质，以两业联动的产出绩效考察两链融合进程。

（3）研究的资料：围绕物流业与制造业联动发展这一主题，通过实地调研、调查问卷、资料搜索的方式，获取相关案例等资料。

（4）研究的逻辑：借助两业联动的相关理论，提出两业联动的基本模式，通过案例资料验证两业联动发展模式的实践以及各联动模式产生与适用的条件。

（5）成果的解释：应用集成场对研究成果进行解释。本研究以集成场基本范畴为关键因素作为案例分析与建立模型的理论支撑，通过对所有案例进行分析验证集成场基本范畴，可以将它们作为刻画两业联动发展模式的基础维度。以集成场视角剖析个案，借用、借鉴同态理论便于进一步深入研究案例间的关系，得到一般性的研究结论或者成果的解释说明。

集成场作为一个研究人工大系统的人工场，是由人工系统构造的合成场元在分布过程中受集成力、集成引力作用而形成的场。合成场元均统一于物质、能源和信息交换，其运动规律具有密切联系，与控制论建模具有一定的相似性，制造业与物流业联动是一个人工主导的集成过程，其联动发展案例均可纳入集成场范畴讨论。同时，可以进一步利用同态原理，构建其同构模型，进而可以利用集成场的理论研究平台，构建新的研究思路，获得深入浅出的研究结论。[①]

二 两业联动发展环境

市场环境瞬息万变，但有其规律可循，在供不应求的市场环境下，企业会选择大量的生产以保证市场的需求，而在供大于求的市场环境下，则会激化生产企业间的竞争，从而争夺有限的需求市场，企业会通过产品差

---

① 董千里、董展：《制造业与物流业联动发展模式的识别与应用——集成场视角的案例研究》，《物流技术》2013年第12期。

异化、企业联盟等方式占据市场份额。

作为物流服务供应行业，我们将物流业的市场竞争环境分为企业间竞争环境、供应链竞争环境和虚拟网络竞争环境。在这样的竞争环境下，探讨两业联动的发展关系演化。随着物流企业的增多，物流业的物流服务供应能力逐步大于制造业的物流服务需求，同质化的功能服务型物流为主，已无法满足制造集成体供应链物流需求，使得物流企业之间产生竞争。但企业间相互竞争的结果是促进企业间的合作，从而形成供应链上的纵向联盟，使得市场竞争环境向供应链之间的竞争发展。在现代互联网技术和信息技术发展的"互联网+"时代，市场竞争环境逐步向虚拟网络竞争环境演化。因此，在市场竞争环境演变的过程中，物流业与制造业的联动发展关系也呈现出阶段性的演化过程。

三　两业联动发展关系演化

在第1—3组案例的对比分析中可以发现，制造企业与物流企业之间存在一定的信任关系，促使双方达成合作，使制造业与物流业之间产生联动关系，因此，社会信任机制的形成是制造业与物流业联动的基础。通过对上述三个案例的横向比较，得出制造业与物流业联动发展的三个结论。

结论1：制造业与物流业的联动发展关系是一个分段的演化过程，即市场选择型、合作伙伴型、战略联盟型、两链融合型四种典型的联动关系的演化过程。

在企业间合作竞争的环境中，制造业与物流业的联动关系，伴随着市场环境的变化而变化（见图9-2）。首先，制造业与物流业的联动关系经历了从市场选择、合作伙伴到战略联盟的演化过程；其次，在市场环境从企业间竞争环境向供应链竞争环境转化的过程中，企业面临着重新选择，企业间的合作将经历从战略联盟、合作伙伴到市场选择关系的退化过程，该过程是两业联动关系走向高级化的过渡过程；最后，当市场环境转变为供应链合作竞争环境时，制造业与物流业的联动关系走向物流链与供应链相融合的两链融合关系。

所以，在企业间合作竞争环境下，制造业与物流业联动关系的演化过程是制造业与物流业联动发展的历史过程，而目前正处于供应链合作竞争环境下，制造业与物流业的联动关系正向两链融合型转化，而物流链融入供应链后，也会由于供应链内企业合作的不稳定性而使制造业与物流业的联动减弱，进而向战略联盟型、合作伙伴型或市场选择型转变，如第 2 组案例中 A2 物流企业以物流链的方式服务于 B2 的产品供应链，但由于各自企业业务的拓展，双方走向了合作伙伴型关系。在虚拟网络环境下，制造集成体与物流集成体之间进行信息交互，构筑生产制造与物流服务之间的信息网络，从而形成制造集成体与物流集成体之间的虚拟互动关系（见图 9-2）。

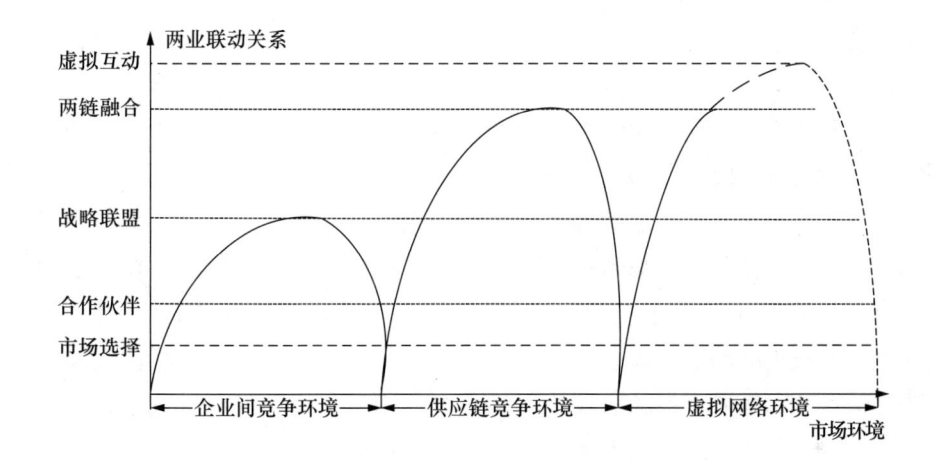

图 9-2 制造业与物流业联动发展环境的阶段性影响过程

结论 2：在企业间合作竞争的环境下，企业间的联动关系反映了制造业与物流业的联动关系，而企业间的联动关系由组织结构关系、物流战略关系和物流服务能力与需求的关系三个要素决定。在市场竞争环境逐步由企业间竞争走向供应链竞争的过程中，两链融合型关系逐步凸显出其市场主导地位。

选择制造企业与物流企业联动发展过程中的三个极端事例，呈现制造业与物流业联动的关系。假设企业间组织结构的融合程度为 α（$0 \leq \alpha \leq 1$），企业间的物流战略关系为 β（$0 \leq \beta \leq 1$），物流服务能力与需求关系为 γ（$0 \leq \gamma \leq 1$）。

（1）当 $\alpha = 0$，$\beta = 0$，$\gamma = 0$ 时，即制造企业与物流企业之间无组织结构的交叉，制造企业采取自营物流战略，物流企业的物流服务能力与制造企业的需求无关。此时，市场上大多数的制造企业与物流企业之间无业务关系，因此，制造业与物流业之间无法形成联动关系，即制造业与物流业之间不存在联动关系。

（2）当 $\alpha=0.5$，$\beta=0.5$，$\gamma=0.5$ 时，即制造企业与物流企业之间存在组织结构交叉，且交叉部分占到整个企业的 50%，制造企业的物流战略与物流企业的发展战略有 50% 的契合度，物流企业 50% 的物流服务能力与制造企业的需求相关。此时，市场上大多数的制造企业与物流企业之间存在部分业务交融关系，制造业与物流业联动关系是合作伙伴型。

（3）当 $\alpha=1$，$\beta=1$，$\gamma=1$ 时，即制造企业与物流企业的组织结构完全融合，制造企业的物流战略与物流企业的发展战略融合，物流企业将全部的物流服务能力用于满足制造企业的需求。此时，市场上大多数的制造企业与物流企业之间通过并购、控股等方式实现融合，制造业与物流业联动关系发展到战略联盟型。

上述三个极端事例之间存在关系间的渐变过程，从无联动关系向市场选择型、合作伙伴型、战略联盟型、两链融合型联动关系发展。在企业间的合作竞争环境下，制造业与物流业的联动关系是关系发展的历史阶段，在这一阶段中战略联盟关系是动态平衡点，是制造业与物流业联动发展的主导关系。而随着市场竞争环境逐步由企业间竞争走向供应链竞争，两链融合型关系逐步凸显出其市场主导地位。

结论 3：在供应链竞争环境下，物流链与供应链间的联动关系反映了制造业与物流业的联动关系，逐步从多企业间的合作伙伴、战略联盟走向物流链与供应链间的两链融合关系。

在供应链竞争环境下，单个物流企业无法满足制造供应链的需求，需要物流企业通过联合多家物流企业为制造供应链服务，如第 2 组案例中 B2 企业的市场逐步拓展，A2 企业已无法独立满足 B2 企业的需求，而是通过整合其他物流企业资源共同服务于 B2 企业。而且，三组案例都有明显的物流企业与制造企业从"一对一"向"多对多"的合作形式发展的过程，随着制造企业规模的扩大，以及物流企业专业化水平的提高，企业双方将向市场上寻求更多的合作机会。物流企业的横向合作形成物流企业联盟，纵向形成物流链，而制造企业主要向制造供应链的纵向方向寻求合作形成供应链，因此，在供应链合作竞争环境下，最终走向两链融合。

随着虚拟网络、大数据环境的发展，市场环境逐步走向虚拟网络竞争环境。在虚拟环境下，制造业与物流业之间通过虚拟网络实现连接，因此，在这样的市场环境下，两业联动的联接键较多表现为信息型和技术型联接键,在两业联动关系的演进过程中起到稳定内部结构的作用。

研究表明,制造业与物流业的联动关系是一个分段演化过程,即市场选择关系、合作伙伴关系、战略联盟关系、两链融合关系等关系的交替过程。两业联动关系的演化过程分为三个阶段,即企业间竞合阶段、供应链竞合阶段、虚拟网络阶段。在企业间竞合阶段,制造企业与物流企业的组织结构关系、物流战略关系和物流服务能力与需求关系决定制造业与物流业联动关系;随着市场竞争环境逐步由企业间竞争走向供应链竞争,两链融合型关系逐步凸显出其市场主导地位。在供应链竞争环境下,物流链与供应链间的联动关系反映了制造业与物流业的联动关系,逐步从多企业间的合作伙伴关系、战略联盟关系走向物流链与供应链间的两链融合关系。而随着虚拟网络、大数据的发展,物流业与制造业之间的联动关系进一步巩固,物流业与制造业之间产生虚拟互动关系。

第三节 个案剖析比较的基本观点

一 需求导致联动模式的形成

将新飞专运—新飞电器[①]与长运物流—齐洛瓦电器[②]两业联动的案例进行比较分析可以得到一些有益的启示(见表9-6)。新飞电器原(中方)董事长曾以"血肉相连、唇齿相依、不可分割"形容新飞电器和新飞专运的关系[③],两业联动战略合作伙伴关系使得新飞电器走向辉煌,也使得制造企业与物流企业联动发展实现共赢。

新飞专运以新乡市汽车运输总公司第五分公司作为物流集成体,联合18家运输单位形成物流链。初期,其以承诺、诚信和制度性保障等方式导入新飞电器产品下线后的干线运输,从而切入冰箱冰柜供应链。新飞专运和新飞电器的合作曾是我国物流行家与冰箱制造专家战略合作的典范,对

[①] 董千里等:《物流现代化实践》(音像制品),人民交通出版社音像部,2002年。
[②] 长安大学课题组:《Q企业第三方物流发展战略研究》,2002年。
[③] 董千里:《供应链管理》,人民交通出版社2002年版;董千里等:《物流现代化实践》(音像制品),人民交通出版社音像部,2002年。

其走向鼎盛发展阶段的合作模式的分析和其特点的归纳可见表9-7。

表9-6　　　　　物流链导入制造供应链的成败个案比较

案例	集成场范畴	个性特点		共性特点	运行结果	备注
		制造企业	物流企业			
新飞专运—新飞电器	集成体	中方控股的合资企业	承诺高于能力方式导入；提升适应和整合能力	管理者价值、企业文化彼此认可	7年合作中，新飞品牌走向全国，部分产品走出国门；新飞专运形象大变，双方达成价值共享	①
	基核	具有品牌、规模、市场等场源构成；较好产品市场占有率（18%左右）；融合型基核关系；夹板叉车作业；新飞专运根据订单组织干线运输		以新飞专运资格进入新飞电器下线库区作业场		
	联接键	功能联接：冰箱下线的干线运输；制度联接：货损货差物流方先赔				
长运物流—齐洛瓦电器	集成体	制造企业最高管理者与中基层管理者价值观不一致；有一定品牌、市场效应	有一定企业规模，有运输实力；愿意展开深度合作	有成功的先例，双方高层管理者认可	没有成功地导入制造企业；制造企业品牌消失，企业走入困境；物流企业成功上市	②
	基核	分离型基核关系；装货途经大桥（需交通行费），增加了成本		需降低运营成本		
	联接键	面临利益格局调整，在中层管理者中有阻力	有完整方案；诚意充足	最高管理者之间认同合作		

注：①1996年开始的7年产业联动发展战略合作关系，使新飞电器一跃从全国市场占有率第三成为全国第二。②没有专业化的物流合作应是其失败的重要原因之一。

显然，双方达到了供应链价值共享阶段，但在集成体之间尚没有建立不可或缺的关系。没有及时建立以基核为基础的稳定联接键，这正是在招标过程中容易被取代的原因。随着新飞专运与新飞电器合作的延续，外方收购了新飞电器非国有部分的股权，形成了对新飞电器的绝对控制，原中方的董事长转由外方担任。两业联动最初的供应链功能需求和决策价值准则，已经在悄悄发生转变，成本持续降低已成为供应链价值增值的凸显需求。2002年11月8日，新飞电器集团2003年公路运输分区域招标开

表 9-7　　　新飞专运—新飞电器走向战略联盟的特点分析

基本范畴	导入阶段	适应阶段	共享阶段	融合阶段	备注
集成体	企业战略、价值、文化相互认可；双方共同企业文化；"今天工作不努力，明天努力找工作"；社会控制与正式控制的恰当选择	价值差异的磨合，为深度合作做了多种探索；向"血肉相连、唇齿相依、不可分割"的合作关系发展；适应方式的选择	各自在相应领域都是出色者或佼佼者；利益分配机制；控制方式的选择	有供应链服务创新的相应想法，但实际操作还不到位	制造企业最高领导因故变更；外资收购有力股份成为绝对控股方；企业成为外资控股企业
基核	融合型关系（产品下线入库和成品库作业区），基核区位间业务衔接紧密；可连续作业；具有较高装载作业效率；较好控制场线辐射过程。信息化、动态监控等方面还存在不足			可持续创新不足	先进技术应用不足；没有在集成体之间形成不可缺少的关系
联接键	制度性质量保障；服务质量、能力、效率有所保障	车厢改型以适应装两层冰箱；采用夹板叉车；强有力的资源整合能力；干线运输能力强；回程管理、降低成本机制尚不够突出		联接键建设尚没有形成不可或缺性	

标①，新飞专运原先"从一而终"单相思的企业间战略联盟关系在市场的招标中面临瓦解，变成市场选择关系，但是基核作业的掌控水平使得后来的业务维持在一定水平。

二　成本导致两业联动模式的演变发展

新飞电器物流项目招标过程是以"价低者得"为准则进行的，最终中标者是两家名不见经传的小企业。新飞专运单位运价比中标方高了 0.03 元，使得新飞电器丢失了在 7 个省、市、自治区的运输业务，使得新飞电器与新飞专运 7 年的战略合作伙伴格局发生突变。这其中既有外界环境、企业战略价值关系变化的偶然性，也有其内在机理的必然性。两业联动过程中的互动，使得需求在不断更新，需要通过能力的进一步提升得以满足，

---

① 董千里、董展：《制造业与物流业联动发展模式的识别与应用——集成场视角的案例研究》，《物流技术》2013 年第 12 期。

同时制造集成体质量、效率和成本在决策中的侧重点也在发生变化。当新飞专运高层在筹划如何进一步把运输业务拓展到新飞的海外市场及国内业务的延伸服务中时，原先的"从一而终"思维构建的"一对一"联动发展模式受到了严峻挑战。

三 集成体间战略合作由紧密而松弛的原因分析

安得物流—美的电器、新飞专运—新飞电器及其后来演变的新运物流—新飞电器，所经营的都是家电，通过这两个典型案例，可以看到集成体间战略合作关系是两业联动模式演变中的最重要因素。

（1）安得物流—美的电器案例。在安得物流成立时，美的电器控股安得物流70%，它们之间形成了紧密融合的集成体间关系。而提供给安得物流的业务量只占其业务量的50%左右。由于安得物流的存在，美的电器可以有更多的物流业务谈判筹码，降低非安得物流完成的物流业务成本。安得物流需要进一步面向社会拓展其第三方物流能力，以求其生存与发展。后来，安得物流要求美的电器控股降至30%。这一演化过程，使得双方向战略联盟的方向发展，客观地反映了两业联动在两链集成体之间竞合博弈关系的演变，这也是物流集成体由"一对一"转向"一对多"，发展面向社会物流服务的原因之一。

（2）新飞专运—新飞电器案例。两业联动的两链集成体间由原来一次签订2—3年业务合同，变为接近战略联盟关系。业务关系的稳定性，使得新飞专运进行每辆卡车花费10万元的改造，将车厢底板设计下沉30厘米，这样卡车装两层冰箱不会超高，提高了车厢冰箱装载数量和运输过程的安全性，提高了冰箱干线运输实载率，降低了冰箱物流成本。后来，新飞电器因主要领导病故、企业股权变更，成为外资控股的电器制造企业。新的制造集成体提出新飞电器物流业务向全社会招标，结果新飞专运因3分钱之差失去了30%左右的西北市场，这是集成体间典型的市场选择关系。在两业集成体间先后经历过市场选择→合作伙伴→战略联盟关系后，又回到了市场选择关系。由于新飞专运的公路干线运输竞争实力，在激烈的市场竞争中其仍旧保住了大部分业务。后来，新飞专运所在国有公司进行了股份制改革，新成立的新运物流继续承揽了新飞电器集团的主要物流业务，但是，两业联动的格局发生了变化，从过去的新飞专运对新飞专运的"一对一"物流服务，演变为多个物流集成体对新飞专运的"多对一"物流服务。新飞电器与新飞专运之间从市场选择走向合作伙伴，再走向战略联盟关系，但由于制造企业体制变革，集成体间又回到市场选择，并走向合作伙伴关系。显然，主导两链对接的集成体间关系仍然是竞合博弈关系。梳理20余年集成体及其间关系的演变，先后涉及以下几个主要方面。

第一，制造集成体高层领导的变故，形成决策智能结构变化。新飞电器（制造企业）由中方控股变为外方控股，导致了集成体间战略、价值和文化等方面的变化。新飞电器与新飞专运两业联动所体现的两链集成体之间的决策价值取向准则发生了变化。

第二，制造集成体决策判断准则发生改变。这导致物流外包模式发生变化，由过去签约长期合同（战略联盟关系）变成面向社会招标（市场选择关系）。后来，物流企业也进行了体制改革，从原来的国有运输企业转变为股份制企业，成为新运物流。

第三，社会招标没有很好地解决冰箱物流专业化问题。略低成本报价的中标仓储型物流企业，难以提供新飞电器冰箱冰柜下线的长途干线运输，改制后新运物流与新飞电器基本上仍保持着合作伙伴关系，承担的物流业务量达70%左右。

可见，两业联动中集成体之间的信任与控制关系的变化，会影响到两链合作过程的主动性、创新性和稳定性。

第四节 联动模式运行体系与表达方式

一 两业联动发展模式的识别维度

基于集成场构成两业联动发展模式的关键要素涉及主体维、基核维和联接维，与两业联动发展水平评价所涉及的，与集成维、过程维关联的集成体之间关系维联系起来，物流集成体在选择市场选择型、合作伙伴型、战略联盟型和紧密融合型[①]关系时，物流集成体"一对一"模式理念依次

[①] 董千里：《基于集成场的省域制造业与物流业联动发展水平研究》，《物流技术》2013年第2期。

强化，强调了专业化、专用化、精准对接的联动发展水平。集成体间的合作类型与两业联动发展模式的微观识别体系间有内在的联系和作用机理，两个坐标体系间有映射、关联关系。制造集成体与物流集成体之间的关系类型体现了不同方面联接键的综合作用。[①] 联动发展模式微观识别和整体评价体系的逻辑关系见图 9-3。

深入分析两业联动发展模式设计的内涵，它关注于两业联动发展的关键因素，而关键因素的运作细节很大程度上决定了效率和成本。两业联动模式可使得两链在导入、适应、共享及融合发展阶段水平有相应测量因素指标容易识别。

（1）主体维体现了集成体自身能力之间的关系。物流集成体的能力可体现为资源整合、物流服务和集成管理等能力；制造集成体选择的控制方式一般为短期合同、长期合同、战略联盟（长期战略协议、年度合同等）、参股、控股关系等。当然，双方之间的信任、承诺、能力水平不一致，将导致选择的不同控制方式。合同体现了业务能力及法律层面的约束要求，战略联盟体现了主观战略、价值和文化间的一致性，可以通过社会层面承诺履行承诺，承诺与能力的一致性及认可过程则需要双方经过一定时间的磨合才能实现。

（2）基核维体现了制造基核与物流基核之间的关系。根据案例分析，这种关系可归纳为公共型、连接型和融合型关系，它们关系到物流效率和成本。其中，公共型大多是通用性的物流基地及运作流程，参与运作的物流企业很多；融合型主要是专用性的物流基地及专门化的运作流程，要满足精准、准时等服务要求，所以需要一个集成体统一运作指挥，物流基核的场线组织表现为：多个集成体主导的场线进，而一个集成体主导的场线出。

基核建设关系到物流服务品牌、作业规模与物流效率等，并影响到集成引力等作用的发挥。其品牌、业务规模等场源对物流集成体的吸引力，反映了不同产业在空间的联系程度和产业在空间的集聚程度。这一合作模式的特点可以精准设计和运作实施，对应的物流集成体较少为宜，例如，物流集成体主导物流链与制造集成体主导供应链的基核对接，可以成为最终产品的基地，该基地可以包容物流集成体的业务基地。[②]

[①] 董千里、董展：《制造业与物流业联动发展模式的识别与应用——集成场视角的案例研究》，《物流技术》2013 年第 12 期。

[②] 同上。

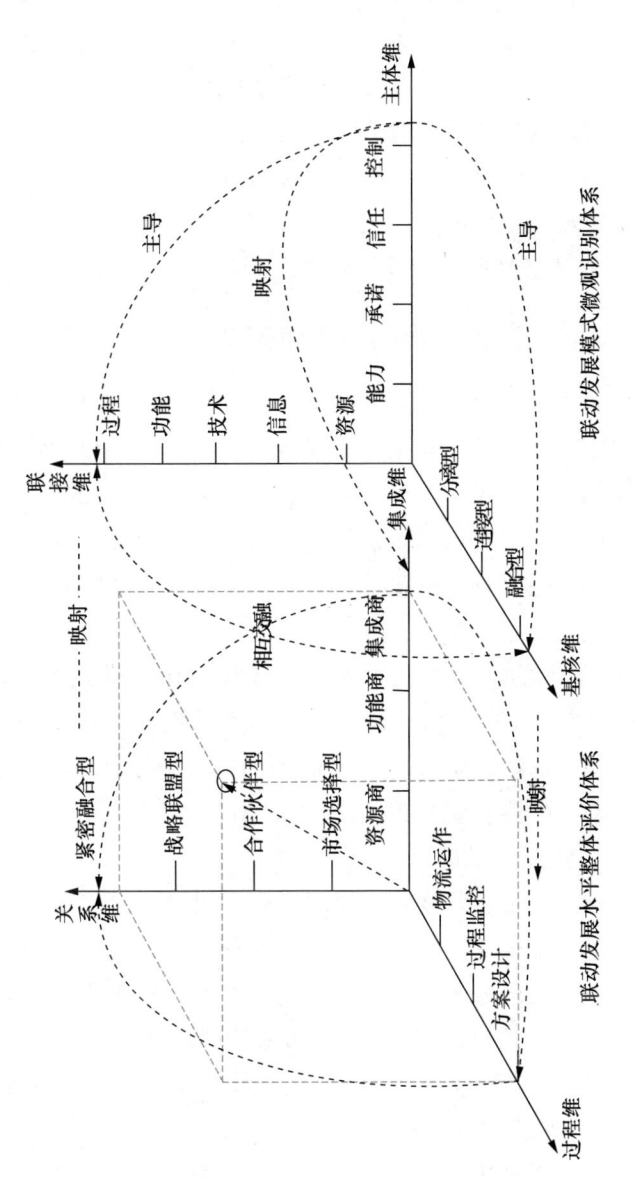

图 9-3 联动发展模式微观识别和整体评价体系的逻辑关系

(3) 联接维体现了要素性质、衔接和结构关系。可以通过基础类、服务类和综合类联接键的关系创新设计，体现两业联动发展关系之间的特殊性。两业联动集成体之间的业务联系可以通过集成物流服务方案，满足双方需求的资源、信息、技术、功能、过程等一项或多项的联接键功能要求联接起来。其中包含了多类型、多层次的耦合关系。

两业联动发展模式的微观识别是以基核（含场源、场线）、联接键为基础，在两业联动主导物流链和供应链集成体之间做联动模式整体区分。物流集成体与制造集成体之间的关系决定基核间关系，基核间可以以"一对一"或"一对多"服务作关系深度的主要识别点。

二 两业联动发展模式识别与表达方式

集成场范畴提供了两业联动模式识别的关键因素，即集成体、基核、联接键及其间关系。根据两业联动模式识别体系，可以形成两业联动发展模式内容的基本结构，参见式（9-1）。根据式（9-1）归纳总结新飞专运—新飞电器、（改制后）新运物流—新飞电器、安得物流—美的电器、安泰达物流—小天鹅、通汇物流—陕重汽等案例，可以将两业联动发展模式概括为以下几种类型。

（1）冰箱行业中的新飞专运—新飞电器联动切入模式可以概括为："融合型"基核 + "功能型"联接键 + 集成体"干线运输能力及控制"合作方式。其达到稳定的集成体间经济契约形式的发展模式结构可以表达为：

新飞专运—新飞电器联动发展模式 = 集成体"战略联盟"关系 + "融合型"基核 + "功能型"联接键

随着新飞电器集团董事长变更、股权变更，以及家电市场发展演变等情况，新飞专运进行了企业改制，其中一部分形成新运物流。由于前期的联接键介入并不深，新运物流与新飞电器达到稳定态的集成体间关系基本是"合作伙伴"关系，所以，其两业联动发展模式可表示为：

新运物流—新飞电器联动发展模式 = 集成体"合作伙伴"关系 + "融合型"基核 + "功能型"联接键

（2）安得物流—美的电器联动切入模式可以概括为："融合型 + 公共型"基核 + "信息 + 技术 + 功能等"组合型联接键 + 集成体"运输仓储能力及控制"合作方式。其达到稳定态的集成体间经济契约形式的发展模式结构可以表达为：

安得物流—美的电器联动发展模式＝集成体"紧密融合"关系合作方式＋"融合型＋公共型"基核＋"信息＋技术＋功能等"组合型联接键

这样可以准确有效地把握住同类行业两业联动模式在微观领域的归纳，便于识别、比较、创新设计和选择应用，对其成熟或研究的模式可以冠以恰当的名称，在实际运用中具有很强的操作性。

（3）对于行业差异较大个案也能够进行归纳和识别。诸如，安泰达物流—小天鹅等联动模式可以表示为："公共型"基核＋"信息＋功能综合平台"联接键＋集成体"集成物流管理能力"合作方式。考虑达到稳定态的经济契约关系，可以表示为：

安泰达物流—小天鹅等联动发展模式＝集成体"战略联盟"关系＋"公共型"基核＋"信息＋功能综合平台"联接键

（4）通汇物流—陕重汽的联动切入模式可以表示为："融合型"基核＋"信息型＋技术型＋过程型"组合型联接键＋集成体"准时送料能力及监控管理"合作方式。由于陕重汽控股通汇物流，当达到稳定的经济契约关系时可形成集成体紧密融合型关系。这样，联动发展模式可表示为：

通汇物流—陕重汽的联动发展模式＝集成体"紧密融合"关系＋"融合型"基核＋"信息系统为基础的综合型"联接键

显然，即使不是同一行业，利用这一模式的微观识别公式，也可以很容易地抓住个案要点对联动模式进行归纳、分析、总结和提升。

三　两业联动模式应用与发展阶段

两业联动发展模式的应用往往涉及物流集成体主导的物流链在导入、适应、共享和融合四个阶段，其能力、承诺的水平及发展，以及与制造集成体之间的彼此信任程度和控制方式。能力和承诺是基础，信任与控制这两方面是互动的关系。物流链导入供应链的四个阶段的有关情况参见表9-8。

有关案例研究表明，物流集成体应当根据两业联动发展的不同阶段、集成体间关系及变化趋势，选择恰当的策略，关注联接键等关键事项，建立能力与承诺、信任与控制等良好的互动关系。

表9-8　　　　　　　　　物流链导入供应链的四个阶段

发展阶段	基本范畴	主要内容	要点与问题	注意事项
导入阶段	集成体	战略及价值观的相互认可；高度的承诺和一定准备的服务能力切入；信息系统及相关技术的衔接	能力与承诺的认可；对制造供应链核心需求掌握不足	有与供应链衔接的专有技术、软件等
	基核			
	联接键			
适应阶段	集成体	集成体间信任机制的建立；保持承诺，提升能力满足供应链核心需求	信任与控制方式的匹配；被动适应或主动适应	形成和稳固联接键
	基核			
	联接键			
共享阶段	集成体	集成体间关系的稳固；在保障服务承诺的基础上，强调共享价值和增值	双方共享价值及其增值是此阶段的关键因素	在共享价值的基础上，固化联接键
	基核			
	联接键			
融合阶段	集成体	思考集成体之间关系的发展；跟随供应链升级而更新服务模式，提升物流服务水平	供应链升级与物流链协同服务互动	有创新地适应和满足制造业需求
	基核			
	联接键			

第五节　全球化两链集成实践

在"一带一路"倡议下，伴随着物流链所支持的供应链集成范围的拓展，从区域拓展到全国再到全球范围的集成，体现了资源集成空间的优化。显然，两业联动模式可以支持全球化供应链集成，物流链集成也从境内拓展到境外，形成全球范围的供应链集成优化。

一　物流链支撑供应链集成

物流链的全球化组织支撑供应链集成的全球化。"一带一路"物流链是物流集成全球化的重要组成部分。在国际物流过程涉及不同集成体、物流节点、通道、环节等的作用，是阶段性作业集成起来实现全程物流场线的，有时需要采用联接键方式简化衔接过程，提高物流服务质量、效率，降低成本费用。图9-4是以西安国际陆港作为国际物流始发港，向东寻求出海通道的两业联动场线组织过程示意。其通过制造业基核到最终用户的国际物流场线组织过程来表示。从中可以看到，国际物流场线具有境内与境外的这样几段物流场线的组织过程。

（1）专用物流基核集货的国际物流场线过程。从制造基核到专用物流基核集货，进入公共型物流基核（陆港具有海关等清关服务功能），通过铁路运输衔接公共型物流基核（海港具有海关等清关服务功能），跨境海洋运输到境外海港、境外陆港，到最终用户。

（2）直达陆港的陆海港大通关的国际物流场线过程。从制造基核直达公共型物流基核（陆港具有海关等清关服务功能），通过铁路运输衔接公共型物流基核（海港具有海关等清关服务功能），跨境海洋运输到境外海港、境外陆港，到最终用户。

（3）公路直达公共型基核（海港）的国际物流场线过程。制造基核直达公共型物流基核（海港具有海关等清关服务功能），跨境海洋运输到境外海港、境外陆港，到最终用户。

从集成场理论分析，上述全程场线（1）的组织过程，通过了集货过程，部分公铁运输阶段的成本可能比较低，但长线组织耗时比较长。全程场线（2）的组织过程直达陆港实现公铁海联运，其合作部分阶段场线成本可能比较低，耗时比全程场线（1）相对短一些。全程场线（3）的组织过程直达海港实现公海联运，其合作部分阶段场线成本可能比较低，耗时比全程场线（2）更短一些，前面公路运输阶段可能成本比较高，但能够很快与海运衔接，总体的供应链价值表现可能比较突出。

二 构建跨境物流快速通道网络

国际物流主通道网络效率涉及国际物流运作的公共型枢纽基核、业务规模、服务质量、运行效率和降低成本的要求，形成以国际物流枢纽为始发、终到的基核，实现了重要枢纽间的集货中转、快速直达、准确安全和精准对接等要求。

（1）在布局跨境物流快速通道网络时，要依枢纽城市产业、地理和经贸联系创建跨境物流优势。可以考虑将地理中心转化为中转配送枢纽；建基核场源培育战略优势，集聚产业、物流有序、港区联动、港港联动、国际中转，国际主通道网络需要有内在机制将其全线贯通。用集成场视角构建"一带一路"国际物流快速通道网络，是要从客观的主动优化视角思考，避免主观的狭隘行政区位、部门利益视角影响，以免布局利益影响到全局利益的考量。

图 9-4 西安港向东的国际物流场线构成

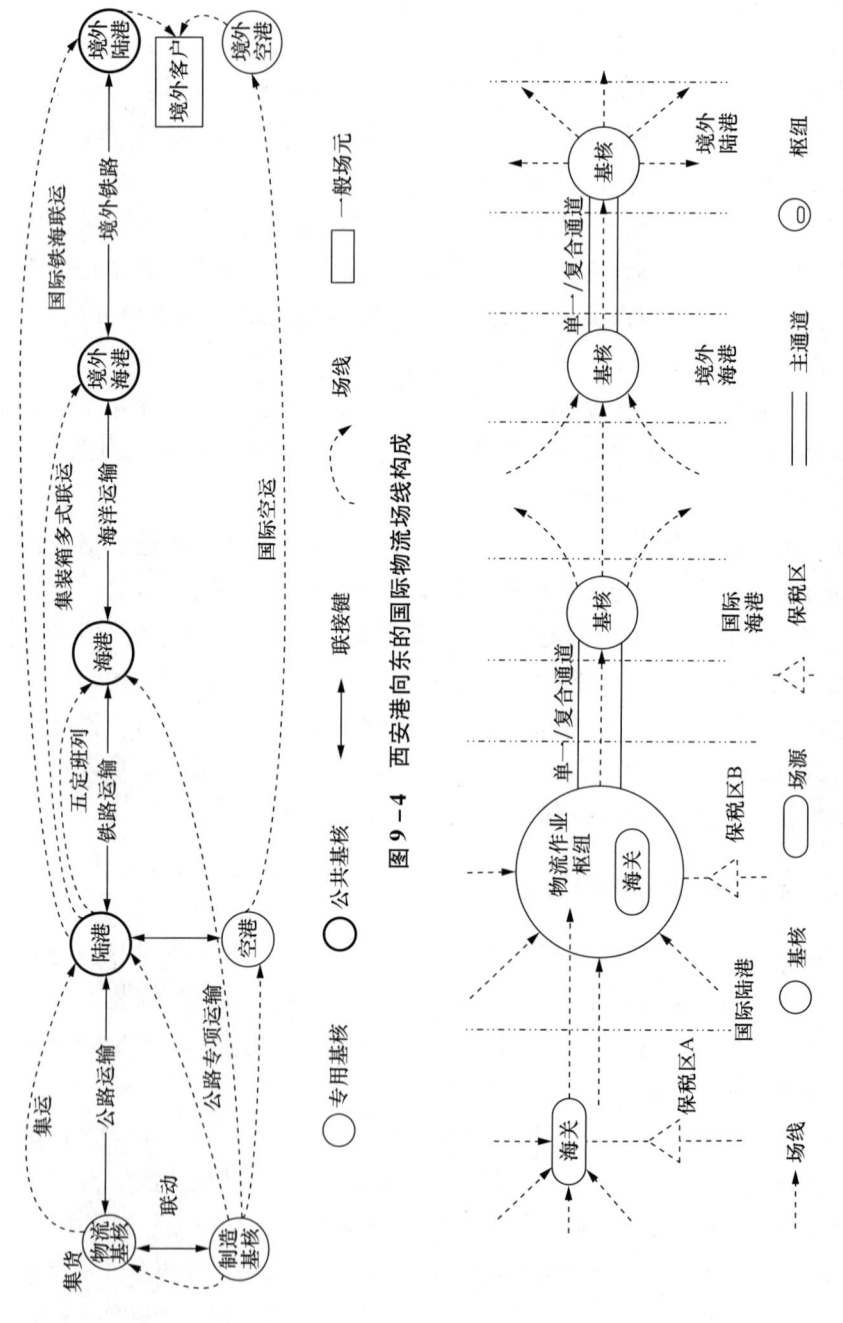

图 9-5 国际陆港与国际海港等的关系

（2）发挥跨境物流集成体作为专业化基础物流链组织者的作用。在多种集成体中，物流集成体主导物流链，制造集成体主导供应链。制造集成体的供应链体现物流需求，物流集成体组织形成的物流链是物流业组织化的一种形式，应主动与制造集成体沟通，主动切入、主动适应、主动完善和提升供应链物流服务水平。

（3）发挥公共型（特别是国际中转枢纽）基核在连接跨境产业、贸易和物流中的作用。公共型基核的集成引力可形成产业集聚，是产业组织化的另一种形式。利用基核可以共享基核场源资源，也有利于形成中小物流企业的物流联盟，企业可以作为相对物流集成体发挥产业组织化作用。[1] 国际陆港与国际海港等的关系见图9-5。

以国内起始陆港作为内陆型国际中转枢纽港，构建中亚欧国际快线网络，在起始港（内陆型国际中转枢纽港）形成集聚、中转和辐射的重要节点，即枢纽中的枢纽，来构建国际物流主通道网络。将西安港作为向西的国际物流始发港进行分析，体现了陆港形成规模化的国际物流直达快列的运作体系。[2] 以内陆型国际枢纽陆港作为起始港形成集聚范围，在终点港形成配送辐射范围（见图9-6）。

在跨境物流网络中尽可能地实现直达，形成国际物流主通道，并形成国际物流基核间物通量对称平衡，那么全程物流场线就比较容易发展起来。这就要求始发港具有足够的国际物流业务进行直达运作。

（4）发挥基于陆港、海港、空港、物流园区等平台的多方集成体协同机制和作用。一定要分清做平台与做具体物流业务之间的差异与联系。以公共型基核中的国际物流枢纽作为基核构成跨境物流网络，形成跨境物流快速通道网络，其效率提高还需在制造业与物流业联动过程中将物流基核与制造基核对接起来，在同一基地运作的基核关系被称为融合型，相邻基地间运作的基核关系被称为连接型，分离型运作的基核关系有时被称为公共型（面向社会服务）。物流集成体业务运作基核间的关系很大程度上决定并影响着物流效率和成本。在此基础上，跨境物流快速网络与制造业、物流业基核的对接，还要发挥集成体的集成力和基核之间的联接键关系。

---

[1] 董千里、杨磊、常向华：《基于国际中转枢纽港战略理论的中欧班列集成运作研究》，《科技管理研究》2016年第22期。

[2] 董千里：《"一带一路"背景下国际中转港战略优势、条件及实现途径》，《中国流通经济》2017年第2期。

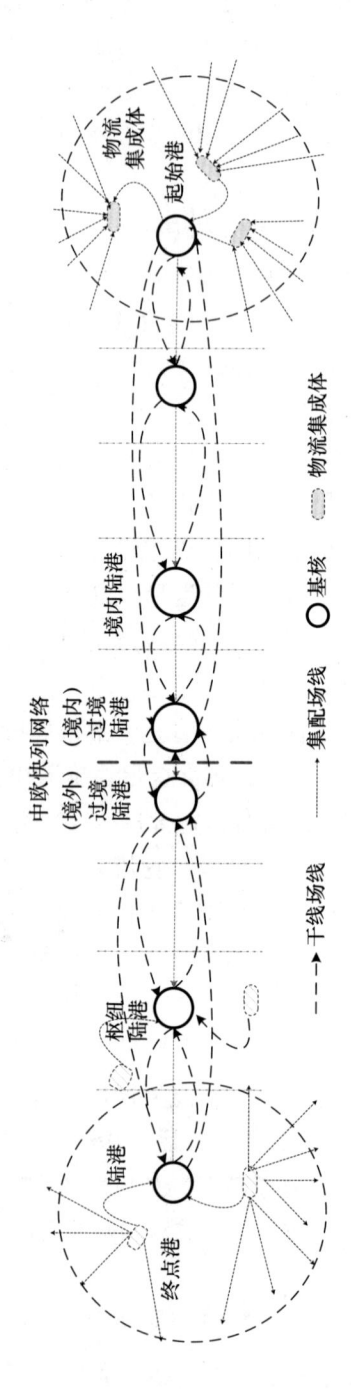

图 9-6 西安港作为国际中转枢纽港向西构建的国际物流快速网络示意

三 物流链支持跨境供应链集成的基础

就全国而言，如何针对"一带一路"布局向西开放的国际物流网络需要进行全球两业联动集成场视角的观察、分析，从全国到"一带一路"集成场视角进行主动优化。

（一）考察跨境物流链全程物流场线绩效

物流集成体在组织国际物流场线时，往往需要关注市场规模、全程物流场线绩效和全程物流成本。这也是跨境供应链集成系统顶层设计需考虑的重点。这几个因素往往是相互关联的，因此在两业联动过程中，有时需要将公共型物流基核与专用型基核进行对接，或构建联接键，延伸国际物流快速通道网络。

基于两业联动的供应链集成的跨境物流链顶层设计，强调的是供应链集成的系统绩效、物流链与供应链对接的全程物流场线绩效，可以通过跨境物流链的集成力矢量合成形成场线表达其协同运作绩效。

（二）跨境物流链与供应链对接是基于专业化的物流集成放大作用

跨境物流一体化运作绩效是专业分工的放大效应。其效率的提升源自外包物流业务的专业化。这就是支持供应链集成的物流集成系统的集成单元、过程专业化参数变化率增大的原因，体现为跨境物流各阶段专业化效率的乘积。

（三）跨境物流链集成的放大效应

在专业化效率提高基础上的进一步整合集成，就是协同效应，是两业联动发展具有进一步放大效应的原因。

将跨境物流集成的放大效应设定为放大系数 α。发挥跨境物流效率、实现技术集成、组织集成等作用，需要进行以下几方面集成优化。

（1）货源集聚。将当地或周边地区物流量在国际陆港起始港进行货源集聚，可以形成跨境专线直达物流所需要的业务量。

（2）线路合并。将起始港周边地区需要进行中欧货运快线的货物运输相同线路合并，以提高单一线路的规模、频率和服务质量，以及跨境货运的运输速度。

（3）过程集成。将集货、装卸、干线运输等业务过程统筹安排，精准对接、无缝衔接。

（4）全程绩效。追求跨境物流系统集成放大，使物流集成涉及不同物流要素单元集成的效率乘积。

（四）跨境物流链的集成效应

物流集成体的物流集成力是线性矢量叠加，包括平台集成体的物流集成引力。国际物流是阶段性作业衔接、集成完成的，但国际物流场线最终质量、效率和成本、费用体现的是全程协同绩效。[①] 供应链物流目标要求的是全程物流场线过程集成。许多平台集成体只是体现了其中一个阶段性作业绩效。物流集成体体现了境内外陆港、海港资源整合全程绩效。跨境物流链的过程集成涉及不同的物流作业单元参与、作业场所、物流环节和物流过程的集成，需要物流集成体进行组织，整合资源提高不同物流要素单元集成效率，参见式（9-2）。

$$\alpha_{过程集成} = \frac{A_{过程集成}}{B_{单一过程}} = \prod \alpha_{作业单元 i} \qquad 式（9-2）$$

式中，i 表示相关集成要素单元。物流系统集成涉及不同的物流过程参与物流集成过程的集成效率，即不同物流过程集成效率的乘积，具体参见式（9-3）。

$$\alpha_{系统集成} = \frac{A_{系统集成}}{B_{单一系统}} = \prod \alpha_{过程集成 i} \qquad 式（9-3）$$

式中，i 表示相关集成过程。当物流集成过程可以划分为几段场线时，物流集成的放大效应等于几段场线效率的乘积。例如，西安国际陆港作为向西跨境物流的始发港，到达阿拉山口、多斯托克口岸过境，在过境口岸需要办理过境海关业务和过境换装作业，利用式（9-3）可以将其全程场线效率表示如下。

$$\alpha_{系统集成} = \frac{A_{系统集成}}{B_{单一系统}} = \prod \alpha_{过程集成 i}$$

$$= \alpha_{境内始发陆港} \cdot \alpha_{境内干线运输} \cdot \alpha_{阿拉山口—多斯托克} \cdot \alpha_{境外运输} \cdot \alpha_{境外陆港} \cdot \alpha_{境外配送—用户}$$

当跨境物流全程场线中的某一个段、某一个作业环节效率极低时，如 $\alpha \ll 1$，其各阶段效率连乘积就会影响到整个集成系统效率，即导致跨境物流全程场线效率降低。

[①] 董千里、董展：《制造业与物流业联动集成场的场线形成及推论研究》，《物流工程与管理》2013 年第 2 期；董千里：《强化集成体，精铸联接键——基于物流集成场视角的再认识与思考场线效率》，《大陆桥视野》2012 年第 23 期。

（五）将时间周转量作为物流网络的重要考核指标

时间周转量是指，特定物流量进入到离开跨境物流快速通道网络的时间占用量，必要时这一网络可以进一步向终端延伸，测量指标同时纳入。可以用它间接测量内陆型国际中转枢纽港集聚周边省市物流量的集成引力，及在国际多式联运物流技术、组织和制度等层面支持下的实现能力。显然，在跨境物流快速通道网络中占用时间越少，对周边货源的集成引力越大，形成规模经济的能力就越大。追求国际物流主通道物通量对称平衡并提高国际物流主通道网络效率是相互促进的关系，是一项长期影响跨境物流发展的重要因素，涉及国际物流网络运作效率，包括跨境基础设施网络效率、跨境综合信息网络效率和跨境物流业务网络效率。

四 "一带一路"倡议引导的集成方向

（一）"一带一路"倡议导向

在"一带一路"倡议的指导下，物流业支持制造业的供应链集成，需要通过物流集成体组织跨境物流链，提高跨境物流链运作效率，构建跨境物流快速通道网络，提高跨境物流时间周转量指标。

（1）支持"一带一路"区域经济发展极的综合服务平台角色。作业平台、信息平台和公共服务平台，可体现在作业、信息和管理方面。以大西安为城市发展极，以西安港为国际物流通道进出口的大门，集聚产业，形成特色产业布局区，以便与其他国家、城市经济发展极形成差异、交易、交换的基础产业互补发展条件。

（2）支持"一带一路"国际中转枢纽港的运作规划主导角色。[①] 这是承载组织"一带一路"国际物流链的物流集成体的最佳物流基地（基核）区位角色（地理性的排他性）。以西安港形成新亚欧大陆桥国际物流通道和陆桥（中心枢纽——西安港）与各个沿海港口国际物流通道的衔接点。

（3）做好跨境物流"三大中心"，即集散转运中心、"电商物流"信息平台集成中心和全程物流控制中心，形成融合协调的一体化集成管理角色。

---

① 董千里：《"一带一路"背景下国际中转港战略优势、条件及实现途径》，《中国流通经济》2017 年第 2 期。

可在信息化基础上逐步形成可视化国际物流运作体系。

（4）需要从基础类、功能类和综合类方面构建和设计跨境物流联接键。

集成场理论在集成体、基核和联接键等方面提供了创新思路和实现途径，对物流业转型升级有十分积极的作用。

（二）渝新欧：中欧班列物流链的形成

从集成场视角考察渝新欧中欧班列的物流链形成，最重要的是基核、联接键建设带来的启示。枢纽、口岸、保税区等是物流集成场中基核的重要场源建设。在所有省市中，重庆是中国唯一有这个特征的地方，其开创了"三个三合一"的开放体系。经过多年努力，重庆形成了水陆空三个国家级的枢纽、三个一类口岸、三个保税区的"三个三合一"。[①] 通过渝新欧（重庆至欧洲的国际铁路大通道），建设开放高地。重庆建成了世界级电脑生产基地，但向外运输是个挑战。40%的产品要运到欧洲，如果从重庆运到广东，再从广东坐船到欧洲，需要1—2个月的时间，除时间成本之外，由于到沿海2000多千米的铁路和2万千米海路的运费，运输成本较高。重庆把从内陆途经新疆到欧洲的铁路，通过创新升级为"欧亚之间的运输大通道"。把沿线6个国家的铁路公司都聚集在一起，在重庆进行协调，形成五定班列。五定班列就是定起点在重庆，定终点在德国杜伊斯堡，定路径为沿线的1.1万千米只停12个车站。五定班列联接键的设计主要考虑以下几点：

（1）将沿线多个国家的关检，通过一卡通协定（关检互认，执法互助，信息共享），只需一关关检，中途不再复检。

（2）各国的铁路运输均有运行时刻表，如果没有编入渝新欧班列，则一列火车要横跨几个国家，由于途经多个关卡而使整体速度较慢，因此，可以通过协调形成确定的线路和运行时间，以提高班列运行效率。

（3）定价格。以上问题解决后，"渝新欧"得以成功运行。重庆渝新欧火车站也成为国家一类口岸和保税物流园区，进而需要确定渝新欧班列运行价格。

---

① 资料源自黄奇帆市长的演讲内容。参见2015年6月13—14日在重庆大学召开的"中国经济新常态与深化综合改革国际研讨会暨中国留美经济学会2015年度国际学术研讨会"。

第六节 本章小结

（1）两业联动发展模式框架提供了基于集成场的两业联动模式识别体系，通过分析解释说明了集成体、场源、基核、联接键和场线等范畴内涵及作用。分析两业联动的典型案例，为进一步量化两业联动发展关系，深入剖析联动模式发展机理奠定了基础，也为联动模式创新提供了依据。

（2）物流集成体"一对一"的联动模式基本是以融合型基核关系为基础，有效降低了联动过程中的不确定性，有益于提高服务质量。集成体之间的关系可能覆盖了由于需求满足、市场供求和竞争环境变化，潜藏在信任和控制过程的集成体之间博弈关系的风险。

（3）物流集成体"一对多"联动发展模式体现了通用型服务要求和水平，该模式是以公共型基核关系为基础的，联动的紧密、精准程度相对低下，加之联接键等专用投资不足，导致合作关系不稳定。因此，对其"一对多"模式下的供应链基核进行筛选，将引力大、规模大的制造集成体作为"多对一"格局下的"一对一"模式运作，规避"多对一"模式的整体弱点。

（4）结合两业联动发展所处的具体阶段，集成体要权衡联动模式的优劣，在发挥优势、规避风险的同时，改善与前景良好的供应链之间的基核、联接键关系，发挥联动发展模式优势，提高集成物流服务水平。①

（5）跨境物流链的全程场线支撑着供应链集成的全球化，专业化的物流链集成运作的放大作用实现跨境物流链与供应链的精准对接，还可以实现货物集聚、线路合并、过程集成和全程绩效的集成优化。跨境物流链的过程集成力是衡量全程场线效率的指标，受各个作业环节的影响。用时间周转量测量国际物流主通道的货源集成引力和形成规模经济的能力，以提高国际物流网络的运作效率。

---

① 董千里、董展：《制造业与物流业联动发展模式的识别与应用——集成场视角的案例研究》，《物流技术》2013年第12期。

第十章 基于两业联动模式的两链协同创新机制

制造业与物流业联动发展，简称两业联动发展，是产业联动的一类典型形式，是指在第二产业与第三产业协调发展中寻求其间的优势特征和融合发展规律。产业联动是指在区域发展中，以产业关联为基础，实现产业过程精准对接、优势互补、相互促进、共享共赢的产业协同发展，从而达到优化产业结构、提升产业能级、增强产业竞争力的目的。在两业联动发展过程中，可发挥物流业渗透性、衔接性特征，利用其专业化、信息化、网络化和集成化趋势来助力制造业转型升级和发展，同时也使物流业向高级化发展。[①] 制造业为物流业转型、升级提供高端物流服务需求和技术创新机遇，进而在实现两业资源整合、优势互补和价值增值的双赢基础上，也实现了物流业的高级化发展[②]过程。

第一节 联动模式集成效应的源泉
——创新机制

一 两业联动中的创新升级必要性

当今，制造业升级已经成为全球关注的国家战略。美国的"先进制造

[①] 董千里：《高级物流学》，人民交通出版社2015年版。
[②] 董千里：《基于集成场理论的制造业与物流业网链融合发展机理研究》，《物流技术》2013年第5期。

业国家战略计划"（2012）、德国的"工业 4.0 计划"（2010）和中国《中国制造 2025》（2015）的发布，表明全球制造业升级是一个大趋势。当前美国处于全球制造业第一方阵，德国、日本处于第二方阵，中国制造业计划在 2025 年由中英法韩同处的第三方阵进入第二方阵。这就需要对以制造业与物流业联动发展模式为基础的创新平台理论顶层设计方面加强研究，以支持和完善产业集群，加强高校、企业、科研院所之间的合作，创建适应新技术基础的、支持先进制造业和物流业联动发展的创新模式理论及实现体系。因此，亟须以新的视角、新的理论进行产业联动模式创新研究，否则难以带动两业联动向纵深发展，以适时形成转型升级发展态势，而集成场理论正提供了两业联动发展模式创新的一种新的理论探讨视角。

　　基于集成场理论的制造业与物流业联动发展模式是在一定基础上各自组织化的表现形式，以物流链切入供应链，按照特定目的相互作用，进而进入再集成过程。这一过程体现了物流链主动导入供应链的再集成优化的关系特征。因此，两业联动所表现的两链导入、适应、共享和融合等是其关系演化的表象，两链主要合成场元间内在联系与作用优化是其关系创新的实质。这就要求揭示产业联动集成优化过程中的关系创新机理，促进产业转型升级中的系列技术创新、组织创新和管理创新。产业发展环境、产业技术进步客观上为两业联动的两链导入、对接准备了技术条件；集成场理论的两业联动发展模式为指导物流业与制造业的协同发展过程，提供了主动优化的集成创新动因、机理和实践要求。以下几方面体现出了其必要性。

　　（1）产业发展要求产业网链结构创新升级。市场需求规模、产业产能供给、物流服务支撑建立在物流链、供应链到产业链网链结构之中，需要产业在网链结构集成创新中发展，产业联动提供了产业适应环境集成创新升级的发展方向。

　　（2）产业集成创新升级要求技术进步支撑。包括大数据、云计算等在内的新技术为产业资源整合、技术创新、一体化服务和集成管理提供发展机遇，能够满足产业网链结构集成运作的创新设计、组织和管控水平要求。

　　（3）联动模式提供了创新动因、机理和途径。两业联动需求要落实到两链的网链集成关系，使得物流业从自然衔接业态转变为系统优化组织的物流链，并要导入供应链、产业链之中，融合于集成场全球价值链视角的战略、技术、机制与运行过程。

二 集成场基本范畴的创新动力序列转换

集成场中以集成体为主导的两业联动可形成由三维坐标构成的创新发展空间。在集成体间关系、基核间关系和联接键分类组成的三维集成创新空间中,集成体间关系决定了集成创新发展空间,包括基核间关系和联接键分类等创新的突破方向,具体体现在集成创新动因和机理中。两业联动发展模式提供了三维集成创新的框架结构,如图 10-1 所示。具体的创新绩效实现要从三维集成关联的资源、信息、技术、功能、过程及其组合中发掘。

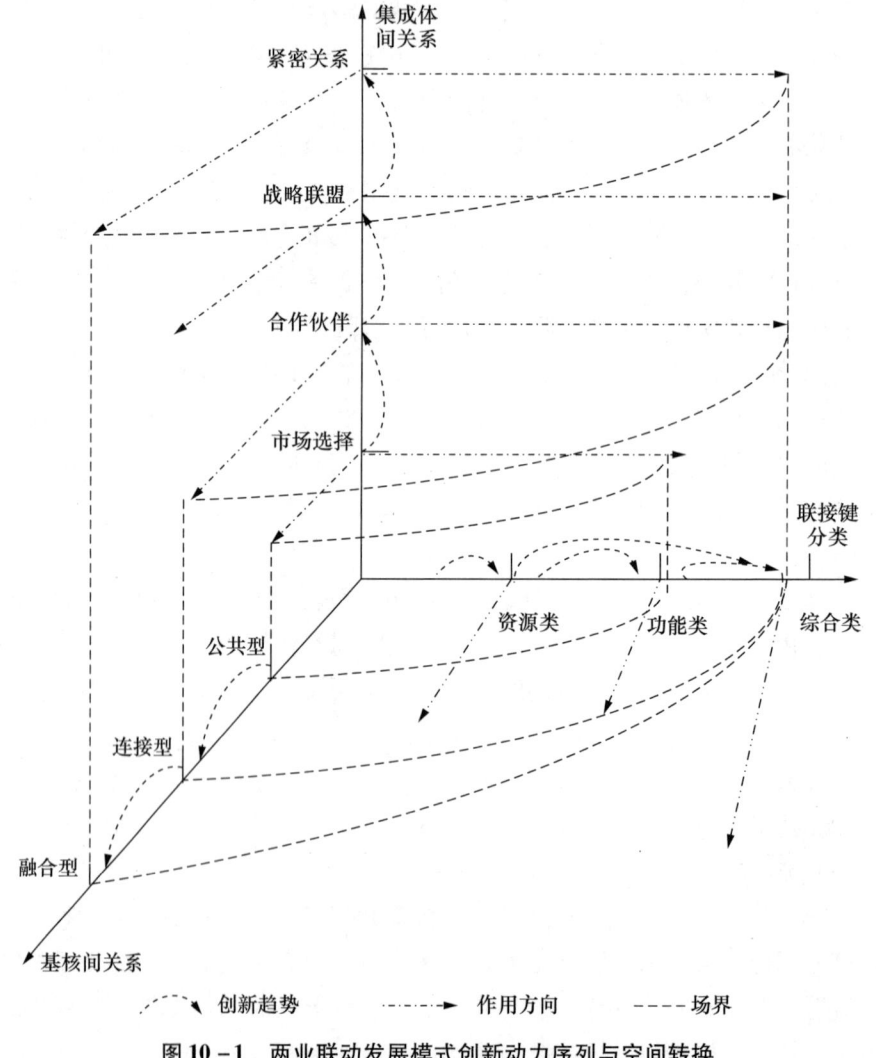

图 10-1 两业联动发展模式创新动力序列与空间转换

三维关系集成创新是两业联动模式运行绩效的重要来源之一，直接影响到场线作为两业联动模式运行的轨迹函数和绩效，在集成体的集成力作用下，场线具有从境内到境外广阔的集成创新空间。图10-1仅用三维示意了关系集成的场界范围，表明了三维集成所形成的创新空间，可沿着坐标轴的方向发展，一般随三维坐标指向呈现集成创新空间扩展趋势。

第二节 由两业联动模式合成场元引导的创新机理及实践

制造业与物流业联动既体现了两业各个核心或龙头企业的主动性合成场元与被动性合成场元综合形成的集成力作用关系，也体现了各个不同类型核心或龙头企业作为集成体之间的竞合、博弈关系。集成体的主动与被动、变革与保守、协同与孤立、优化与维持在供应链集成过程中，很大程度上影响着基核、联接键和场线等的集成创新机理与实践。

一 集成体主导的创新机理

集成体是主动性合成场元，是具有二元结构（由主体单元与客体单元构成）和三主体特征（战略主体、行为主体和利益主体）的合成场元，是集成场中最富有主动性的重要合成场元。集成体可以按照其主导资源的性质分为多个类型，如物流集成体、制造集成体和平台集成体等。集成体的优化创新范围、能力很大程度上取决于其战略视野、战略行为和战术行为驱动能力，例如，全球、全国、区域、产业、企业供应链集成范围。集成体主导的创新机理包括集成体及其间关系创新机理、集成体的集成力提升创新机理、集成体主导网链创新机理等。

（1）集成体及其间关系创新机理。这是指集成体素质提升及其间关系结构变革的关系创新。集成体的主要任务是主导两链的形成和运作，其一是要提高主导链形成与运作的战略素质与战术执行力能力；其二是要提高集成体之间的关系结构和协同发展能力。两链关系可以分别在不同类型的集成体间关系中体现出来，并由集成体影响其链中相应的基核、联接键，并主导物流链集成体及其基核、联接键等方面，这在其所获得的专项与综合、孤立与协同运作思维方式及其创新机理中体现出来。集成场理论梳理了两链在组织和集成关系上的创新动力、创新机理和创新实践理论与方法。

(2) 集成体的集成力提升创新机理。集成体的集成力基本概念模型①如下:

$$p_{集成力} = r \cdot a_{集成} = r \cdot \frac{d^2 y}{dt^2} \qquad 式（10-1）$$

式中，r 为集成体可支配资源的有效度测量；$a_{集成}$ 为集成系统产出函数的二次导数。

由式（10-1）可见，集成力形成及其提升机理主要包括两部分：其一是通过创新手段扩充集成体可支配的有效资源；其二是通过创新手段进一步提升集成系统的产出效率。集成力体现了集成体的战略意识和战略意志的实现能力，制造集成体更侧重于市场、产品战略能力。因此，可将集成体产生的集成力与系统自身的产出绩效紧密联系起来，集成体自身成长也体现在集成体所产生的集成力作用之中。集成体的集成力是综合创新的基础。

(3) 集成体主导网链创新机理。集成体主导网链集成创新，涉及多个方面，最主要的是集成服务产出及其升级创新机理。集成体作为集成物流商主导功能商、资源商形成物流链，其集成服务是客户需求决定的，但集成体构筑物流集成力，需要在实现集成物流服务战略目标中关注集成创新力度，同时也要在实现集成物流过程中关注资源调配力度，两者结合，相得益彰，有利于在电子信息技术、集成管理基础上体现其战略目标所需要的综合创新能力与有效调配资源能力的协调一致，而且随着综合集成创新的深入，其内在价值不断提升。创新能力体现在战略蓝图设计，调配能力体现在战略资源执行力度。两者的关系范围见图10-2。

二 基核引导的创新机理

基核是集成场的场源及复合场源的载体②，其作用是产生集成引力，引导场线形成并支持场线辐射作用。基核作为多种场源复合体的载体，集中对外体现复合场源极性叠加的性质和作用。基核的场源种类、性质和结构表现了基核的基本功能。基核有不同的功能类型，如制造基核与物流基核，

---

① 董千里：《物流集成场：国际陆港理论与实践》，社会科学文献出版社2012年版。
② 董千里：《高级物流学》，人民交通出版社1999年版。

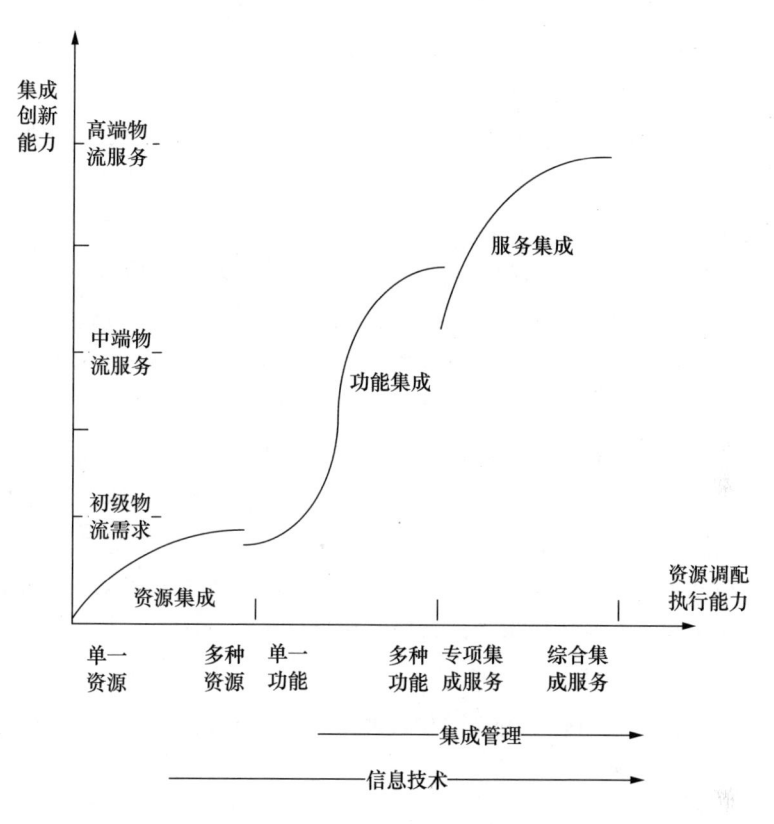

图中(纵轴)集成创新能力:高端物流服务、中端物流服务、初级物流需求、资源集成;(横轴)资源调配执行能力:单一资源、多种资源、单一功能、多种功能、专项集成服务、综合集成服务;曲线上标注:服务集成、功能集成;下方箭头:集成管理、信息技术。

图 10-2　集成体的集成创新能力与资源调配执行能力

分别表现为制造基地和物流基地,起着制造集成引力和物流集成引力的作用。物流集成过程是通过基核吸引物流集成体,通过物流集成体集聚场元形成物流集成运动场;制造集成过程是通过制造基核吸引制造集成体,集聚各类合成场元,形成产品制造的集成过程。基核既是制造业与物流业各自作业的基地,也是形成供应链集成与物流链集成过程衔接的点。两业联动过程中的基核关系可以分为融合型、连接型和公共型。①为了方便起见,可分为两部分讨论。一是在融合型、连接型基核关系方面,基核引导的创新机理包括基核场源类型构成设计创新机理、基核集成引力形成与提升创新机理、基核间关系变革创新机理。二是在公共型基核关系方面,公共型基核引导的创新机理,主要是基核区位引导的全国或全球战略定位方面的集成创新机理。

---

① 赵宜、谢合明、尹传忠:《基于循环经济的供应链变革》,《经济体制改革》2004 年第 6 期。

（一）融合型、连接型基核引导的创新

1. 基核场源类型构成设计创新机理

基核是物流链与供应链集成系统的被动性合成场元，其中的物流基核是集成体主动设计、安排或选择基核区位及其所承载的场源类型和组成，以及物流基核与制造基核之间的关系。当物流基核规模很大时，就形成了专门经营的公共型平台基核，可服务于多个制造集成体所主导的供应链，甚至是面向社会提供物流服务，此类专门经营基核平台的集成体被称为平台集成体。平台基核主要用于支撑物流场线运作，如果所经营基核面对的是社会物流服务，也被称为公共型基核，诸如，空港、海港和陆港等。场源构成的类型、内容与形式也因基核性质而不同，专用型基核场源服务对象比较狭窄，公用型基核场源服务对象复杂，场源类型与组合也较多。基核间从以物理距离为主到以时间距离为主的认识，本身就是产业联动布局对两业联动基核布局的集成优化要求，体现为基于基核业务的准时化（JIT）战略，是进行基核集成创新战略选择的重要依据。

2. 基核集成引力形成与提升创新机理

根据集成引力的基本内涵，集成体主导的基核之间的集成引力可以表示为式（10-2）。

$$P_{集成引力} = k_{引力系数} \cdot \frac{r_A \cdot r_B}{t_{网络可达}^2} \qquad 式（10-2）$$

式中，r_A、r_B 分别表示集成体 A、集成体 B 可支配的资源质量；$t_{网络可达}$ 是集成体所介入物流网络的可达性；$k_{引力系数}$ 是表明资源质量的兼容、协调和协同能力级别的参数，其取值范围可参考表 10-1。

表 10-1　$k_{引力系数}$ 的系数级别及取值范围参考

系数级别	不兼容	兼容	协调	协同
取值范围	$0 \leq k_{引力系数} < 1$	$k_{引力系数} = 1$	$k_{引力系数} > 1$	$k_{引力系数} \gg 1$

两个集成体、基核之间的集成引力与可用于集成过程的资源质量成正比，与两者网络之间的时间距离平方成反比。在集成场的物流集成系统中，集成体主导的基核之间往往是网络路径联系，两个基核间有不同的可达路径，因此将选择到达时间最短的（时间距离）路径，称为用时间表达的网络可达性。其中，物流集成资源质量表明了可用于物流集成系统和集成过

程资源的兼容性、有效性和协同性。资源兼容性、有效性和协同性越高，表明资源质量越高，在这种条件下，在集成体之间产生的物流集成引力也越大，通过整合所需资源，集成体用于物流集成过程产生的物流集成力也越大。

式（10-2）是将两集成体之间各自的资源需求同等看待。实际上，集成体面对的物流集成过程是不同的，对不同资源的需求也是不同的。因此，集成引力的一般表达式（10-2）可以作为集成体根据具体情况进行修订的基础引力模型。

3. 基核间关系变革创新机理

基核在集成体主导的集成系统的网链中具有重要的地位和作用。重要的物流基地在物流集成过程中的重要性奠定了基核的地位和作用，基核及其之间的关系类型、功能定位直接决定了场源类型选择和规划建设。基础设施条件对两业联动发展的影响在于单一基核布局、物流节点网络布局和基核的场源设计。在两业联动中，物流集成体与制造集成体主导的网链基核间关系变革创新可主要归纳为以下几项。

（1）单一基核布局创新，主要是指在基核性质、基核场源构成和设计建设方面突破常规的创新布设。在内陆港基核的场源布局与建设中，除了引入或利用海关报关通关功能以外，引入或应用综合保税区、引入自贸区、引入口岸功能，都可以使物流基地发生变化。

（2）基核网络及其所衔接的物流系统布局构成了基核所承载的场源创新，主要是在基核衔接的物流节点网络分布、建设和运作方式等方面进行创新，这有利于提高物流集成系统的运作效率。物流节点网络布局战略作为基核承载的场源直接决定着供应链物流网络运作绩效。

（3）既有基核衔接的物流节点网络的中心枢纽重新定位体现了基核场源创新。通过基核功能转变引导场线改变原有运行线路，形成新的网络优化创新绩效。中欧班列孤立运作会导致一些问题，从集成场的典型合成场元类型来看，可以在物流集成体（龙头企业）、基核（枢纽）、联接键（海关）、场线（货源、班线、通道）等主要方面进行因果关系梳理，找出关键因素。

（二）公共型基核引导的创新

公共型基核主要取决于其在地方、全国和全球的政治、经济、社会区位，这影响公共型基核的创新发展定位。例如，中国就明确了国家物流枢纽、地方物流枢纽等功能定位。正确的战略定位对基核集成创新与发展十分重要。课题组对西安陆港作为国际中转枢纽港的研究就体现了这一点。①

1. 公共型基核的战略定位

"一带一路"背景下,我国各地开行的中欧班列存在的共性问题可归纳为以下几个方面②（见图10-3）。

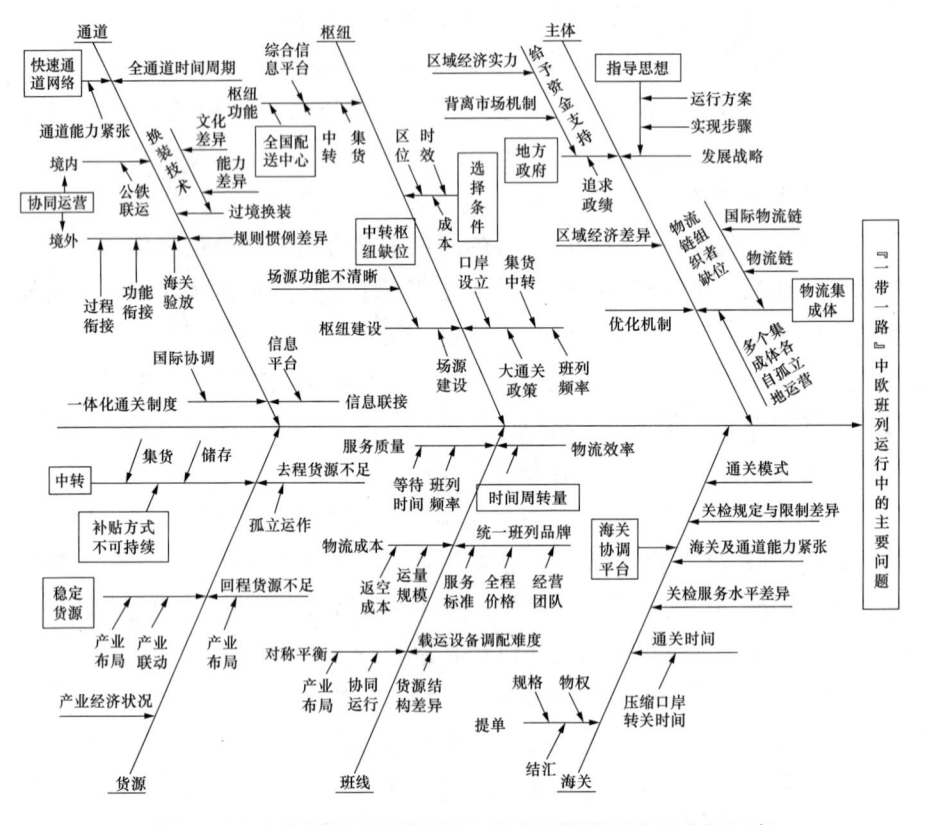

图10-3 中欧国际货运班列孤立运作问题因果关系分析示意

（1）组织中欧班列的物流集成体的物流集成力不足。①国际物流集成体主导能力分散运作。②联运集成体不明确,物流集成力主导方向、施力重点（指标）不明,主导资源能力不到位,造成国际物流、区域经济之间

---

① 见董千里《"一带一路"背景下国际中转港战略优势、条件及实现途径》,《中国流通经济》2017年第2期。在董千里主持的西安市科协项目（201611B）"'一带一路'背景下西安港国际中转枢纽战略选择与推进研究"的基础上,进一步进行了国际中转港的理论创新研究,2016年11月25日,研究成果获得了第十五次中国物流学术年会论文一等奖。

② 董千里:《"一带一路"背景下国际中转战略优势、条件及实现途径》,《中国流通经济》2017年第2期。

过度竞争。③中欧班列孤立运作造成集成体（含制造与物流龙头企业）与集成主体（政府）职能不清。

（2）地方政府作用错位、缺失和不到位，导致市场机制作用弱化。政府是物流政策颁布的集成主体而不是实体运作的集成体，是中欧班列国际物流形成的支持者，起国际政策协同的作用。但以地方政府资金支持地方性中欧班列运行，形成了错位和失位。地方政府资金投入中欧班列加剧了区域间的过度竞争，是对国家国际货运稀缺资源布局与占据权的争夺。

（3）国际中转枢纽港境内定位与协调功能缺失。①缺乏国家层面的境内国际中转枢纽港、国际物流境内配送中心枢纽，以及出境和口岸双枢纽基核的功能集成布设定位，在枢纽建设方面缺少国际中转枢纽港定位。②没有找到国际中转枢纽港的基核场源培育点，不知哪里是快速通道网络始发枢纽的货源集聚点，以发挥其在国际物流层面的国家物流网络整体系统与国际物流系统之间的对接作用。③孤立分散运作使得各个物流基核的集成引力都不足，暴露了基核建设对场源认识层次不够高度、定位不够准确、落实不能到位的薄弱环节。

（4）快速通道网络境内与境外协同运作需要解决跨境海关、换装、制度等的一致性或协同，需要国家政府层面的协调才更有效。①协同体系必须要有综合信息平台功能，可以与中转型枢纽、全国配送中心等的货物集散中心、物流信息中心和全程监控中心的"三中心合一"平台功能进行整合。②寻求并建立中欧班列的市场化运作、可持续发展机制。③将时间周转量作为中欧快速通道网络的中欧班列考核主要指标之一。这一指标将有利于服务质量、效率和成本指标的改善。

以中欧班列西线出境为例，所构建的快速通道网络主要涉及起始、中转和终到港作为国际物流集成运作的基核网络（见图10-4），其中还涉及一般枢纽和集货站。

"一带一路"向西拓展需要构建国际物流快速通道网络，这是一个典型的由铁路运输"点—轴"系统与高速公路运输"点—轴"系统为干线轴构建的陆路快速通道网络；向东发展还包括支持铁海运的复合型陆路"点—轴"系统。这就意味着国际物流重要的节点和通道是支撑"点—轴"型基础设施的联接键，涉及大道定理、快速通道网络和时间周转量测量指标的应用。

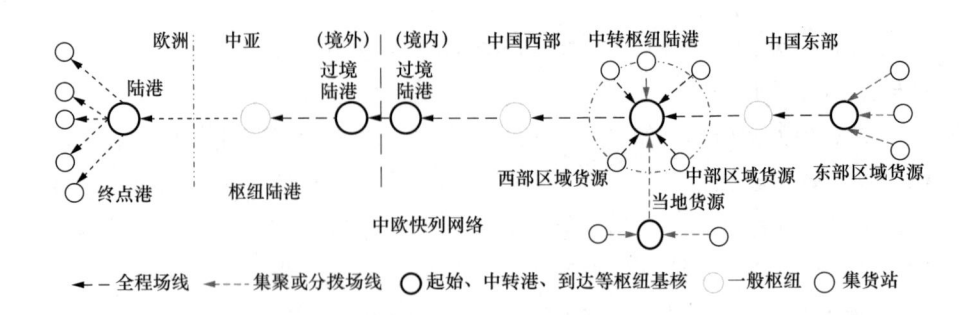

图 10-4 中欧班列西向快速通道枢纽节点层次结构

基核在区域两业联动集成场、全球两业联动集成场等不同层次集成场中的地位和作用具有相对性，说明基核在不同层次集成体主导的物流与供应链集成过程中的地位和作用是不同的。在微观集成过程中具有重要地位和作用的基核，在中观集成过程中就不一定具有重要的地位和作用；在中观具有重要地位和作用的基核，在宏观集成过程中可能成为基核的场源构成。基核地位和作用具有相对性，是集成体规划设计物流网络时必须考虑的重要因素，低层次集成过程的基核可能作为高层次基核的场源构成的一部分发挥作用。

2. 依托基核空间区位的战略功能集成创新机理

（1）公共型基核引导集成创新取得规模效应。在"一带一路"倡议的指向下，可以基于公共型枢纽选择作为国际中转港的枢纽，作为国际物流基核，这样可以在"一带一路"中欧班列发展的初期，加大西向出境班列密度，提高物流服务质量、物流效率，降低国家向西开放的国际物流成本。这样可以做到，以国际物流集成体主导的国际物流链的组织化运作形式，以国际物流中转（配送）基核形成产业（产品）集聚的组织形式，以始发港形成的快速通道，打造过境海关一体化运作的联接键。具体到国际物流场线组织，可体现为合并西向跨境快速物流网络的中欧班列线路，在其网络主通道起始（中转）枢纽中，以多线路东部货源带动西部货源集聚到中转枢纽，提升中欧班列业务规模，谋求物流量规模经济效应[1]（见图 10-5）。

---

[1] 董千里、杨磊、常向华：《基于国际中转枢纽港战略理论的中欧班列集成运作研究》，《科技管理研究》2016 年第 22 期。

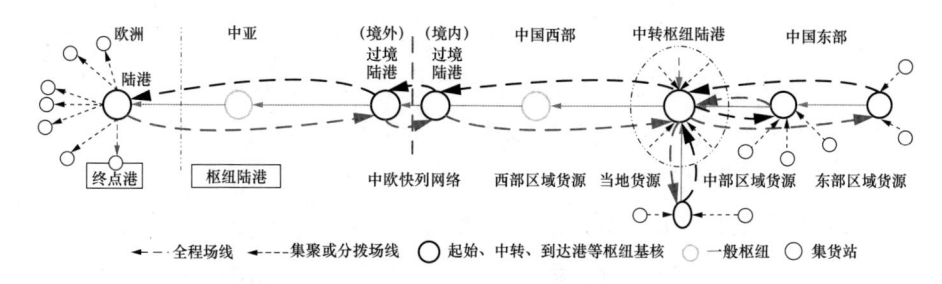

图 10-5　基于中转港的中欧班列场线运行示意

（2）公共型基核引导集成创新形成对称平衡。集成创新将"一带"的起点枢纽、衔接"一路"的中心枢纽，通过国际物流主通道联结成一个体系，这就是内陆型枢纽城市成为国际集散、中转、运输和国内配送相对接的内陆型国际中转枢纽城市的必要条件。在此基础上，境内物流与跨境物流在"一带一路"引导的产业衔接中实现物流对接，形成以亚欧非经济贸易一体化为支撑对象的国际物流快速通道网络及相应的产业联动发展机制，有利于形成国际物流主通道上的物通量对称平衡，促进"一带一路"中欧班列长期稳定发展。

（3）公共型基核引导集成创新缩短时间周转量。也就是，通过协调各个层级系列的基核关系，将一批货物进入到离开中欧国际物流班列的时间缩短，即中欧班列时间周转量指标可以产生极大的改变。①

三　联接键引导的创新机理

联接键是根据一定的目的，将多个合成场元通过一定形式连接构建形成一个合成场元的作用过程②，是多个合成场元通过集成方式构成的协同运作过程。可将联接键的类型分为基础类、服务类和综合类，其中基础类包括信息型、资源型和技术型联接键，服务类包括功能型、过程型联接键，综合类联接键是以上多种类型联接键的组合性选择。联接键创新包括联接键类型、构成及其间关系的创新。联接键可以依托集成体、基核等进行构建，包括战略、文化等柔性联接键和设施、设备等刚性联接键，有助于从

---

① 董千里：《"一带一路"背景下国际中转港战略优势、条件及实现途径》，《中国流通经济》2017 年第 2 期；董千里、杨磊、常向华：《基于国际中转枢纽港战略理论的中欧班列集成运作研究》，《科技管理研究》2016 年第 22 期。

② 桂起权、高策等：《规范场论的哲学探究》，科学出版社 2008 年版。

资源、信息、技术、功能、过程和综合等方面构建各种联接键。① 联接键设计与选择是两业联动集成场主要的创新渠道。② 联接键创新机理主要包括资源聚合创新机理、技术集成创新机理、功能对接创新机理、过程协同创新机理、综合集成创新机理。

(1) 资源聚合创新机理。在不同集成体、基核的资源间通过联接键设计加以整合，通过资源整合，扩大了资源的可控数量范围和质量水平，可以有效提升集成体的集成力和基核的集成引力。

(2) 技术集成创新机理。利用电子信息技术，如"互联网+"，促进不同技术间的对接、协同作用，取得比单一技术更好的效果。大数据、物联网、无线射频技术等都具有一定的集成应用作用。

(3) 功能对接创新机理。不同性质基核的场源通过联接键将不同功能衔接起来，提高效率、降低成本。通过对接创新可以将海港与陆港、境内与境外、物流链与供应链等连接起来。诸如，内陆港海关功能与海港海关功能对接，形成大通关联接键。不同国家海关制度达成协调一致，可以在国际物流装车换载、"一关两检"和"属地报关、异地通关"等环节中形成快速通道网络。

(4) 过程协同创新机理。将供应链物流过程的采购功能、仓储功能、运输功能、配送功能子系统集成起来，形成一体化物流系统，并可将企业对应仓储管理系统（WMS）、运输管理系统（TMS）、供应商管理库存（VMI）、客户关系管理（CRM）、企业资源系统（ERP）等信息系统用联接键对接起来，以取得一体化供应链（SCM）集成运作效果。

(5) 综合集成创新机理。针对集成服务需要，将不同类型联接键进行综合设计，构建资源整合、技术集成、功能协同、过程综合的集成运作联接键，以取得集成服务协同创新绩效。

四 基于场线的创新机理

场线是指由货流（流体、流量、流向、流距、流程）、载体（载运工具）、通道、基地、制度等场元联接而成的一组关系。除了组织运营的物流

---

① 王自勤：《制造业与物流业联动发展内涵与理想模式研究》，《物流技术》2012 年第 15 期。
② AegeanSoftware, NoteExpress, http://www.RefLib.org/index_chs.htm.

集成体，构成场线的 10 大要素①与其形成场线是向量。场线是物流集成体的作业过程施展物流集成力形成的，场线的作用范围可以是同一地域或领域，也可以是跨地域或跨国境运作的。所以，场线可以概括为集成系统运作轨迹及其绩效。② 集成场视角所强调的是全程场线效率③，也就是要在全程识别并改进薄弱环节。场线创新机理主要包括瓶颈改进创新机理、能力提升创新机理、能源变革创新机理、环境改善创新机理、关系结构创新机理、场线综合创新机理等。

（1）瓶颈改进创新机理。运用最优化技术识别场线形成与运作的瓶颈，改变约束场线效率的载体、通道、制度等关键环节，实现场线组织效率或提升场线价值绩效。瓶颈识别在一定时期是相对的，瓶颈识别与改进是场线改善的基本创新特征，是渐进优化的过程。

（2）能力提升创新机理。包括安全性、专业性等在内的载运能力、换装能力、装卸能力、仓储能力、监控能力、应急能力等提升。载运工具、承载器具、识别仪器、监控手段等变革都极具能力创新特征。④

（3）能源变革创新机理。改变能源结构，支持利用清洁能源等的设备布局，是具有可持续发展特征的创新活动。

（4）环境改善创新机理。制约公共型物流通道交通承载力的主要因素是横向环境干扰，通过封闭、改善交通环境，以提升场线通过效率。

（5）关系结构创新机理。改变原来的场线组织结构关系，可以提高全程场线效率和一体化供应链物流价值。例如，某企业由从（西安）工厂到（上海）装船的公、铁、公、海联运关系改变为公、海联运关系，这种场线结构的创新变革，提升了全程场线时间价值。

（6）场线综合创新机理。构成场线的几方面合成场元同时进行变革、重组、协同等创新工作形成突变过程，如在研中的高铁物流形成过程。

用"三维+场线"创新机理概括两业联动模式创新机理体系。"三维"指集成体、基核和联接键所构成的两业联动发展模式的框架结构体系；"场线"指集成体主导，运用基核、联接键创新参与全程物流场线形成过程。

---

① 桂起权、高策等：《规范场论的哲学探究》，科学出版社 2008 年版。
② 董千里：《高级物流学》，人民交通出版社 1999 年版。
③ 桂起权、高策等：《规范场论的哲学探究》，科学出版社 2008 年版。
④ 董千里、董展、关高峰：《低碳物流运作的理论与策略研究》，《科技进步与对策》2010 年第 22 期。

"三维+场线"创新关系形成了集成体创新动因影响基核、联接键和场线创新,基核创新动因影响联接键,基核与联接键创新动因影响场线创新绩效的多渠道创新关联过程。集成体关系创新涉及组织制度等创新动因,基核创新涉及场源设计以及平台布局设计等创新动因,联接键重点涉及技术集成创新和界面管理等创新动因,场线涉及组织工作、环境制度创新等创新动因。图10-6表达了合成场元集成创新动因、集成创新机理、网链集成创新结构,以及网链结构集成创新行为,绩效实时通过全球价值链来体现。图10-6中的虚线可以表达集成体创新动因对其他合成场元集成创新关系的影响过程。

五 "三维+场线"集成创新:从中欧"专列"到中欧"公共班列"

董千里(2015)基于集成场理论阐述了两业联动发展模式,提出关注境内地理中心、采购中心、制造中心、配送中心、金融中心与跨境内陆型国际中转枢纽的功能对接和集聚,形成新的场源,增强跨境物流集成引力,同时提出基于国内"地理中心"和"枢纽中的枢纽"构建"一带一路"国际中转港、国际物流快速通道理论。董千里等(2016)依据集成场理论构建国际中转枢纽港,用计算机仿真验证建立国际中转港理论与中欧班列集成运作方式。董千里(2017)在此前研究的基础上,进一步完善了构建国际中转港战略优势、条件理论及实现途径。从渝新欧、蓉新欧、长安号等中欧班列的发展看,截至2017年4月16日,已经开通中欧班列运行线路51条,到达的欧洲城市增加到28个。基于集成场的国际中转港理论、"三维+场线"集成创新机理,在中欧班列从中欧"专列"到"公共班列"的过程中得到了充分验证。

(1)集成体关系。正确处理集成主体与集成体的关系。建立政府引导与市场运作相结合的运作机制。集成主体(政府)方面,成立了市政府物流协调办公室,主要负责物流通道组织建设,协调国家相关部委及铁路、海关等事务;集成体(企业)方面,组建了由中铁、俄铁、哈铁、德铁以及重庆交运集团合资的渝新欧(重庆)物流有限公司,实现了跨国铁路物流的无缝对接。

(2)基核场源集成设计。建立沿线"五国六方"铁路联席会议制度,实现亚欧两大铁路组织使用统一运单;建立跨国海关国际协调机制,实现沿线国家一次报关、一次查验、全程放行的绿色通关机制,建立货量与运价挂钩的量价联动机制,形成货物量大价格从优、运费逐年下降的机制。这些集成创新对提升国际中转港的集成引力具有重要的作用。

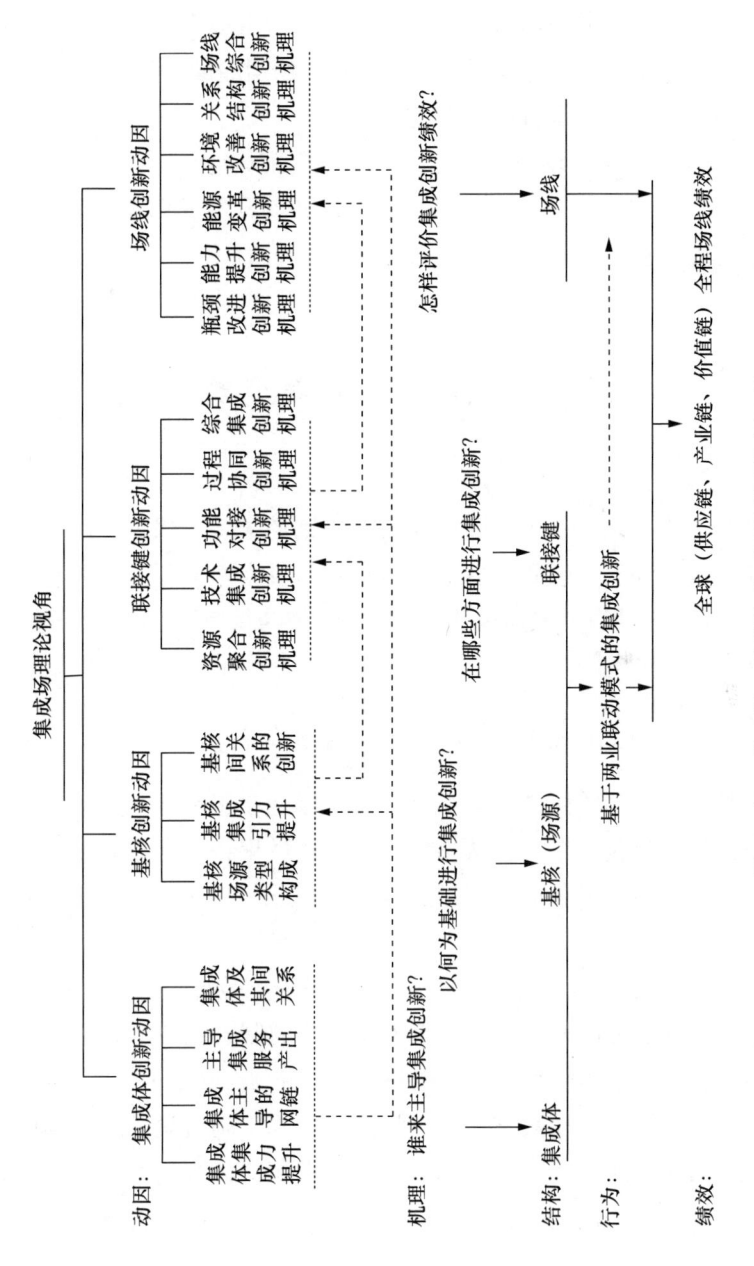

图 10-6 "三维+场线"集成创新及影响机理

（3）联接键集成创新。加强运输安全和冬季运输的保障是在技术型联接键方面的创新。为解决"渝新欧"沿线途中温差可达70℃，电子产品无法承受的问题，要研发出特殊保温材料，确保所有适合铁路运输的产品随时启运。集装箱卫星定位跟踪系统，可保障货物运输的全程场线安全问题；组织中欧货运班列全程运输国际邮包。

（4）全程场线集成创新。依托国际中转枢纽陆港，可以实现中欧班列集成运作。实现"专列"向"公共班列"的转变，形成更多而又能够集成运作的国际物流快速通道网络，以支持相应场线运作。

第三节　两链协同创新实现方式

集成场理论准确抓住了产业联动模式识别的关键，根据联动模式微观识别体系形成联动发展模式内容的基本结构，成为两业联动发展模式选择的基本结构。① 两业联动发展模式主导了物流链与供应链在导入、适应、共享和创新过程中的运行机制。

一　集成体战略视角形成的协同创新观点

集成体战略视角的协同创新机制，首先体现在服务业主动创新导入制造供应链过程，这是一个需要熟悉供应链制造过程特征且具有专业能力的组织化过程，在供应链集成物流服务过程中彼此的战略视角、承诺和能力互相影响。

（1）物流链导入制造企业为核心的供应链物流创新动力。以具有市场前景、业务规模、品牌效应、稳定服务需求等的制造企业为核心、为主导的供应链，往往对能提供集成物流服务的主导者具有吸引力。

制造业与物流业联动案例表明，物流集成体与制造集成体之间的关联关系一般有两种形成途径。一是在原制造业中剥离出来，通过兼并等组织化形成物流链导入原制造业供应链中，也就是导入供应链的物流链与原剥

---

① 国家发展改革委、中国物流与采购联合会：《2016年全国物流运行情况通报》，http://www.clic.org.cn/yw/281196.jhtml。

离出来的物流资源相比是质的变革。二是针对所欲导入的供应链，物流集成体利用该行业信息系统、技术诀窍等手段，组织物流功能、资源形成物流链导入制造业供应链之中，形成制造专家与物流行家的联合。制造业业务具有一定规模，需要一定的专业技术手段，一部分物流资源从原制造业中剥离出来，又经再组织化以集成物流链方式导入制造业供应链，这样的成功案例较多。例如，轿车制造业物流服务，在我国汽车物流行业中主要是从汽车制造企业中分离出来形成中外合资汽车物流企业。

（2）基于专业化的组织化使物流业的能力提升。满足制造供应链集成物流服务要求需要具有对服务资源、服务能力和服务质量等的掌控能力，这种掌控能力不一定要自己所有而是能够对其进行有效支配，这就需要给予专业的物流组织化过程来保障和提升机制。基于制造专业提供服务的物流业组织化能力提升的表现形式是物流链机制。制造业物流业务的通用性强，由外部集成体组织的物流链导入供应链的案例比较多。在汽车物流中，一部分是从传统的国营运输企业介入仓储等物流领域的物流服务功能转变而来的汽车物流集成体，利用仓库或物流园区等物流基地逐步涉入汽车物流及其他物流业务；家电物流服务的情况类似。从总体上看，原产业剥离出的物流专业化一般要高于外部进入的物流集成体，特别是汽车生产零部件的JIT（准时制）、JIS（准时排序）到工位的供应链集成物流服务过程。

（3）两链集成体协同创新绩效及范围彼此影响。两链集成过程中形成相互支持、相互影响的机制，使得供应链集成走向协同与融合。这种协同的影响范围可以从企业层面到全球层面，即全球供应链应有全球物流链的支持。

集成场理论提供了在制造业与物流业联动发展中进行创新的理论平台。两链在导入、适应、共享和融合过程中反映了组织化的合成场元关系。集成场的两业联动发展合成场元之间的关系构成了两类集成体主导链，在对接过程中的思维碰撞火花形成了大系统形成过程中的创新机制，可概括如下。

（1）物流业的性质决定了物流集成体主导物流链具有主动导入供应链的创新动力。这表明，物流集成体主导物流链导入供应链需要进行战略创新、文化创新并与供应链的制造集成达成协同，在导入过程寻求资源集成利用和技术集成创新的机遇与可能。

（2）物流集成体需要在同业竞争中，形成领先、高端和一体化的物流服务，使其在产业联动中所提供的集成物流服务能够更精准、更准时、更具有优越的市场供给地位。

（3）物流集成体需要在技术基础、运作方式与管理机制方面发生变化，在产业联动中能与其所支持的供应链形成稳定的合作关系，通过集成体协同创新，使两链共创合作绩效。

二　集成体间关系的创新实现方式

集成体间关系可以在供应链集成的场线实现过程中体现各阶段特征，从市场选择型到合作伙伴型、战略联盟型再到紧密融合型，最合适的关系才是最佳选择。

（1）最合适即最佳选择的集成体间关系。一般是集成物流服务越深入，质量绩效越好，协同价值越高，集成体之间关系越紧密，体现为从市场选择型→合作伙伴型→战略联盟型→紧密融合型。否则，可选择趋于一般合作，甚至放弃合作（见图10-7）。

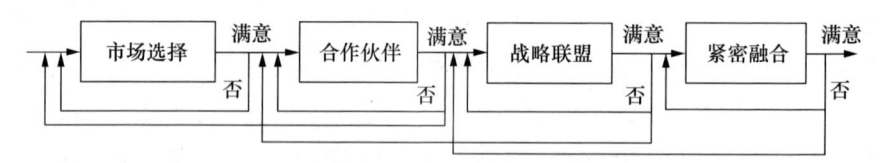

图10-7　影响集成体间关系选择与演化因素的过程

集成体间关系的选择一般取决于两业联动的基本条件和联动的价值绩效，通常是具有一定业务规划的制造集成体，即供应链物流服务用户所决定的两业联动场线绩效和效率。

（2）集成体间关系用供应链集成的场线绩效测量。在两链导入的前后，两业联动深度在物流服务战略、组织、技术和管理等方面会获得质的提升。从整个物流服务类型的比重来讲，如"互联网+物流技术"，基本业务方式以信息技术、集成运作管理为基础，产业联动模式提供了物流业创新的场源。集成体战略理念协同一致，促进两业集成体之间基核匹配、场源创新机理对接；集成体成长中的分蘖、剥离（分离）到再聚合，所体现的是否定之否定的规律，因为，剥离的是资源，再切入的是集成服务功能或服务集成系统，聚合形成了两业联动在两业组织化过程中的两链融合价值增值。

在产业联动中，产业集成体剥离的"分工"关系体现的是各自专业化应获得的利益机制，两链融合的"合作"关系体现的是供应链共创的可共享价值机制，两者目标一致，相互影响，相得益彰。

三 基核结构关系的影响范围和价值实现

集成场视角的两业联动的合成场元间关系，可以体现结构对功能的影响。可根据两业联动中的集成体视角、联动发展阶段等进行决策。集成体的视角可以从企业供应链、产业供应链、全球供应链进行优化创新，也可以从区域、全国、全球范围寻求两业联动发展模式的应用创新。物流基核选择建立的基本形式有海港、陆港、空港、物流园区、物流中心、配送中心、仓库等，其中，物流中心、配送中心可以选址在物流园区、海港、陆港、空港等基地内部或周边规划建设。集成体主导物流链规划设计和运作，所涉及的物流基核布局要根据所欲切入的供应链需求，寻求自身的定位和发展。

（1）微观方面的精准对接需要构建融合型基核关系。在物流集成体主导的物流链切入制造供应链的导入、适应、共享和创新四个阶段，其服务能力和承诺保证是基础，信任与控制是互动的两方面。典型的汽车生产理念、被称为"精益生产""零库存生产""准时化生产"的丰田生产模式，以汽车供应链整体协调运作为研究层面的"供应链集成物流""一体化物流""精益一体化物流"等，分别体现了物流服务市场化、物流运作专业化、物流活动信息化、物流过程一体化、运作管理集成化的高级物流发展趋势。为了确保服务能力的精准性、对物流服务质量控制的有效性，做一个基核关系的调整就可以解决，即建立融合型基核关系。这样就便于准时制（JIT）物流、准时排序（JIS）过程的实现。

两业联动发展过程中要分别针对相关阶段的需要，进行联接键功能设计、组合应用和创新发展，这样供应商管理库存（VMI）就容易有效实现。当制造供应链具有良好的发展前景、业务规模时，联接键的创新设计、基核关系应用和集成体关系深度融合有较大的策略选择空间。

有关案例研究表明，物流集成体应当根据两业联动发展所处的不同阶段和集成体间关系及变化趋势，选择恰当的策略，关注联接键等关键事项，建立物流服务能力与承诺、彼此信任与控制能力等良好的互动关系。

在企业层面，基核可以反映制造供应链业务规模与物流链服务能力的关联性。对汽车制造与汽车物流而言，除少数国内品牌以外，汽车物流集成体在产业联动中往往有明确服务对象，形成专业化汽车物流服务网络体系，而社会第三方物流的汽车物流网络能力就很薄弱，往往是从专线物流起步。体现点、线物流走向网—链物流,提供集成物流的高端物流服务,是物流高级化发展的必然趋势。以轿车制造的整车物流为例,在图10-8中,横坐标代表制造集成体产出轿车总量,纵坐标代表物流集成体重要的物流基核数量。这说明,制造集成体为物流业提供了高端物流需求,物流集成体从点、线物流走向网—链物流成为必然,这样两业联动的发展关系创新就走向了以网络创新为基础平台的创新。

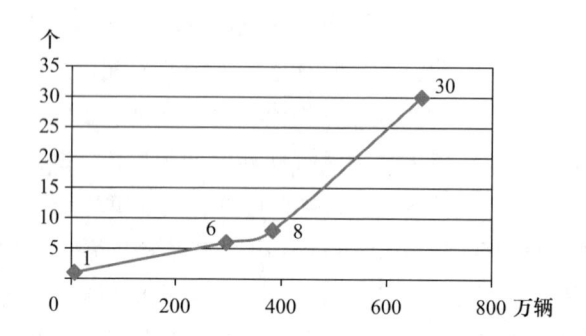

图10-8　制造集成体业务规模与物流集成体控制基核之间的关系

在国家层面,基核可构筑跨境国际物流快速通道网络的终到枢纽、中转枢纽和全国配送中心。"一带一路"倡议可以起到优化中欧班列运作方案的作用,使全国目前孤立运行的中欧班列转变成在国际中转枢纽港进行集运、中转和配送的中欧班列集成运作体系。这种创新机制的形成,可以降低国家"一带一路"向西开放的国家物流成本,提高国家的国际物流班列密度、质量和效率,更好地发挥各区域层枢纽基核的作用。这一点,已经通过计算机仿真得到验证。此外,也可以将国家地理中心的国际中转枢纽功能扩展成境外物流在境内的全国配送中心,最终满足国际物流主通道物流量对称平衡发展的要求。

(2)宏观方面的物流系统优化需要在公共型基核上进行优化创新。物流基核从其空间布局的功能地位层次可以分为企业层、区域层和国家层基核等[1],基核反映了其可以支撑优化的空间范围,有可能降低国家向西开放的国际物流总成本。在两业联动发展模式选择和拓展创新策略中,国内乃至国际物流基础设施水平的提高表现为物流通道、物流节点等基础设施和

---

[1] 王保利:《海星科技经营战略研究》,硕士学位论文,西安理工大学,2001年。

新技术的应用。① 前者涉及资源型联接键，后者涉及基核、场源等建设，而且也为物流通道、物流节点的发展奠定技术和经济的基础，提出了更高需求。国际物流通道、国内物流通道和各类物流基核等的增加，均为两业联动发展创造了市场范围扩大和交易成本降低的重要基础，使两业联动能够同时得到跨越式发展，实现联动发展的目标。两链协同发展对创新机制实践范围的影响可参见表10-2。

表10-2　　　两链协同发展对创新机制实践范围的影响

	合成场元作用	创新机制要点	典型研究实践案例
企业范围	产品集成力；融合型基核关系；供应链信息平台；产品场线总效率	单一供应链集成优化	变革物流载运工具以适应企业产品需要②
产业范围	业内集成力；连接型或融合型基核关系；跨业供应链协同信息平台；产业场线总效率等	关联产业供应链集成优化创新	将铁路公共型基核关系专业延伸至重点产业基地③，形成连接型基核关系
全国范围	境内集成力；境内基核集成引力；公共型、连接型或融合型基核关系；跨区协同信息平台；全国场线总效率等	多条供应链集成优化创新	国际物流境内配送中心④
全球范围	全球战略视角；产品或服务全球集成力；跨境资源整合合作能力；跨境物流公共基核设计与利用；连接快速通道网络的起始港、终到港和中转港；集聚与辐射的集成引力；国际场源功能构成；跨境协作信息平台；全球全程场线总效率等	多个或众多供应链集成优化创新	提升西安港作为内陆型国际中转枢纽港功能的研究⑤；"一带一路"国际中转枢纽港战略⑥

资料来源：根据长安大学物流与供应链研究所相关研究报告整理。

---

① 申亮、董千里、李毅斌等：《交通基础设施门槛、对外开放与制造业生产效率》，《经济与管理》2015年第1期。
② 董千里等：《物流现代化实践》（音像制品），人民交通出版社音像部，2002年。
③ 陈蔚：《铁路运输在商品车整车物流中的发展分析》，《铁道运输与经济》2011年第7期。
④ 董千里、杨磊、常向华：《基于国际中转枢纽港战略理论的中欧班列集成运作研究》，《科技管理研究》2016年第22期。
⑤ 董千里等：《提升西安港内陆型国际中转枢纽港功能研究》，长安大学物流与供应链研究所，2013年。
⑥ 董千里：《"一带一路"背景下国际中转港战略优势及其基核场源建设研究》，2016中国工程管理论坛，陕西西安，2016年。

集成物流服务是带有综合性特征的生产性服务，物流服务的本质体现在集成，用什么集成体现了创新的内涵与本质，资源、技术所体现的集成，最后都体现在场线创新机理方面。①两业联动发展模式在微观层次上的应用，同样可扩展到"一带一路"倡议空间，需要加速我国东向国际物流效率，降低西向国际物流成本。可以通过枢纽中的中转型枢纽、国际物流通道中的快速干线通道布局，促进两业联动发展模式顶层设计理论方法在宏观层次上的应用。

第四节 两业联动模式应用中的创新机制

江苏苏汽国际物流集团有限公司（简称苏汽物流）凭借优质的仓储配送服务及经营绩效，同时入选2016年度中国物流百强企业及全国先进物流企业。其近期发展的创新经历和经验可以用集成场理论两链协同创新机制来概括提炼。

一 集成体的背景及能力

苏汽物流可视为物流集成体，其经营的主要区域是苏州乃至华东地区。苏州是江苏的经济中心，也是国内较早拥有著名工业园区的城市。苏汽集团的经营模式原是以公路客运为主，随着动车、高速铁路等的发展，公路客运市场经营日趋激烈，2010年苏汽集团确立了"客运、物流两极支撑"的转型发展战略，投资设立了全资子集团江苏苏汽国际物流集团有限公司。该公司2011年确立了基础物流、城市配送、物流金融三大板块联动发展的战略，2014年进行战略全面升级，以团队引领、组织再造、机制创新和企业文化为支撑，以效益、模式、流程和团队为发展基本要素，以苏州公共配送枢纽为核心，目前已形成集基础物流、城市配送和物流金融于一体的区域型供应链服务体系。

苏汽物流可发挥的企业优势包括：拥有雄厚资本实力可以做大项目；能够提供整体物流解决方案并推动实施；建立高级别的物流服务安全标准；

---

① 董千里：《高级物流学》，人民交通出版社1999年版。

在苏州及华东地区具有高强度的服务网络,且网络服务深度和密度独具优势;全面引入信息化、精细化运营管理,提供客户贴心精致的物流服务。

截至2015年,苏汽物流集团总资产达到11.26亿元,下设16个控股、参股子分公司,拥有员工1500余人,管理并规划仓储面积15万平方米,各类营运车辆900余辆,形成基础物流、城市配送、物流金融服务三大经营板块。

二 基核布局与构建

如何将传统物流业转型升级,打造成适应社会需求的物流业?苏州城市公共配送枢纽项目的进展不仅是集成体关注的焦点,而且是社会关注的焦点。要立足战略角度进行物流基地和信息平台规划建设,形成"三网合一"的物流服务网络体系。其基核主要是城市公共配送枢纽形成的公共服务平台、三网合一的公共配送网络体系。作为公共型基核,面向整个社会服务,其场源具有支撑高质量、高效率和低成本的仓储管理、配送及采购和销售服务一体化服务的能力。

(一)城市公共配送服务平台

苏州城市公共配送枢纽项目,由苏汽物流投资开发建设,占地面积约137亩,总建筑面积约11.2万平方米,总投资达7.5亿元,是目前苏州最大的城市公共配送服务平台。

项目着眼于市域内"门对门"的配送服务,主要服务电子商务企业、医药流通企业、连锁超市等商贸流通领域。

(二)依托基核构建苏州市公共配送网络体系

依托城市公共配送枢纽中心,建立辐射五县市及周边城市的分拨中心网络,打造集"城际网、城市网、城乡网"三网合一、相互衔接的物流与供应链终端服务平台。

苏州城市公共配送枢纽将利用信息化平台整合货运信息,以自有车辆为主、社会车辆为辅,通过多式联运、冷链物流、甩挂运输等现代运输方式实现短途配送,形成集城际物流网络、城市配送网络和城乡物流网络于一体的公共物流网络体系。平台项目不仅对建设以城市配送、快递及现代化仓储服务为重点的专业化现代物流园起到强有力的助推作用,也将有效降低企业"最后一公里"物流配送成本。

三 联接键设计与构建

集团下设供应链技术研发中心,推进信息平台和业务模式创新,提供开放式的物流配送信息服务和定制化供应链管理系统,推出产业链信息对接服务。所形成的供应商管理库存(VMI)、仓储管理、车辆定位、运输管理、财务系统、办公系统等功能服务信息系统,可实现各业务板块日常作业、实时信息和监控。能够提供财务、客户、报价和供应商等商务服务,以及公共信息服务、商贸平台服务,从而能够支持将基础物流功能结合业务升级到一体化供应链物流服务。

四 形成供应链全程场线服务

形成以支撑供应链一体化服务的物流链系统,实现集成体从物流企业向供应链服务商转型,这就要求集成体将企业战略设计、战略实施和战略控制形成一体。在物流链的组织过程中,苏汽物流优化筛选现有物流服务商,从采购执行和销售执行介入客户的供应链过程,形成"一对多"商贸物流网络服务体系。在合作过程中向纵深服务发展,服务向供应链一体化延伸;同时,利用供应链管理的思维模式创新设计现有物流服务模式和产品,围绕商流、物流、信息流和资金流"四流合一"的目标,形成集成界面主动对接市场,培育和打造国内、区域领先的供应链服务集团。

第五节 本章小结

(1)"三维+场线"集成创新机制是两业联动模式能够带来集成效应的原因。其中包括两部分,"三维"集成创新是两业联动模式通过两链对接(导入、适应、共享和融合)集成效应的重要源泉,集成体、基核和联接键三维集成提供了集成创新空间和要素重组所带来的创新绩效。"场线"集成创新体现了两业联动模式应用所产生的绩效结果,即场线十大要素重组的合成创新。构成场线的十大要素重组(合成场元)带来的创新绩效(集成效应),是三维空间协调运作并通过场线重组最终体现的联动集成绩效。

(2) 开拓了两业联动等人工集成大系统的创新视野。基于集成场理论的制造业与物流业联动发展模式提供了打破既有平衡的创新机制。这一机制首先源于集成体的"二元三主体"结构,即"主体单元与客体单元""战略主体、行为主体和利益主体",特别是其主体单元的战略规划和执行能力,集成场理论提供了创新思路和途径,能够在全球、全国、区域、产业和企业供应链等人工集成系统中大展宏图。

(3) 揭示了两业联动创新的原动力机制。也就是,为什么要打破平衡?谁来打破静态平衡?怎样用创新方式打破既有的平衡?在两业联动过程中,物流集成体业务实现往往依靠于对方,是两业联动相对较弱一方的集成体。因此,需要掌握两业联动知识链,以主动方式导入供应链。但一般的第三方物流服务商的服务具有同质化特征,通常采用反常规的导入方式往往容易奏效。

(4) 揭示了基核层次结构及其与场源关联的创新设计途径。基核地位和功能定义、基核及其节点网络布局是与场源的联系。基核场源是集成引力提升的创新的源泉,基核场源所涉及的物流节点网络是物流系统布局优化的基础。在两业联动中提供规模大的物流业务需要大范围布局的基核网络去支撑。

(5) 揭示了集成体主导两链关系形成、适应和稳定的组织、制度创新与技术创新机制。怎样导入,怎样维持集成体间及其业务间的适应、稳定关系?可以从基础类、功能类或综合类的联接键寻求技术创新、组织创新,铸就两业联动最佳导入方式,以不断创新的途径稳定合作关系。而这一问题的解决,揭示了产业转型升级的原因、创新动力和机制。

(6) 制造业与物流业联动可以在企业、产业、区域、国家乃至全球供应链集成过程中进行发展布局和全程场线优化,可以拓展到关联产业在组织化基础上实现两业联动。基于集成场理论的两业联动发展模式提供了经过再组织化实践上的形式:将物流链与供应链融合过程,总结上升到哲学"否定之否定"思考的产业升级。这一集成创新给予的启示就是:集成就是综合创造,就是主动优化创新,它提供了创新的集成体、主要对象、关键要素和实现途径。

第十一章 两业联动发展策略与测评

本章运用集成场理论进行联动模式的顶层设计，提出两业联动发展模式的一般表达模型，并运用实例探索在不同的市场竞争环境下的两业联动发展模式，通过面板门槛模型检验方法剖析两业联动的内部机理，提出通过改善基础条件、对外开放政策等方式促进制造业与物流业的联动。最后，提出促进两业联动发展的策略制定途径。

第一节 两业联动发展模式的应用环境

两业联动环境涉及经济、政治、技术和社会等方面，有时需要通过政府政策进行驱动，将政策势能转变为经济动能。

一 政府职能及政策势能作用环境

政府作为制定政策的集成主体与龙头企业作为物流集成体所发挥的作用是不同的。前者起的主要是政策势能作用，后者起的是经济动能作用。政策势能要通过物流集成体主导的经济动能，即物流集成作用来实现。环境作用机制对此联动集成过程也有一定影响。

政府在集成场中是集成主体的角色，起着推动物流集成、推动物流链形成、推动制造业与物流业联动发展的作用，目的是创造恰当的政策环境。在集成场中的集成主体并不像集成体那样具备"二元结构、三主体"特征，但能起到政策势能作用。作为集成主体视其所居层次，具有创建不同能级的政策势能、指导调节不同类型集成体之间的作用，甚至是协调不同国家的集成体之间的作用，诸如，渝新欧线路发展中的政府作用。集成主体虽不具备自身的经济利益作用机制，但具有较强的政策协调功能。从集成主体这个角度分析，其具有规划指导和政策激励职能。

（一）规划指导职能

（1）制定两业联动发展规划，树立两业联动范例样板，指导全国或一定区域两业联动发展。如对于中国与马来西亚政府共建的中马钦州产业园区，规划发展装备制造、电子信息、食品加工等六大产业，产业园区临近广西钦州国家级保税港区，为临港产业集聚与发展提供了平台，从而促进了制造业与物流业的联动发展。

（2）为两业联动基核、联接键建设创造良好的政策环境。诸如，为"互联网+"、物联网、智慧供应链等特殊技术传播创造条件。如中马钦州产业园与广西钦州保税港区之间形成了制造基地与物流基地的联动发展，由于国家为两个基核的发展提供了优惠政策的支持，制造业与物流业联动得到发展。

（二）政策激励职能

（1）鼓励制造业集中核心竞争力，释放非核心的物流业务，交由第三方物流外包，形成一体化物流服务。

（2）通过政策激励物流集成体形成物流链，通过专业化的物流集成业务切入制造供应链过程，促进两链融合实现物流业转型升级。

（3）将政府制定的两业联动政策所形成的政策势能转化为企业微观的经济动能作用，在良好的环境中得以实现。

二 两业联动发展模式应用的环境影响

两业联动发展模式应用的主要环境包括企业竞争环境、供应链竞争环境和虚拟网络竞争环境。

（一）企业竞争环境

两业联动主要体现在企业层次，当竞争处于较低层次的竞争环境时，中小企业重点关注适者生存，力图在市场夹缝中寻求其可以实现的物流功能的发展空间。从经济学角度来看，企业为使其效用最大化，与其他企业进行非合作博弈，在这个博弈过程中，企业只考虑自身的效用，使得企业间相互竞争，这样的环境下，物流企业和制造企业之间只能是寻求各自效用最大化，但这可能会使物流企业和制造企业的整体收益降低。因此，在这样的企业竞争环境下，制造集成体与物流集成体之间的联动关系较弱，双方之间的联动关系只能以市场选择关系为主，在能使各自的效用提高的情况下也会选择合作伙伴关系，但难以形成战略联盟关系。

（二）供应链竞争环境

两业联动主要体现在供应链层次，当竞争呈现于较高层次的供应链与供应链竞争环境时，不同集成体需要具有相关知识链管理能力，参与物流链或供应链作为恰当的企业经营业务，实现物流链切入供应链的集成物流服务，为物流业转型升级寻求更广阔的发展空间。在这样的环境之下，制造集成体主导的供应链之间的竞争，使得供应商、制造商、零售商等供应链成员联合，实现供应链上的纵向联盟，而在纵向联盟的运作过程中，需要物流集成体主导的物流链的切入，为供应链提供一体化的物流服务，供应链之间的竞争也包括其物流链的竞争。因此，在供应链竞争环境下，对物流服务的需求层次提高，制造集成体主导的供应链需要物流企业提供一体化的物流服务，从而使得物流企业与供应链成员之间的关系向战略联盟关系发展，而制造集成体主导的供应链与物流集成体主导的物流链之间的关系逐步走向两链融合关系。

（三）虚拟网络竞争环境

为使两业联动发展融入新技术的竞争环境，诸如，"互联网+"、物联网、云计算、大数据技术，物流集成体和制造集成体都需要具有把握新技术知识链的能力，提升两业联动信息化的发展水平。国内已步入了"互联网+"时代，所要求的是高效率、高质量的物流服务，因此，在物流服务的运作过程中，并行性运作更加凸显，互联网安全技术的不断改善，大数据的数据平台的不断开发和应用，使得市场的竞争环境转向虚拟化，制造业逐步向智能化发展，制造集成体主导的供应链之间逐步形成制造网络，而其对物流服务也提出了更高的要求，要求物流集成体所主导的物流链进一步融合形成物流网络服务与制造网络。

第二节 基于集成场的两业联动发展模式的微观选择策略

物流链、供应链集成的网链结构发展涉及微观、中观和宏观方面的考察，集成体（企业）面临网链结构的导入决策选择是微观方面的选择策略。

一 两业联动发展模式的基本结构

根据制造业与物流业相互促进的特点，将制造业与物流业的联动过程置于集成场中，制造集成体是主导制造过程的集成体，物流集成体是主导物流过程的集成体，基核描述制造与物流过程的运作基地，联接键描述制造集成体与物流集成体的连接方式，场线是制造业与物流业联动过程的表现。运用集成场理论中的集成体、基核、联接键和场线等基本概念，设计制造业与物流业联动的发展模式。虽然，两业联动发展模式的一般表达式达72种之多，但研究发现，实践中有诸多模式并未被采用。可将联接键的类型分为基础类、服务类和综合类，其中基础类包括信息型、资源型和技术型联接键，服务类包括功能型、过程型联接键，组合类联接键是以上多种类型联接键的组合性选择。

二 典型案例指示的两业联动发展模式切入策略

（一）模式识别依据的切入性选择策略

集成体（企业）进行两业联动发展模式的识别依据及切入性选择策略的一般演进线路是：联接键的设计与选择→基核选择与应用→集成体间关系的选择与构建。切入策略选择的主体往往是物流企业，主导供应链集成的是核心制造企业，而构建集成体间的高端关系往往取决于制造集成体与物流集成体的互补性，因此，从微观层次选择适应和满足供应链集成需要的角度出发，成功的概率会增大。

（1）联接键的设计与选择。物流集成体一般先从基础类或服务类方面选择联接键作为联动发展识别依据的切入点。具有专业化、信息化和网络化服务基础的集成物流服务商，往往能够提供一体化的物流服务。而专化、信息化和网络化是由其联接键设计构建能力和资源体现的，否则，只能提供通用的服务，例如专线运输等。

（2）基核的设计与关系类型的选择。基核间关系类型的选择直接关系到物流服务效率和运作成本。除了具有特殊条件的，可以从融合型或连接型方面考虑物流基核的选择，以利于提高物流效率、降低物流运作成本；否则，一般是先从公共型物流基核进行选择，其交易成本一般较低。

（3）集成体间关系的选择。集成体间关系的选择一般取决于两业联动发展取得的绩效，即两业联动物流场线绩效和效率，通常是由具有一定业务规划的制造集成体，即供应链物流服务用户决定的。一般是，集成物流服务越深入，质量绩效越好，协同价值越高，集成体之间关系越紧密，否则趋于一般合作或放弃合作的状态。

（二）模式识别依据的演化线路选择策略

切入两业联动发展模式后的基本识别依据的选择和演化过程，一般可遵循从基础类、服务类到综合类联接键的构建顺序，从专业化、效率化角度寻求物流基核的选址和作业，从市场选择型到合作伙伴型再到战略联盟型的集成体间关系构建。通汇物流与陕重汽、新飞专运与新飞电器等典型的两业联动发展案例所展示的演变过程就是例证。

（1）从信息型、技术型联接键和过程联接键切入供应链。通汇物流是从信息型、技术型联接键起步切入陕重汽供应链，最终形成组合型联接键；基核间关系稳定在融合型；集成体间关系则从合作伙伴型、战略联盟型发展到紧密融合型。从2005年10月至今，陕汽集团已建立起一个国际先进的、现代化的、精益一体化的重卡物流管理与运作体系，同时，为陕重汽成功地培养了一支有技术、能规划、能管理、能操作的，会打硬仗的团队。

（2）从功能型联接键和连接型基核切入供应链物流。华秦物流等通过技术型联接键从轿车专运车辆切入比亚迪成品车物流过程，从专业化车辆实现轿车专业化物流功能过程，物流基核与成品车库基地紧密相连，作业效率高、服务质量高，保持了合作伙伴型的集成体之间关系。

（3）从功能型联接键和融合型基核关系切入供应链。新飞专运（改制后一部分成为"新运物流"）与新飞电器的合作可以分为"一对一"和"多对一"干线运输服务模式两个阶段。新飞专运通过连接型基地的服务质量打动了新飞电器集团，形成了融合型基核的高效率物流运作模式。在初期"一对一"阶段双方签订了两次长期合作合同,新飞专运通过改装运输车辆来更好地适应新飞电器集团冰箱运输超高的问题。在这一阶段,新飞专运除载运工具(车厢底板下沉30厘米,以确保装两层冰箱不超高)等革新①以外,没有更强有力的联接键作用来提高和增强集成体间的双方关系。后来,因新飞电器股权变化等原因,新飞电器开始向社会招标干线运输业务,新飞专运与新飞电器集成体间又成为市场选择关系,经过招标后的磨合,最终形成了多家物流商服务新飞电器的"多对一"干线运输服务模式。正由于新飞专运的专业化运输水平,招标后其仍在新飞电器干线运输中占据较大比重,而公司股份制改革后的新运物流继续承担了这一业务。从这一有20余年演变过程的案例中可以看到,与新飞电器的集成体间关系是从市场选择、合作伙伴到战略联盟,又从战略联盟转变为市场选择,进而努力上升到合作伙伴关系。

(4)借助公共型基核和综合信息平台的支持切入供应链物流。通常,专用型基核是专业独家企业使用,公用型基核是专业两家或多家企业使用,公用型基核是面向社会用户(企业)通用。物流企业联盟、物流园区、物流中心中的中小企业大都是利用公共型物流基核等资源,与客户形成供应链物流服务关系。这种集成体间的关系是比较松散的,基核大都是公共型的,作为相对物流集成体的物流服务大多是通用化的。以汽车物流而言,一般可以分为原材料、部件物流和产成品物流。前者为入厂物流,面对生产线的是零部件 JIT 物流、JIS 物流,一般采用融合型基核关系;后者为商品车出厂物流,由于成品车仓储面积较大,一般采用连接型基核关系。采用专用车辆进行成品车运输与配送。② "一对一"模式(如通汇物流—陕重卡零部件物流)、"一对多"模式(如安吉物流—上海大众、上海通用、众多主机厂成品车物流)等成为汽车零部件、成品车物流的典型模式。中铁特货依靠轨道运输优势和物流基地发展商品汽车全程物流,采用量体裁衣方式为大客户服务,针对汽车总装厂(大客户)关注于集成体间的关系从市场选择到合作伙伴的转变、从合作伙伴到战略联盟的转变,关注于基核间的关系从公共型到连接型的转变,关注于建立信息化网络平台,打造组合型联接键,以集成场三维视角提升全程物流服务的

---

① 董千里等:《物流现代化实践》(音像制品),人民交通出版社音像部,2002 年。
② 董千里等:《物流运作管理》,北京大学出版社 2015 年版。

核心竞争力，有效提升了铁路汽车物流的全过程运作与管理水平，此外，为提高干线运输时效积极组织整列运输，并向国际集成物流发展。其演变过程见图11-1。

安吉汽车物流有限公司（2000年8月）是上汽集团所属的专业从事汽车物流业务的全资子公司，后由上海汽车工业销售总公司和荷兰天地物流控股有限公司（TNT）各出资50%组建成安吉天地物流（2002年6月至2008年）。中外合资①等经历促进了物流集成体形成、成长等学习过程，一定程度突破了"外来技术"与"本土应用"之间的障碍，逐步形成了整车物流、零部件物流、口岸物流、航运物流、国际物流及信息技术六大业务板块，引进先进物流技术，打造智能可视化物流系统，为客户提供一体化、技术化、网络化、透明化的汽车物流供应链服务。在"十二五"期间，安吉物流调整运力结构，大力发展集约化、绿色环保的运输方式；在全国建设了一批物流枢纽、汽车滚装码头、汽车专用站台，形成了以十大分区为依托的全国综合性物流网络（基核—场源体系建设）；以此为基础，搭建公共物流服务平台（组合型联接键建设）；通过合资合作建设海外网络（海外基核场源、联接键建设），培育国际经营能力（全球场线）。在"十三五"期间，继续以品牌化、多元化、国际化为发展方向，发展成为具备全球服务能力和品牌影响力的综合供应链解决方案提供商。2015年实现销售收入171亿元，列国内物流行业第13位、汽车物流行业第1位，成为国内最大、国际领先的第三方汽车物流供应商，市场占有率为31.51%。

（三）两业联动发展阶段的模式选择策略

在两业联动发展的集成体业务导入阶段、适应阶段、共享阶段和融合阶段，要分别针对相关阶段需要，在联接键切入、稳定、深化和巩固关系中发挥作用，进行功能设计、组合应用和创新发展。对于零散物流业务可移动信息终端是关键，对于规模物流业务可视化监控平台是关键，这是进行联接键设计、建设和应用策略制定的要点。往往当制造供应链具有良好的发展前景、业务规模时，联接键的创新设计、基核关系应用和集成体关系深度融合有较大的策略选择空间，综合物流与供应链平台设计和建设成为重要的联接键创新设计内容。

---

① 安吉物流通过内引外联，与TNT物流、上港集团、日本邮船、华伦威尔逊等国内外物流巨头进行了全方位合作。

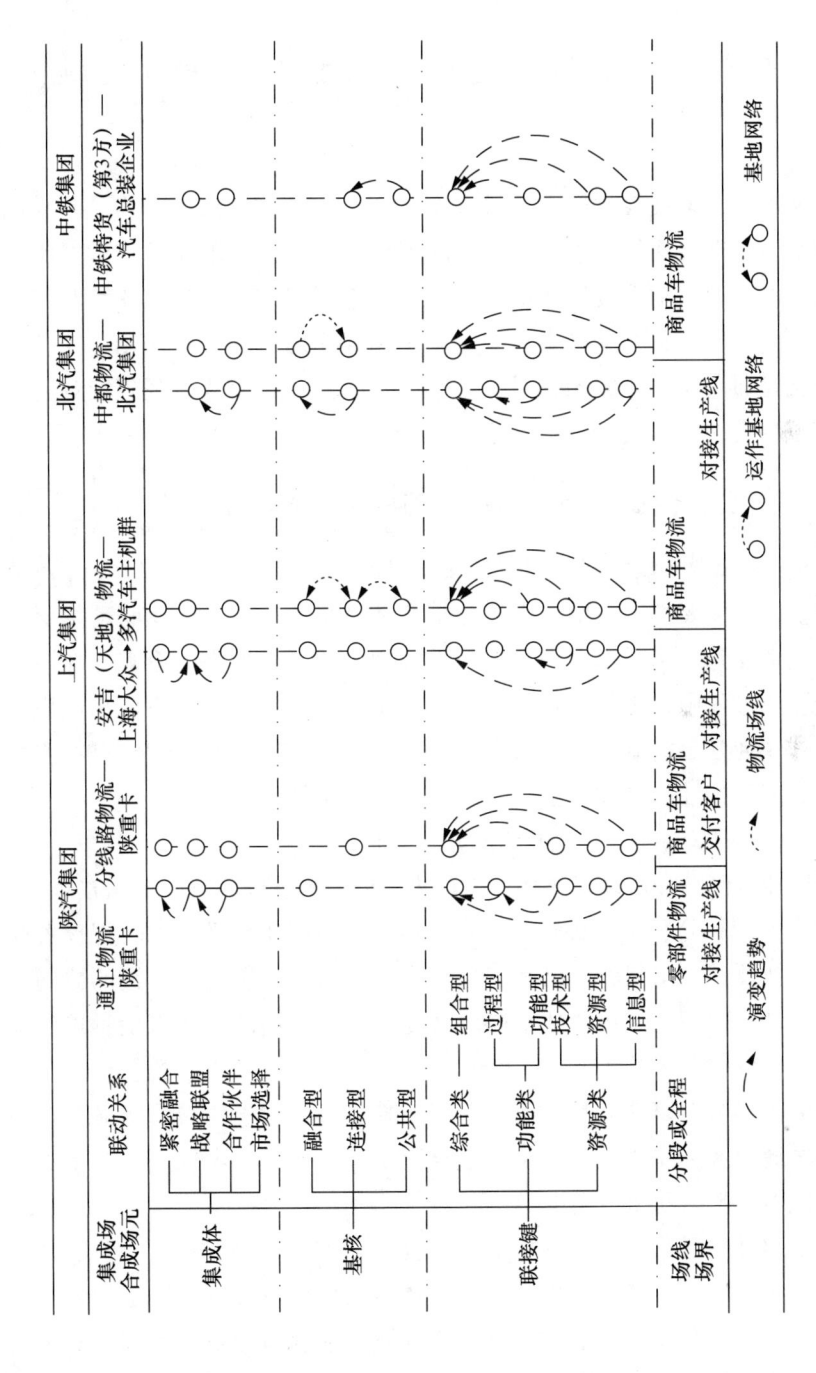

图 11-1　物流集成体在两业联动发展模式中的识别、组合和选择过程

第三节 两业联动发展模式应用的作用机制

从两业联动发展模式的表达式（9-1）可以看到，从集成场范畴提炼的合成场元，即集成体、基核、联接键等作为选择、应用和评价依据的重要因素，在两业联动发展模式应用中，对处于不同级别的政府政策制定起到政策势能的作用，并反过来对两业联动模式应用起到影响作用。这种影响作用也是通过相关合成场元对两业联动发展模式应用从微观到宏观过程的作用机制实现的。

一 微观：两业联动发展模式的应用及其水平评价

（一）两业联动发展模式应用的主要因素

两业联动发展模式应用的微观经济实体是企业，但是两业联动发展行为的产生却受到市场需求、信息、技术等相应的背景条件的影响。在服务于制造业的过程中，物流业从点、线物流走向网—链物流的集成物流服务过程，体现为满足高端物流需求的两业联动发展过程，更需要良好的信息、技术、制度等条件的有效支撑。

（二）两业联动发展模式应用水平的评价因素

物流业与制造业联动发展模式应用水平的评价主要涉及以下几方面。

（1）集成体合作关系评价。一是集成体的战略主动性方面，把握关联产业知识链及其应用程度，以确定主导物流链的切入制造供应链的协同作为的有效性；二是不同集成体战略、文化和价值方面的相互接受程度，决定了业务集成在经济关系方面的稳定性。

（2）基核及其场源功能评价。物流基核的场源功能定位、物流基核与制造基核地理区位和功能关系及其融合程度和水平在一定程度上决定了基核的集成引力类型和作用大小。

（3）联接键性能评价。联接键的性能决定了物流链切入供应链的资源、服务等的切入点、类型和规模，在集成体不同合作阶段中，决定切入策略的有效性、合作过程的稳定性以及物流业务关系创新的发展空间，对于集成体之间合作伙伴、战略联盟关系的稳定性起着加深和促进作用。

（4）场线绩效评价。国内或国际全程物流场线绩效，决定两业联动发展模式在应用中的资源、信息、技术、功能、过程、经济和长期集成服务关系的稳定性。

在经济机理的分析中，重点介绍制度层面的背景因素，以对外开放因素为分析对象。对外开放水平为外生因素，但对企业联动发展有着极其重要的影响。我们可以通过促进对外开放水平的方式来促进两业联动发展。

二　宏观：两业联动发展模式的政策促进机制作用

政府作为物流集成主体在制定物流政策、创造制造业与物流业联动发展环境，如"一带一路"倡议等方面，释放了供应链、产业链走出去的政策势能。两业联动发展模式可在促进供应链集成、产业链延伸境外战略实施中起到重要的作用。

（一）"一带一路"倡议促进了两业联动发展模式由境内延伸到境外的应用

两业联动发展模式启动的根本性动力，来自微观企业的有效市场范围、规模的扩大，以及自身的资源、功能和发展潜力。原以国内市场为主的集成场视角开始转向全球市场，将集成物流商作为市场中介，可探讨两业联动发展模式应用与政府政策间的联系。

（1）"一带一路"倡议进一步促进了对外开放水平的提高，使对制造业产品市场的需求范围、规模和物流时效的要求增加，而且必须实现由境内延伸扩展到境外，要求物流链、供应链、产业链加入全球价值链考察范围。制造业产品在物流服务资源体系支撑中扩大，必然导致产品生产效率的提升，进一步降低产品的价格；在此基础上，由于物流所涉及的市场范围的扩大和物流成本的降低，规模效应会使产品价格降低，制造业市场需求进一步增加①，形成供应链集成良性循环。

（2）"一带一路"倡议对提高对外开放水平有促进作用，对制造业促进物流业发展可以从供给和需求两个角度展开分析，而这两个角度都是以有效的市场范围、规模扩大为基础，需要供应链、产业链服务质量和效率

---

① 刘睿君、董千里、申亮：《制造业与物流业联动对物价的影响》，《技术经济与管理研究》2015年第4期。

提高[1]并从境内延伸至境外。制造业是物流服务的需求方，对外开放水平的提高，为物流业发展提供了充分的高端物流服务需求，尤其是我国在过去 30 年作为全球工厂，物资的进口与出口为物流业的发展创造了巨大需求，巨大的规模是物流业实现技术效率提高、技术进步的基础，也是物流业持续专业化分工、升级发展的基础。制造业为物流业发展的根本的技术来源，在港口、装卸、运输、配送等领域的物流机械、通信等的技术应用和发展，促进了物流业支持制造业产业链从境内到境外的发展。

（二）改善交通基础设施水平的政策对两业联动发展模式应用的作用机制

（1）交通基础设施水平在"一带一路"的建设中体现了国际物流通道的联接键功能，以及国际、国内物流通道、物流节点（基核）建设的情况。其中主要的物流枢纽节点构成了国际物流基核，成为"一带一路"物流业促进制造业发展的重要基地。国际、国内物流通道，国际海港、国际陆港、国际空港的发展是全球市场网络形成的基础，也是物流业转型过程中的基础条件。在中国每一轮基础设施投资都为国内产业升级发展奠定了坚实基础。因为物流通道、物流节点的建设，提高了产业集聚范围和运作效率，这种产业组织化过程降低了交易的费用，将交易效率提升到一个新的阶段和水平，使物流业发展面对的区域割据障碍得以消除，物流集成优化的空间扩大；物流业设施设备改进、管理规范化等，为物流业绩效的改善和提升创造了空间。

（2）物流业作为支持制造业发展的服务市场，使制造业产品市场需求范围不断扩大、性能不断提高，从国内走向"一带一路"沿线地区、走向全球。制造业产品需求在物流体系中扩大，必然导致产品生产效率的提升，进一步地降低产品价格。在此基础上，由于物流集成所涉及市场范围的扩大且物流成本降低，规模效应会使产品价格继续降低，制造业市场需求会进一步增加[2]，这就是产业联动机制的作用。

（三）政府作为集成主体的政策势能对两业联动发展模式应用的作用机制

集成体、基核、联接键等合成场元作为两业联动发展模式的识别依据，

---

[1] 申亮：《制造业与物流业联动发展的经济机理及影响因素研究》，博士学位论文，长安大学，2015 年。

[2] 刘睿君、董千里、申亮：《制造业与物流业联动对物价的影响》，《技术经济与管理研究》2015 年第 4 期。

对深化两业联动发展机制及其运行起到重要的指导作用。政府的两业联动发展政策是其作为物流集成主体对一定区域范围产业集聚、产业联动给予的引导和支持。

（1）对龙头企业的支持。产业联动项目引导和支持物流集成体进行物流链组织和运行。物流集成体主导全程物流场线质量、效率和成本。在产业景气的前提下，物流集成体与制造集成体的关系越稳固，两业联动绩效越明显。

（2）对产业集聚、两业联动区规划落实的支持。基核间关系连接了物流链与供应链衔接的局部和全程场线，直接影响质量、效率和成本。

（3）对于两业联动平台建设和运营的支持。联接键建设可以通过资源效率、信息效率、制度效率支持两链局部和全局对接效率，支持实现共享、共赢机制。

（4）对于两业联动环境的改变。怎样有利于集成体、基核和联接键效率改善？诸如，提高市场开放水平、改善交通基础设施水平的政策，对两业联动发展模式应用的影响体现在市场需求规模扩大、性能提高；基核场源丰富，集成引力强盛；联接键功能恰当，定位准确，这样就形成一个不断互相促进、不断深化合作的过程。

（5）交通运输基础设施建设及其运营水平提高。这表现为物流通道、物流节点等的建设和新技术的应用。前者涉及资源联接键，后者涉及基核等建设，提出了更高的需求，而且也为物流通道、物流节点的发展奠定技术和经济的基础。国际物流通道、国内物流通道和各类物流基核等的增加，均为两业联动发展创造了市场范围扩大和交易成本降低的重要基础，使两业联动能够同时得到跨越式发展，实现联动发展的目标（见图11-2）。

在图11-2中所体现的两业联动作用机理和场线形成的运作机制，形成了三条基本的集成物流服务场线过程。

第一条是"物流集成体→物流链→物流基核→制造基核→制造集成体"。在制度和技术交易效率提高的前提下，物流集成体主导物流链形成，通过物流基核切入制造基核（这种基核关系通过联接键衔接实现，可以是融合型或是连接型基核关系）形成针对原材料库、工位、成品库或市场等的集成物流服务，高效率支持制造供应链专业化过程。

第二条是"物流集成体→区域物流链→陆港基核→制造基核→制造集成体"。物流集成体主导全国物流链形成，通过专用物流基核或公共物流基核（国际陆港）形成国内物流场线，切入制造基核（可以是原材料库、工位、成品库或市场等）的集成物流服务过程，高效率地支持制造供应链过程。

第三条是"物流集成体→国际物流链→海港基核→物流通道→制造基核→制造集成体"。通过专用物流基核或国际陆港与国际海港对接（国际陆港与国际海港之间可以建立组合型联接键，其中包括实现"大通关"的信息型联接键、五定班列过程型联接键等内容），形成国际物流场线，切入制造供应链（制造基核可以是原材料库、工位、成品库或市场等）的集成物流服务过程，高效率地支持全球制造供应链物流过程。

三　两业联动发展模式在"一带一路"倡议空间的应用

从"一带一路"倡议看，需要加速我国东向的铁海国际联运物流效率，降低西向公铁国际联运物流成本。可以确定枢纽城市中的国际中转型枢纽陆港，进行国际物流快速干线通道网络布局①，提高境内组织中欧班列所发班列密度，提高国际物流服务质量和物流效率，降低国家向西开放的国际物流成本，使得国际物流绩效体现在两业联动发展模式顶层设计的理论方法能够在更宏观的层次上进行应用。②

（一）集成体视角从区域、全国走向全球物流集成优化

"一带一路"倡议为沿线国家优势互补、开放发展开启了新的机遇，扩展了两业联动的国际市场需求，形成了国际产业经济合作的新平台。在提高对外开放水平的政策指导下，集成体可以使两业联动发展模式乃至两业联动机制在全球两业联动集成场中得以应用和发挥作用。

（二）将道路、文化、经济等一并纳入联接键设计范畴

在"一带一路"倡议中的"政策沟通、道路联通、贸易畅通、货币流通、民心相通"的指导下，可以将两业联动集成场中的基础类、服务类和综合类联接键的设计、选择、建设理论和应用充分结合起来。其中，"一带一路"国内物流通道与国际物流通道通过基础类联接键衔接起来，国际陆港与国际海港通过服务类乃至综合类联接键连接起来，形成内陆与全球的国际物流快速通道，这样可以大大提高国际物流服务的质量、效率，并降

---

① 董千里：《"一带一路"背景下国际中转港战略优势及其基核场源建设研究》，2016 中国工程管理论坛，陕西西安，2016 年。

② 董千里、杨磊、常向华：《基于国际中转枢纽港战略理论的中欧班列集成运作研究》，《科技管理研究》2016 年第 22 期。

第十一章 两业联动发展策略与测评

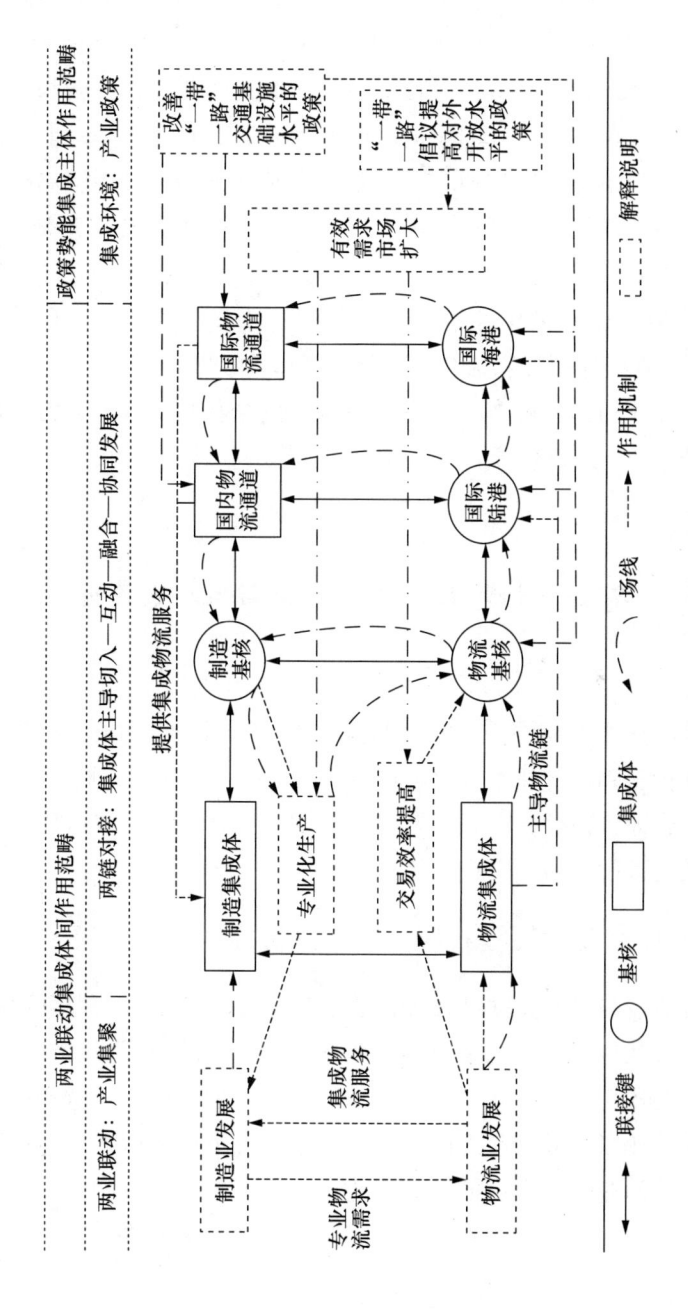

图 11-2 对外开放水平与交通基础设施水平对两业联动发展的作用机制

低物流成本。

（三）将两业联动在"一带一路"倡议下进行发展模式布局和场线优化

集成体可在"一带一路"倡议指导下，布局基核（陆港、海港和空港）的复合场源建设，可将"一带一路"场线优化范围提升至和扩展到国家对外开放的战略高地、成本洼地层次进行考量。可以将"一带"的起点城市、国家地理中心，诸如西安，建设并形成国际物流的中心节点城市、内陆型国际中转枢纽；在国家地理中心基础上建设并形成经济中心、物流中心和文化中心，将连接"一带"与"一路"的全国物流中心的枢纽建设并形成内陆型全国集散枢纽港、内陆型国际中转枢纽港。[①] 统筹国家在"一带一路"地区的国际物流快速班列、航线和班轮，降低"一带"的整个国家向西开放的物流成本，提高"一路"的全程物流效率，为产业供应链境外市场开拓、国际物流转型升级奠定良好的基础和前提。

第四节　省域制造业与物流业联动发展水平评价

从集成场视角可将两业联动发展模式分为关系维、集成维和过程维，以此作为评价基础，构建省域两业联动发展水平评价模型，通过FUZZY隶属度得到综合评价指标，即省域两业联动发展综合指数，并从集成场视角构成的模式类型中指出其模式完善的途径。

一　两业联动发展模式应用水平分析视角

促进制造业与物流业联动发展已历经三年多的实践，两业联动在提升制造企业核心竞争力、物流企业集成服务能力，促进经济发展方式转变等方面起到重要作用。现在省域两业联动发展水平如何，如何选择指标，如何评价是将两业联动继续深入研究下去的基础且重要的课题。运用物流集成场理论抓住两业联动发展的主要矛盾，是剖析集成体、联接键等存在的问题，进行两业联动发展的理论研究和实践探讨的重要途径，也是研究其

[①] 董千里：《基于"一带一路"跨境物流网络构建的产业联动发展——集成场理论的顶层设计思路》，《中国流通经济》2015年第10期。

发展水平的重要思路和方法。

集成场不是自然场而是人工场,具有自然属性和经济属性。自提出以来,物流集成场在新亚欧大陆桥物流[①]、国际陆港物流[②]集成等研究中得到应用。物流集成场的基本范畴便于我们从集成场视角理解和认识物流与供应链管理顶层设计的关键问题和主要矛盾,便于我们更深刻地认识制造业与物流业联动的基本理论、模式、机理和机制,设计和实现更好的、效率更高的制造业与物流业联动模式。

二 两业联动发展水平的要素分析

两业联动发展水平与集成体分别主导的两链耦合以及两链融合、协同发展水平密切相关。

（一）集成体发展水平的要素分析

集成体是由主动性和被动性场元素构成的场元,是一类特殊的合成场元,在两业联动过程中具有举足轻重的作用。一般省域的物流企业与制造企业相比,存在以下几种情况。

（1）物流企业在两业联动中处于弱势或相对弱势地位,对两业联动的主导能力相对比较弱。以陕西省为例,截至2013年,规模以上工业企业有4489家,其中计算机、通信和其他电子设备制造业94家,能源化工工业1048家,装备制造业1136家,医药制造业175家,食品工业707家,纺织服装工业161家,非金属矿物制品业524家,有色冶金工业164家。铁路、船舶、航空航天和其他运输设备制造业82家,通用设备制造业188家,专用设备制造业210家。2012年陕西省没有5A级物流企业,而截至2015年2月则拥有4家,虽然陕西省物流企业的发展比较快,但在主导两业联动中依然处于弱势地位。[③]

（2）从集成体的构成来看,从主体单元（如从业人员整体学历结构等）和客体单元（可支配的资源质量和数量等）方面来比较,物流企业弱于制造企业。物流企业是由主体单元和客体单元组成的战略主体、行为主体和利益主体,其主体单元也均弱于制造企业。强调集成体主体单元意识,

---

[①] 董千里:《新亚欧大陆桥物流一体化面临的问题》,《大陆桥视野》2012年第9期。
[②] 董千里、董展:《物流集成场视角的港口内陆腹地延伸战略思考》,《中国港口》2012年第2期。
[③] 中国物流与采购联合会网站。

即物流企业要成为主导物流链形成的经营性主体,强调其战略规划、方案设计、资源整合等作用。客体单元除少数企业具有专业性资源以外,物流企业的通用性资源和经济开发实力也均弱于制造企业。

(二)基核发展水平及场源要素分析

基核主要涉及物流基核和制造基核,具体涉及构成基核的场源种类和集成力,还涉及基核间的距离,直接影响到物流运作效率和成本。

物流基核还涉及场源规划设计和建设,主要涉及对区域两业联动发展有重要的影响的物流基核。公共物流基核的场源涉及公铁联运基础设施体系、综合保税区基础设施、自贸区、海关、银行、工商等公共服务平台等建设因素。就陕西省而言,涉及西安港国际中转枢纽港的定位和建设。国际中转港的功能定位,规划建设直接影响中欧班列发展的影响。

(三)联接键发展水平要素分析

联接键是物流集成场中场元与场元之间、场元与基核之间的作用关系。所谓"键"是指通过基核、场元、场线间内在机理形成或结成更为紧密相互作用关系的一个单元。通常用联接键来抽象反映物流集成过程关键要素间作用联系的一个整体单元。两业联动发展的联接键一般具有以下衔接方式。

(1)功能型联接键衔接方式。常见的有运输与材料仓储、产品仓储与运输等的集成衔接方式。在产业衔接过程中体现了不同产业间的功能型联接键。这种产业联动具有一定的工艺、技术、组织和管理深度,会构成不同集成体之间紧密或比较紧密的关系。

(2)信息型联接键衔接方式。有单一信息联接、复合信息联接和综合信息系统联接等方式,除了信息系统还有综合信息平台衔接方式。合同是典型的信息型联接键;供应商管理库存(VMI)等方式是以信息系统支撑物流功能、技术等多种方式集成的联接键。

(3)技术型联接键衔接方式。统一设施设备标准的技术衔接是技术型联接键构建的基础,如冷藏仓储与冷藏运输等制冷、测量、控制和管理等技术衔接方式构成的联接键。

(4)资源型联接键衔接方式。其是指由不同的车辆、仓库、装卸设备、载运工具但可兼容的资源构成的联接键衔接方式。有些资源型联接键带有组合型特征,例如,车路信息系统,成为衔接的重要子系统。

(5) 过程型联接键衔接方式。物流集成体主导的物流链与制造集成体主导的供应链流程在契合点构成联接键，往往是两个系统的有效对接。

(6) 组合型联接键衔接方式。组合型联接键是以上述一种联接方式为主并结合其他联接方式，或以上述两种以上联接方式构筑的联接键。

（四）场线运作效率水平及场界

场线是若干场元形成的一组关系。用场线表达物流集成关系，不仅有内涵，而且比较形象、直观。场线是个矢量，当场线与整个物流集成系统运行方向一致称为正向，反之称为负向。场线可以在同一领域，也可以跨领域。在物流集成系统中，场线是由物流集成体及其他各类场元依物流集成力作用而形成。

两业联动过程中制造集成体和物流集成体可以根据两业联动系统的目标、任务实现需要，选择相应场元组织并形成物流资源、物流功能、物流集成流程等过程和系统进行运作，表现出场线关系。构成场线的资源可能是跨主体的、跨地域的、跨国界的，但构成的特定技术、组织和经营等要素作用关系是十分紧密的。

场界是研究集成对象运作过程的边界。根据研究对象可以以省域、经济区域、全国或全球范围作为场界进行研究。

三 两业联动发展水平评价指标

（一）两业联动发展水平分析

物流企业与制造企业衔接（合作）紧密程度可以通过关系维、集成维和过程维体现。国内外两业联动的形式多种多样，因此可以根据制造企业与物流企业之间的关系紧密程度、物流企业提供物流服务的集成程度和物流企业业务运行过程的阶段，将国内外两业联动发展水平归纳为联动发展的集成体关系维、物流功能服务维和集成物流服务过程维三个基本维度构成的评价体系。

（1）两业联动集成体关系维。这一维度是根据两业联动的双方关系进行分类的。供应链与物流链衔接与运行的默契程度反映了制造业与物流业联动的质量、效率和成本水平。根据制造企业与物流企业间竞合、衔接所形成的紧密关系程度可划分为紧密融合型、战略联盟型、合作伙伴型和市场选择型四种关系，每一种关系可以形成一种或多种具体的联动形式。具体情况参见表11-1。

表 11-1　　　　　集成体关系的类型、主要特征和典型实例

类型	主要特征	典型实例
紧密融合型	在长期合作的历史基础上建立了股权关系；资源、业务深度融合；供应链物流关系稳定	通汇—陕汽、中航国际—西飞等
战略联盟型	1年以上长期合作合约；业务深度合作、关系稳定	伟鑫—宝鸡石油、安得物流—美的、安吉物流—上汽等
合作伙伴型	1年以内中短期合作合同；业务内容、边界清晰	华秦物流—比亚迪、陕大件—西核、斑马大件—西核等
市场选择型	临时性市场选择；关系不稳定；边界清晰	汽车货运站、物流园区等

（2）两业联动物流功能服务维。这种分类维度是针对物流服务提供商而言的两业联动发展层次评价。根据物流商为制造企业所提供的物流功能集成程度可以分为集成物流服务提供商、物流功能服务提供商和物流资源服务提供商。集成物流服务提供商可以为制造企业提供其所需要某一领域的全部或全程物流服务。功能物流服务提供商只是为制造企业提供运输或仓储等少数几项物流服务而不是全部或全程物流服务。而物流资源服务提供商主要提供仓库、车辆、吊车、叉车等物流资源，不直接为制造企业提供集成型或功能型物流服务。具体情况参见表11-2。

表 11-2　　　　　物流功能服务的类型、主要特征和典型实例

类型	主要特征	典型实例
集成物流服务提供商	提供全面和全程的物流服务	通汇—陕汽
物流功能服务提供商	提供运输或仓储等少数几项物流服务	陕西华秦物流—比亚迪
物流资源服务提供商	提供仓库、车辆、吊车、叉车等物流资源	华誉物流—社会物流

注：比亚迪物流合作伙伴有陕西华秦物流、安吉运输、中联物流、武汉兴达、长春鸿达、沈阳远东、重庆远志达等，其中华秦物流占比亚迪整车运输业务量的50%，为最大的合作伙伴。

在物流功能服务中，从物流资源服务提供商到物流功能服务提供商，进一步到集成物流服务提供商是物流企业集成发展的方向。

（3）两业联动服务过程维。这种维度是针对物流企业提供两业联动的服务深度进行分类的。按照物流服务过程可以分为物流业务运作、全程监控管理和方案规划设计三种联动形式，其中，物流业务运作是全程监控管

理的基础，而全程监控管理是方案规划设计的基础（见表 11-3）。

表 11-3　物流服务过程的类型、主要特征和典型实例

类型	主要特征	典型实例
方案规划设计	独立或利用外脑进行方案设计	陕重汽—通汇物流、安泰达物流—小天鹅等、TNT 物流—惠普
全程监控管理	实施监控管理职能	陕重汽—通汇物流、安泰达物流—小天鹅等、TNT 物流—惠普
物流业务运作	运输、仓储、配送等具体物流业务运作	华秦等—比亚迪

（二）两业联动发展水平评价指标及模型测算

从统计角度分析，物流企业与制造企业间的物流链与供应链衔接越紧密，联动效率越高。所以，在不同产业间衔接、融合的动态合作过程中，其衔接融合关系越紧密，使物流服务质量、效率越高，成本越合理。所设计的主要指标如下。

（1）关系紧密程度（%）指标有"市场选择""合作伙伴""战略联盟"和"紧密融合"型，表示在两类企业间合作关系的紧密程度。

（2）业务集成程度（%）指标分别为"物流资源服务""物流功能服务"和"集成物流服务"类型在物流企业的普及程度。

（3）物流服务深度（%）指标分别为"物流业务运作""全程监控管理"和"方案规划设计"集成的业务普及程度。

两业联动发展水平评价体系是对制造企业物流业务外包情况下的物流企业与制造企业衔接（合作）紧密程度的评价，评价可以分为关系维、集成维和过程维三个评价维度。其中，集成维和过程维主要体现为物流企业的内因作用，关系维涉及制造企业与物流企业之间的关系（见图 11-3）。

根据 FUZZY 隶属度理论及模糊数学综合评判方法建立两业联动模式发展水平评价的模型。集成维 $\mu(x)$、过程维 $\mu(y)$ 和关系维 $\mu(z)$ 分别测量的发展水平可由向量 $\bar{\mu}$ 模型的各个分量即式（11-1）、式（11-2）和式（11-3）表示，其对应的权重是 $\bar{W}$，则两业联动的发展水平测量模型是式（11-4）。具体如下。

$$\mu(x) = e^{-12.77(x-0.5)^2} \qquad 式（11-1）$$

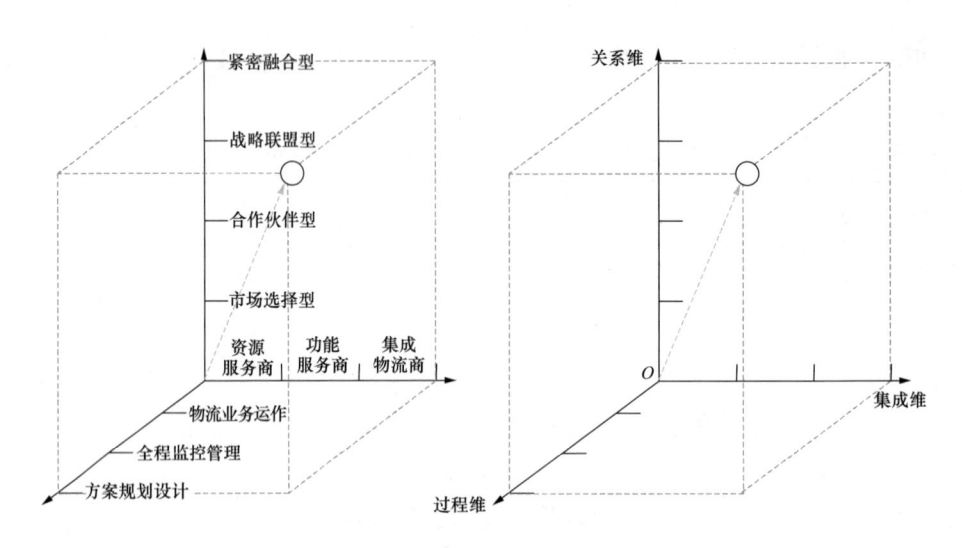

图11-3 两业联动模式发展水平评价及空间结构

$$\mu(y) = e^{-12.77(y-0.5)^2} \qquad 式(11-2)$$
$$\mu(z) = e^{-19.95(z-0.4)^2} \qquad 式(11-3)$$

两业联动水平由式（11-4）表示为：

$$L = [W_{(x)} \quad W_{(y)} \quad W_{(z)}][\mu_{(x)} \quad \mu_{(y)} \quad \mu_{(z)}]^T \qquad 式(11-4)$$

以陕西省发改委重大课题（SXFGW-02）实际调研的样本①为基础进行测算。在陕西省目前两业联动发展模式的关系模式中市场选择型占27.6%，合作伙伴型占37.9%，战略联盟型为27.6%，紧密融合型约为6.9%，它们在关系维上所对应的累加权重分别是0.25、0.50、0.75和1，经归一化后得关系维隶属度权重，再结合市场调查百分比合成隶属度，可得到陕西省两业联动关系维隶属度，为：

$$[0.10, 0.20, 0.30, 0.40][27.6\%, 37.9\%, 27.6\%, 6.9\%]^T = 0.2138$$

代入式（11-3）中可得关系维的水平隶属度，为：

$$\mu(z) = e^{-19.95(0.2138-0.4)^2} = 0.5007$$

在物流集成模式中，物流资源服务型占10.3%，功能物流服务型占82.8%，集成物流服务型占6.9%，它们在集成维上所对应的累加权重分别是0.33、0.67和1，经归一化后得集成维隶属度权重，再结合市场调查百

---

① 董千里等：《陕西省制造业与物流业联动发展研究》，长安大学物流与供应链研究所，2013年。

分比合成隶属度，可得到陕西省两业联动集成维隶属度值，为：

$[0.167，0.333，0.500][10.3\%，82.8\%，6.9\%]^T = 0.3274$

在物流过程模式中，物流业务运作型占 79.4%，全程监控管理型约占 10.3%，方案规划设计型约占 10.3%，它们在过程维上所对应的累加权重分别是 0.33、0.67 和 1，经归一化后得过程维隶属度权重，再结合市场调查百分比合成隶属度，可得到陕西省两业联动过程维隶属度值，为：

$[0.167，0.333，0.500][79.4\%，10.3\%，10.3\%]^T = 0.2184$

陕西省两业联动发展水平的向量 $\bar{\mu}$ 的分量的集成维、过程维、关系维水平隶属度值分别为：

$\mu(x) = e^{-12.77(0.3274-0.5)^2} = 0.6836$

$\mu(y) = e^{-12.77(0.2184-0.5)^2} = 0.3632$

$\mu(z) = e^{-19.95(0.2138-0.4)^2} = 0.5007$

针对两业联动三维评价指标，得到如下判断矩阵（见表 11-4）。

表 11-4　　　　　　两业联动三维评价指标判断矩阵

	关系维（Z）	过程维（Y）	集成维（X）
关系维（Z）	1	5/7	5/8
过程维（Y）	7/5	1	5/7
集成维（X）	8/5	7/5	1

在构造判断矩阵时，应保证判断的前后一致性。经计算，CR = 0.0667，各维权重是 [0.426，0.325，0.249]，其中 CR ≤ 0.1，判断矩阵具有满意的一致性，权重可以采用。所以，利用式（11-4）可得陕西省两业联动发展水平指数：

$L = [W_{(x)} \quad W_{(y)} \quad W_{(z)}][\mu_{(x)} \quad \mu_{(y)} \quad \mu_{(z)}]^T$

$= [0.426 \quad 0.325 \quad 0.249][0.6836 \quad 0.3632 \quad 0.5007]^T = 0.5339$

根据表 11-5 可见，该省域联动发展处于尚可即四级水平，其发展空间还相当大。

表 11-5　　　　　　两业联动合成隶属度数值的含义

评判尺度	领先（一级）	优秀（二级）	满意（三级）	尚可（四级）	薄弱（五级）
隶属度 U	≥0.97	≥0.89	≥0.78	≥0.50	<0.50

提升陕西省两业联动发展水平的关键在于过程维。集成体主体单元在物流全程监控管理和规划设计方面的能力尚待进一步提高，只有这样，在制造集成体伸出战略联盟橄榄枝时，才便于发挥集成体资源整合力，提供集成物流服务方案，并形成集成体间良好的融合关系，其他两维隶属度值也能得到提升。

四　省域两业联动发展模式应用水平评析

综合上述研究，可归纳出以下几点结论。

（1）两业联动发展水平评价模型简便、准确、可行，该指标体系具有通用性，可以进行绝对性评价，也可进行横向比较评价。只要有模型分类的抽样调查百分比就可运用该模型进行测算，获得相关省域的调研数据后就可以进行省域间横向比较。

（2）集成维、过程维更多体现了物流集成体成长的内因要求，特别是物流集成服务能力、全程监控和方案规划设计能力，必要时可使用外脑提升物流集成体决策能力。关系维更多涉及外因，体现了物流集成体与制造集成体之间的关系。

（3）两业联动的发展空间可以在集成体和联接键的规划设计中寻找。在两业联动系统和过程设计中，集成体之间联接键的设计、应用和效率发挥水平，对最终的场线质量、效率和成本起到支持作用。集成物流服务商需要有联接键的规划设计、运作实现能力。

（4）集成体之间的竞合关系中，专业性较强并具有一定专有资源的物流企业能够与制造企业形成相对稳定的合作伙伴关系或战略联盟关系。两业联动企业之间关系由松散衔接向紧密融合型方向发展，联接键的设计和应用具有重要作用，物流集成场理论为其奠定了良好的基础。

（5）加强集成体意识和集成力培育是一项长期任务。物流集成体意识薄弱，不清楚不同的制造企业究竟需要哪些差异性服务，或怎样才能提供到位的服务，是其在两业联动中处于弱势地位的原因。应当加强集成体意识培育，从联接键设计和构建出发提升集成力，在先进的物流理念指导下，在恰当或多种联接键建设与集成运行中实现最终目标和价值。

第五节　本章小结

（1）基于两业联动发展模式研究的顶层设计理论、整体报告的主要研究成果，提出两业联动发展模式的识别依据是集成体关系、基核和联接键。联接键反映了切入点，基核反映了运作方式，集成体间关系反映了合作双方由于业务切入、运作稳定和双方认可程度决定的经济契约关系。

（2）两业联动发展模式中，集成体之间契约关系包括市场选择型、合作伙伴型、战略联盟型和紧密融合型。基核间的关系包括公共型、连接型和融合型，一定程度上反映了两业联动的运作效率和成本；联接键大类包括基础类、服务类和综合类，反映了联动业务的稳定关系，并可进一步分为资源型、信息型、技术型、功能型、过程型和组合型联接键，便于进一步研究物流链切入、运行和稳定之间的要求。

（3）通过实例验证了典型联动发展模式的类型之间存在着演变关系，其中集成体间的关系起决定性作用。制造集成体与物流集成体之间是动态关系，从合作伙伴到战略联盟关系演变为集成体间主要关系，只有少数案例演变到集成间紧密融合关系。也有制造企业剥离物流业务并形成企业专业化经营物流的案例，这样集成体间关系就是从紧密关系开始演变的。

（4）"一带一路"倡议提高了国家对外开放的水平和沿线地区交通基础设施的水平，这有利于将两业联动发展模式在境内供应链集成、产业链中的运用，延伸到境外，即"网链绿色延伸"。在进行"一带一路"市场拓展时，可以通过联接键和基核的建设，有效地促进两业联动发展模式从境内拓展到境外，促进产业链延伸至境外的"一带一路"产能合作。

（5）两业联动发展模式可以应用于微观、中观和宏观三个层次，即制造企业与物流企业之间的联动、制造业与物流业之间的联动和产业链在"一带一路"沿线地区的延伸，寻求产业链延伸境外并构建集成场视角在全球价值链中的地位。从微观、中观到宏观的过程是集成体集成范围的扩张、联接键作用的强化和场源的需求增加的结果。

第十二章 主要研究结论

本书的主要成果和结论可以分为两大部分：一部分是基于集成场理论研究两业联动发展模式顶层设计理论的研究成果，在两业联动方面对集成场理论自身的进一步丰富和完善，其网链结构理论可以继续从网链同态模式进行产业链延伸研究；另一部分是应用集成场理论的主动性合成场元及其他合成场元在两业联动中主导物流系统化、组织化主动切入、互动作用过程，演化发展阶段和联动作用机理，从而对两业联动发展模式设计、选择和应用实践发挥重要作用，引导产业转型升级。

第一节 两业联动系统顶层设计理论

两业联动发展是制造业与物流业在各自专业化基础上的协同运作，构成集成场中的两业联动集成系统。要使该系统有良好的功能，即产出绩效，需要对系统功能结构进行规划设计。设计两业联动人工大集成系统方案，运用集成场理论分析，进行两业联动发展模式顶层设计，抓住关键因素、关键规律和供应链物流系统化的关键结构。本书借助集成场理论、供应链集成理论、物流链形成理论等相关理论，采用理论分析、案例探索、实例验证的方法，对制造业与物流业联动的发展模式、形成机理和演化过程进行研究。

一 两业联动集成场的集成活动空间

两业联动集成场是以物流集成为主要对象的合成场元分布和作用过程

的时空范畴，即以物流集成体及其集成力主导的物流链形成，整合相关资源并导入制造供应链，进而融入供应链的合成场元集成活动的时空范畴。这里之所以强调时空范畴而不仅仅是空间范畴，是因随着时间变化，其绩效价值空间分布和集成作用过程不同。

二　两业联动发展机制作用内容

（一）物流集成体及其集成力主动作用机理

物流集成体主导集成力的形成、方向和施力过程，物流集成体需与制造集成体结成良好适宜的关系，使得物流链有效切入供应链，并共享两链价值增值。

（1）物流集成体的集成力主导物流集成过程，物流集成过程的人员、资源、任务和相关信息流动形成供需间相对稳定关系。这就是集成体主导物流链起着集成物流服务的作用机理。

（2）物流链是体现物流集成体意志的物流系统化、物流业组织化的具体形式。作为物流系统化的形式，物流链在集成体主导下，具有主动寻优的内在要求和机制，这种要求和机制促使物流链适应供应链要求，通过创新服务等方式导入供应链。所以，物流链具有业务功能与发展目标，是一种专业化、集成化运作并以集成创新能力主动加入供应链集成的过程。

（3）物流集成体需要与其所服务的制造集成体形成良好的集成体间关系。物流业的服务性质决定了物流链需要市场需求支撑才能稳定、提升和发展自身结构，具有提供物流服务的集成动力需求。若是这种形式没有市场需求的场源支持，则不可能长期维持和发展。

（4）物流集成体要有持续创新能力以适应和满足供应链集成的物流需求。集成体间关系是动态的，物流集成体持续创新能力是稳定两者关系的前提。长期稳定的发展需要物流链与制造供应链精准对接、无缝衔接，因此需要有创新精神精心设计、准确运作切入并融入供应链物流过程。

（5）物流集成体与制造集成体间形成互动协同关系，在互动合作中集成创新，在产业创新合作中相互支持、相互促进转型升级。制造供应链的转型升级需要自身具有专业化、信息化和智能化发展趋势，要求制造业非核心业务过程更具组织化能力，这是两链对接、融合的前提条件。

（二）基核的场源集成引力机理

基核承载场源，物流链与供应链基核间关系决定两链衔接的精准度，同时也可使得关联产业在场源集成引力作用下的大范围网络结构布局更为合理。

（1）基核是网络结构的节点，特别是起到网络布局的中心枢纽及承载核心场源作用的节点，是供应链与物流链衔接的重点，是两业联动转型升级规划建设的重点，一些大型的公共型基核，如海港、陆港、空港还可能在周边形成临港产业集聚区。

（2）场源的集成引力可吸引集成体及其他合成场元，承载复合型场源的基核是国际、国内物流场线集聚与辐射的基地。作为资源支配和利用的多种公共资源机制，为集成体主导物流链形成，进而在更大范围集聚资源形成更大的集成引力创造了条件。

（3）基核集成引力具有吸引和集聚集成体作用，依托基核可以形成和扩展产业集群和产业链集成过程作用范围。基核与基核之间关系延伸了集成场考察范围的边界，可以从境内到境外、到全球，形成集成场全球价值链考察范围。

（三）联接键稳定结构

联接键累积了合成场元间创新智慧的结晶，不仅使得两链间关系稳定、持续，而且可共享全程绩效。

（1）物流链需要市场稳定，即在物流市场供求方面实现对接，市场需求都有主体，实现需求需要有基核和一系列场线运作过程，产业物流需求主导者是产业集成体，因此集成体间、集成体与基核间、基核之间、基核与客户的关系就需要用相对稳定的联接键方式固定下来。

（2）资源集成是功能集成的前提，功能集成是过程集成的前提，要稳定一体化物流服务体系就需要设计、构建联接键。资源、功能、过程的集成，以及共享关系均可用联接键稳定，因此需建立资源、信息、技术共享的标准、制度和衔接方式，建立功能、过程对接的规范。

（3）两业联动物流服务质量、效率和成本可用联接键稳定，在物流链、供应链集成的网链结构中，需进行功能型、过程型和组合型联接键的设计、选择和使用。

（四）联动实现方式

在两业联动过程中，集成体、基核、联接键三维因产业相异均有各自的特点，因产业联动均需要三维对接适应，充分发挥各自特长和优势，产生协同效应。两业联动的三维所构成空间应是协同、共享和发展的时空领域，使得两链可以在协同中共享全程合作绩效。

(1) 掌握产业间对接的知识链及管理体系。物流链的集成体要有主动切入合作方供应链知识管理的能力，联动发展模式提供了识别依据、实现途径及手段。

(2) 掌控物流与供应链全程运行场线效率。合作与构建融合关系需要以绩效为前提，特别是全程绩效，不掌握全程绩效就不知道物流链在供应链集成中的价值贡献。追求供应链集成全程场线绩效，包括价值、质量、效率和成本指标协同。

(3) 将创新融入两业联动过程中，通过创新，以物流系统化、产业组织化方式消除物流运作质量、效率和成本的短板，使物流链更为有效地切入供应链。

三 两业联动的两链对接、互动条件

两业联动从物流链形成，与供应链对接、互动，其基本条件有以下几方面。

(1) 集成体间战略一致、价值认可、文化兼容，可以通过信息型联接键进行有效对接。在"一带一路"跨境的集成体间的合作中还需要了解相互间更广阔的社会文化等方面，需要有很好的沟通渠道。

(2) 供应链物流的切入点、衔接点、原料库、成品库和市场销售及售后服务地点，尤其在硬件实体业务方面，可以首先关注设计、建设环节，通过功能性或过程型联接键进行有效对接，使集成运作更顺畅。

(3) 针对制造供应链物流业务规模提供的服务空间，提高物流集成体创新能力，在提升物流链业务能力基础上，加强深度合作，扩大创新服务适用范围，才能建立更为稳固的两链协同关系。

(4) 软件运营管理方面，可依规范制度对接，统一技术标准，充分运用信息型联接键、技术型联接键进行对接。基于信息的技术创新效果比较明显，有利于支持集成体间关系持久。

四 两链融合自组织机制及其作用

（一）物流集成系统自组织机制

从系统论的观点来说，"自组织"是指一个系统在内在机制的驱动下，自行从简单向复杂、从粗糙向细致方向发展，不断地提高自身的复杂度和精细度的过程；从进化论的观点来说，"自组织"是指一个系统在"遗传"

"变异"和"优胜劣汰"机制的作用下,其组织结构和运行模式不断地自我完善,从而不断提高其对于环境的适应能力的过程。物流集成化、物流集成系统具体表现为从点、线物流组织向网链物流组织结构的自我完善过程①,两业联动集成系统也是在两业集成各自主动优化的基础上,再进行两链集成优化的过程,重点体现了集成体主导的主动优化机制。集成场视角的主动优化机制不仅要求有对接运作,而且需要有集成创新,没有创新就无法面对供应链集成动态过程遇到的新问题,这就要求寻找新思路、新方法和新途径。集成创新与优化也正是物流链、供应链集成自组织机制的最主要特征。

(1) 物流集成体主导物流链的自组织机制,大中型物流企业作为绝对物流集成体居于主导物流链的地位,其业务相关企业处于物流链功能支持或资源支持的地位和作用。

(2) 中小型物流企业通过联盟组织争取货源,以共享资源、集聚竞争力方式,形成相对物流集成体的自组织机制。如接单企业作为集成体主导物流链,相关的企业给予仓储、车辆、运输等支持。

(3) 集成体在两业联动发展过程的导入阶段、适应阶段、共享阶段和融合阶段分别运用知识链设计和选用联接键方案、基核关系方案,集成创新切入点和重点,以明晰和稳定两链之间的关系。

(二) 不同类型物流企业在两链融合中的作用

(1) 大中型物流企业以物流集成体主导物流链形成的方式介入客户供应链过程。通过针对客户的物流网络,形成基于多式联运的物流链,构成专业化、组织化和集成化的物流服务系统,例如大件物流、汽车零部件入厂物流、汽车商品车物流、医药物流、烟草物流、冷链物流等。

(2) 中小型物流企业依据公共物流节点(海港、空港、陆港、物流园区、物流中心等)形成物流企业集聚形态。比较典型的物流业组织形式,包括物流联盟、物流企业联盟。其特点是实行共享资源机制,特别是具有土地区位等基核等场源。通过共享物流枢纽资源等方式在物流集成过程中发挥(相对)集成体的地位和作用。

(3) 小微物流企业常介入缝隙的市场资源,如信息户,体现单一服务

---

① 师汉民:《从"他组织"走向自组织——关于制造哲理的沉思》,《中国机械工程》2000年第Z1期。

供给渠道，往往不具有集成体意识和资源整合能力。

五　两业联动发展模式的识别及应用

（一）两业联动发展模式的动力机制和作用空间

（1）两业联动是物流集成体主动打破既有平衡的主动优化行动。在集成场理论研究两业联动发展模式的过程中，通过两业联动中的主动性合成场元，特别是物流集成体性质、地位和作用，主导物流链形成、切入和融入供应链过程，体现了物流业服务性质及其与制造业供应链企业间关系。在物流服务供求过程中，物流集成体处于主动地位，发挥知识学习、主动切入作用。

（2）两业联动形成了以集成场主要合成场元为基础的相关集成优化研究范畴。以集成场中最典型的合成场元：集成体、基核、联接键作为联动发展模式和两业联动作用关系的识别依据。通过场线表现制造业与物流业联动发展模式的绩效，由此得到如式（9-1）所示的两业联动发展模式的一般表达式。

（3）两业联动发展的场界刻画了两链集成体联动发展模式的合作空间。用两业联动发展模式表示企业之间的合作发展的三维识别空间。如前所述，通汇物流—陕西重卡联动发展模式是紧密融合型集成体间关系、融合型基核间关系和以信息、技术等为基础的组合型联接键；达锐运输等与中科建材的联动发展模式是合作伙伴关系、连接型基核间关系和功能型联接键；亚欧物流园区的信息业户与零件制造企业的联动发展模式是市场选择关系、公共型基核间关系和信息型联接键。可以用图12-1分别表示它们之间的合作空间，其边界体现了场界关系。

根据图12-1可知，基于公共型基核、单一因素（功能）联接键和市场选择关系的集成体间合作发展空间（相对）比较小，而基于连接型（或融合型）基核的多功能（或组合型）联接键和战略联盟（或紧密融合型）关系的集成体之间合作发展空间比较大。

（二）两业联动发展模式的设计与选择关系

两业联动发展模式的设计与选择是一个排列组合体系，需要针对客户供应链需求进行详细设计和选择。考虑的范围见图12-2基于集成场理论的制造业与物流业联动发展模式研究范畴实际应用，可看到两业联动集成场涉及的场界范围乃至全球供应链。

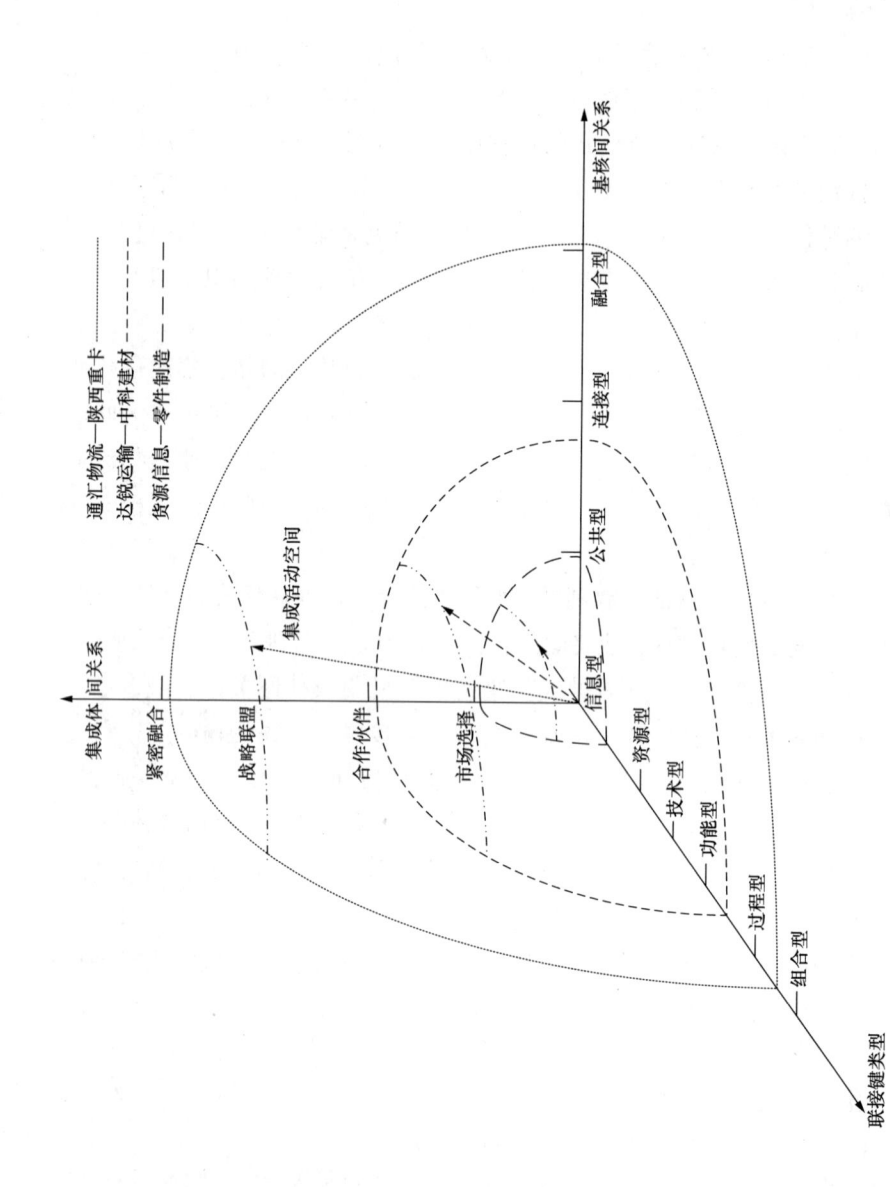

图 12-1 集成体所主导的物流链与供应链对接业务发展空间示意

第十二章 主要研究结论

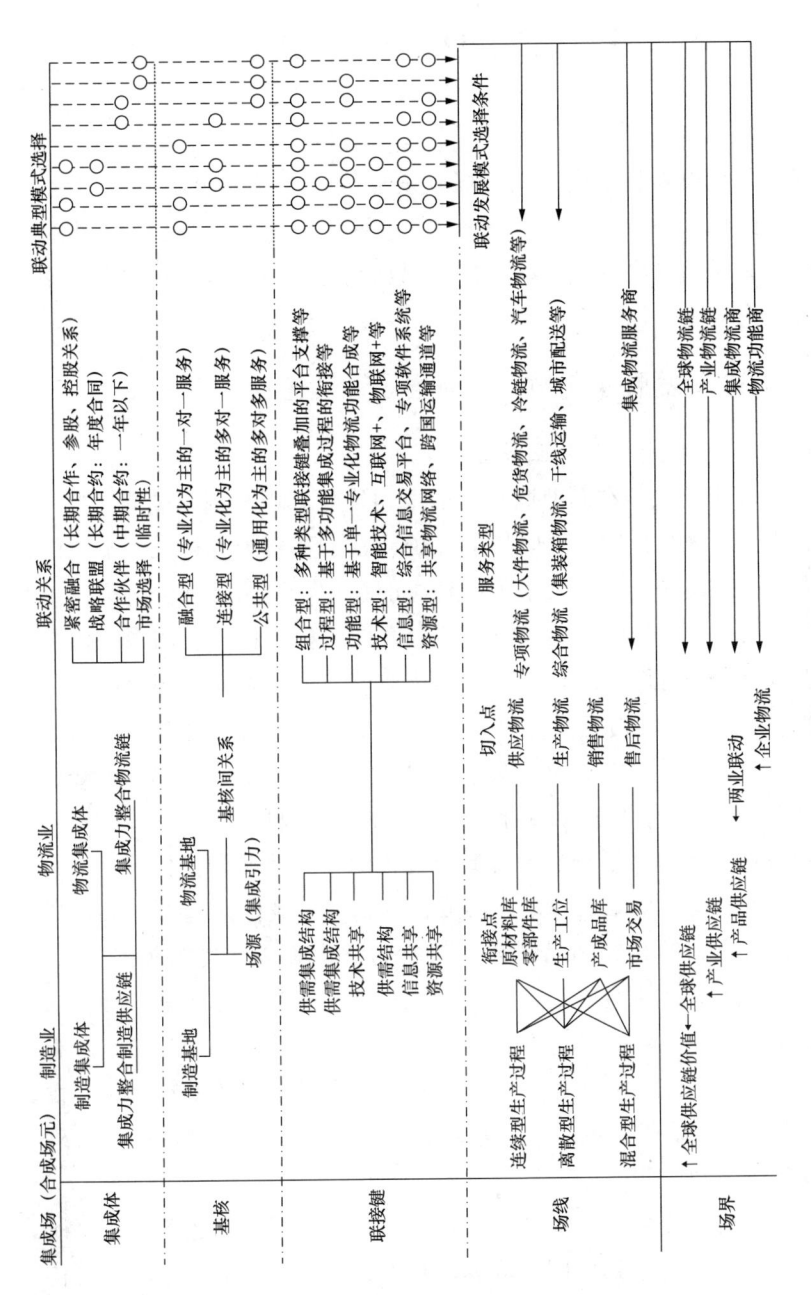

图 12-2 基于集成场理论的制造业与物流业联动发展模式研究范畴的实际应用

第二节 主要理论研究成果

主要理论研究成果包括设计两业联动发展模式的一套顶层设计理论、集成体主导两链切入—互动—融合理论、两业联动发展的三维设计与组合选择理论、两业联动四阶段发展动态特征识别理论、两业联动在六个方面的创新升级理论与途径。

一 两业联动发展模式的一套顶层设计理论

（一）从集成场视角认识两业联动的理论渊源

（1）集成体现了人们在两业联动中的主动优化意识和创新过程。世界由物质构成的。从微观分析，物质是由分子、原子和离子等构成，不同的共价键、离子键等键的连接形成了不同种类的物质。物质微观分析提供了分布世界的物质结构、功能和运动方式。分解便于认识世界物质系统内部结构。科学研究中，有许多过程就是分解物质的研究过程。而集成则是与物质分解的相反过程，是综合、整合形成新事物的过程，在综合、整合相关物质形成新的事物过程中，为了便于认识世界事物的合成规律，更好地刻画集成事物在时空的合成运动规律，这就形成了集成场视角。

（2）集成场视角提供了分析人工集成过程的主要范畴和优化途径。集成场从宏观分析人工物质集成运动。集成作为物质分解的反过程，集成场将体现人们分析意识的合成场元（素）概括为认识集成事物的基本单元。集成场正是从合成场元的性质、功能，以及整合、集聚、协同等来分析认识人工集成运动过程，认识合成场元受其集成力或/和集成引力在时空分布的集成运动规律。将合成场元考察作为分析研究集成过程的基本单位。设计和构建两业联动发展模式的一套顶层设计理论，正是源于合成场元机理这一集成场理论基础。

（3）集成场理论提供了关键性、相对性和系统化研讨的逻辑方法。所谓关键性是用合成场元系列，即集成体、基核、联接键、场线、场界等构建集成场理论基本范畴，来描述、分析和研究两业联动的人工集成大系统构成、运行和发展规律。集成场理论提供了合成场元各自基本范畴、相互作用机理、衔接作用范围、实现方式及过程,体现了集成系统是人工大系统。相对性体现了系统化逐步优化的过程。

以上可以表述为,体现了集成具有整体性、集成过程具有相对性等基本特征,体现了抓主要矛盾、对立统一规律、否定之否定等的集成场运作规律,提供了抓人工集成运动中的主要合成场元、分析主要矛盾的研究思想和方法。

(二)两业联动集成场的基本思想

以集成场观点研究两业联动的基本思想可以概括为以下几点。

(1)集成场视角体现人工大系统的基本思想,又具有合成场元的集成优化的指导思想,研究内容深入,方法简捷有效。一般系统论与集成场视角研究范畴的比较,可参见图12-2。

(2)抓主要矛盾、主要过程的基本思想。这方面研究在图12-2对外开放水平与交通基础设施水平对两业联动发展的作用机制中得以表达。所体现的两业联动作用机理和场线形成的运作机制过程,形成了三条主要的全程场线,即①区域产业范围"物流集成体→物流基核→制造基核→制造集成体",②全国联动范围"物流集成体→物流基核或国际陆港→国内物流通道→制造基核→制造集成体",③全球联动范围"物流集成体→物流基核→国际陆港→国际海港→国际物流通道→国内物流通道→制造基核→制造集成体"等实现两业联动发展的集成物流服务场线全过程,分别体现了区域、全国和全球两业联动发展过程中的主要考察因素。

(三)两业联动顶层设计的基本观点提炼

集成场视角进行顶层设计的特点是构建了全局视野,突出集成体作为主动性合成场元的地位和作用,紧紧抓住了集成运动中的主要矛盾方面及其关键关节、关键要素。突出集成体在集成运动中的规律研究,这是目前其他量化模型所缺少的内容。

(1)集成体是物流集成优化、两链融合策略及方案的设计者、实施者和利益分享者。

(2)从"最后一公里"配送到"最后一米"的准时送料是制造工位对接的必要条件。两业联动物流不仅要追求"最后一公里"服务的质量和效率,而且要追求最后一米的准时配送绩效。

(3)集成是主动优化,是通过集成体及其互相合作、相互促进实现的。

(4)物流链是以物流服务为主线,以物流集成体主导的同业系统化组织形式。物流链不同于供应链的是,它不是孤立的链,需要融于供应链才能实现其价值。物流链从单一功能向多功能集成发展，与制造供应链对接、融合起来，成为支持两业联动发展的全球供应链。不同物流企业依据其两业联动发展战略目标选择其发展线路轨迹。

表 12-1　　　　　　　　两业联动顶层设计的主要观点

主要观点	内容要点	可应用领域	备注
两业联动顶层设计是关键	要有全局视野，紧抓两业联动关键要素和主要矛盾，促成优化方案形成	两链对接、互动和融合过程	①
物流链是物流业组织化的一种形式	物流链是以物流集成体主导的，由集成物流商、物流功能商和物流资源商等所形成的一种物流业组织化形式	同业组织化过程；与供应链对接过程	②
基核是促进物流业组织化的一种平台	基核的场源形成集成引力促使物流企业及其他相关企业集聚，形成针对自身客户的场线运作过程（组织化过程）	大中企业、中小企业、小微企业分别围绕基核的组织化过程	③
物流联盟是物流业组织化的另一种平台组织形式	物流联盟中的物流企业可以共享物流中心等资源，并可由其接受业务的企业组织物流服务过程	中小同业组织化过程；作为集成体的相对性	④
从点、线物流走向网—链物流是物流业转型升级的基本形式	点、线体现了功能物流服务，网—链体现了集成物流服务，是以专业化、信息化为基础的网络化、集成化的具体形式	物流业转型升级的长期发展过程	⑤

注：①参见第十一章第四节；②参见第五章第二节；③参见第四章第二节；④参见第四章第四节；⑤参见第五章第五节。

二　联动集成体主导两链切入—互动—融合理论

两业联动集成场开拓了物流集成体与制造集成体在两链切入—互动—融合过程的机理实证分析。

（一）切入机理：两业联动的物流链切入供应链的集成体间两种关系

由于物流集成体所主导的物流链与制造集成体主导制造供应链各自在市场中的地位不同，物流链的形成、运营和发展需要制造供应链提供的市场需求，而且这种市场需求的性质、规模和稳定性对物流链有重要的影响，所以，在两业联动的初始阶段，物流链要主动导入制造供应链过程。

（1）物流集成体主导物流链主动切入供应链机理。物流集成体主导物流链形成，并根据客户需求性质、规模和要求，主动切入制造供应链过程；

制造集成体采用选择物流服务供应商方式接纳物流链的服务。这一过程对于供应链管理而言是通过招标、投标过程完善的，体现了专业化物流与专业化制造核心业务的对接。

（2）物流集成体学习供应链物流知识切入机理。不同制造供应链有其工艺、技术和产品特征，有其最佳的两业联动衔接点和衔接时刻，因此，物流集成体应当学习、熟悉制造供应链物流的需求、特征和对接知识体系，提升两业联动对接的质量、效率和降低成本。

（二）互动机理：两链从主动切入到彼此适应、共享利益和逐步融合机制

物流业企业数量很多，为制造业根据其市场需求进行物流服务供应商的选择奠定了很好的基础条件。而制造业给物流业的高端发展提供了市场，是使物流业从点、线物流到网—链物流运营方面得到提升的业务来源。理论上，制造业与物流业是相互促进、相互作用的关系。但实际上，物流业已经成为促进制造业发展的格兰杰因素，而制造业还没有成为物流业发展的格兰杰因素。[①] 除了物流业对各个产业提供服务，制造业特别是高端制造业还没有充分地释放非核心业务外包事务。

（1）物流业中的第三方物流是制造业降低物流成本的一项重要选择。这种选择的深入和持续要求第三方物流实现从物流功能实现者到供应链物流方案设计与管理者的转变。

（2）在供应链物流方案设计中体现集成物流思想，在集成物流运作中发挥主动优化作用，提高物流服务质量、效率，降低成本。

（3）在构建专业化长期关系时，有利于降低物流业务交易成本。

（4）实证验证了制造业与物流业的相互促进关系，且制度交易效率和技术交易效率影响制造业与物流业的联动关系。因此，要通过提高对外开放水平和交通基础设施水平促进两业联动发展。

（三）融合机理：业务从剥离到外包，集成体从伙伴、联盟到参股—控股关系

两业联动是通过产业组织化即专业化基础上的协作实现的。制造业集中于自身的核心业务，物流业按照专业化、信息化、网络和集成化的发展

---

① 郭淑娟、董千里：《基于制造业与物流业联动发展的合作模式研究》，《物流技术》2010年第13期。

要求，两业在这种产业组织化——物流链与制造供应链基础上的合作，具体体现为制造企业将物流业务剥离，再交给第三方物流企业完成。而合作得深，才能从长远的角度重新设计供应链物流流程，即进行流程再造。至此，长期合作者形成唇齿相依利益关系。

（1）供应链物流专业运作的合作伙伴，市场经济机制上的竞合关系。制造企业从剥离非核心业务，将企业物流作为非核心业务从企业剥离，以体现其核心业务与功能；将物流业务打包交给专业的第三方物流集成商去运作，可以获得更专业、质量更高、效率更好、成本更低的集成物流服务。

（2）制造集成体与物流集成体存在博弈、竞合关系。制造业与物流业之间存在相互促进的关系，但是制造业与物流业是否能够实现融合，且制造业与物流业融合的模式如何进行选择，影响着制造业与物流业的发展。因此，需要研究物流集成体主导的物流链切入制造集成体主导的供应链的条件及其切入方式。运用非合作博弈理论提出当制造集成体和物流集成体的收益同时满足式（6-5）、式（6-6）、式（6-7）、式（6-8）所列出的条件时，制造集成体与物流集成体会做出合作的策略选择，则制造业与物流业产生联动关系。运用合作博弈理论分析提出当制造集成体和物流集成体关于合作年限的收益函数确定，以及制造集成体与物流集成体合作后关于合作年限的收益函数确定后，通过求解模型（6-13）取得两业联动的最佳合作年限，以及各自的最佳总体收益。一些大型企业集团，在稳定发展的制造供应链行业可以将外包满意的集成物流商用参股、控股等方式稳定集成体之间的关系，如陕汽集团与通汇物流、美的集团与安得物流等的关系。

三 两业联动发展的三维设计与组合选择理论

两业联动发展模式用集成体、基核和联接键三维因素刻画。这三维是集成场的三类重要的合成场元，也是识别两业联动发展模式的依据。可以通过三维不同关系组合方式形成适用的两业联动发展模式。发展模式中的集成体双方合作的程度越深越广，联接键衔接关系越稳定，两业联动发展的创新空间越大，两链价值共享的空间也越大。

（1）两业联动发展模式的主要合成场元可以有多种类型。其中，集成体主要分为物流集成体和制造集成体，分别主导物流链和制造供应链。基核分为物流基核和制造基核，分别承载物流集成引力的场源和制造集成引力的场源。联接键分为基础类、服务类和综合类，分别针对物流信息、物流资源、物流技术的联接键,物流功能和集成物流服务的功能与过程的联接键,以及基础类与服务类集成的组合型联接键。

(2) 两业联动发展模式可以是三维不同类型集成体关系、基核间关系和联接键的设计和选择。理论上分析两业联动发展模式存在三维识别因素排列组合关系,在实践中存在典型的模式结构选择,有一定的组合规律。参见图 12-3。

四 两业联动四阶段发展动态特征识别理论

两业联动发展分别处于四阶段的主要特征是导入、适应、共享和创新,也是四个阶段分别对应的关键词,直接影响到两业联动发展模式的设计和选择。掌握内在规律,可制定选择策略。

(1) 导入阶段:准确把握所欲导入的制造供应链的知识,掌握相关知识链管理能力,能够针对制造工艺精准选择物流链切入制造供应链的切入点,决定切入深度。

(2) 适应阶段:尽快适应制造供应链企业生产经营环境、市场变化和对两业联动发展的资源、技术、服务和管理等方面的要求,适应并融入制造供应链企业生产经营环境。

(3) 共享阶段:通过前两阶段达到物流链切入制造供应链满意的产出绩效,可以用场线表达系统化组织化发展水平。这是一个生产质量、效率和成本相对满意的价值共享阶段。在价值共享中,物流链要观察分析潜在的竞争对手,通过双方进一步努力,力争延长共享价值阶段。

(4) 融合阶段:可以从联接键设计和选择中体现创新意识和绩效。选择好不同类别的联接键设计和选择,从基础类、服务类和综合类的角度选择创新点,构建恰当的联接键方式,共享阶段满意绩效使之持续,可采用创新策略维持延长物流市场需要。

五 两业联动在六个方面的创新升级理论及其途径

产业新型组织化促进两业联动发展模式的提出是力图从主动的集成活动促进产业既有资源布局的格局变化,即主动优化。对物流业而言就是从点、线物流走向网—链物流,是从初级到高级的发展过程,不仅需要当今信息技术、管理理论的支持,而且需要通过两业联动促进产业组织化过程,通过产业组织化过程反过来丰富完善既有的集成场理论。

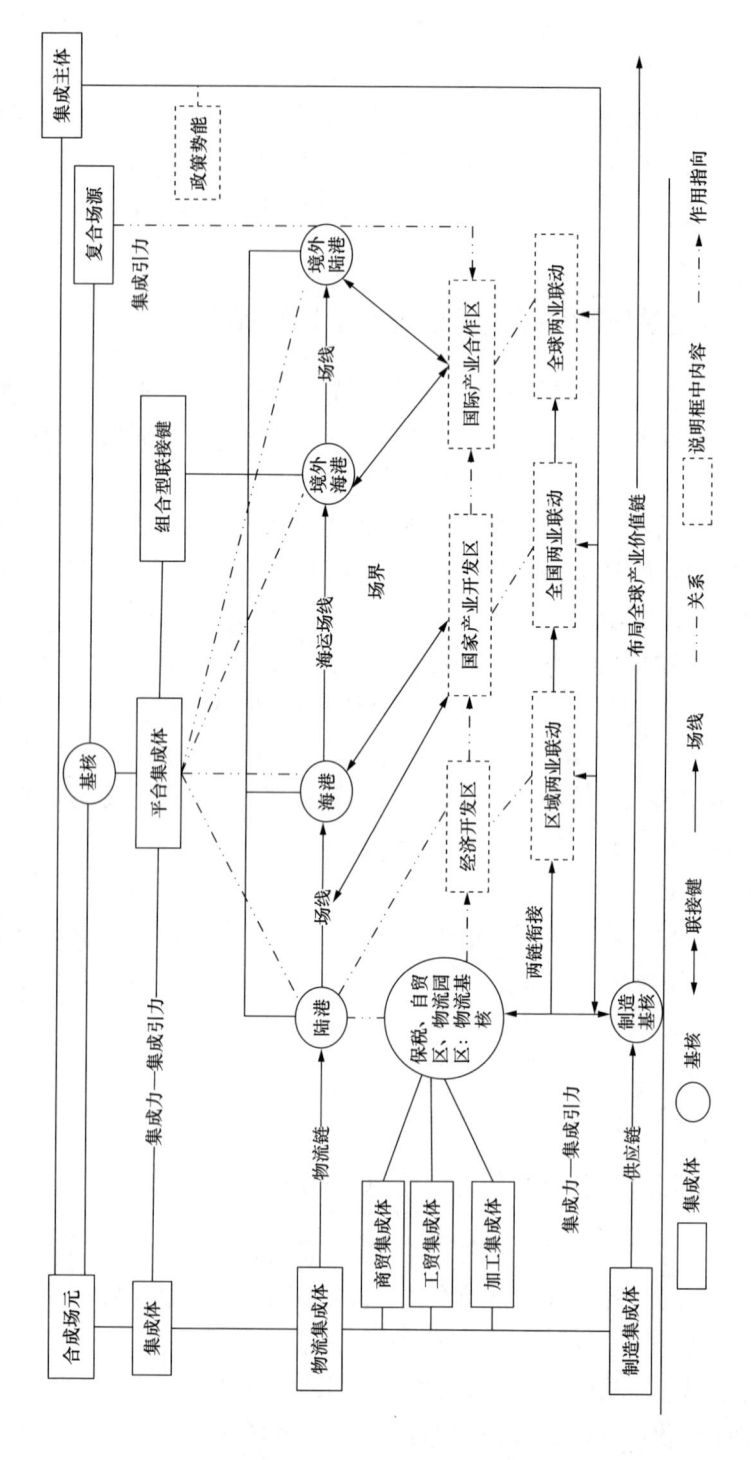

图 12-3 集成场视角两业联动发展

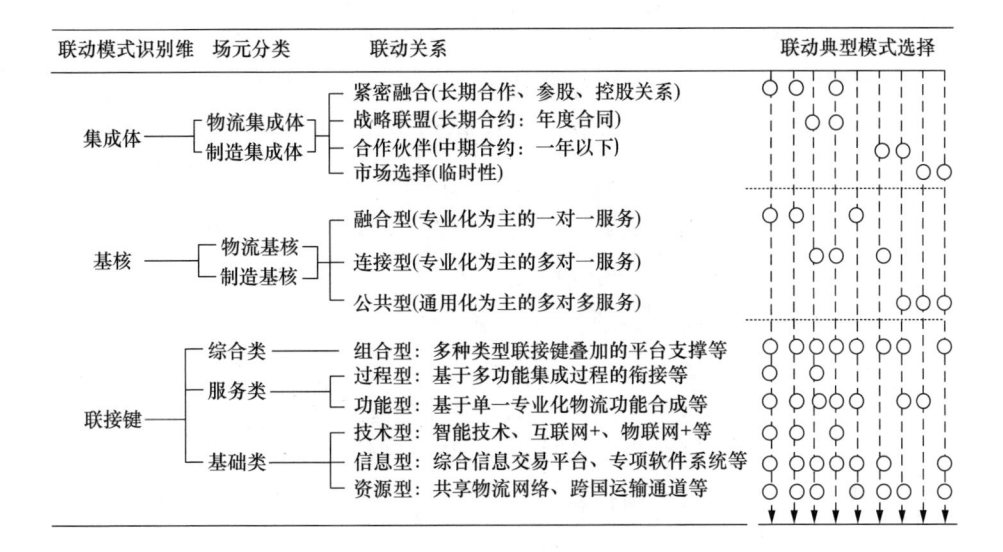

联动模式识别维	场元分类	联动关系	联动典型模式选择
集成体	物流集成体 制造集成体	紧密融合(长期合作、参股、控股关系) 战略联盟(长期合约：年度合同) 合作伙伴(中期合约：一年以下) 市场选择(临时性)	
基核	物流基核 制造基核	融合型(专业化为主的一对一服务) 连接型(专业化为主的多对一服务) 公共型(通用化为主的多对多服务)	
联接键	综合类 服务类 基础类	组合型：多种类型联接键叠加的平台支撑等 过程型：基于多功能集成过程的衔接等 功能型：基于单一专业化物流功能合成等 技术型：智能技术、互联网+、物联网+等 信息型：综合信息交易平台、专项软件系统等 资源型：共享物流网络、跨国运输通道等	

图 12-4 典型两业联动发展模式

（一）集成体主导物流组织化、系统化的形式——物流链

由物流集成体主导的物流链是物流组织化、系统化的基本形式。物流集成体是实现物流链组织化运作的组织者、推动者，物流链是物流业组织化的一种具体形式。

（二）物流业基核组织化形式——在网络或联盟基础上形成物流链

在物流网网络基础上由相对物流集成体主导的物流链形成的物流组织化形式。依托基核集聚、依托网络联系形成的网，是物流集成体组织物流链的基础，形成了基于网络的物流组织。具体体现为物流基核周边的物流企业集聚，以及在基核与基核之间所体现的物流企业联系，在（相对的）物流集成体作用下形成的物流链过程。

由于基核的场源集成引力作用，形成物流企业集聚，缩小了物流业选择的空间范围，节约了时间，降低了交易成本。

（三）两业联动发展模式揭示了联动创新的原动力机制

两业联动的固有平衡如何打破？谁来打破平衡？在两业联动过程中，物流集成体往往是相对较弱一方的集成体，因此，需要掌握两业联动知识链，以主动方式切入供应链。但一般的第三方物流服务商的服务具有同质化特征，采用反常规的切入方式往往更容易奏效。这就是进行联接键类型选择和创新设计。

（四）两业联动发展模式揭示了差异化转移的创新设计途径

当集成物流商在一个制造供应链中的业务成功时，可以转移到相近产品的制造供应链。例如，上海轿车成品车物流链成功地从物流信息系统方面导入，实现物流链与供应链对接，经过适当创新设计，就有可能成功地以相近的方式从重型卡车供应链的进厂物流导入，形成基于转移技术的导入战略。

（五）两业联动发展模式揭示了集成体关系形成、适应和稳定的技术创新机制

怎样切入、怎样维持集成体间及其业务间的适应、稳定关系，可以从基础类、服务类或是综合类的联接键寻求技术创新、组织创新，铸就两业联动最佳切入方式，以不断创新稳定竞合关系。而这一问题的实现，揭示了产业转型升级的原因和创新机制。

（六）两业联动的物流组织化创新的实现手段或途径

（1）从共享资源关系类型走向建立稳定关系结构，这种稳定关系结构就是不同服务类型的联接键。联接键可以分为基础类、服务类和综合类。比较典型的是在信息共享、资源共享、技术共享方面构建的联接键，功能服务关系、集成服务关系是通过满足客户供应链物流需求构建长期关系的联接键，将资源共享和服务提供结合起来的是组合型联接键。

（2）从稳定物流资源、物流服务关系走向共赢利益经济机制。稳定才能深化合作，并为进一步主动优化创造前提条件。

（3）从单一功能到多功能联接键形成，从数量集成到质量集成的综合集成服务的联接键关系，是产业转型升级的一种具体做法。例如，从业务功能到管理功能，实现大优化中的精益求精优化。

（4）物流业从物流集成促进物流链形成，进一步通过两链互动走向两链融合，是产业进步的一种形式。

第三节　研究成果在两业联动中的应用

主要体现在两业联动发展模式的关系设计、策略选择、实施应用和发展仿真制订与贯彻实践。

一 两业联动发展模式设计思想

两业联动发展模式研究成果可以概括为：一套两业联动顶层设计理论；两业联动通过两链切入互动融合实现理论；三维联动发展模式理论；四阶段联动发展策略；综合"三维+场线"协同创新设计理论。可以根据需要进行选择应用。

二 两业联动发展实践方针策略

实践中可以按照实际情况按步骤制定选择基于集成场的两业联动策略并进行组织实施。其方针策略可从三维空间寻求策略制定。

（1）集成体在两业联动过程中的竞合策略。制造业与物流业之间存在相互促进的关系，而制造集成体和物流集成体影响着制造业与物流业的融合及其融合模式的选择，即集成体的竞合关系影响两业联动发展模式。诸如，两业联动从导入到融合的集成体关系、条件，以及集成体的竞合策略选择。

（2）基核分为专用型物流基核与公共型物流基核，以此构建两业联动物流网络体系。不同基核间关系是供应链衔接中的关键因素，与物流集成体主导对接的业务规模、能力有密切关系，不同规模的物流集成体与制造集成体在主观认识和客观资源把握方面是有明确差异的。根据企业规模的不同，其所做出的决策也存在差异。

（3）联接键按照资源、信息、技术、功能和组合型进行详细选择和构建。两业联动的导入阶段以信息型联接键为主，适应阶段以资源型和技术型联接键为主，融合阶段需要建设组合型联接键。

三 两业联动发展策略制定的途径

（一）提高交易效率促进分工，促进物流业发展

物流业非线性促进制造业发展，制造业非线性促进物流业的发展，同时，制度和技术交易效率对物流业促进制造业发展具有非线性调节作用。实施两业联动发展的微观经济主体是集成物流服务商。物流业非线性地实现结构变迁，对制造业的促进作用也呈现非线性特征。当交易效率较低时，委托贸易模式是分工均衡，物流业市场分工水平低，物流信息处理等较为复杂的物流业务被双方企业自营，物流和制造业的生产效率均较低；随着

交易效率的提高，集成物流服务商会从企业分工中出现，协调贸易模式成为分工均衡，集成物流业务的专业化经营促进了物流生产效率的提高，同时也促进制造业的发展。随着交易效率的提高，物流服务市场规模的扩大会促使企业有更多的意愿采用更加高效的生产过程，专业化、迂回生产和中间产品种类数就成为物流服务生产过程中必然采用的生产方式，物流业生产技术和效率会得到提高。

为了降低市场交易费用，提高交易效率，企业自然会选择进一步释放物流需求，促进物流业发展。从制造业对物流业的供给层面来看，制造业为物流业提供的交通运输设备、通信设备、计算机及其他电子设备对物流业有着显著的动态促进作用，为结合具体经济环境，制定合理的政策和发展战略，提供了重要依据。

（二）提高技术交易效率，促进两业联动发展模式的发展

如果技术交易效率较低，随着联合交易效率的逐步提高，物流业会逐步地实现从功能型物流服务商到集成型物流服务商的物流业形态变迁；如果技术交易效率较高，随着联合交易效率的提高，物流业的形态变迁过程会跨越较低效率的由功能型物流服务商组成的委托贸易模式，直接跳跃至由集成物流服务商组成的协调贸易模式。技术交易效率会对分工结构有所影响，但技术交易效率作用的发挥是以制度交易效率的发展为前提的。当制度交易效率较低时，技术交易效率对物流业形态变迁将不会起作用。

（三）物流业在制造业基地周边建立相对稳定的物流服务基地

集成物流服务商在制造业基地周边选址建立相对稳定的物流服务基地，形成稳定的两业联动发展的基核关系；在工业园、经开区等园区规划中预留物流业作业基地，引进集成服务商，或剥离出能独立承担物流功能的集成服务供应商，其基核与制造供应链形成融合型、连接型基核关系。这是具有一定规模的制造企业剥离其非核心物流业务，引入并形成专业化的物流链切入制造供应链过程，是实现集成物流服务的关键。

（四）在跨区、过境基核及企业间完善信息、技术、制度等联接键建设

专业性强并掌握一定专有资源的物流集成体，可以伴随物流链开展知识链管理，获得制造供应链的认可，与制造集成体建立相对稳定的战略联盟、紧密融合关系。

四 两业联动发展政策制定的思路

(一)提高制度交易效率,实现分工经济

当制度交易效率较低时,无论技术交易效率高低与否,分工经济都不会展开,自给自足是经济的均衡状态,可见制度交易效率在分工经济中的重要作用;只有当制度交易效率高于某一临界值时,分工经济才有可能实现。制度交易效率对经济分工的发展发挥着决定性的作用,而且随着制度交易效率的提高,分工结构跳跃性地发展,物流形态非线性地变迁,对于深刻认识物流业对制造业的促进作用,制定阶段适应性的发展战略与政策有重要的现实作用。[①]

(二)适度的贸易开放和国际投资开放程度,促进物流业发展和制造业生产效率

以贸易开放程度作为门槛,物流业发展与制造业生产效率表现为显著的倒"U"形关系;国际投资开放程度作为门槛,二者表现出显著的逐步减弱关系。[②]

(三)提高物流专业化水平,注重物流基核与制造基核的连接

进行国内制造产业西移的跨区产业布局时,需注意实现物流基核与制造基核的无缝对接、精准衔接和全程监控的供应链物流管理服务,提高物流园区公共型基核物流的专业化服务水平。这是提高供应链物流服务质量和效率、共享土地资源的重要途径。

(四)构建跨区、过境的基核网络,改善国际物流通道的物流量

物流园区、陆港、海港等基核可通过联接键形成跨区、过境的基核网络,以改善国际物流通道的物通量对称平衡水平。确立中国地理中心的西安陆港为内陆型国际中转枢纽港,以公路、铁路、航空物流功能联接键建设集聚跨区、过境物流业务量。畅通西部物流向海港出境通道,将其与国家向西开放的丝绸之路经济带建设结合起来,促进制造业产品向西开发市场,打通向中亚、欧洲市场的西向陆港通道,形成横贯东西南北的基核网络。

[①] 申亮:《制造业与物流业联动发展的经济机理及影响因素研究》,博士学位论文,长安大学,2015年。

[②] 同上。

（五）强化跨区运输及物流市场环境建设

运输及物流市场环境，对两业联动过程衔接的最后一公里服务有关键影响。目前国内干线运输和配送业务占工商企业外包物流业务种类的86.7%，其中所涉及的跨区运输及物流市场环境对两业联动发展有极为重要的影响。对异地集成体物流过程滥罚款、滥扣车货是基核间联接键建设的最大障碍，必须杜绝。

五　促进两业联动协调发展的策略

在"一带一路"倡议背景下，两业联动协调发展的策略可以从以下几方面进行考虑。

（一）两业联动协调发展的对策

（1）加强政策引导，完善行业及其联动标准体系，推动车辆、仓库、车间等两业协同运作相关标准的推广。以陕西为例，两业联动发展不仅需要制造业和物流业的共同努力，还离不开政府的支持和产学研的推进作用。政府可以提供优惠政策完善物流基础设施，通过政策引导制造业和物流业联动发展，拓宽两业联动发展通道。通过科研院所与企业的产学研互动机制，为陕西两业联动创新发展出谋划策，提供技术上支持。同时完善行业标准体系，增强两业联动发展的衔接性。

（2）针对制造业集群布局进行公共型物流基地，支持两业协同发展的基地建设。虽然陕西物流业促进了制造业发展，但物流基础设施尚未跟上制造业发展速度，不能提供相应的物流服务。不仅需要物流企业的发展，还需要政府的支持。政府应当加大物流基础设施的投资力度，提供物流服务的信息平台，强化国际港务区、物流园区、物流中心职能，为构建陆港、物流园区、自贸区等做好准备和规划工作。

（3）构建、完善国际物流综合运输体系，提供空港、陆港、陆桥、海港等一体化物流服务支撑体系。提高内陆地区多式联运的便利性，加强衔接性，有效提高物流运作效率，推动经济发展。

（二）发挥集成体两业联动积极作用

加强两业联动发展中集成体的战略合作关系，强化基核和联接键建设和应用，形成良好的两业联动发展关系。可以重点从以下几个方面考虑：

（1）从物流集成体视角出发，针对制造业供应链过程特征，认真进行两业联动具体框架的顶层设计。应当支持和发挥物流集成体推动物流业组织化过程，根据制造业需要整合物流资源，形成物流链，进行物流网络与供应链深度对接。制造企业应当提高物流外包的意识，着力发展核心技术，提高市场竞争力，从而达到共同促进陕西经济繁荣的目的。

（2）在合作中细化两业联动发展的战略、业务合作模式。以陕西为例，通过分析发现，两业集成体间紧密融合型关系仅占 7.84%，两业基核间融合型关系仅占 6.86%，说明陕西两业联动发展合作关系较为脆弱，容易断裂。对此，物流业应当提高服务质量，加强与制造业联接键的建设。经济开发区应有两业联动物流基地项目布局，形成基核间功能服务深度对接；制造业也应当积极主动与物流业合作，形成共享物流基核，这样有利于物流集成体进行一体化物流运作，提供更优质的物流服务，实现更高意义层面上的共赢。

（3）强化两业联动的联接键建设和应用，提高两业联动组织化发展的质量水平。以陕西为例，通过对两业联动间联接键分析发现，信息型、功能型和资源型联接键所占比例都在 85% 以上，而过程型联接键仅占 35% 左右，说明两业联动的联接键质量水平还有待提升。两业在信息和技术方面的联接不只是表面的信息和技术的联接，应该深入制造业的内部，甚至工艺流程和管理层面，真正做到从根本上提高物流效率，降低物流成本，形成一体化的供应链物流服务。

两业联动发展模式研究的顶层设计理论、主要研究成果为两业联动中的实践奠定了理论基础，并为两业联动发展策略制定及其途径、政策制定的思路以及促进两业联动发展的策略等方面指明了方向。

附　　录

附录1　课题组实地调研的企业名单

附表1-1　　　　　　　　物流企业名单

序号	物流企业名单	序号	物流企业名单
1	陕西通汇汽车物流有限公司	17	招商局物流集团有限公司
2	新飞专运公司	18	陕西煤炭运销（集团）公司
3	新乡市新运有限公司	19	陕西煤业物资公司
4	陕西速必达冷链公司	20	陕西红光钢铁物流公司
5	延安利源物流公司	21	中铁集装箱公司西安分公司
6	中都物流有限公司	22	银川新百现代物流公司
7	宝鸡市华誉物流有限责任公司	23	陕西天润金属物流有限公司
8	神木县益辰仓储物流贸易市场有限公司	24	西部机场集团航空地勤（西安）有限公司
9	陕西贝斯特物流有限公司	25	陕西大件汽车运输有限责任公司
10	陕西康龙快运有限责任公司	26	陕西省商业储运总公司
11	咸阳兴源汽车运输有限公司	27	陕西东岭物资有限责任公司
12	陕西易通国际货运有限公司	28	天津新港
13	江苏方洋物流有限公司	29	钦州保税港区
14	连云港港口集团	30	中马产业园区
15	西安亚欧物流中心	31	中国航空工业供销西北有限公司
16	深圳盐田港		

附表 1-2　　　　　　　　　　制造企业名单

序号	制造企业名单	序号	制造企业名单
1	西安陕鼓动力股份有限公司	15	中国中铁宝桥集团有限公司
2	新飞电器集团	16	江淮汽车有限公司
3	北汽集团北京分公司	17	西安比亚迪股份有限公司
4	陕西钢铁集团有限公司	18	西安西电变压器有限责任公司
5	西安飞机国际航空制造股份有限公司	19	秦川机床集团有限公司
6	宝鸡机床集团	20	中核集团西安核设备有限公司
7	宝鸡石油机械有限责任公司	21	陕西通力专用汽车有限责任公司
8	陕西重型汽车有限公司	22	陕西陕北乾元能源化工有限公司
9	西安银桥乳业集团	23	陕西通家汽车股份有限公司
10	青岛啤酒榆林有限责任公司	24	榆林华宝特种玻璃工业有限公司
11	西安杨森制药有限公司	25	榆林榆电冶炼有限公司
12	神木县富瑞康环保设备有限公司	26	陕西法士特齿轮有限责任公司
13	中交西安筑路机械有限公司	27	陕西延长石油（集团）有限责任公司
14	互助青稞酒集团		

附录2 有效回收调查问卷的企业名单

附表 2-1　　物流企业名单

序号	物流企业名单	序号	物流企业名单
1	延安利源物流有限公司	19	陕西安康惠达物流有限公司
2	陕西东岭现代物流有限公司	20	开封市交通实业有限公司
3	新港仓储物流有限公司	21	兰州高原夏莱集团
4	陕西省物流集团能源有限公司	22	陕西红光钢铁物流有限责任公司
5	陕西源利国际实业有限公司	23	中储发展股份有限公司咸阳物流中心
6	西安蒙榆货运有限公司	24	陕西宏通实业有限公司
7	陕西润海物流有限公司	25	陕西煤业化工物资集团公司
8	陕西商山物流有限公司	26	陕西恒顺物流有限责任公司
9	中储东兴分公司	27	中储发展股份有限公司西安分公司
10	陕西天润金属物流有限公司	28	江苏金驹物流投资有限公司
11	陕西大件汽车运输有限责任公司	29	青运集团凯达公司
12	西部机场集团航空地勤（西安）有限公司	30	湖南广湘物流有限公司
13	西安乾龙物流有限公司	31	全峰快递
14	招商局物流集团西安有限公司	32	盛虹石化港口储运
15	陕西易通国际货运有限公司	33	江苏万发国际物流园
16	神木县益辰仓储物流贸易市场有限公司	34	江苏澳翔物流
17	中铁物资集团西北有限公司	35	中信物流飞驰有限公司
18	安康市九州物流有限责任公司	36	西安力通冷藏

续表

序号	物流企业名单	序号	物流企业名单
37	陕西西北金属物流	59	中国铁路物资西安有限公司
38	陕西广迪物流	60	镇江宝华物流有限公司
39	中储股份咸阳物流中心	61	建华物流
40	榆林恒泰运输集团	62	榆林聚能物流有限责任公司
41	陕西速必达冷链物流有限责任公司	63	宝鸡市顺风物流有限责任公司
42	陕西省水电物资总公司	64	西安卓昊物流有限公司
43	陕西澄城弘方物流有限公司	65	陕西煤炭交易中心有限公司
44	陕西通汇汽车物流有限公司	66	陕西中邮物流有限责任公司
45	洋县弘畅物流公司	67	南通港口集团有限公司
46	华中快运公司	68	日本通运西安有限公司
47	陕西朝阳物流公司	69	荣成物流
48	咸阳兴源物流有限公司	70	深圳中远物流有限公司
49	陕西西部物流有限公司	71	招商局物流集团惠州有限公司
50	西安鑫盛物流有限公司	72	江苏方泽物流有限公司
51	陕西康龙快运有限责任公司	73	徐圩港投
52	陕西华誉物流优钢（集团）有限责任公司	74	五矿物流连云港有限公司
53	陕西东运物资有限责任公司	75	申通快递
54	陕西东运物流有限公司	76	西安蓝深货运
55	陕西贝斯特物流有限公司	77	陕西正源物流发展有限公司
56	西安国际陆港保税区物流投资建设有限公司	78	兰花物流
57	陕西鼎唐工贸有限公司	79	莱阳市交通物流有限公司
58	中铁二十局集团陕西物资有限公司	80	深国际北明全程物流有限公司

附表 2-2　　　　制造企业名单

序号	制造企业名单	序号	制造企业名单
1	西安丰力通电子有限公司	26	长城润滑油（经销商）
2	郑州宇通客车股份有限公司	27	开封市金石房地产有限公司
3	珠海方正印刷电路及发展有限公司	28	郑州安图绿科生物有限公司
4	河南省卧龙酒厂	29	郑州中原制药厂
5	郑州市勘察机械厂	30	云南昊龙实业集团有限公司
6	江苏伊云贝尔饮料股份有限公司	31	江苏鹏程化工有限公司
7	优杰精密机械（苏州）有限公司	32	金东纸业（江苏）股份有限公司
8	骅威科技股份有限公司	33	广东太古可口可乐有限公司
9	中海油乐金化工有限公司	34	陕鼓动力有限公司
10	陕西钢铁集团有限公司	35	西安标准工业股份有限公司
11	陕西东岭工贸集团股份有限公司	36	西北二棉集团有限公司
12	陕西法士特齿轮有限责任公司	37	中交西安筑路机械有限公司
13	TCL 家用电器（惠州）有限公司陕宁管理中心	38	西安飞机国际航空制造股份有限公司汉中飞机分公司
14	比亚迪汽车有限公司	39	榆林榆电冶炼有限公司
15	神木县富瑞康环保设备有限公司	40	陕西通家汽车有限公司
16	陕西通力专用汽车有限责任公司	41	陕西东岭集团
17	陕西洋县尉洋酒业供销公司	42	西安杨森制药有限公司
18	NEC 西安分公司	43	三一重工陕西三一工程设备有限公司
19	河南白鸽家电	44	郑州红峰塑胶有限公司
20	河南钻业公司	45	河南中烟工业有限责任公司
21	中国石化郑州分公司	46	陕西汽车集团有限公司
22	陕西省天然气股份有限公司	47	中利科技集团控股有限公司
23	陕西秦川机床工业集团有限公司	48	郑州市农产品研究所
24	中立科技集团控股有限公司	49	广东明阳风电产业集团有限公司
25	中国重汽集团公司	50	爱菊粮油基地

附录3 两业联动案例涉及的企业名单汇总

附表 3-1　　两业联动案例涉及的企业名单

编号	物流企业	制造企业	备注
1	中储青岛	北船重工	"一对多"案例，三个主要范畴，这里是取其典型内容
2	重庆太平洋国际物流	长安铃木	
3	福建八方通讯	福建东南汽车	
4	思锐物流	中国重汽济宁商用车	
5	长久物流	北京中都格罗唯视、一汽、重庆长安、上海通用五菱、奇瑞汽车、现代汽车、长安福特马自达等	
6	捷富凯鸿泰物流	神龙汽车	
7	中外运物流	华晨宝马	
8	江汽物流	江淮汽车	汽车物流；"一对一"案例，线型控制到中心网控制
9	上海大众物流	上海大众	汽车物流
10	中化国际	上海中化思多而特船务	
11	新杰物流	惠普	
12	格力物流	格力电器	
13	海尔物流	海尔集团	
14	招商物流	宝洁	快速消费品物流
15	中邮物流	中国邮政	
16	TNT	惠普	合并仓库，空运转公路快运，利益分享案例
17	宝供物流	宝洁	1994—2002（2016）年，重点参见《物流现代化实践》信息化五年迈了五大步案例
18	新杰物流	联想集团	
19	招商物流	埃克森美孚	
20	中邮物流	仪征活塞环	

续表

编号	物流企业	制造企业	备注
21	新杰物流	IBM	
22	中铁快运	西藏冰川 5100 矿泉水	
23	千千佳物流	可口可乐	
24	招商物流	青岛啤酒	
25	上海罗泾码头	宝钢集团	
26	昆钢物流	昆明钢铁	
27	裕丰物流	裕丰集团	
28	通汇物流	陕重汽	2005年10月至2016年，现为陕汽控集团"精益一体化物流"的总服务商；重卡物流
29	新飞专运新乡市新运物流	新飞电器	1996—2016年，从新飞专运"一对一"演变为新运物流"一对多"；家电物流
30	蓝星东大物流	蓝星东大化学工业	
31	华秦物流等	陕西比亚迪	汽车物流；"多对一"模式
32	中航国际	西飞国际	
33	宝供物流	某跨国电子企业	
34	中邮物流	某计算机制造企业	
35	一汽物流	一汽集团子公司	自有运力与承运商相结合
36	海通物流	烟台首钢电装	
37	宝鸡伟鑫安装运输	宝鸡石油公司	
38	陕大件物流	西核	大件物流；"一对多"，这里是取其典型形式
39	宝供物流	联合利华	
40	斑马大件	西核	大件物流
41	恒顺物流	西安国维淀粉	
42	红光钢铁物流	龙钢集团	钢铁物流
43	陕西大件	西安变压器	大件物流；"一对多"，这里是取其典型形式
44	阿凡提物流	零担客户群	零担物流节点网络，干线运输公共服务，以货物信息，以装卸时间换取实载率、容积率等效率指标

续表

编号	物流企业	制造企业	备注
45	京城工业物流	北重集团公司	
46	沈阳中深	新东北电气高压开关	
47	新科安达	某制造企业	快速消费品物流、吉列刀片物流等
48	山东立晨物流	临工-沃尔沃	
49	安吉物流	上海通用子公司等	2000—2016年，自有运力与承运商相结合；多式联运（或联合运输）成品车物流网络布局；汽车（整车）物流市场份额最大的物流服务商，有过合资等经历
50	芜湖长久物流	奇瑞汽车	汽车物流
51	沈阳中深	特变电工沈阳变压器	
52	宝供物流	飞利浦	
53	风神物流	东风日产	汽车物流
54	浙江中捷环洲物流	玉环普天单向器	
55	福州港务集团	福建三钢闽光	
56	安得物流	美的电器	2000年1月至2012年5月，最初美的控股70%
57	中海物流	K商用科技	
58	中外运久凌储运	联想集团	
59	宇石物流	巨石集团	
60	淮矿物流	舜立机械	
61	上海欧阳豪杰	江苏万林	
62	上海华谊天原化工物流	拜耳材料科技（中国）	
63	福建万集物流	福建顶津食品	
64	海隆物流	淮阴大地绿色食品	
65	安吉天地	三大汽车集团：上汽、一汽、东风；六大汽车制造商：广汽集团、重庆长安、安徽奇瑞、沈阳华晨、南汽集团、北汽集团	2002年6月12日至（2006）2008年，中外各出资50%组建的国内首家汽车物流合资企业，提供入厂、整车、配送和物流总包服务

续表

编号	物流企业	制造企业	备注
66	安泰达物流	科龙、小天鹅、惠而浦（Whirlpool）、夏普（SHARP）、伊莱克斯（Electrolux）、海信、万和等	2005年至今；在全国近40个城市设有分公司、办事处，管理运作着全国各地定制的综合物流集成商的服务
67	赤湾东方	可口可乐	
68	中铁物流	上海比亚迪	汽车物流
69	亚洲德科供应链	雷士照明	
70	宝供物流	卡夫食品哈雷摩托车	快速消费品物流
71	威时沛运	雅芳日用	
72	凯通物流	华为通讯	
73	易流GPS	玖龙纸业	
74	朗华供应链	松下电器	
75	虎门港国际集装箱	汤姆森电子、伟易达科技	
76	捷富凯鸿泰	东风富士汤姆森	
77	乾泰恒物流	迈瑞电子	
78	淮矿物流	申特钢铁	
79	顺邦物流	河北敬业集团	
80	八达物流	杭钢集团	
81	飞力达物流	仁宝电子	
82	苏州得尔达国际物流	S公司	
83	新杰物流	3M中国有限公司	
84	上海惠尔物流	上海家化	快速消费品
85	云南天马物流	云天集团	
86	福建鑫展旺物流	福建鑫展旺集团	
87	厦门市嘉晟对外贸易	泉州鸿霖制衣	
88	河南众品物流	河南众品食业	
89	长安民生住久物流	长安汽车	汽车物流
90	长运物流	齐洛瓦电器	家电物流；合作未成功的案例

续表

编号	物流企业	制造企业	备注
91	九洲物流	卡尔丹顿	
92	苏汽物流	制造业：金华盛、仁宝、金龙客车、冠军瓷砖等 零售业：中石化、壳牌、汇苏州、怡家乐等	零售业部分主要为商贸物流，形成"一对多"商贸物流网络服务
93	正佳物流	TCL	
94	华强物流	中兴通讯	
95	华夏龙供应链	百丽鞋业	
96	速必达物流	先锋电子	
97	万港物流	APP浆纸业	
98	晟通物流	格力电器	
99	盐田港集装箱	深圳比亚迪等	
100	神舟物流	清华同方	
101	华鹏飞物流	创维电子	
102	联运通物流	宇龙通信	
103	咸阳西秦运输、西安安必达物流、北京中辰物流、西安金干线物流、西安达锐运输、哈尔滨利安物流	高科建材（咸阳）管道科技有限公司	"多对一"过程①；招标物流商，形成多个物流商服务一个制造企业的供应链采购物流过程
104	中都物流有限公司	北汽集团北京分公司	汽车物流；"一对一"为主，包括零部件进厂物流的融合型基核关系和成品车物流连接型基核关系
105	长安民生物流	长安福特汽车、重庆长安汽车、长安福特马自达、南京长安汽车、成都宝钢西部贸易、长安铃木、沃尔沃、北方奔驰等客户	汽车物流；"一对多"，8个物流基地，10个铁路中转站，3个水路中转站

---

① 安吉物流通过内引外联，与TNT物流、上港集团、日本邮船、华伦威逊等国内外物流巨头进行了全方位合作。

续表

编号	物流企业	制造企业	备注
106	风神物流有限公司下设 7 家分（子）公司：襄阳风神物流有限公司、郑州风神物流有限公司、广州东铁汽车物流有限公司、武汉风神科创物流有限公司、广州飞梭云供应链有限公司（原广州风神快运有限公司）、大连风神物流有限公司、风神物流有限公司成都分公司	东风日产、神龙汽车、东风乘用车、郑州日产、东风裕隆、东风雷诺等1000余家企业	2002年9月，总部位于广州市花都区，目前拥有广州、北京、上海、武汉、郑州、济南、重庆、襄阳8大中心，仓储面积100万平方米，物流运输设备1000余台（套），员工7000余人
107	ENC	西安三星公司	2013年11月—2014年，174架次国际货运包机一期设备运输
108	施多特（Stute）公司	KHD 公司	汽车物流；为客户设计物流服务项目，设计基核功能、区位、业务运作方式
109	中铁特货物流	汽车制造公司	商品汽车物流；延伸货运站至制造厂，构建融合型基核关系
110	TNT 澳大利亚公司	Comet 公司、Kwikasair 公司、客户企业	1948—1991年，战略管理制度
111	Comet 公司	客户企业	城乡运输与城际运输对接
112	Kwikasair 公司	客户企业	市场信息、物流信息与物流服务对接
113	易通国际物流（西安）有限公司	客户企业	货运代理/物流服务、仓储/场站/物流设备
114	风电多部件异地物流及供应商	广东明阳风电产业集团有限公司	零部件与风电发电机组装的对接；大件运输物流
115	陕煤化煤炭运销集团公司	陕煤化煤矿公司	2007—2016年，跟踪煤炭物流大系统；公铁煤炭运输
116	陕煤化物资集团有限公司	陕煤化子公司等	2012年2月成立，煤化工采供物流

附录4　两业联动问卷

物流企业问卷调查表

尊敬的女士/先生：

您好！感谢您在百忙中抽出时间回答我们的问卷！

为更好地了解物流企业在两业联动中的现状、问题和解决途径，我们开展本次调查。本调查表旨在获得联动发展所需的基础数据和资料依据，我们将严格保守企业秘密，保证您填写的资料绝不外泄。衷心感谢您的大力配合！

一　公司（业户）概况

1. 公司所属A级企业级别是（在相应级别或选项上画钩）：
5A级；4A级；3A级；2A级；1A级；没有参与评级

2. 公司的员工数量：

A. 50人及以下　　　　　　　　B. 51—100人

C. 101—500人　　　　　　　　D. 501—1000人

E. 1001—2000人　　　　　　　F. 2001—3000人

G. 3000人以上

3. 公司营业点的年营业收入为：

A. 200万以下　　　　　　　　　B. 200万—300万以下

C. 300万—500万以下　　　　　D. 500万—800万以下

E. 800万—1000万以下　　　　　F. 1000万—2500万以下

G. 2500万—4000万以下　　　　H. 4000万—6000万以下

I. 6000万—1.2亿以下　　　　　J. 1.2亿—2亿以下

K. 2亿—3亿以下　　　　　　　L. 3亿—6亿以下

M. 6亿—15亿以下　　　　　　　N. 15亿及以上

4. 公司是否已经通过ISO9001：2000版质量体系认证：

A. 已经通过　　　　　　　　　　B. 正在进行

C. 1—3 年内准备进行 　　　　　　D. 近期不考虑

5. 公司从业人员受教育程度（　）（多选。可用人数或百分数任何一种形式表示）：

　　A. 小学毕业　　　　　　　　　B. 初中毕业

　　C. 高中毕业　　　　　　　　　D. 大专毕业

　　E. 本科毕业　　　　　　　　　F. 研究生毕业及以上

二　公司服务业务及服务区域

1. 公司从事的主要业务是［可多选］：

　　A. 运输【□城市内配送　□专线运输　□多式联运（□公路
　　　　　　□铁路　□内河航运　□海洋运输）　□特货运输
　　　　　　自有车辆共_____辆，占运营所需车辆的比例：
　　　　　　_____%；厢式货车_____辆，冷藏车_____辆，专
　　　　　　用罐车_____辆，叉车_____辆。其中，稳定合作车辆
　　　　　　占比：_____%；临时社会车辆占比：_____%】

　　B. 仓储【□配送中心　　□零担仓库　　□临时存储中转仓库
　　　　　　□区域分拨中心　□大型仓库租赁方
　　　　　　其中，普通货物仓库：_____ m²，立体仓库：_____
　　　　　　m²，危险货物仓库：_____ m²，冷藏库_____ m²；
　　　　　　作业方式为：□以手工作业为主　□简单机械化作业
　　　　　　□复杂机械化作业　□作业、信息自动化
　　　　　　仓库认证：□科技资产保护协会认证（TAPA）　□药品经
　　　　　　营质量管理规范认证（GSP）　□其他_____】

　　C. 配送

　　D. 流通加工

　　E. 货代（□国际货代　□国内货代）

　　F. 速递

　　G. 物流金融

　　H. 一体化物流服务

　　I. 物流地产（□提供场地　□提供第三方物流服务）

　　J. 物流与供应链咨询、设计

　　K. 其他（请注明_____）

2. 请选择公司的业务辐射范围 [可多选]：

A. 本市　　　　　　　　　　B. 本省

C. 本省及周边省区　　　　　 D. 全国

E. 跨国境

3. 公司与客户的合作主要采取哪种形式？[可多选]

A. 一次性合同（单据）　　　 B. 半年以内合同

C. 一年合同　　　　　　　　 D. 一年以上长期协议

E. 客户持有本公司股份或相互持股　F. 其他（请注明_____）

4. 公司与客户签署合同的期限一般为（可多选）：

A. 临时合同　　　　　　　　 B. 半年合同

C. 年度合同　　　　　　　　 D. 长期合同（一年以上）

5. 请列出占公司业务收入前 5 位的服务制造业名单及其占公司营业收入的比重：

客户 1：_____，比重：_____%；客户 2：_____，比重：_____%；客户 3：_____，比重：_____%；客户 4：_____，比重：_____%；客户 5：_____，比重：_____%。

6. 公司的运营网点有_____个。

A. 1—5 个　　　B. 6—10 个　　　C. 11—15 个　　　D. 16—30 个

E. 31—50 个　　F. 51—100 个　　G. 100 个以上

7. 营业点市场开拓人员数量占总人数的比例大约所在的范围是_____。

A. 5% 及以下

B. 5% 以上—10%

C. 10% 以上—20%

D. 20% 以上—30%

E. 30% 以上—40%

F. 40% 以上—50%

G. 50% 以上

8. 与公司建立有稳定合作关系的物流企业有_____个。

A. 没有　　　B. 1—2 个　　　C. 3—5 个　　　D. 6—10 个

E. 10 个以上

9. 公司的运输业务如果想实现运营，需要单程实载率达到_____，来回双程实载率达到_____。

A. 90% 以上　　B. 80% 以上　　C. 70% 以上　　D. 60% 以上

E. 50% 以上　　F. 40% 以上　　G. 30% 以上

三 公司的信息化建设情况

1. 是否已建立信息系统_____；是否已建立公司网站_____。

   A. 是　　　　　　B. 否

2. 信息系统名称是_____。

   A. TMS（运输管理系统）　　　　B. WMS（仓储管理系统）

   C. ERP（企业资源计划）　　　　D. 其他（请注明_____）

3. 目前，公司的物流信息系统中包括下列哪些模块？[可多选]

   A. 运输管理　　　　　　　　　B. 仓储管理

   C. 配送管理　　　　　　　　　D. 一体化服务管理

   E. 订单管理　　　　　　　　　F. 客户管理

   G. 其他（请注明_____）

4. 公司目前采用了下列哪些物流信息技术？[可多选]

   A. EOS 系统（电子自动订货系统）

   B. 条形码技术

   C. ASS（自动分拣系统）

   D. EDI 系统（电子数据交换系统）

   E. GPS（全球卫星定位系统）与 GIS（地理信息系统）

   F. RFID（射频识别）

   G. 其他（请注明_____）

5. 公司认为制约企业发展的问题和困难主要有哪些？[可多选]

   A. 社会对物流认识不足

   B. 缺乏土地、税收、资金等政策性的扶持措施

   C. 资金不足，融资渠道不畅　　　D. 物流专业人才缺乏

   E. 交通基础设施建设滞后　　　　F. 社会竞争环境不规范

   G. 油价波动　　　　　　　　　　H. 社会公共信息平台建设滞后

   I. 物流标准化体系不完善　　　　J. 工商企业物流需求不足

   K. 外资物流企业的进入　　　　　L. 营业税率高、收费高

   M. 社会公共信息平台建设滞后　　N. 物流标准化体系不完善

   O. 其他（请注明_____）

6. 请您根据（公司）企业运营过程中的相关情况在对应的选项下画钩（√）。

类型	相关测度指标	极不重要	不重要	中立	重要	极为重要
两业联动对物流功能（专线运输等）等的关注	贵公司所服务客户规模的大小程度	很小	小	中等	大	很大
	贵公司对服务质量的重视程度	1	2	3	4	5
	贵公司对服务成本的重视程度	1	2	3	4	5
	客户对服务质量的重视程度	1	2	3	4	5
	客户对服务成本的重视程度	1	2	3	4	5
	客户对物流速度的重视程度	1	2	3	4	5
	客户对提供综合性物流服务的重视程度	1	2	3	4	5
	对提供某项具体物流功能服务的重视程度	1	2	3	4	5
	响应客户需求变化的重视程度（服务的柔性灵活性）	1	2	3	4	5
服务深度	对一体化服务设计方案的重视程度	1	2	3	4	5
	对自身方案设计能力的估计	1	2	3	4	5
	服务客户产品生产制造环节的能力	1	2	3	4	5
	服务客户产品批发零售环节的能力	1	2	3	4	5
	服务客户原料供应环节的能力	1	2	3	4	5
	服务客户订单处理环节的能力	1	2	3	4	5
	服务客户仓储环节的能力	1	2	3	4	5
	服务客户运输环节的能力	1	2	3	4	5
	对物流业务全程监控能力的重视程度	1	2	3	4	5
	对物流业务全程监控能力的评估	1	2	3	4	5
	对产学研合作实际实施的看法	1	2	3	4	5
业务绩效改善	通过与客户合作，营业点物流服务水平的提升程度	物流服务网络扩大程度	1	2	3	4	5
		物流基础设施、设备水平提升程度	1	2	3	4	5
		物流信息化处理能力提升程度	1	2	3	4	5
		处理多环节复杂业务能力的提升程度	1	2	3	4	5
	通过与客户合作，营业点财务水平的提升程度	客户压低物流服务价格的程度	1	2	3	4	5
		客户对本营业点财务良性发展的重视程度	1	2	3	4	5
		客户帮助营业点降低物流成本的努力	1	2	3	4	5

对贵公司与制造企业之间的关系的看法（以下所说的客户指公司的主要大客户）

类型	相关测度指标	非常不同意	不同意	中立	同意	非常同意
主体单元部分合作关系	贵公司完全认同客户公司的企业文化和价值	1	2	3	4	5
	贵公司与客户的合作非常稳定	1	2	3	4	5
	贵公司完全能够满足客户的物流服务需求	1	2	3	4	5
	贵公司完全可以共享客户企业内部的物流资源	1	2	3	4	5
	贵公司与客户内部仓库能够非常好的衔接	1	2	3	4	5
	贵公司与客户内部运输车辆能够非常好的衔接	1	2	3	4	5
	贵公司与客户内部信息系统能够非常好的衔接	1	2	3	4	5
	贵公司认为客户最在意的是物流服务水平，愿意为物流服务质量的提升支付较高的物流费用	1	2	3	4	5
客体单元资源兼容部分	贵公司认为客户最在意的是物流成本，不愿意为提高物流服务质量而增加相应的物流费用	1	2	3	4	5
	与客户目前的合作方式对双方都很有利	1	2	3	4	5
	贵公司和客户都认为双方合作的稳定性非常重要	1	2	3	4	5
	贵公司承担了客户的大部分仓储业务	1	2	3	4	5
	贵公司承担了客户的大部分运输业务	1	2	3	4	5
	贵公司承担了客户的大部分配送业务	1	2	3	4	5

再次感谢您的配合！祝您幸福安康！请您留下联系方式，谢谢！

如果方便，请留下您的公司、所在部门和您的职位信息：

公司名称：_____；

所在部门：_____；

职　　位：_____。

如果您需要我们相应的研究成果，请留下您的个人信息，方便我们与您联系：

电子信箱：_____；

联系电话：_____；

姓　　名：_____。

制造企业问卷调查表（两业联动发展模式）

尊敬的女士/先生：

  您好！感谢您在百忙中抽出时间回答我们的问卷！本调查表仅为完成国家社科项目"制造业与物流业联动发展模式研究"的调查，了解制造企业的实际运营现状，研究制造业与物流业联动发展存在的问题，提出促进物流业与制造业联动发展的对策措施而提供内部基础数据之用。我们将严格保守企业秘密，保证您填写的资料绝不外泄。衷心感谢您的大力配合！

一　公司概况

1. 贵公司全称（填写）：＿＿＿＿＿＿＿＿
2. 贵公司2011年主营业务收入是＿＿＿＿＿＿＿
   - A. 500万及以下
   - B. 500万以上—1000万
   - C. 1000万以上—5000万
   - D. 5000万以上—1亿
   - E. 1亿以上—10亿
   - F. 10亿以上—50亿
   - G. 50亿以上—100亿
   - H. 100亿以上
3. 贵公司的员工数量：＿＿＿＿＿＿＿
   - A. 100人及以下
   - B. 101—500人
   - C. 501—1000人
   - D. 1001—5000人
   - E. 5001—10000人
   - F. 10000人以上
4. 贵公司是否已经通过ISO9001：2000版质量体系认证：＿＿＿＿＿
   - A. 已经通过
   - B. 正在进行
   - C. 1—3年内准备进行
   - D. 近期不考虑
5. 贵公司产品的业务辐射范围：[可多选]＿＿＿＿＿＿＿
   - A. 本市
   - B. 本省
   - C. 本省及周边省区
   - D. 全国
   - E. 跨国境
6. 请列出贵公司所属行业的类别＿＿＿＿＿＿＿
   - A. 煤炭
   - B. 钢铁
   - C. 机械
   - D. 矿建材料
   - E. 石油化工
   - F. 食品
   - G. 化肥
   - H. 农副土特产
   - I. 纺织服装
   - J. 医药
   - K. 汽车及配件
   - L. 机电设备

M. 电子产品　　　N. 家用电器　　　O. 烟草

P. 其他（请注明_____）

二　公司物流运营基本情况

1. 贵公司目前物流运作模式

A. 公司物流完全由企业自己做

B. 没有对公司物流进行过整合，将部分物流业务外包

C. 整合公司资源成立物流管理部门，将部分物流业务外包

D. 整合公司资源成立物流管理部门，将全部物流业务外包

E. 与物流企业合资组建物流公司运作物流业务

F. 其他（请注明_____）

2. 贵公司年物流费用（运输费、仓储费、包装费等之和）占销售额的比例是？

A. 10% 及以下　　B. 11%—20%　　C. 21%—30%

D. 31%—40%　　E. 41% 及以上

3. 贵公司主要原材料的物流方式是

A. 自营物流　　　　　　　　B. 供方提供

C. 第三方物流外包　　　　　D. 临时外购

4. 贵公司主要产成品的物流方式是

A. 企业自行配送

B. 企业自行配送为主，第三方物流为辅

C. 第三方物流外包

D. 其他方式（请指明_____）

5. 贵公司目前外包物流业务量占总物流业务量的比例为（　　），未来的物流外包比例目标将计划为（　　）。

A. 10% 及以下　B. 11%—20%　C. 21%—30%　D. 31%—40%

E. 41%—50%　　F. 51%—60%　G. 61%—70%

H. 71%—80%　　I. 81%—90%　J. 91%—100%

6. 贵公司目前物流运作业务外包的部分为？［可多选］（见下述选项）

未来将考虑增加哪些物流外包业务？［可多选］（见下述选项）

未来将考虑减少哪些物流外包业务？［可多选］（见下述选项）

A. 没有外包的环节　　　　　B. 干线运输

C. 配送
D. 包装与流通加工
E. 仓储
F. 货代
G. 物流信息管理
H. 物流系统设计
I. 其他（请注明_____）

三 公司物流人员及设施情况

1. 贵公司物流部门有_____人；其中，高中学历的占_____%，大专以上学历的占_____%。

2. 贵公司物流管理部门的职责是什么？［可多选］
   A. 没有物流管理部门
   B. 仓储管理
   C. 运输管理
   D. 配送管理
   E. 物流成本管理
   F. 第三方物流供应商管理
   G. 采购供应商管理
   H. 其他（请注明_____）

3. 贵公司使用仓库的总面积为_____，其中自有_____，租用_____。

4. 贵公司现有运输车辆_____辆；其中，厢式车_____辆，冷藏车_____辆，集装箱专用车_____辆，叉车_____辆。

5. 贵公司自有仓库采用什么作业方式？［可多选］
   A. 以手工作业为主
   B. 机械化作业，但信息处理用人工
   C. 机械化作业，信息处理计算机化
   D. 全自动无人作业

6. 贵公司已建有的信息系统名称是：
   A. TMS（运输管理系统）
   B. WMS（仓储管理系统）
   C. ERP（企业资源计划）
   D. CRM（客户关系管理系统）
   E. 其他（请注明_____）

7. 目前，贵公司的物流信息系统中包括下列哪些模块？［可多选］
   A. 运输管理
   B. 仓储管理
   C. 配送管理
   D. 一体化服务管理
   E. 订单处理
   F. 客户管理
   G. 其他（请注明_____）

8. 贵公司目前采用了下列哪些物流信息技术？［可多选］

A. EOS 系统（电子自动订货系统）

B. 条形码技术

C. ASS（自动分拣系统）

D. EDI 系统（电子数据交换系统）

E. GPS（全球卫星定位系统）与 GIS（地理信息系统）

F. RFID（射频识别）

G. 其他（请注明_____）

9. 贵公司对物流技术更新的要求是否强烈？

A. 非常强烈　　　B. 很强烈　　　C. 一般

D. 不强烈　　　　E. 非常不强烈

四　对物流服务商的评价

1. 贵公司目前委托的物流服务商共有几家？

A. 1 家　　　B. 2—4 家　　　C. 5—7 家　　　D. 8 家及以上

2. 贵公司选择以上物流服务商的原因为（可多选）：

A. 有关联业务往来

B. 价格低廉

C. 有覆盖全面的运输网络

D. 专业，能够提供适合公司实际情况的物流方案和相应服务

E. 服务好，物流信息及时准确

F. 车辆多，运力足够

G. 没有足够满意的可选择对象，将就着用

H. 其他

3. 贵公司目前与主要物流服务商的业务合作基于？［可多选］

A. 临时性业务　　　　　　　　B. 季度合同

C. 年度合同　　　　　　　　　D. 长期合同（一年以上）

4. 贵公司与主要物流服务商是否建立了战略联盟？

A. 是，已经建立　　　　　　　B. 没有，但正在计划中

C. 没有该项计划

5. 贵公司在选择物流服务商时，偏好选择哪种性质的物流企业？

A. 国有企业　　　　　　　　　B. 民营企业

C. 外商独资企业　　　　　　　D. 中外合资/合作企业

E. 无偏好

6. 请根据贵企业选择物流供应商所依据的标准，按重要性程度在相对应的选项上画钩（√）。

因素及程度	极不重要	不重要	一般	重要	极为重要
企业信用	1	2	3	4	5
服务价格	1	2	3	4	5
服务稳定性	1	2	3	4	5
网络是否丰富	1	2	3	4	5
服务项目是否齐全	1	2	3	4	5
响应速度	1	2	3	4	5
货损货差率	1	2	3	4	5
能否满足需求波动	1	2	3	4	5
提供业务流程重组服务	1	2	3	4	5
提供供应链优化服务	1	2	3	4	5
物流外包	1	2	3	4	5
物流企业能力	1	2	3	4	5
物流企业承诺	1	2	3	4	5
企业间信任	1	2	3	4	5
企业间控制	1	2	3	4	5

7. 贵公司希望物流服务商提供的服务内容是（可多选）：

A. 干线运输　　　　　　　　B. 仓储保管

C. 市内配送　　　　　　　　D. 数据采集等信息服务

E. 一体化物流服务　　　　　F. 供应链管理

G. 物流决策　　　　　　　　H. 物流系统再设计

I. 其他（请注明_____）

8. 根据本企业对与（客户）制造企业之间关系的看法，请对以下表述的认同程度进行回答。（请根据您认为的下列指标的重要程度画圈，从 1 至 5 表示重要性程度逐步递增。）

类型	相关测度指标	极不重要	不重要	中立	重要	极为重要
主体单元部分合作关系	本企业与制造企业（客户）在战略、价值和文化方面的认同性	1	2	3	4	5
	本企业与客户建立长期稳定关系的重要性	1	2	3	4	5
	本企业与客户企业在物流功能方面的衔接性、有效性	1	2	3	4	5
	本企业与客户企业在物流资源方面的兼容性、共享性	1	2	3	4	5
	本企业承接制造企业（客户）业务时对其功能提升的重视程度	1	2	3	4	5
	本企业承接制造企业（客户）业务时关注成本降低的程度	1	2	3	4	5
客体单元资源兼容部分	本企业与客户企业进行物流功能精准对接的重要性	1	2	3	4	5
	为客户提供设计物流服务方案能力的重要程度	1	2	3	4	5
	为客户提供运输、仓储服务需要利用其他社会资源的数量程度	1	2	3	4	5
	提供全程监控管理能力对企业完成订单的重要程度	1	2	3	4	5
	本企业对业务流程衔接性方面的重要程度的认识	1	2	3	4	5
	对企业与客户合作关系有效性方面的重要程度	1	2	3	4	5
	对企业与客户协同关系稳定性方面的重要程度	1	2	3	4	5
	对企业在资源（如土地等）在竞争排他性方面的重要程度	1	2	3	4	5

再次感谢您的配合！祝您幸福安康！请您留下联系方式，谢谢！

如果方便，请留下您的公司、所在部门和您的职位信息：

  公司名称：_____；

  所在部门：_____；

  职 位：_____。

如果您需要我们相应的研究成果，请留下您的个人信息，方便我们与您联系：

  电子信箱：_____；

  联系电话：_____；

  姓 名：_____。

参考文献

[1] 董千里：《高级物流学》，人民交通出版社2015年版。

[2] 董千里：《高级物流学》，人民交通出版社1999年版。

[3] [美]罗伯特·K. 殷：《案例研究方法的应用》，周海涛等译，重庆大学出版社2014年版。

[4] 桂起权、高策等：《规范场论的哲学探究》，科学出版社2008年版。

[5] 董千里、鄢飞：《物流集成理论及实现机制》，社会科学文献出版社2011年版。

[6] 董千里：《物流集成场：国际陆港理论与实践》，社会科学文献出版社2012年版。

[7] 董千里、董展：《制造业与物流业联动集成场的场线形成及推论研究》，《物流工程与管理》2013年第2期。

[8] 董千里：《基于集成场理论的制造业与物流业网链融合发展机理研究》，《物流技术》2013年第5期。

[9] 董千里：《基于集成场的省域制造业与物流业联动发展水平研究》，《物流技术》2013年第2期。

[10] 董展、董千里：《构建物流集成场的主体思路与基本范畴》，《物流技术》2012年第9期。

[11] 朱森第：《第三次工业革命、先进制造业、热处理技术》，《金属热处理》2014年第1期。

[12] 《中国制造业增加值在世界占比超1/5》，中国新闻网，2014年10月5日。

[13] 朱森第：《机遇已至 先进制造业将大有可为》，《中国工业报》2013年4月10日。

［14］李放、林汉川、刘扬：《全球化视角下中国先进制造模式动态演进研究——基于华为公司的案例分析》，《东北大学学报》（社会科学版）2011年第2期。

［15］李毅中：《国家统计局服务业调查中心高级统计师赵庆河解读2015年12月制造业和非制造业PMI》，《工程机械》，2015年。

［16］国家统计局：《2003—2014年国民经济和社会发展统计公报》，中国统计出版社2014年版。

［17］潘爱华：《新常态下我国制造业发展的几点思考》，《产业经济评论》2015年第2期。

［18］《2013年中国装备制造业发展报告》，《金属加工（冷加工）》2014年第10期。

［19］国家发展改革委、中国物流与采购联合会：《2016年全国物流运行情况通报》，http：//www.clic.org.cn/yw/281196.jhtml。

［20］中国物流与采购联合会、中国物流学会：《中国物流发展报告（2013—2014）》，《现代物流报》2014年5月20日。

［21］中国物流与采购联合会、中国物流学会：《中国物流发展报告（2013—2014）》，中国财富出版社2014年版。

［22］国家统计局：《2016年国民经济实现"十三五"良好开局》，http：//www.stats.gov.cn/tjsj/zxfb/201701/t20170120_1455942.html。

［23］交通运输部：《2015年交通运输行业发展统计公报》，http：//zizhan.mot.gov.cn/zfxxgk/bnssj/zhghs/201605/t20160506_2024006.html。

［24］中国物流与采购联合会：《2016年电商物流运行分析和2017年展望》，http：//www.clic.org.cn/yw/280161.jhtml。

［25］何黎明：《"新常态"下我国物流与供应链发展趋势》，《中国远洋航务》2014年第8期。

［26］何黎明：《"新常态"下我国物流与供应链发展趋势与政策展望》，《中国流通经济》2014年第8期。

［27］董千里、董展：《制造业与物流业联动发展模式的识别与应用——集成场视角的案例研究》，《物流技术》2013年第12期。

［28］王珍珍、陈功玉：《基于Logistic模型的制造业与物流业联动发展模式研究》，第十一届中国管理科学学术年会，中国四川成都，2009年。

［29］ 葛金田、刘利红、陈宁宁：《制造业与物流业联动发展的实证分析》，《物流工程与管理》2012年第1期。

［30］ 韦琦：《制造业与物流业联动关系演化与实证分析》，《中南财经政法大学学报》2011年第1期。

［31］ 苏秦、张艳：《制造业与物流业联动现状及原因探析》，《软科学》2011年第3期。

［32］ 刘娟：《物流服务业与制造业协调发展问题研究》，《中国储运》2007年第2期。

［33］ 龚鹏、阎黎：《西安制造业与物流业联动发展的现状及对策》，《物流技术》2012年第1期。

［34］ 张中强：《基于制造业视角的第三方物流外包服务揽接能力研究》，《管理世界》2012年第9期。

［35］ 吕涛、聂锐：《产业联动的内涵理论依据及表现形式》，《工业技术经济》2007年第5期。

［36］ 王自勤：《制造业与物流业联动发展内涵与理想模式研究》，《物流技术》2012年第15期。

［37］ 王佐：《制造业与物流业联动发展的本源和创新》，《中国流通经济》2009年第2期。

［38］ 李亦亮：《制造业与物流业联动发展需要澄清的认识问题》，《兰州学刊》2010年第12期。

［39］ 骆温平：《基于制造业与物流业联动分析的物流产业划分》，《企业经济》2015年第5期。

［40］ 李万青：《广西产业集群与产业集群物流联动发展研究》，《物流科技》2009年第4期。

［41］ 赵英霞：《东北地区制造业与物流业联动发展的新模式探索》，《对外经贸实务》2013年第9期。

［42］ 苏秦、张艳：《制造业与物流业联动现状分析及国际比较》，《中国软科学》2011年第5期。

［43］ Chalos, P., "Costing, Control, and Strategic Analysis in Outsourcing Decisions", *Journal of Cost Management*, 1995, 35: 31–37.

［44］ Tate, K., "The Elements of a Successful Logistics Partnership", *International Journal of Physical Distribution & Logistics Management*, 1990,

26（3）：7-13.

[45] Daugherty, P. J., Stank, T. P., Rogers, D. S.,"Third-Party Logistics Service Providers: Purchasers' Perceptions", *International Journal of Purchasing and Materials Management*, 1996, 32（1）：23-29.

[46] Trienekens, J. H.,"Views on Inter-Enter-Enterprise Relationship", http://www.citeseer.nj.nec.com.

[47] Bae, H. S.,"The Influencing Factors of Logistics Integration and Customer Service Performance for Value Creation of Port Logistics Firms", *Asian Journal of Shipping & Logistics*, 2012, 28（3）：345-368.

[48] 董千里、董展：《制造业与物流业联动集成场中的联接键形成与运行研究》，《物流技术》2013年第11期。

[49] 董千里、江志娟：《物流链——产业联动研究的理论基石》，《物流技术》2015年第3期。

[50] 田刚、李南：《中国物流业全要素生产率变动与地区差异——基于随机前沿模型的实证分析》，《系统工程》2009年第11期。

[51] 周振华：《产业融合：产业发展及经济增长的新动力》，《中国工业经济》2003年第4期。

[52] 王晓艳：《制造业与物流业联动发展的机理和模式研究》，《物流技术》2009年第7期。

[53] 黄有方、严伟：《我国制造业与物流业联动发展的趋势及建议》，《上海海事大学学报》2010年第1期。

[54] Murphy, P. R., Poist, R. F.,"Third-Party Logistics: Some User Versus Provider Perspective", *Journal of Business Logistics*, 2000, 21（1）：121-133.

[55] C. John Langley, Jr., 2014 Third-Party Logistics Study: The State of Logistics Outsorucing, Capgemini, 2013.

[56] C. John Langley, Jr., 2015 Third-Party Logistics Study: The State of Logistics Outsourcing, Capgemini, 2014.

[57] C. John Langley, Jr., 2016 Third-Party Logistics Study: The State of Logistics Outsourcing, Capgemini, 2015.

[58] C. John Langley, Jr., 2017 Third-Party Logistics Study: The State of Logistics Outsourcing, Capgemini, 2016.

[59] Leuschner, R., Carter, C. R., Goldsby, T. J., et al., "Third – Party Logistics: A Meta – Analytic Review and Investigation of its Impact on Performance", *Journal of Supply Chain Management*, 2014, 50 (1): 21 – 43.

[60] Lemoine, Dagnaes, *The Organisation of Transport Firms in Europe*, 2001.

[61] 《中华人民共和国国家标准：物流术语（GB/T 18354 – 2006）》，中国标准出版社2007年版。

[62] 齐云英、张红哲：《浅析供应链管理认识误区》，《物流科技》2008年第5期。

[63] 郭淑娟、董千里：《基于制造业与物流业联动发展的合作模式研究》，《物流技术》2010年第13期。

[64] 吴群：《制造业与物流业联动共生模式及相关对策研究》，《经济问题探索》2011年第1期。

[65] 李虹：《制造业与物流业联动发展对策分析——以辽宁省为例》，《生产力研究》2009年第10期。

[66] 王珍珍、陈功玉：《制造业与物流业联动发展的演化博弈分析》，《中国经济问题》2012年第2期。

[67] 王珍珍、陈功玉：《制造业与物流业联动发展的竞合模型研究——基于产业生态系统的视角》，《经济与管理》2009年第7期。

[68] 程永伟：《我国制造业与物流业联动发展的测度及影响研究——基于供需依赖性视角》，《中国经济问题》2013年第1期。

[69] 梁红艳、王健：《物流业与制造业的产业关联研究——基于投入产出表的比较分析》，《福建师范大学学报》（哲学社会科学版）2013年第2期。

[70] 李宝山、刘志伟：《集成管理——高科技时代的管理创新》，中国人民大学出版社1998年版。

[71] 王宗喜、徐东：《军事物流学》，清华大学出版社2002年版。

[72] 董千里：《供应链管理》，人民交通出版社2002年版。

[73] 董千里等：《供应链管理》，东北财经大学出版社2009年版。

[74] 左世全：《美国"再工业化"之路——美国"先进制造业国家战略计划"评析》，《装备制造》2012年第6期。

[75] 王喜文：《从德国工业4.0战略看未来智能制造业》，《中国信息化》

2014年第15期。

[76] 韩硕：《探索中国制造业的新未来——德国工业4.0对中国制造业发展的启示》，《中国集体经济》2015年第6期。

[77] 李怀祖：《管理研究方法论》，西安交通大学出版社2000年版。

[78] [美]罗伯特·K.殷：《案例研究方法的应用》，周海涛等译，重庆大学出版社2009年版。

[79] 董千里等：《物流现代化实践》（音像制品），人民交通出版社音像部，2002年。

[80] 全国现代物流工作部际联席会议办公室：《全国制造业与物流业联动发展示范案例精编》，中国物资出版社2011年版。

[81] 董千里：《基于"一带一路"跨境物流网络构建的产业联动发展——集成场理论的顶层设计思路》，《中国流通经济》2015年第10期。

[82] 董千里、郭尭生：《物流系统化的组织设计研究》，《汽车运输研究》1996年第2期。

[83] 董千里：《实行战略管理——市场经济体制下企业的必然选择》，《现代企业》1994年第4期。

[84] 董千里：《注重第三方物流的培育和发展》，《中国道路运输》1999年第10期。

[85] 钱学森、于景元、戴汝为：《一个科学新领域——开放的复杂巨系统及其方法论》，中国系统工程学会第六次年会，1990年。

[86] [英]道格拉斯·K.麦克贝思、尼尔·弗格森：《开发供应商伙伴关系：供应链一体化方案》，季建华等译，上海远东出版社2000年版。

[87] 竹立家：《改革需要什么样的"顶层设计"》，《人民论坛》2011年第2期。

[88] 董千里等：《陕西省制造业与物流业联动发展研究》，长安大学物流与供应链研究所，2013年。

[89] 海峰、李必强、向佐春：《管理集成论》，《中国软科学》1999年第3期。

[90] 海峰、李必强、冯艳飞：《集成论的基本范畴》，《中国软科学》2001年第1期。

[91] 吴涛、海峰、李必强：《界面和管理界面分析》，《管理科学》2003年第1期。

[92] Zhu, Q., Geng, Y., "Drivers and Barriers of Extended Supply Chain Practices for Energy Saving and Emission Reduction among Chinese Manufacturers", *Journal of Cleaner Production*, 2013, 40 (2): 6 – 12.

[93] Barson, R. J., Foster, G., Struck, T., et al., "Inter – and Intra – Organisational Barriers to Sharing Knowledge in the Extended Supply – Chain", 2000.

[94] Poirier, C. C., "Evolving to the Ultimate Level of Performance through Supply Chain Management", *National Productivity Review*, 2006, 17 (1): 11 – 23.

[95] Pearce, A. M., "Efficient Consumer Response: Managing the Supply Chain for 'Ultimate' Consumer Satisfaction", *Supply Chain Management*, 1996, 1 (2): 11 – 14.

[96] 吴涛、李必强、海峰:《供应链集成的新思路:管理界面集成》,《中国管理科学》2003 年第 3 期。

[97] Stevens, G. C., "Integrating the Supply Chain", *International Journal of Physical Distribution & Logistics Management*, 1989, 19 (8): 3 – 8.

[98] 王水莲、李宝山:《供应链集成的界面管理视角》,《管理现代化》2008 年第 2 期。

[99] 尹钢:《制造业供应链集成模型研究综述》,《广东工业大学学报》2004 年第 2 期。

[100] 张学志、陈功玉:《供应链物流集成的一般规律研究》,《物流技术》2009 年第 10 期。

[101] [美] 罗纳德·伯特:《结构洞:竞争的社会结构》,林虹、任敏、李璐译,上海人民出版社、格致出版社 2008 年版。

[102] 董千里:《强化集成体,精铸联接键——基于物流集成场视角的再认识与思考场线效率》,《大陆桥视野》2012 年第 23 期。

[103] 胡浩:《集成供应链中的一体化物流、信息平台、群决策和系统集成的理论研究》,博士学位论文,武汉理工大学,2004 年。

[104] Lieb, R., Bentz, B. A., "The North American Third Party Logistics Industry in 2004: The Provider CEO Perspective", *International Journal of Physical Distribution & Logistics Management*, 2005, 35 (8): 595 – 611.

［105］Lieb, R. C., Lieb, K. J., "The North American Third – Party Logistics Industry in 2013: The Provider CEO Perspective", *Transportation Journal*, 2015, 54 (1): 104 – 121.

［106］Sohal, A. S., Rahman, S., "Use of Third Party Logistics Services: An Asia – Pacific Perspective", in James H. Bookbinder ed., *Handbook of Global Logistics*, Springer, 2013.

［107］赵宜、谢合明、尹传忠：《基于循环经济的供应链变革》，《经济体制改革》2004 年第 6 期。

［108］王保利：《海星科技经营战略研究》，硕士学位论文，西安理工大学，2001 年。

［109］董千里：《功能型物流》，东北财经大学出版社 2009 年版。

［110］张晓晶、李成：《美国制造业回归的真相和中国的应对》，《当代社科视野》2014 年第 12 期。

［111］［美］丹尼尔·F. 斯普尔伯：《市场的微观结构》，张军译，中国人民大学出版社 2002 年版。

［112］唐丽敏、孙家庆、刘翠莲：《港口物流理论与实务》，中国物资出版社 2011 年版。

［113］马运：《运输需求的特性及其分析特点》，《北京交通大学学报》1994 年第 3 期。

［114］张诚：《基于物流需求的中国铁路发展现代物流战略模式研究》，博士学位论文，中南林业科技大学，2006 年。

［115］简兆权、李雷、柳仪：《服务供应链整合及其对服务创新影响研究述评与展望》，《外国经济与管理》2013 年第 1 期。

［116］交通运输部办公厅：《交通运输部办公厅关于推进改革试点加快无车承运物流创新发展的意见》，2016 年。

［117］交通运输部道路运输司：《货运与物流企业转型发展典型案例》，人民交通出版社 2013 年版。

［118］李克宁：《企业物流革新十原则》，《中国物资流通》1988 年第 1 期。

［119］孙元欣：《JIT 实时管理及其应用前景》，《上海大学学报》（社会科学版）1995 年第 2 期。

［120］孙元欣：《析"麦德龙"的销售物流即时管理》，《上海商业》1997 年第 3 期。

[121] 董千里、闫敏：《物流战略管理研究》，《西安公路交通大学学报》1997 年第 1 期。

[122] 张仁俐、董千里：《EDI 在物流链中的作用》，《中国物资流通》2001 年第 12 期。

[123] 黄祖辉、刘东英：《论生鲜农产品物流链的类型与形成机理》，《中国农村经济》2006 年第 11 期。

[124] 董千里、陈树公、王建华：《物流运作管理》，北京大学出版社 2010 年版。

[125] 鄢飞：《关于物流链、供应链及价值链的研究辨析及协同管理的思考》，新加坡，2013 年。

[126] 董千里：《物流市场营销学》，电子工业出版社 2010 年版。

[127] 鄢飞：《物流服务供应链的协同机理研究》，博士学位论文，长安大学，2009 年。

[128] 董千里、陈树公、朱长征：《物流市场营销学》，电子工业出版社 2015 年版。

[129] 董千里：《物流集成的形成机制探讨》，《物流技术》2009 年第 3 期。

[130] Sampson, S. E., "Customer–Supplier Duality and Bidirectional Supply Chains in Service Organizations", *International Journal of Service Industry Management*, 2000, 4 (11): 348–364.

[131] 刘伟华：《物流服务供应链能力合作的协调研究》，博士学位论文，上海交通大学，2007 年。

[132] 江瑜、龚卫恒：《基于第四方物流平台的智慧物流运作模式》，《中国物流与采购》2012 年第 5 期。

[133] 董千里、江红、国强：《第三方物流发展的问题与对策研究》，《交通运输系统工程与信息》2002 年第 3 期。

[134] 海峰、郭强、邵校：《轴辐式区域物流服务网络的协同机制与模式研究》，《珞珈管理评论》2009 年第 2 期。

[135] 卢立新、刘存：《家电业物流：从功能改进到系统优化》，《物流技术与应用》2005 年第 3 期。

[136] 林季红：《跨国公司战略联盟》，经济科学出版社 2003 年版。

[137] 孙彦东：《企业战略联盟：走在供应链管理之前》，《物流科技》2007 年第 2 期。

［138］于立、孟韬：《企业联盟和虚拟企业的理论解释与现实意义》，《社会科学辑刊》2001年第5期。

［139］田宇、朱道立：《物流联盟形成机理研究》，《物流技术》2000年第2期。

［140］戴勇、陆俊强：《基于Internet的虚拟物流企业联盟信息技术平台》，《物流技术》2001年第5期。

［141］李骏阳、刘宁：《论物流联盟的本质及发展趋势》，《财贸经济》2003年第8期。

［142］陈建生、王立杰：《论煤炭企业物流供应链联盟》，《管理世界》2004年第11期。

［143］王若钢、冯英浚：《虚拟物流企业联盟的利益分配策略研究》，《控制与决策》2008年第10期。

［144］蒋畅、周国华、韩姣杰：《铁路物流企业动态联盟的利益分配》，《铁道运输与经济》2008年第10期。

［145］范海洲、唐德善：《夏普里值法在物流企业联盟收益分配中的应用》，《中国流通经济》2009年第3期。

［146］林强、孙文聪、郝艳丽：《考虑风险、贡献和时间效用的物流企业联盟收益分配模型》，《工业工程》2010年第2期。

［147］王鹏、陈向东：《基于改进夏普利值的物流企业战略联盟利益分配机制研究》，《统计与决策》2011年第12期。

［148］周兴建、黄纯辉：《基于核心竞争力基础的中小型物流企业价值链联盟》，《武汉科技学院学报》2007年第9期。

［149］闫黎、赵艳萍、罗建强：《中小物流企业联盟的收益分配策略研究》，《工业工程》2010年第5期。

［150］王道勋：《中小型物流企业核心竞争力分析》，《经济研究导刊》2013年第17期。

［151］刘德智、武成莉：《供应链环境下战略联盟与虚拟企业的比较研究》，《中国商界》2010年第6期。

［152］朱文峰、姜彦福、尤政：《虚拟企业——小卫星研发的新模式》，《中国航天》2002年第12期。

［153］Lin, F. J., Lin, Y. H., "The Determinants of Successful R&D Consortia: Government Strategy for the Servitization of Manufacturing", *Service*

Business, 2012, 6: 489 – 502.

[154] 江志娟、董千里:《制造业与物流业联动发展的竞合关系研究——基于集成场的视角》,《技术经济与管理研究》2015 年第 8 期。

[155] 董千里、张林、申亮:《制造业与物流业联动发展的产业协调度研究——基于陕西省数据实证分析》,《技术经济与管理研究》2015 年第 3 期。

[156] 董千里:《基于"一带一路"跨境物流网络构建的产业联动发展探讨》,《中国流通经济》2015 年第 10 期。

[157] 董千里:《基于集成场理论的制造业与物流业联动发展模式研究》,长安大学物流与供应链研究所,2015 年。

[158] 董千里等:《陕西重型汽车产业配套及物流发展战略研究》,长安大学物流与供应链研究所,2011 年。

[159] Express, T., *Transport and Distribution*, British: Mercury Books Division of W. H. Allen & Co. Plc, 1990.

[160] 潘莹:《国内外专家学者为丝绸之路经济带建设出谋划策 丝绸之路经济带国际研讨会成果综述》,《中亚信息》2014 年第 7 期。

[161] 程婕:《我国第四方物流发展新进程——"菜鸟"计划的性质及其前景分析》,《中外企业家》2013 年第 13 期。

[162] 霍恬、李晶晶:《浅谈菜鸟运输网络》,《知识经济》2014 年第 13 期。

[163] 鞠颂东、徐杰:《物流网络理论及其研究意义和方法》,《中国流通经济》2007 年第 8 期。

[164] 王成金、韩增林:《试论环渤海物流网络的形成与运作》,《人文地理》2004 年第 2 期。

[165] 徐杰、鞠颂东:《物流网络的内涵分析》,《北京交通大学学报》(社会科学版)2005 年第 2 期。

[166] 鄢飞、董千里:《陕西区域物流网络构建研究》,《西北农林科技大学学报》(社会科学版)2008 年第 2 期。

[167] 鄢飞、董千里:《物流网络的协同效应分析》,《北京交通大学学报》(社会科学版)2009 年第 1 期。

[168] 董千里、董展:《集成体主导的基核区位分布与两业联动发展关系研究》,《物流技术》2013 年第 10 期。

[169] 董千里、董展：《提升国际陆港物流集成力的战略思考》，《综合运输》2011年第8期。

[170] 刘明菲、李雷宇：《面向供应链的界面管理问题研究》，《科技进步与对策》2005年第3期。

[171] 《马克思恩格斯选集》（第四卷），人民出版社1995年版。

[172] 牛国鹏：《管理的逻辑起点和管理资源观的初步探究》，《科技信息》（学术版）2007年第16期。

[173] 罗新星、陈伟谋：《供应链集成模式的发展研究》，《微型电脑应用》2003年第3期。

[174] 汤国生、张梅子、谭支雄：《安吉物流发展网络化第三方汽车物流战略定位研究》，《物流工程与管理》2013年第3期。

[175] 高镔：《西部经济发展中的水资源承载力研究》，博士学位论文，西南财经大学，2009年。

[176] 温丽琴：《我国技术出口的现状及发展战略》，《经济问题》2007年第4期。

[177] 孟小峰、慈祥：《大数据管理：概念、技术与挑战》，《计算机研究与发展》2013年第1期。

[178] 冯登国、张敏、李昊等：《大数据安全与隐私保护》，《计算机学报》2014年第1期。

[179] 王元卓、靳小龙、程学旗：《网络大数据：现状与展望》，《计算机学报》2013年第6期。

[180] 许淑君、马士华：《供应链企业间的信任机制研究》，《工业工程与管理》2000年第6期。

[181] 长安大学课题组：《Q企业第三方物流发展战略研究》，2002年。

[182] 董千里、杨磊、常向华：《基于国际中转枢纽港战略理论的中欧班列集成运作研究》，《科技管理研究》2016年第22期。

[183] 董千里：《"一带一路"背景下国际中转港战略优势、条件及实现途径》，《中国流通经济》2017年第2期。

[184] 董千里、董展、关高峰：《低碳物流运作的理论与策略研究》，《科技进步与对策》2010年第22期。

[185] 申亮、董千里、李毅斌等：《交通基础设施门槛、对外开放与制造业生产效率》，《经济与管理》2015年第1期。

[186] 陈蔚:《铁路运输在商品车整车物流中的发展分析》,《铁道运输与经济》2011年第7期。

[187] 董千里等:《提升西安港内陆型国际中转枢纽港功能研究》,长安大学物流与供应链研究所,2013年。

[188] 董千里:《"一带一路"背景下国际中转港战略优势及其基核场源建设研究》,2016中国工程管理论坛,陕西西安,2016年。

[189] 董千里等:《物流运作管理》,北京大学出版社2015年版。

[190] 刘睿君、董千里、申亮:《制造业与物流业联动对物价的影响》,《技术经济与管理研究》2015年第4期。

[191] 申亮:《制造业与物流业联动发展的经济机理及影响因素研究》,博士学位论文,长安大学,2015年。

[192] 董千里:《新亚欧大陆桥物流一体化面临的问题》,《大陆桥视野》2012年第9期。

[193] 董千里、董展:《物流集成场视角的港口内陆腹地延伸战略思考》,《中国港口》2012年第2期。

[194] 师汉民:《从"他组织"走向自组织——关于制造哲理的沉思》,《中国机械工程》2000年第Z1期。

关键术语中英文对照表

中文术语	英文术语
案例分析	Case Study, Case Analysis
办公自动化系统	Office Automation, OA
被动性场元	Unconscious Field Element
币值	Currency
并行工程	Concurrent Engineering, CE
补货系统	Efficient Replenishment, CPFR
财务风险	Financial Risk
仓储管理系统	Warehouse Management System, WMS
产出效率	Output Efficiency
产业高级化	Advanced Industry
产业集聚	Industrial Alliance
产业集群	Industry Cluster
产业结构	Industrial Structure
产业联动	Industry Linkage
产业联动系统	Industry Linkage System
产业链	Industrial Chain
产业物流	Industrial Logistics
场界	Field Limit
场线	Field Lines
场源	Field Source
车辆定位系统	Global Positioning System, GPS
车辆动态控制系统	Vehicle Dynamics Control, VDC
车身稳定控制系统	Vehicle Stability Control, VSC

续表

中文术语	英文术语
创新	Innovation
创新机理	Innovation Mechanism
创新型物流链	Innovative Logistics Chain
大数据	Big Data
第三方物流	Third-Party Logistics, TPL
电子商务	E-Commerce
顶层设计	Top-Level Design
定量分析	Quantitative Analysis
定性分析	Qualitative Analysis
动力源	Power Source
动态平衡	Dynamic Equilibrium
对称平衡	Symmetrical Balance
对称平衡理论	Symmetrical Balance Theory
多式联运	Multimodal Transport
非合作博弈理论	Non-Cooperative Game Theory
废弃资源综合利用业	Environmental Sustainable Utilization of Waste Resources for Energy Production Industry
分权式结构	Decentralized Control Structure
分散的物流集成体	Distributed Integrated Logistics
风险机制	Risk Mechanism
风险评价	Risk Assessment
服务利润链理论	Theory of Service Profit Chain
复杂巨系统	Complex Giant System
刚性联接键	Rigid Connection Key
高端集成体	Advanced Integration
工业增加值	Industrial Added Value
公共型物流通道	Public Logistics Channel
物流功能商	Functional Logistics Business
功能型联接键	Functional-Based Connection Key
共生理论	Symbiosis Theory
共生模型	Symbiotic Model

续表

中文术语	英文术语
供应链	Supply Chain
供应链管理	Supply Chain Management
供应链管理库存	Supply Chain Management Inventory
供应链集成	Supply Chain Integrated
供应链集成理论	Supply Chain Integration Theory
供应链战略	Supply Chain Strategy
供应商管理库存	Vendor-Managed Inventory, VMI
滚装运输	Rolling Transport
国际海港	International Seaport
国际空港	The International Airport
国际陆港	International Land Port
国际物流	International Logistics
国际中转枢纽港	International Transit Hub Port
过程型联接键	Procession-Based Connection Key
耗散结构理论	Dissipative Structure Theory, DST
合成场元	Synthesis of Field Elements
合作伙伴型	Partner Type
合作模式	Cooperation Model
货运单	Bill of Lading
货运信息经营者	Cargo Information Operator
货运周转量	Freight Turnover
基核	Base Nucleus
集成场	Integrated System
集成场顶层设计理论	Integrated in Overall Design Theory
集成场理论	Integration Field Theory
集成管理理论	Integrated Management Theory
集成管理运作	Integrated Management Operation
集成过程	Integration Process
集成力	Integrated Force
集成体	Integrator
集成物流服务	Integrated Logistics Services

续表

中文术语	英文术语
集成物流服务商	Integrated Logistics Service Provider
集成物流商	Integrated Logistics Provider
集成系统	Integrated Systems
集成引力	Integrated Gravity
界面	Interface
技术型联接键	Technology-Based Connection Key
绩效	Performance
价值链	Value Chain
价值增值	Value Added
节点	Node
经济实体	Economic Entity
精益生产	Lean Production, LP
竞合关系	Competing and Coopetition Relationship
静态平衡	Static Equilibrium
绝对物流集成体	Absolute Logistics Integration
客体单元	Object Unit
库存过剩	Over Stock
跨境国际物流快速通道网络	Cross-Border International Logistics Fast Channel Network
跨境物流一体化运作	Cross-Border Logistics Integration
快速通道网络	Fast-Track Network
拉式供应链	Pull Supply Chain
离散型流程	Discrete Processes
联合库存	Jointly Managed Inventory
联合库存管理	Joint Managed Inventory, JMI
联合运营	Joint Operation
联接键	Connection Key
联运	Combined Transport
两链融合	Two-Chain Fusion
两链融合理论	Manufacturing and Logistics Industry Conspire Theory
两业联动	Two Industry Linkage
零库存生产	Zero Inventory Production

续表

中文术语	英文术语
陆港	Dry Port
陆桥	Inland Bridge
敏捷制造系统	Agile Manufacturing System,AMS
内包	Insourcing
内陆港	Inland Port
耦合度	Coupling
平台集成体	Platform Integrator
企业联盟	Corporation Alliance
企业内联网	Intranet
企业资源计划	Enterprise Resource Planning,ERP
企业资源系统	Enterprise Resource System
全球供应链	Global Supply Chain
全球经济一体化	Economic Globalization
全渠道	Omnichannel
人工大系统	Artificial Large System
人工集成系统	Artificial Integrated System
柔性联接键	Flexible Connection Key
柔性生产	Flexible Production,FP
商品车交接电子签收系统	Commercial Vehicle Electronic Receipt System
时间周转量	Time Turnover
实时电子跟踪	Real-Time Electronic Tracking
实务服务	Practical Services
市场机制	Market Mechanism
市场选择型	Market Choice Type
数据驱动	Data Driven
突变论	Catastrophe Theory,Mutation Theory
外联网	Extranet
网链集成	Network Chain Integration
网链结构	Net Chain Structure
网络化运作	Network Operation
无船承运人	Non-Vessel Operating Common Carrier,NVOCC

续表

中文术语	英文术语
物联网	Internet of Things
物流成本	Logistics Costs
物流服务体系	Logistics Service System
物流高级化	Advancing Logistics
物流集成场	Logistics Integration Field
物流集成的实现机制	Logistics Implementation Mechanism
物流集成动因	Logistics Integrated Motivation
物流集成机制	Logistics Integration Mechanism
物流集成理论	Logistics Integration Theory
物流集成力	Logistics – Integrated – Power
物流集成模式和方式	Logistics Integration Mode
物流集成能	Logistics – Integration – Energy
物流集成体	Logistics Integrator
物流集成系统的设计与评价	Logistics Integrated System Design and Evaluation，LISDE
物流集成要素	Logistics Integrated Elements
物流集成运动场	Logistics Integration Field
物流集成主体	Logistics Integration Body
物流节点	Logistics Node
物流金融	Logistics Finance
物流联盟	Logistics Alliance
物流链	Logistics Chain
物流外包	Logistics Outsourcing
物流网络	Logistics Network
物流一体化	Logistics Integration
物流园区	Logistics Park
物流资源要素	Logistics Resource Elements
物通量	The Material Flux
物通量对称平衡	Symmetry and Balanced by Logistics Quantity 或 Logistics Quantity Symmetry and Balance
系统工程	Systems Engineering
系统论	Systematic Theory
相对物流集成体	Relative Logistics Integration

续表

中文术语	英文术语
协同论	Synergy Theory
协同效应	Synergistic Effect
协同作用	Synergistic Effect
信息交流技术	Information and Communication Technology, ICT
信息型联接键	Information-Based Connection Key
虚拟企业	Virtual Enterprise
虚拟物流企业联盟	Virtual Logistics Enterprise Alliance
需求弹性	Elasticity of Demand
循环周期	Cycle Time
一带一路	The Belt and Road, The Belt and Road Initiatives
一体化网络	Integrated Network
一体化物流价值链	Integrated Logistics Value Chain
营销刺激	Marketing Stimulus Package
优化	Optimization
优化生产技术	Optimize the Production Technology, OPT
跃迁机理	Transition Mechanism
云端平台	Cloud Platform
云计算	Cloud Computing
云技术	Cloud Technology
运输管理系统	Transportation Management System, TMS
战略联盟	Strategic Alliances
战略联盟型	Strategic Alliances Type
战略目标	Strategic Objectives
战略缺口	Strategic Gap
战略研究与开发联盟	Strategic Research and Development (R&D) Alliance
政策势能	Policy Potential Energy
知识管理平台	Knowledge Management Platform, KM
制造集成体	Manufacture Integratator
制造一体化	Manufacturing Integration
智能制造	Intelligent Manufacturing
主动性场元	Active Field Element

续表

中文术语	英文术语
主体单元	Main Unit
主通道	The Main Channel
专线运输	Special Line Transportation
转换机理	Conversion Mechanism
准时化生产	Just-in-Time Production
物流资源商	Resource Logistics Business
资源型联接键	Asset-Based Connection Key
自贸区	Free Trade Zone
自营物流	Self-Logistics
综合保税区	Synthesized Bonded Area
综合型物流企业	Integrated Logistic Provider
组合型联接键	Organization-Based Connection Key
组织化形式	Organizational Forms
作用机理	Mechanism of Action